Stephan Scholz

Besteuerung der betrieblichen Altersversorgung in Europa

GABLER EDITION WISSENSCHAFT

Stephan Scholz

Besteuerung der betrieblichen Altersversorgung in Europa

Internationale Steuerwirkungen – europarechtliche Analyse – Reformüberlegungen

Deutscher Universitäts-Verlag

Bibliografische Information Der Deutschen Nationalbibliothek
Die Deutsche Nationalbibliothek verzeichnet diese Publikation in der Deutschen Nationalbibliografie; detaillierte bibliografische Daten sind im Internet über <http://dnb.d-nb.de> abrufbar.

Dissertation Universität Mannheim, 2006

1. Auflage November 2006

Lektorat: Brigitte Siegel / Stefanie Brich

Der Deutsche Universitäts-Verlag ist ein Unternehmen von Springer Science+Business Media.
www.duv.de

Umschlaggestaltung: Regine Zimmer, Dipl.-Designerin, Frankfurt/Main
Druck und Buchbinder: Rosch-Buch, Scheßlitz
Gedruckt auf säurefreiem und chlorfrei gebleichtem Papier
Printed in Germany

ISBN-10 3-8350-0608-8
ISBN-13 978-3-8350-0608-9

Für Christine

Vorwort

Ende 2000 war nur ansatzweise zu ahnen, welche aktuelle Bedeutung der betrieblichen Altersversorgung in der öffentlichen Diskussion zukommen sollte. Die damit verbundenen internationalen Besteuerungskonflikte wurden dagegen oft nur am Rande wahrgenommen. Die Analyse der Steuerwirkungen, die europarechtlichen Konsequenzen und die Ausarbeitung eines Reformansatzes sind im Fokus meiner Arbeit, die im Sommersemester 2006 von der Universität Mannheim als Dissertation angenommen wurde.

Ich möchte mich sehr herzlich bei meinem Doktorvater Herrn Prof. Dr. Dr. h.c. mult. Otto H. Jacobs bedanken, der mir die Möglichkeit eröffnet hat, an seinem Lehrstuhl für Betriebswirtschaftliche Steuerlehre II zu promovieren. Sein in mich gesetztes Vertrauen sowie die hervorragenden Arbeitsbedingungen waren grundlegend für das Gelingen dieser Arbeit. Von Herrn Prof. Dr. Christoph Spengel habe ich in zahlreichen konstruktiven Diskussionen wertvolle Anregungen für Verbesserungen erhalten. Dafür und für seine Mühen bei der Durchsicht des Manuskripts bin ich ihm zu großem Dank verpflichtet. Ebenso danke ich Herrn Prof. Dr. Ulrich Schreiber für die sehr schnelle Erstellung des Korreferats.

Der erfolgreiche Abschluss einer Dissertation ist stets auch von den Arbeitsbedingungen und einer guten Zusammenarbeit mit den Kollegen abhängig. Beide Voraussetzungen waren in meinem Fall gegeben. Für die Literaturrecherche waren die Ressourcen der Bibliothek für Deutsches und Internationales Steuerrecht an der Universität Mannheim von unschätzbarem Wert. Den dortigen Kollegen und den Kollegen des Lehrstuhls danke ich für die sehr gute Zusammenarbeit. Hervorheben möchte ich Herrn Prof. Dr. Holger Kahle, der mich von Anfang an zur Aufnahme des Promotionsvorhabens ermuntert hat. Herrn Gregor J. Führich danke ich für das reibungslose und häufig humorvolle Zusammenspiel bei der Betreuung des Faches „Handels- und Steuerbilanzen im Grundstudium".

Bei meinen Eltern und meiner Familie möchte ich mich für die große Unterstützung meiner Arbeit bedanken. Mein größter Dank schließlich gilt meiner Frau Christine, die mich stets angetrieben, wenn nötig aufgemuntert und in jeder Hinsicht unterstützt hat.

Stephan Scholz

Inhaltsübersicht

Inhaltsverzeichnis

Abkürzungsverzeichnis

a.A.	anderer Ansicht
a.F.	alte Fassung
a.G.	auf Gegenseitigkeit
aba	Arbeitsgemeinschaft für betriebliche Altersversorgung e.V., Heidelberg
Abb.	Abbildung
Abl.	Amtsblatt der Europäischen Gemeinschaften (Union)
Abs.	Absatz
AG	Arbeitgeber
AGIRC	Association Générale des Institutions de Retraites Cadres
AltZertG	Altersvorsorgeverträge-Zertifizierungsgesetz
AN	Arbeitnehmer
ARRCO	Association des Régimes de Retraites Complémentaires
Art.	Artikel
AT	Österreich
ATP	Arbejdsmarkedets Tillœgspension
AVmEG	Altersvermögensergänzungsgesetz
AVmG	Altersvermögensgesetz
BaFin	Bundesanstalt für Finanzdienstleistungsaufsicht
BAO	Bundesabgabenordnung (Österreich)
BB	Betriebs-Berater
Bd.	Band
bearb.	bearbeitet
betrAV	Betriebliche Altersversorgung
BetrAVG	Gesetz zur Verbesserung der betrieblichen Altersversorgung
BFH	Bundesfinanzhof
BFH/NV	Sammlung amtlich nicht veröffentlichter Entscheidungen des Bundesfinanzhofs
BFuP	Betriebswirtschaftliche Forschung und Praxis
BMVG	Betriebliches Mitarbeitervorsorgegesetz (Österreich)
BPG	Betriebspensionsgesetz (Österreich)
BR-Drs.	Bundesrats-Drucksache
bspw.	beispielsweise
BStBl	Bundessteuerblatt
BT-Drs.	Bundestagsdrucksache

BVerfG	Bundesverfassungsgericht
BVerfGE	Entscheidungen des Bundesverfassungsgerichts
bzgl.	bezüglich
bzw.	beziehungsweise
CDFI	Cahiers de droit fiscal international
CFC	Controlled foreign company
CH	Schweiz
CIR	Code des Impôts sur les Revenues (belgisches Einkommensteuergesetz)
CTA	Contractual Trust Arrangement
DAngVers	Die Angestellten-Versicherung
DB	Der Betrieb
DBA	Doppelbesteuerungsabkommen
DBW	Die Betriebswirtschaft
DE	Deutschland
DK	Dänemark
DKK	Dänische Kronen
dpn	deutsche pensions- & investmentnachrichten
DRV	Deutsche Rentenversicherung
DStJG	Deutsche Steuerjuristische Gesellschaft e.V.
DStR	Deutsches Steuerrecht
DStRE	DStR-Entscheidungsdienst
DStZ	Deutsche Steuerzeitung
DSWR	Datenverarbeitung, Steuer, Wirtschaft, Recht
DV	Direktversicherung
DVBl	Deutsches Verwaltungsblatt
DZ	Direktzusage
e.V.	eingetragener Verein
EC	European Communities
ECTR	EC Tax Review
EEA	Einheitliche Europäische Akte
EFRP	European Federation for Retirement Provision
EG	Europäische Gemeinschaften

EG	EG-Vertrag
EGHGB	Einführungsgesetz zum Handelsgesetzbuch
EGKS	Europäische Gemeinschaft für Kohle und Stahl (Montanunion)
EIORP	European Institution for Occupational Retirement Provision
endg.	endgültig
ERISA	Employee Retirement Income Security Act (US-Betriebsrentengesetz)
erw.	erweiterte
ES	Spanien
EStG	Einkommensteuergesetz
ET	European Taxation
EU	Europäische Union
EuG	Europäisches Gericht Erster Instanz
EuGH	Gerichtshof der Europäischen Gemeinschaften
EuGHE	Sammlung der Rechtsprechung des Gerichtshofes und des Gerichts Erster Instanz
Euratom	Europäische Atomgemeinschaft
EuZW	Europäische Zeitschrift für Wirtschaftsrecht
evtl.	eventuell
EWG	Europäische Wirtschaftsgemeinschaft
EWS	Europäisches Währungssystem
F	Frankreich
f., ff.	folgende, fortfolgende
F.A.Z.	Frankfurter Allgemeine Zeitung
FA	Finanzarchiv
FB	Finanz Betrieb
FN	Fußnote
FR	Finanz-Rundschau
GATT	General Agreement on Tariffs and Trade (Allgemeines Zoll- und Handelsabkommen)
GG	Grundgesetz
ggf.	gegebenenfalls
GmbHR	GmbH-Rundschau

HFA	Hauptfachausschuss des Instituts der deutschen Wirtschaftsprüfer
HGB	Handelsgesetzbuch
Hrsg., hrsg.	Herausgeber, herausgegeben
i.d.R.	in der Regel
i.S.v.	im Sinne von
i.V.m.	in Verbindung mit
IAS	International Accounting Standards
IBFD	International Bureau of Fiscal Documentation
IFA	International Fiscal Association
IFRS	International Financial Reporting Standards
IL	inkommstskattelagen (schwedisches Einkommensteuergesetz)
intertax	International Tax Review
IP	Pressemitteilung der Europäischen Union
IStR	Internationales Steuerrecht
IT	Italien
IWB	Internationale Wirtschaftsbriefe
iwd	Informationsdienst des Instituts der deutschen Wirtschaft
JIBL	Butterworths Journal of International Banking and Financial Law
krp	Kostenrechnungs-Praxis
KOM	Kommission der Europäischen Gemeinschaften (Union)
KoR	Zeitschrift für internationale und kapitalmarktorientierte Rechnungslegung
KSL	kildeskatteloven (dänisches Quellensteuergesetz)
KStG	Körperschaftsteuergesetz
LL	ligningsloven (dänisches Bewertungsgesetz)
Mio.	Millionen
Mrd.	Milliarden
m.w.N.	mit weiteren Nachweisen
NJW	Neue Juristische Wochenschrift
NL	Niederlande

Nr.	Nummer
NZA	Neue Zeitschrift für Arbeits- und Sozialrecht
NZG	Neue Zeitschrift für Gesellschaftsrecht
öBMF	Bundesministerium für Finanzen (Österreich)
OECD	Organization for Economic Cooperation and Development
OECD-MA	Musterabkommen der OECD
öBewG	österreichisches Bewertungsgesetz
öBGBl.	Bundesgesetzblatt für die Republik Österreich
öEStG	österreichisches Einkommensteuergesetz
öHGB	österreichisches Handelsgesetzbuch
öKStG	österreichisches Körperschaftsteuergesetz
ÖStZ	Österreichische Steuerzeitung
öVersStG	österreichisches Versicherungssteuergesetz
p.a.	per annum
PABL	pensionsafkastbeskatningsloven (dänisches Pensionskassensteuergesetz)
PBL	pensionsbeskatningsloven (dänisches Pensionsbesteuerungsgesetz)
PF	Pensionsfonds
PIStB	Praxis Internationale Steuerberatung
PK	Pensionsfonds
PKG	Pensionskassengesetz (Österreich)
Pp.	Prozentpunkt(e)
PSL	Bekendtgørelse af lov om indkomstskat for personer m.v. (personskatteloven) (dänisches Personensteuergesetz)
PSV	Pensions-Sicherungs-Verein auf Gegenseitigkeit
RdW	Recht der Wirtschaft
RIW	Recht der Internationalen Wirtschaft
Rn.	Randnummer
Rs.	Rechtssache
S.	Seite
s.o.	siehe oben
SEK	Stab der Europäischen Kommission

SFAS	Statement on Financial Accounting Standards
sog.	so genannte(r)
SP	Sœrlige Pension
StB	Der Steuerberater
SteuerStud	Steuer & Studium
StuB	Steuern und Bilanzen
StuW	Steuer und Wirtschaft
SWI	Steuer und Wirtschaft International
SWK	Steuer- und Wirtschaftskartei
TVL	Tuloverolaki (finnisches Einkommensteuergesetz)
Tz.	Textziffer
u.a.	unter anderem
überarb.	überarbeitete
UK	Unterstützungskasse
UK	Vereinigtes Königreich
USA	Vereinigte Staaten von Amerika
US-GAAP	United States Generally Accepted Accounting Principles
v.	von
v.a.	vor allem
VAG	Versicherungsaufsichtsgesetz
VDR	Verband Deutscher Rentenversicherungsträger
Verf.	Verfasser
vgl.	vergleiche
VW	Versicherungswirtschaft
WiSt	Wirtschaftswissenschaftliches Studium
WTO	World Trade Organization (Welthandelsorganisation)
WÜRV	Wiener Übereinkommen über das Recht der Verträge
z.B.	zum Beispiel
z.T.	zum Teil
ZfbF	Zeitschrift für betriebswirtschaftliche Forschung
ZfCM	Controlling & Management

ZTR	Zeitschrift für Tarifrecht
zzgl.	zuzüglich

Tabellenverzeichnis

Abbildungsverzeichnis

A. Problemstellung, Zielsetzung und Aufbau der Arbeit

I. Problemstellung

Nach Jahren der Stagnation und Konsolidierung steht die betriebliche Altersversorgung vor neuen Herausforderungen. Die demographischen Entwicklungen haben zu geänderten politischen und wirtschaftlichen Rahmenbedingungen geführt, welche für die betriebliche Altersversorgung auch als Chance angesehen werden können. Für die meisten Industriestaaten wird damit gerechnet, dass die Alterslastkoeffizienten, welche das Verhältnis zwischen der Bevölkerung im Rentenalter (ab 65 Jahren) und der Arbeitsbevölkerung (15-64 Jahre) angeben, bis zum Jahr 2050 dramatisch ansteigen werden.[1] Als Konsequenz stehen umlagefinanzierte gesetzliche Rentenversicherungen vor der Alternative, entweder die Beitragssätze anzuheben oder die Versorgungsleistungen zu senken. Die politischen Entscheidungsträger in Deutschland haben sich für einen Mittelweg entschieden. Langfristig soll der Beitragssatz zur gesetzlichen Rentenversicherung 22 % nicht überschreiten.[2] Gleichzeitig wurde das Rentenniveau des sog. Eckrentners von bislang 70 % des durchschnittlichen Nettoeinkommens auf 67 % gesenkt. Um die sich vergrößernde Versorgungslücke im Alter schließen zu können, sollen die Bürger ermutigt werden, private oder betriebliche Versorgungsprodukte stärker in Anspruch zu nehmen. Das politische Eingeständnis, dass die in Deutschland bislang übermächtige Säule der gesetzlichen Rentenversicherung das Altersversorgungssystem nicht mehr alleine tragen kann, führte somit zu einer Aufwertung der bisherigen „Stützpfeiler" der betrieblichen und privaten Altersversorgung. Zwar werden betriebliche Versorgungszusagen in der wissenschaftlichen Literatur und in der Rechtsprechung seit längerem als Entgelt verstanden. Ein breiteres Bewusstsein in der Bevölkerung, dass es sich hierbei nicht länger um rein paternalistisches Sozialverhalten des Arbeitgebers handelt, konnte jedoch erst mit der Desillusionierung der gesetzlichen Rentenversicherung durch die Politik entstehen. Neben dieser psychologischen Bedeutung dürfen allerdings die finanziellen Konsequenzen für den Arbeitnehmer nicht aus den Augen verloren werden. Dass die Besteuerung dabei eine wesentliche Determinante darstellt, ist offensichtlich und war bereits Gegenstand zahlreicher wissenschaftlicher Untersuchungen.[3]

Eine rein nationale Betrachtung vernachlässigt jedoch den Umstand, dass auch die betriebliche Altersversorgung von der Globalisierung des Wirtschaftslebens tangiert

---

1 Vgl. Rother/Catenaro/Schwab, FA 2004, S. 595 f.
2 Vgl. Schwenn, F.A.Z. v. 23.8.2005, S. 4.
3 Statt vieler vgl. Lösel, Entgeltumwandlung, 2004, S. 13 ff.

wird. Die damit verbundene gestiegene Mobilität – sowohl der Unternehmen als auch der Arbeitnehmer[4] – kann zu internationalen Besteuerungskonflikten im Zusammenhang mit der betrieblichen Altersversorgung führen. Im internationalen Vergleich kann zunächst ein „Steuerwettbewerb“ im Rahmen der betrieblichen Altersversorgung festgestellt werden, da die verschiedenen nationalen Steuersysteme miteinander konkurrieren und so die Kosten der Versorgungszusagen beeinflussen. Als Konsequenz aus den steuerlichen Rahmenbedingungen ergeben sich international unterschiedliche Ausgangspositionen für die betriebliche Altersversorgung. Im engeren Sinne versteht man darunter jedoch keine Besteuerungskonflikte. Diese resultieren vielmehr aus dem Umstand, dass unter bestimmten Voraussetzungen die jeweiligen nationalen Vorschriften auf denselben Sachverhalt anzuwenden sind. Im klassischen Sinne ergeben sich daraus die Problemfälle der Doppelbesteuerung bzw. der Minderbesteuerung. Eine (rechtliche) Doppelbesteuerung setzt voraus, dass dasselbe Einkommen einer Person gleichzeitig von mehreren Steuerhoheiten erfasst wird, während die Minderbesteuerung eine mehrfache Nicht-Erfassung impliziert. Für die Thematik der betrieblichen Altersversorgung erweisen sich diese Definitionen jedoch als zu eindimensional, da sie die zeitliche Komponente (bewusst) ausblenden. Auch der weiter gefasste Begriff der wirtschaftlichen Doppelbelastung berücksichtigt lediglich die mehrfache Besteuerung des gleichen Einkommens auf Ebene verschiedener Steuersubjekte. Aufgrund des langfristigen Charakters der betrieblichen Altersversorgung können die zeitlichen Aspekte nicht außen vor bleiben. Um eine intertemporale Doppelbesteuerung zu vermeiden ist zu fordern, dass bereits besteuertes Einkommen nicht ein zweites Mal der Besteuerung zu unterwerfen ist, selbst wenn die Erstbesteuerung in einem anderen Staat erfolgt ist. Im Umkehrschluss heißt dies aber auch, dass unversteuert angespartes Altersvorsorgekapital bei Auszahlung (vollständig) zu besteuern ist.

Aufgrund der inkompatiblen Steuersysteme im Bereich der betrieblichen Altersversorgung ist die Gefahr einer intertemporalen Doppel- bzw. Minderbesteuerung nicht ex ante auszuschließen.[5] Insbesondere im Zusammenhang mit der europäischen Harmonisierung und Integration können die Systemunterschiede letztlich zu erheblichen Wettbewerbsverzerrungen führen, die mit den europäischen Grundfreiheiten nicht vereinbar sind. Sowohl die europäische Rechtsprechung als auch die Brüsseler Administration haben auf diese Probleme reagiert. Während die EU-Kommission durch den Vor-

---

4 Im Jahr 2004 lebten über 160.000 deutsche Rentenempfänger im Ausland. Umgekehrt bezogen über 1,1 Mio. Inländer Rentenleistungen aus dem Ausland; vgl. VDR, Zeitreihen, 2004, S. 156.

5 Vgl. Brestel, F.A.Z. v. 28.5.2005, S. 21.

schlag eines europäischen Pensionsfonds sowie einer vereinheitlichten Körperschaftsteuer-Bemessungsgrundlage bemüht ist, eine langsame Harmonisierung einzuleiten, hat der Europäische Gerichtshof in seinen Urteilen im Grundsatz klargestellt, dass eine Versagung nationaler Steuervergünstigungen nicht mit dem Argument gerechtfertigt werden kann, dass dem Mitgliedstaat bei späterer Auszahlung des Versorgungskapitals kein Besteuerungsanspruch entstehen würde. Mit der allmählichen Abwendung vom Rechtfertigungsgrund der „Kohärenz des Steuerrechts“ ist der Druck auf die Mitgliedstaaten, ein europaweit harmonisiertes Steuerrecht im Bereich der Altersversorgung zu erreichen, zusätzlich gestiegen.

II. Zielsetzung

Die Zielsetzung der vorliegenden Arbeit besteht daher in der Entwicklung eines Konzepts, das unter Wahrung der europäischen Grundfreiheiten internationale Besteuerungskonflikte im Rahmen der betrieblichen Altersversorgung vermeiden soll. Dazu ist es zunächst erforderlich, die bisherige Besteuerungssituation auf nationaler und internationaler Ebene darzustellen und die Ursachen der Besteuerungskonflikte herauszuarbeiten. Diesem Status Quo ist ein Katalog mit steuerrechtlichen und europarechtlichen Anforderungen entgegenzusetzen, um darauf aufbauend die Begriffe der internationalen Doppel- bzw. Minderbesteuerung auf mehrperiodige Sachverhalte auszudehnen. Auf Basis dieses Vergleichs sollen die bisherigen Reformüberlegungen der Organisation für wirtschaftliche Zusammenarbeit und Entwicklung (OECD) sowie der Europäischen Kommission gewürdigt und um einen eigenen Ansatz ergänzt werden.

III. Aufbau der Arbeit

Kapitel B beginnt mit einer Abgrenzung des Untersuchungsgegenstands der betrieblichen Altersversorgung und einer Erläuterung deren betriebswirtschaftlichen Bedeutung. Anschließend werden die relevanten steuersystematischen und europarechtlichen Anforderungen an die internationale Besteuerung der betrieblichen Altersversorgung festgelegt. Dieser Katalog hat eine doppelte Aufgabe: Zum einen dient er als Beurteilungsmaßstab für die Analyse der nationalen Altersversorgungssysteme sowie der daraus resultierenden internationalen Besteuerungskonflikte. Zum anderen bilden die aufgestellten Prämissen die Grundlage für die Erörterung der internationalen Reformüberlegungen sowie für die Ausarbeitung eines eigenen Lösungsansatzes. Die Anforderungen umfassen juristische, wirtschaftliche und verwaltungstechnische Überlegungen.

Die Diskussion der vorgelagerten bzw. nachgelagerten Besteuerung der Altersversorgung ist dabei unausweichlich mit der Auseinandersetzung zwischen einer klassischen Einkommensteuer und einer Konsumsteuer verbunden. Da der Fokus der Untersuchung auf den internationalen Aspekten der Besteuerung liegt, wird die Entscheidung eines Staates zugunsten einer vor- oder nachgelagerten Besteuerung nicht in Frage gestellt, sondern vielmehr als Datum für die weitere Analyse gesehen. Die Ausgestaltung des nationalen bzw. internationalen Steuerrechts kann in der Europäischen Union jedoch nicht losgelöst von den europäischen Grundfreiheiten diskutiert werden. Gerade die Besteuerung der grenzüberschreitenden betrieblichen Altersversorgung muss sich an diesen Prüfsteinen messen lassen, da in mehrfacher Hinsicht eine Beeinträchtigung der Grundfreiheiten gegeben sein kann. Vor diesem Hintergrund werden die relevanten intertemporalen Besteuerungsprobleme einer grenzüberschreitenden betrieblichen Altersversorgung systematisiert. Für die weitere Untersuchung werden typisierte Fallgruppen modelliert, anhand derer die internationalen Doppel- und Minderbesteuerungen analysiert werden.

Die Besteuerung der betrieblichen Altersversorgung in der Europäischen Union wird anhand der Staaten Deutschland, Dänemark und Österreich in *Kapitel C* näher betrachtet. Die drei Staaten decken die in der EU vorkommenden Steuersysteme vollständig ab, so dass sich die exemplarische Analyse auf sie beschränken kann. Nach einer Darstellung der nationalen Steuersysteme werden die steuerlichen Konsequenzen in den einzelnen Ländern für die typisierten Fallgruppen untersucht. Um die Einflussfaktoren für die internationale Besteuerung zu identifizieren, wird dabei zunächst von Doppelbesteuerungsabkommen abstrahiert. Die dabei gewonnenen Erkenntnisse werden anhand des in Kapitel B aufgestellten Beurteilungskatalogs gewürdigt. Die Steuereffekte bei Anwendung der geltenden Doppelbesteuerungsabkommen werden zu Beginn von *Kapitel D* behandelt. Weiter wird der Lösungsansatz der OECD zur Anerkennung von Beitragszahlungen an ausländische Pensionskassen diskutiert. Auf europäischer Ebene ist sowohl die „negative Integration“ durch den EuGH als auch die „positive Integration“ durch die Europäische Kommission zu betrachten. Die Rechtsprechung des EuGH konkretisiert die europarechtlichen Anforderungen an die internationale Besteuerung. Für die betriebliche Altersversorgung haben die bisher ergangenen Urteile zur Folge, dass steuerliche Ungleichbehandlungen aufgrund der Ansässigkeit regelmäßig unzulässig sind. Der Ansatz der Europäischen Kommission geht darüber hinaus, da langfristig eine Angleichung der Steuersysteme angeregt wird. Von einer Vereinheitlichung der körperschaftsteuerlichen Bemessungsgrundlage ist auf der einen Seite unmittelbar die steuerliche Erfassung von Beiträgen für eine betriebliche Altersversorgung auf Ebene des Arbeitgebers tangiert. Dies hat auf der anderen Seite auch Rückwirkungen auf die Besteuerungssystematik auf Ebene des Arbeitnehmers und der Versorgungseinrichtung. Die Ergebnisse aus der Auseinandersetzung mit den bisherigen Vorschlägen bilden die Basis für einen eigenen Reformansatz. Die Arbeit schließt mit einer thesenförmigen Zusammenfassung der gewonnenen Erkenntnisse in *Kapitel E.*

B. Definition der betrieblichen Altersversorgung sowie Anforderungen an deren nationale und internationale Besteuerung

I. Charakterisierung und Systematisierung der betrieblichen Altersversorgung

1. Abgrenzung der betrieblichen Altersversorgung von der gesetzlichen und der privaten Vorsorge

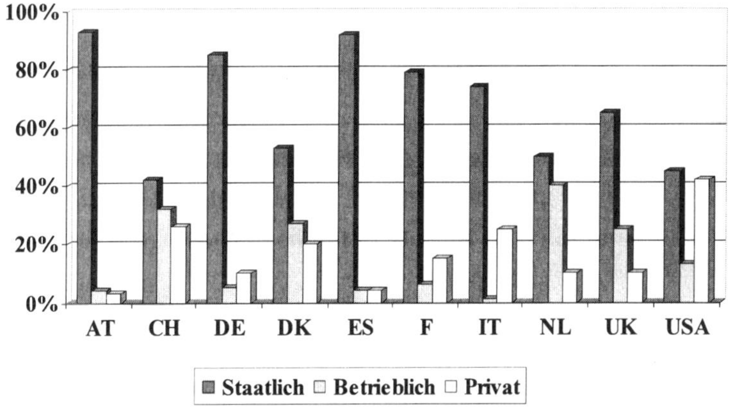

Abbildung 1: Internationaler Vergleich der Zusammensetzung der Alterseinkünfte
(Quellen: Börsch-Supan, Savings, 2004; Dietvorst, Pensions, 1999; Hausschild, Dänemark, 2003)

In fast allen europäischen Ländern kann die Struktur der Altersversorgung mit dem Drei-Säulen-Modell[6] beschrieben werden, wonach staatliche, betriebliche und private Vorsorgemaßnahmen zur Alterssicherung beitragen. Deren jeweilige quantitative Bedeutung (vgl. Abb. 1) sowie deren qualitative Ausgestaltungen dagegen können in den einzelnen Staaten sehr unterschiedlich ausfallen. Insbesondere das Versorgungsniveau aus der staatlichen Altersversorgung hat einen prägenden Einfluss auf den Anteil der betrieblichen und privaten Altersversorgung. Gesetzliche Rentensysteme, die nur ein geringes Leistungsniveau oder eine Grundrente vorsehen (z.B. Niederlande, Großbritannien), korrelieren mit leistungsstarken und weit verbreiteten privatwirtschaftlichen Versorgungswegen. Umgekehrt spielen bei staatlichen Gesamtversorgungssystemen, wie sie typischerweise in südeuropäischen aber auch partiell in mitteleuropäischen

6 Vgl. EFRP, Change, 2005, S. 14.

Ländern vorzufinden sind, betriebliche und private Vorsorgemaßnahmen in der Regel nur eine geringe Rolle.

Aufgrund der unterschiedlichen nationalen Ausgestaltungen der einzelnen Komponenten fällt eine exakte Abgrenzung zwischen den drei idealtypischen Säulen nicht einfach. In vielen Fällen überlagern sich die Charakteristika und Voraussetzungen, was eine eindeutige Zuordnung zusätzlich erschwert.[7] Dies zeigt sich bereits daran, dass die Europäische Kommission – nach einigen missglückten Versuchen – auf eine europaweit gültige Definition der betrieblichen Altersversorgung verzichtet hat und stattdessen einen institutionellen Ansatz verfolgt.[8] Als ungeeignet erwies sich unter anderem das Kriterium der Kapitaldeckung,[9] da in verschiedenen Mitgliedstaaten bestimmte betriebliche Versorgungseinrichtungen im Umlageverfahren betrieben werden dürfen.[10] Unter Instrumenten der staatlichen Altersversorgung sollen im Folgenden gesetzlich reglementierte und organisierte Pflichtsysteme verstanden werden. Darunter fallen zum einen die Rentenversicherungen für Arbeitnehmer sowie die Beamtenversorgung und zum anderen gesetzliche Regelsysteme, die allein auf die Ansässigkeit im Inland abstellen.

Die betriebliche Altersversorgung zeichnet sich dadurch aus, dass sie privatwirtschaftlich organisiert und verwaltet wird und stets einen direkten Bezug zu einem Arbeitsverhältnis aufweist. Zwar resultiert sie in der Regel aus Individual- bzw. Betriebsvereinbarungen oder einem Tarifvertrag, während auf gesetzlicher Ebene meist nur institutionelle Rahmenbedingungen verankert sind.[11] Gleichwohl sehen einige Staaten ein gesetzliches Obligatorium vor, nach dem jeder Arbeitnehmer in einer betrieblichen Altersversorgung erfasst sein muss.[12] Die private Altersvorsorge stellt dagegen eine

---

7 Beispielhaft seien nur Großbritannien und Deutschland genannt. Durch die Möglichkeit des Contracting-outs in Großbritannien kann ein staatliches Instrument (S2P, vormals SERPS) durch betriebliche oder private Instrumente ersetzt werden. Die Förderung der deutschen „Riester-Rente“ kann sowohl bei privaten als auch bei betrieblichen Versorgungsverträgen in Anspruch genommen werden kann.

8 Vgl. Bruno-Latocha/Devetzi, betrAV 2001, S. 621.

9 Das Kriterium wird jedoch in der inzwischen verabschiedeten „Pensionsfondsrichtlinie“ verwendet; vgl. Richtlinie 2003/41/EG, Art. 2 Abs. 2 lit. c); vgl. dazu Kapitel D.II.2.3. Die „Freizügigkeitsrichtlinie“ hat insofern einen weiteren Anwendungsbereich, da auch umlagefinanzierte Systeme sowie Pensionsrückstellungen erfasst werden; vgl. Richtlinie 98/49/EG Art. 3 lit. b).

10 Z.B. die französische ARRCO und AGIRC sowie die deutsche (nicht rückgedeckte) Unterstützungskasse; zur Kritik an der Ausgrenzung dieser Versorgungswerke vgl. Stürmer, betrAV 1998, S. 211 f.

11 Z.B. BetrAVG in Deutschland oder ERISA in den USA.

12 Z.B. Schweiz, Schweden, partiell Niederlande.

reine Individualvorsorge dar, die unabhängig von einem Arbeitsverhältnis vorgenommen wird. Diese Abgrenzung folgt im Wesentlichen dem Ansatz des EuGH.[13] Als zentral erweist sich das Kriterium des Arbeitsverhältnisses. Die Versorgungszusage muss einen Bestandteil des Arbeitsvertrags darstellen und darf nicht gesetzlichen Ursprungs sein.[14] Als Abgrenzungsmerkmal eignet sich daher die unterschiedliche organisatorische Abwicklung. Während bei Produkten der privaten Altersversorgung der Bürger mit einem Anbieter direkt und eigenständig in Kontakt steht, handelt der Arbeitgeber bei der betrieblichen Altersversorgung quasi als Intermediär. Zwar liegt bei unmittelbaren Versorgungszusagen ebenfalls ein direkter Kontakt zwischen den Vertragsparteien vor. Dieser ist aber maßgeblich durch das Arbeitsverhältnis und nicht durch eine andere Markttransaktion begründet.[15]

2. Betriebswirtschaftliche Bedeutung der betrieblichen Altersversorgung

2.1. Personalwirtschaftliche Rahmenbedingungen

In ihren historischen Anfängen stellte die betriebliche Altersversorgung eine freiwillige soziale Leistung des Arbeitgebers für seine Arbeitnehmer dar. Die ersten Versorgungswerke entsprangen in der Regel einer Mischung aus patriarchalischer Fürsorge sowie christlichem Verantwortungsbewusstsein der damaligen Unternehmenseigner und waren als Reaktion auf soziale Missstände und die unzureichende bzw. nicht vorhandene gesetzliche Regelabsicherung im 19. Jahrhundert gedacht.[16] Mit dem wirtschaftlichen Umfeld hat sich auch die Bedeutung der betrieblichen Altersversorgung verändert. Der ursprüngliche Versorgungsgedanke wurde durch den Entgeltcharakter überwiegend verdrängt,[17] was inzwischen sowohl in der Wissenschaft[18] als auch in der Rechtsprechung des Bundesarbeitsgerichtes[19] und des EuGH[20] anerkannt ist. In diesem

---

13 Vgl. EuGH-Urteil v. 13.5.1986 (Bilka).

14 Vgl. Borchardt, IStR 1995, S. 36.

15 Ähnlich EFRP, Change, 2005, S. 13.

16 Vgl. Schneevoigt, Altersversorgung, 2001, S. 355. Statt vieler seien die Beispiele Gutehoffnungshütte und Krupp sowie American Express genannt; vgl. Doetsch, Altersversorgung, 1986, S. 3 ff.; aba, Altersversorgung, 2004, Rn. 15.

17 Vgl. Schwinger, Pensionsfonds, 1997, S. 166 f. Noch 1992 machte *Koch* vorwiegend ethische Überlegungen als Begründung für die betriebliche Altersversorgung aus; vgl. Koch, Unternehmenskultur, 1992, S. 295 ff.

18 Vgl. Lösel, Entgeltumwandlung, 2004, S. 37 f. m.w.N.

19 Vgl. BAG-Urteil v. 10.3.1972, 3 AZR 278/71; BAG-Urteil v. 17.1.1980, 2 AZR 614/78.

20 Vgl. EuGH-Urteil v. 13.5.1986 (Bilka); EuGH-Urteil v. 27.9.1988 (Humbel und Edel); EuGH-Urteil v. 17.5.1990 (Barber); EuGH-Urteil v. 12.7.2001 (Smits und Peerbooms), Tz. 58. Zur Auseinandersetzung mit der EuGH-Rechtsprechung vgl. Puskás, betrAV 1992, S. 146 f.; Clever, betrAV 1992, S. 215 f.; Griebeling, betrAV 1992, S. 216 f., Borchardt,

Sinne dient die betriebliche Altersversorgung der Akquirierung, Motivation und langfristigen Bindung[21] qualifizierter Arbeitskräfte. Ein spezieller Fokus liegt hierbei auf hoch qualifizierten Mitarbeitern, um welche die Unternehmen in einem internationalen Wettbewerb stehen.[22] Im Rahmen von Gesamtvergütungsmodellen bildet die betriebliche Altersversorgung neben dem Grundgehalt, variablen Vergütungsbestandteilen, Mitarbeiterbeteiligungsprogrammen (z.B. Stock Options) sowie weiteren Zusatzleistungen (z.B. Dienstwagen) eine zentrale Komponente.[23]

Sowohl die gestiegene Mobilität der Arbeitnehmer als auch der Bedarf der Unternehmen an flexibel einsetzbaren Arbeitskräften stellen aus personalwirtschaftlicher Sicht erhöhte Anforderungen an die betrieblichen Versorgungssysteme.[24] Die eingeforderte Mobilität und Flexibilität darf nicht durch den drohenden Untergang von Leistungsansprüchen oder Anwartschaften im Falle eines Arbeitgeberwechsels beschädigt werden. Die beabsichtigte Anreizwirkung ginge im Falle unflexibler und benachteiligender Altersversorgungsmodelle verloren.[25] Neben steuerlichen Aspekten sind vor allem Vorschriften zur Portabilität oder Unverfallbarkeit zu berücksichtigen.[26] Diese spielen insbesondere bei Expatriates[27] eine Rolle, die häufig in verschiedenen Ländern eingesetzt werden. Unverfallbarkeitsfristen können die scheinbar aufgebaute Altersversorgung ebenso wie den personalwirtschaftlich erhofften Effekt vollständig entwerten.[28]

2.2. Finanzwirtschaftliche Bedeutung

Durch eine betriebliche Altersversorgung ergeben sich für den Arbeitgeber Liquiditäts- und Finanzierungswirkungen.[29] Gerade unmittelbare Zusagen sind mit einem In-

betrAV 1993b, S. 103 ff.; Ahrend/Beucher, betrAV 1993, S. 253 ff.; Rößler, betrAV 1995, S. 68.

21 Vgl. Cramer, DStR 2002, S. 388.

22 Zum Teil wird von einem „War for Talent“ gesprochen, vgl. Schneevoigt, Altersversorgung, 2001, S. 358.

23 Vgl. Schneevoigt, Altersversorgung, 2001, S. 358 ff.; ähnlich bereits Sieben, Versorgungssystem, 1992, S. 336 ff. Sehr deutlich wird der Komponentenansatz im „Cafeteria-Modell“; vgl. dazu ausführlich Langemeyer, Cafeteria-Verfahren, 1999.

24 Vgl. Andresen, Altersversorgung, 2001, S. 50 ff.; Hölscher, betrAV 2005, S. 230 ff.

25 Grundlegend zur Anreizgestaltung vgl. Mayer/Pfeiffer, ZfB 2004, S. 1047 ff.

26 Vgl. Walser, betrAV 1997, S. 307, 309 f.

27 Für einen internationalen Steuerbelastungsvergleich vgl. Jacobs/Endres/Spengel/Elschner/Höfer/Schmidt, Expatriates, 2005.

28 Vgl. Ahrens, Herausforderungen, 1992, S. 329 f.

29 Vgl. Scheffler, Altersversorgung, 1990, S. 111 ff. m.w.N.

nenfinanzierungseffekt verbunden.[30] Die Bildung von Rückstellungen führt zu nicht zahlungswirksamen Aufwendungen. Durch die Minderung des ausschüttbaren Gewinns wird Liquidität im Unternehmen gebunden, bis die Auszahlung in der Versorgungsphase erfolgt. Der Effekt verstärkt sich, wenn die Rückstellung steuerlich anerkannt wird.[31] Die aufwandswirksame Bildung von Pensionsrückstellungen bindet – insbesondere bei steuerlicher Anerkennung – liquide Mittel im Unternehmen, welche erst in der Versorgungsphase zur Auszahlung kommen.

Die Möglichkeiten der Innenfinanzierung durch Pensionsrückstellungen werden in letzter Zeit zunehmend kritisch gesehen. Neben den erhöhten Risiken aufgrund vorzeitiger Inanspruchnahme (sog. Bilanzsprungrisiko) und den schwer kalkulierbaren Kosten[32] haben auch die neuen Anforderungen an die Kreditvergabe durch Banken in Folge der Basel-II-Vereinbarung[33] zu einer Abkehr von unmittelbaren Zusagen geführt. Hinzu kommen die teilweise erfolgenden Bewertungsabschläge internationaler Rating-Agenturen.[34] Als weiterer Grund für die Auslagerung von Pensionsverpflichtungen werden Kostenvorteile mittelbarer Zusagen genannt. Zum einen kann der Arbeitgeber administrative Aufwendungen in Zusammenhang mit der Altersversorgung auslagern und dabei evtl. Skalenvorteile erzielen. Zum anderen ist durch die größere Kapitalansammlung in externen Versorgungsträgern eine stärkere Risikodiversifikation möglich, welche letztlich zu höheren bzw. stetigeren Renditen aus der Anlage des gebundenen Kapitals führen kann.[35] Als Folge muss der Arbeitgeber geringere Kosten tragen oder kann bei vergleichbarem Aufwand eine höhere Anreizwirkung erzielen.

---

30 Vgl. Lösel, Entgeltumwandlung, 2004, S. 38.

31 Zur Diskussion, ob mittels Pensionsrückstellungen Finanzierungsvorteile für das zusagende Unternehmen entstehen, vgl. Schneider, DB 1989, S. 889 ff; Sieber/Schmahl/Vinneman, DB 1975, S. 6 ff.

32 Vgl. Grawert, Compensation, 1998, S. 106 ff.

33 Vgl. Volkenner/Walter, DStR 2004, S. 1399 ff.

34 Zur Beurteilung von Direktzusagen aus angelsächsischer Perspektive vgl. Clark, Pensions, 2003, S. 79 ff.

35 Vgl. Arbeitskreis „Finanzierung“ der Schmalenbach-Gesellschaft für Betriebswirtschaftslehre e.V., DB 1998, S. 326 ff.

3. Ausgestaltungsvarianten der betrieblichen Altersversorgung

3.1. Art der Zusage

Inhaltlich werden unter der betrieblichen Altersversorgung im Allgemeinen Leistungen der Alters-, Invaliditäts- oder Hinterbliebenenversorgung verstanden.[36] Deren wesentliches Element stellt die Absicherung biometrischer Risiken (Langlebigkeit, Invalidität, Tod) dar. Eine Zusage kann verschiedene Leistungsformen vorsehen.[37] Neben der Art der Auszahlung ist vor allem deren Bemessung von entscheidender Bedeutung. Die Auszahlungsformen unterscheiden sich insbesondere durch die Regelmäßigkeit der Leistungen und reichen von einmaligen Kapitalleistungen bis zu von der Lebenszeit abhängigen Rentenzahlungen. Die zugesagte Versorgungsleistung kann grundsätzlich nach zwei gegensätzlichen Modellen bemessen werden: der Leistungszusage und der Beitragszusage.[38] Während dem Arbeitnehmer bei einer Leistungszusage ein bestimmtes Versorgungsniveau in Aussicht gestellt wird, verspricht der Arbeitgeber bei einer Beitragszusage die Abführung bzw. Anlage eines bestimmten Beitrags für die Zwecke der Altersversorgung. Die elementaren Unterschiede zwischen beiden Modellen bestehen in der Risikotragung, der Haftung für Fehlbeträge sowie der Planbarkeit der Zusage.[39]

Bei einer Leistungszusage trägt der Arbeitgeber das Risiko, bis zum Beginn der Leistungsphase ein ausreichendes Versorgungskapital zu erwirtschaften. Er muss für Fehlbeträge bei unterdurchschnittlicher Rendite oder vorzeitigem Eintritt des Versorgungsfalls eintreten. Der Verlauf des Versorgungsplans sowie die finanziellen Konsequenzen daraus für das Unternehmen sind ex ante nur bedingt abschätzbar. Umgekehrt profitiert der Arbeitgeber von einer vorteilhafteren Kapitalanlage.[40] Der Arbeitnehmer hat im Extremfall keinen Anspruch auf Beteiligung an den Mehrerträgen. Aus Sicht des Arbeitnehmers erweist sich die bessere Planbarkeit der zukünftigen Alterseinkünfte als vorteilhaft, da eventuell noch vorhandene Versorgungslücken besser erkannt und geschlossen werden können. Die zukünftigen Versorgungsleistungen unterliegen für den

---

36 So z.B. § 1 Abs. 1 BetrAVG.

37 Vgl. Spengel/Schmidt, Altersversorgung, 1997, S. 61 ff.

38 Vgl. Blake, Pension Schemes, 2000, S. 366 ff. *Blake* unterscheidet neben den hier genannten Beitragszusagen (Defined Contribution) und Leistungszusagen (Defined Benefit) als dritte Option so genannte „Targeted Money Purchase“-Pläne. Diese unterscheiden sich von reinen Beitragszusagen durch die Fixierung einer Mindestleistung, so dass hierin bereits eine Mischform zu sehen ist.

39 Für eine grobe Übersicht vgl. Fülbier/Sellhorn, StuB 2004, S. 385 f.

40 Bei mittelbaren Durchführungswegen wird der Arbeitgeber regelmäßig durch eine Beitragsrückgewähr oder -stundung an der besseren Performance beteiligt.

Arbeitnehmer einem Insolvenzrisiko, das bei Zahlungsunfähigkeit der Versorgungseinrichtung bzw. subsidiär des Arbeitgebers eintritt. Ein Kapitalanlagerisiko trägt der Arbeitnehmer nicht.

Demgegenüber führen reine Beitragszusagen zu einer Enthaftung des Arbeitgebers. Mit Zahlung des versprochenen Betrages an eine Versorgungseinrichtung bzw. mit der zugesagten Kapitalanlage im Unternehmen hat der Arbeitgeber seine Verpflichtungen aus der Pensionszusage gegenüber dem Arbeitnehmer vollständig erfüllt. Die Risiken aber auch die Chancen der Kapitalanlage liegen allein beim Arbeitnehmer. Während sich die Planbarkeit der zukünftigen Einnahmen für den Arbeitnehmer reduziert, kann der Arbeitgeber seine finanziellen Belastungen in der Zukunft genauer abschätzen. Das gilt ebenso für das Risiko der vorzeitigen Inanspruchnahme. Dieses tritt vor allem bei Zusagen mit Hinterbliebenen- oder Invaliditätsversorgung hervor.

In der Praxis sind vielfach Mischformen zwischen den beiden Extremformen anzutreffen. So beinhalten Beitragszusagen in Deutschland beispielsweise eine Wertsicherungsklausel, so dass zumindest die eingesetzten Beiträge als Versorgungskapital bereitstehen müssen.[41] Umgekehrt lassen Leistungszusagen Arbeitnehmer i.d.R. ebenfalls an einer überdurchschnittlichen Performance teilhaben.

In den letzten Jahren ist international ein Trend zu Beitragszusagen bzw. der Umgestaltung von Leistungszusagen beobachtbar. Dies ist zum einen auf die bessere Vorhersehbarkeit der Beiträge für die Unternehmen zurückzuführen. Eine bedeutsame Rolle in diesem Zusammenhang spielen die Anforderungen der internationalen Rechnungslegung sowie in deren Gefolge der internationalen Rating-Agenturen, die einen Druck in Richtung Beitragszusagen ausüben. Die Grundüberlegung besteht darin, zufällige, exogene Schwankungen aufgrund der Kapitalanlage sowie aufgrund biometrischer Ereignisse aus den Bilanzen der Unternehmen herauszuhalten und stattdessen durch vorhersehbare Beitragszahlungen zu verstetigen. Zum anderen zeigen Studien,[42] dass die Wertschätzung der betrieblichen Altersversorgung seitens der Arbeitnehmer bei Beitragszusagen höher liegt als bei Leistungszusagen. Die beabsichtigte Anreizwirkung auf die Mitarbeiter lässt sich demnach durch Beitragszusagen besser erzielen als durch Leistungszusagen.

---

[41] Abzüglich eines Beitrags zur Risikoabsicherung; vgl. § 1 Abs. 2 Nr. 2 BetrAVG.

[42] Vgl. LoCicero, Pension, 2000, S. 126 ff.; Orszag, dpn 3/2003, S. 49 f.

3.2. Art der Finanzierung

Grundsätzlich lassen sich drei Finanzierungsalternativen unterscheiden. Die Aufwendungen für die betriebliche Altersversorgung können vom Arbeitgeber oder vom Arbeitnehmer im Wege einer Gehaltsumwandlung getragen werden; ferner stellen gemeinsame Finanzierungsmodelle einen Mittelweg dar. Aufgrund des erhöhten Kostendrucks durch die Globalisierung sind viele Arbeitgeber nicht mehr willens oder in der Lage, die Kosten der betrieblichen Altersversorgung alleine zu tragen. Um die Möglichkeit einer adäquaten Altersversorgung für die Arbeitnehmer aufrecht zu erhalten, werden die Arbeitnehmer häufig partiell oder vollständig an den Kosten durch Eigenbeiträge beteiligt. Gerade bei so genannten Entgeltumwandlungs- bzw. Deferred Compensation-Modellen trägt der Arbeitnehmer faktisch sämtliche oder zumindest ein Gros der entstehenden Kosten.

Betrachtet man dies unter ökonomischen Gesichtspunkten, so bestehen zwischen den Modellen keine Unterschiede. Ein wirtschaftlich rational handelnder Arbeitnehmer wird eine arbeitgeberfinanzierte Pensionszusage als Teil seiner Gesamtvergütung berücksichtigen. Deren Wert macht er davon abhängig, was ihn die private Abdeckung der andernfalls entstehenden Versorgungslücke kosten würde.[43] Damit ergibt sich letztlich keine andere Situation, als wenn der Arbeitnehmer einen entsprechend höheren Lohn erhalten hätte und durch eine Entgeltumwandlungsvereinbarung in eine Pensionszusage eintauscht.[44]

Dieser Sichtweise hat sich auch die europäische Rechtsprechung angeschlossen. Entgegen seiner vorherigen Auffassung, nach der eine zumindest teilweise Partizipation des Arbeitgebers an den Kosten für die Qualifikation als betriebliche Altersversorgung erforderlich war, hat sich der EuGH inzwischen eine wirtschaftliche Betrachtungsweise der Beitragszahlungen zu Eigen gemacht. Demnach ist die konkrete Zuordnung der Zahlungen zum Arbeitnehmer oder Arbeitgeber nicht mehr entscheidend.[45]

---

43 Annahmegemäß habe der Arbeitnehmer keine abweichenden Risikopräferenzen hinsichtlich seiner Altersversorgung.

44 So auch Mössner, CDFI 2000, S. 28 f. Ebenfalls kritisch zur Abgrenzung zwischen arbeitgeber- bzw. arbeitnehmerfinanzierter betrieblicher Altersversorgung vgl. Grabner/Bode, DB 2001, S. 481 ff. *Grabner/Bode* verweisen darauf, dass eine auf einer Entgeltumwandlung basierende Versorgungszusage letztlich ebenfalls aus den Vermögensmitteln des Arbeitgebers finanziert wird.

45 Vgl. Borchardt, IStR 1995 S. 36 f.; EuGH-Urteil v. 22.12.1993 (Neath); EuGH-Urteil v. 28.9.1994 (Coloroll); EuGH-Urteil v. 13.5.1986 (Bilka).

Gleichwohl knüpfen in der Praxis häufig abweichende rechtliche Konsequenzen an die konkrete Art der Finanzierung an. Während in Deutschland beispielsweise Arbeitgeberzusagen erst nach Vollendung des 30. Lebensjahres des Arbeitnehmers und mindestens fünfjähriger Betriebszugehörigkeit gesetzlich unverfallbar werden, sind Zusagen aus einer Entgeltumwandlung sofort unverfallbar.[46]

3.3. Unternehmensexterne vs. unternehmensinterne Kapitalanlage

Eines der zentralen Unterscheidungskriterien verschiedener Modelle der betrieblichen Altersversorgung ergibt sich aus der Entscheidung, die Deckungsmittel *mittelbar* durch eine rechtlich selbständige Versorgungseinrichtung oder *unmittelbar* im Unternehmen selbst anzusammeln. In letzterem Fall ist der Arbeitgeber gleichzeitig Träger der Versorgungszusage. Bei einer mittelbaren Zusage ist diese auf einen externen Träger ausgelagert.[47]

Die Abgrenzung zwischen mittelbaren und unmittelbaren Versorgungszusagen ist direkt mit der Frage der Kapitalanlage verknüpft. Bei mittelbaren Zusagen findet aufgrund der rechtlichen Separierung regelmäßig eine unternehmensexterne Kapitalakkumulation statt.[48] Umgekehrt müssen unmittelbare Zusagen nicht zwangsläufig in unternehmensinterne Kapitalanlagen münden, sofern man diese eng als Investitionen in das Produktivvermögen des Unternehmens auffasst. Über Finanzanlagen stehen Unternehmen mit unmittelbarer Versorgungszusage ebenfalls externe Kapitalanlagemöglichkeiten zur Verfügung.[49] Aufgrund der Klassifizierung als Fremdkapital durch Rating-Agenturen ist in den letzten Jahren international ein Trend in Richtung externer Lösungen unverkennbar.[50]

Eine besondere Form der Wertpapierrückdeckung stellen sog. Contractual Trust Arrangements (CTA) dar.[51] Zwar bleibt der Arbeitgeber Schuldner aller Versorgungsverpflichtungen. Das Versorgungskapital wird jedoch auf eine Treuhand ausgegliedert.

---

46 Vgl. § 1b Abs. 1, 5 BetrAVG.

47 Vgl. Spengel/Schmidt, Altersversorgung, 1997, S. 57.

48 Von Besonderheiten durch Rückanlagen in das Trägerunternehmen sei an dieser Stelle abstrahiert.

49 Zu Recht weisen *Heubeck/Seeger* auf die unglückliche, dem englischen Sprachgebrauch entnommene Differenzierung zwischen „ungedeckten“ („unfunded“) und „gedeckten“ („funded“) Pensionsverpflichtungen hin; vgl. Heubeck/Seeger, DB 2004, S. 994.

50 Vgl. nur für die deutschen Großunternehmen Jasper/Delvai, FB 2004, S. 389 ff.

51 Vgl. Klemm, DStR 2005, S. 1291 ff.

Der Vorteil einer solchen Konstruktion besteht darin, dass eine Bilanzverkürzung um die Pensionsrückstellungen bzw. das Versorgungskapital bei Verwendung von US-GAAP oder IFRS als Bilanzierungsnormen möglich ist.[52]

II. Anforderungen an die Besteuerung der betrieblichen Altersversorgung auf nationaler Ebene

Bereits Adam Smith formulierte vier Grundprinzipien an ein rationales Steuersystem:[53]

- Die Steuer eines jeden Bürgers soll nach seiner (Zahlungs-) Fähigkeit bemessen werden (Gleichheit der Besteuerung).
- Die Festlegung der Steuern soll genau und willkürfrei erfolgen (Bestimmtheit).
- Die Steuererhebung soll dem Steuerpflichtigen keine Liquiditäts- oder Finanzierungsprobleme bereiten (Bequemlichkeit der Erhebung).
- Die Kosten der Steuererhebung sollen in einem sinnvollen Verhältnis zu den Steuereinnahmen stehen (Effizienz).

Die Anforderungen der Steuergleichheit und der Bestimmtheit im Sinne von Rechtsstaatlichkeit können unter dem Oberbegriff „Gerechtigkeit" zusammengefasst werden. Die Kriterien für die Besteuerung lassen sich damit in rechtliche, wirtschaftliche und verwaltungstechnische Komponenten einteilen.

1. Gerechtigkeit als ethische Anforderung

1.1. Das Leistungsfähigkeitsprinzip als Konkretisierung

Die Gleichmäßigkeit der Besteuerung leitet sich unmittelbar aus dem Grundsatz der Gleichheit vor dem Gesetz ab, welcher ein zentrales Element der Rechtsstaatlichkeit in allen modernen Industrienationen darstellt.[54] Damit sind zwei Komponenten verbunden: Zum einen bedingt der Gleichheitsgrundsatz die formale Sicherstellung der gleichmäßigen Anwendung der Steuergesetze im Sinne einer Rechtsanwendungsgleichheit durch die Finanzverwaltung und die Finanzgerichtsbarkeit. Zum anderen wird die Rechtsetzungsgleichheit durch den Steuergesetzgeber angesprochen.[55] Der

52 Vgl. dazu Schäfer/Wojtysiak, FB 2002, S. 355 ff.; Küppers/Louven, BB 2004, S. 337 ff.

53 Vgl. Smith, Wealth, 1789, S. 703 ff.; Birk, DStJG 19, 1996, S.63 f.

54 Vgl. Gribnau, Introduction, 1999, S. 27 ff.

55 So bereits Jacobs, Ertragsteuerbilanz, 1971, S. 12 ff.

Gesetzgeber hat bereits bei der Ausgestaltung der Steuergesetze die grundsätzlichen ethischen Wertungen des Gleichheitssatzes als Gerechtigkeitsanforderung zu berücksichtigen.

Der Begriff der Gerechtigkeit stellt nur ein äußerst vages Qualitätsmerkmal dar. Zu Recht verweist *Tipke* darauf, dass Gerechtigkeit als fundamentalster Rechtsgrundsatz zugleich „ein höchst unbestimmter Wertungsbegriff" ist.[56] Als Konkretisierungen des Gleichheitsgrundsatzes stehen sich im Wesentlichen das Äquivalenzprinzip und das Leistungsfähigkeitsprinzip als Alternativen gegenüber.[57]

Das Äquivalenzprinzip basiert auf der Überlegung, dass jeder in dem Umfang besteuert werden soll, in welchem er Leistungen des Staates in Anspruch nimmt.[58] Ähnlich einem Versicherungsbeitrag[59] sollen durch die Steuer die Vorteile, welche der Staat dem Einzelnen gewährt, abgegolten werden.[60] Implizit ist damit die Vertragstheorie verbunden, wonach Bürger und Staat in einem vertragsähnlichen Verhältnis stehen.[61] Den öffentlichen Leistungen soll ein Entgelt zugewiesen werden, welches durch einen marktwirtschaftlichen Preisbildungsprozess festgelegt wird.[62] Öffentliche Güter entziehen sich jedoch typischerweise einer Marktbewertung.[63] Gleichzeitig ist die Bestimmung der Äquivalenz faktisch unmöglich, so dass der Anwendungsbereich des Äquivalenzprinzips für die Besteuerung stark eingeschränkt ist.[64] Hinzu kommt, dass die Besteuerung nach moderner Staatsauffassung unabhängig von der Inanspruchnahme staatlicher Leistungen erfolgen soll.[65]

---

56 Vgl. Tipke, Steuergerechtigkeit, 2000, S. 14.

57 *Tipke/Lang* nennen daneben das Kopfsteuerprinzip; vgl. Tipke/Lang, Steuerrecht, 2002, S. 81.

58 Vgl. ausführlich zum Äquivalenzprinzip Hansjürgens, Äquivalenzprinzip, 2001.

59 Daher auch teilweise als Assekuranztheorie bezeichnet; vgl. Tipke/Lang, Steuerrecht, 2002, S. 81.

60 Vgl. Birk, Leistungsfähigkeitsprinzip, 1983, S. 21.

61 So auch Vogt, Leistungsfähigkeit, 2003, S. 30.

62 Vgl. Hansjürgens, Steuerwettbewerb, 2001, S. 82.

63 Vgl. Haller, Steuern, 1981, S. 16 ff.

64 Vgl. Koniarski, Einkommen, 1984, S. 32.

65 Vgl. beispielhaft § 3 AO: „Steuern sind Geldleistungen, die nicht eine Gegenleistung für eine besondere Leistung darstellen [...]." Dies zeigt sich auch daran, dass zahlreiche Staatsleistungen (z.B. Sozialhilfe) gerade auf Personen ausgerichtet sind, welche sie sich nicht leisten können.

Als angemessener Maßstab für eine gerechte Besteuerung auf Ebene des einzelnen Steuerpflichtigen hat sich international das Leistungsfähigkeitsprinzip durchgesetzt.[66] Demnach soll jeder Steuerpflichtige in dem Maße zur Finanzierung der Staatsausgaben beitragen, wie es seine Leistungsfähigkeit zulässt.[67] Ökonomisch stellt die Steuer eine Art Opfer dar, welches jeden Bürger gleich stark trifft.[68] Im volkswirtschaftlichen Sinne entspricht dieses Opfer einem entgangenen Nutzen.[69] Dessen Messbarkeit ist jedoch nach wie vor unbestimmt.[70] In der Praxis kommt dem Gesetzgeber folglich ein gewisser Spielraum bei der Auswahl eines geeigneten Indikators (z.B. Einkommen, Vermögen oder Konsum) zu.[71]

Aus dem Leistungsfähigkeitsprinzip lässt sich unmittelbar das Nettoprinzip ableiten.[72] Zu einer erhöhten Leistungsfähigkeit führt – und kann folglich besteuert werden – nur die Differenz zwischen den erreichten (Brutto-) Vermögensmehrungen und den dafür erforderlichen Aufwendungen.[73] Das Nettoprinzip besitzt zwei Ausprägungen. Zum einen verknüpft das objektive Nettoprinzip die erreichte Vermögensmehrung mit den in direktem Zusammenhang stehenden Aufwendungen. Die zur Einkunftserzielung erforderlichen Aufwendungen mindern die erzielten Erträge, so dass der Besteuerung nur Netto-Einkünfte unterliegen.[74] Das subjektive Nettoprinzip verhindert auf der anderen Seite, dass Einkommen besteuert wird, welches zur Bestreitung des Existenzminimums erforderlich ist.[75]

1.2. Intertemporale Leistungsfähigkeit: Das Korrespondenzprinzip

Eine spezielle Ausprägung des Gleichheitsgrundsatzes besteht in der Forderung, dass die gesamte Leistungsfähigkcit cincs Steuerpflichtigen während seines Lebens genau

---

66 Vgl. Tipke/Lang, Steuerrecht, 2002, S. 79. Einen Abriss über die geschichtliche Entwicklung findet sich bei Birk, Leistungsfähigkeitsprinzip, 1983, S. 6 ff.

67 So bereits Smith, Wealth, 1789, S. 703.

68 Vgl. Haller, Steuern, 1981, S. 14 ff.; Birk, Leistungsfähigkeitsprinzip, 1983, S. 165 ff.

69 Vgl. Beiser, ÖStZ 2000, S. 413 f.

70 Kritisch zur Opfertheorie vgl. Koniarski, Einkommen, 1984, S. 38 f.

71 Vgl. Birk, Leistungsfähigkeitsprinzip, 1983, S. 167. Ausführlich dazu Kapitel B.II.1.3.

72 Vgl. Klein, DStZ 1995, S. 630.

73 Vgl. Lang, Bemessungsgrundlage, 1988, S. 183.

74 Vgl. Vogt, Leistungsfähigkeit, 2003, S. 41 f.

75 Vgl. ausführlich zur Theorie des indisponiblen Einkommens Birk, Leistungsfähigkeitsprinzip, 1983, S. 175 ff.; Lang, Bemessungsgrundlage, 1988, S. 185 f.; Lang, Einkommensteuer, 2000, S. 131 ff.; Tipke/Lang, Steuerrecht, 2002, S. 90 ff.; Vogt, Leistungsfähigkeitsprinzip, 2003, S. 44 f.

einmal besteuert werden soll.[76] Diese als Korrespondenz- bzw. teilweise auch als Kohärenzprinzip[77] bezeichnete Überlegung kann einerseits interpersonal und andererseits intertemporal interpretiert werden.[78] Gemäß der interpersonalen Korrespondenz setzt die Besteuerung einer Einnahme bei einem Steuerpflichtigen voraus, dass die Ausgabe bei einem anderen Steuerpflichtigen abzugsfähig ist.[79] Die Konsequenz hieraus wäre jedoch, dass auch Aufwendungen der privaten Lebensführung steuerlich abzugsfähig sein müssten. Zu Recht weisen *Tipke/Lang* darauf hin, dass die interpersonale Korrespondenz im Widerspruch zum Leistungsfähigkeitsprinzip steht und daher nicht allgemein anwendbar ist.[80]

Demgegenüber verankert die intertemporale Korrespondenz das mit dem Leistungsfähigkeitsprinzip im Einklang stehende Einmalbesteuerungsprinzip.[81] Identische Einkommensbestandteile sind letztlich nur einmal steuerlich zu erfassen.[82] Eine Aussage über den konkreten Besteuerungszeitpunkt ist hiermit jedoch nicht verbunden.[83] Soweit Beitragszahlungen als steuerpflichtig behandelt werden, liegt bei der Auszahlung eine steuerlich unbeachtliche Vermögensumschichtung vor.[84] Umgekehrt müssen die Rückflüsse steuerlich erfasst werden, wenn die Beiträge von der Besteuerung ausgenommen wurden.[85]

1.3. Einkommen und Konsum: Indikatoren der Leistungsfähigkeit

1.3.1. Einkommensteuer

Im Grundsatz sieht die Einkommensteuer vor, dass die Leistungsfähigkeit eines Steuerpflichtigen an seinem erzielten Einkommen festgemacht wird. Daraus ergibt sich

---

76 Vgl. Gröpl, FR 2001a, S. 568 m.w.N. Anderer Ansicht noch Birk, Altersvorsorge, 1987, S. 26 ff.

77 Vgl. z.B. Wellisch, betrAV 2004, S. 108.

78 Vgl. Posch/Knoll, WiSt 2002, S. 596. Synonym zur intertemporalen Korrespondenz wird die intrapersonale Korrespondenz verwendet; vgl. Gröpl, FR 2001a, S. 568.

79 Vgl. Gröpl, FR 2001a, S. 568.

80 Vgl. Tipke/Lang, Steuerrecht, 2002, S. 214 f., 398. *Söhn* lehnt das interpersonale Korrespondenzprinzip insgesamt als verfehlt ab; vgl. Söhn, StuW 2005, S. 113 ff.

81 Vgl. Seer, StuW 1996, S. 335; Horlemann, FR 1999, S. 22; Beiser, ÖStZ 2000, S. 416; Posch/Knoll, WiSt 2002, S. 596.

82 Vgl. Littmann, Gleichheit, 1980, S. 13.

83 Vgl. Gröpl, FR 2001a, S. 569. Ob das Leistungsfähigkeitsprinzip eher eine „vorgelagerte" oder eine „nachgelagerte" Korrespondenz erfordert, ist umstritten; vgl. dazu Klein, Pensionsbesteuerung, 1999, S. 42 ff.

84 Vgl. Beiser, ÖStZ 2000, S. 421.

unmittelbar die Frage, wie das zu besteuernde Einkommen ermittelt werden soll. Nach der ältesten Definition des Einkommensbegriffs sind nur Erträge aus dauerhaft fließenden Quellen zu betrachten. Einmalige Zuflüsse oder Abflüsse sind nicht steuerbar, da ein Rückschluss auf die tatsächliche Leistungsfähigkeit des Individuums nicht möglich sei. Die Quellentheorie, die bereits dem Steuerwesen im Römischen Kaiserreich zu Grunde lag und von *Fuisting*[86] maßgeblich vertreten wurde, unterscheidet zwischen der Fruchtziehung aus einem gegebenen Vermögen und dessen Wertentwicklung, die steuerlich als nicht wiederkehrendes Ereignis nicht relevant ist.

Betrachtet man die betriebliche Altersversorgung unter dem Blickwinkel der Quellentheorie, so muss eine Besteuerung in der Beitragsphase mangels Zufluss abgelehnt werden. Erst mit Auszahlung der Leistungen kommt es zu einer Erhöhung der Bemessungsgrundlage. Bleibt man im Bildnis der Quellentheorie, so stellen die Beiträge in der Anwartschaftsphase keine „Früchte", sondern vielmehr „Samen" dar, die nicht zu besteuern sind. Durch Fiktionen könnte diese Einschätzung allerdings untergraben werden: Nimmt man an, dass die betriebliche Altersversorgung letztlich nur eine Verkürzung des Zahlungsweges ist, bei der eine Gehaltszahlung durch einen Sparvorgang substituiert wird, so könnte man einen faktischen Zufluss annehmen.[87] Dieses Ergebnis berücksichtigt den Entgeltcharakter der betrieblichen Altersversorgung. Fraglich ist in diesem Fall, wie die Leistungen in der Versorgungsphase zu besteuern sind. Sieht man darin die Rückgewähr des Kapitalstocks inklusive der erfolgten Wertzuwächse, so darf keine Besteuerung erfolgen. Geht man dagegen davon aus, dass die Leistungen partiell auf den Anlageerträgen und partiell auf Kapitalauskehrungen beruhen, muss eine für die Quellentheorie untypische Aufteilung der Zahlungen in einen steuerpflichtigen und einen steuerfreien Teil vorgenommen werden.

Die Reinvermögenszugangstheorie bezieht dagegen explizit auch Wertänderungen am ruhenden Vermögen in die Bemessungsgrundlage mit ein. Nach *Schanz* spielt die Einmaligkeit einer Vermögensänderung für die Besteuerung keine Rolle. Vielmehr sind neben laufenden Erträgen auch Gewinne bzw. Verluste aus einmaligen Transaktionen zu berücksichtigen.[88] Im Gegensatz zur Reinvermögenszuwachstheorie von

---

[85] Vgl. Schwarz, Altersvorsorgebesteuerung, 2004, S. 100 f. Kritisch dazu vgl. Dorenkamp, StuW 2000, S. 123; Horlemann, StuW 2001, S. 111 f.

[86] Vgl. vertiefend Fuisting, Steuerlehre, 1902, S. 108 ff.

[87] Das deutsche Steuerrecht geht beim Begriff des „geldwerten Vorteils" ähnlich vor.

[88] Vgl. grundlegend Schanz, FA 1896, S. 1 ff.

Haig/Simons[89] setzt die Reinvermögenszugangstheorie eine Markttransaktion voraus. Nur tatsächlich erzielte, also realisierte Gewinne bzw. Verluste dürfen betrachtet werden.[90] *Haig/Simons* dagegen sprechen sich bereits bei unrealisierten Wertänderungen am ruhenden Vermögen für eine steuerliche Erfassung aus. Volkswirtschaftlich lässt sich dies dadurch begründen, dass mit der Wertänderung Vermögenseffekte verbunden sind. Aufgrund der veränderten Anfangsausstattung verändert sich der für das Individuum erzielbare Nutzen. Folgt man eng dem Ideal einer an der Leistungsfähigkeit orientierten, d.h. nutzeninduzierten Besteuerung, so müssten auch nicht realisierte Gewinne in die Bemessungsgrundlage einfließen.[91] Mit der Rechtsstaatlichkeit im Sinne von Rechtssicherheit ist eine Besteuerung unrealisierter Gewinne allerdings unvereinbar.

Die Beurteilung der betrieblichen Altersversorgung ist davon losgelöst, ob die konkrete Ausgestaltung des Steuersystems der Reinvermögenszuwachs- oder der Reinvermögenszugangstheorie folgt.[92] Insbesondere unter Berücksichtigung des Entgeltcharakters hat sich das Reinvermögen des Steuerpflichtigen durch die Zusage einer betrieblichen Altersvorsorge erhöht. Neben den Beiträgen sind dementsprechend auch die erzielten Erträge laufend als Reinvermögenserhöhungen steuerlich zu erfassen. Eine solche vorgelagerte Besteuerung der betrieblichen Altersversorgung entspricht nach herrschender Auffassung am ehesten der Konzeption einer Einkommensteuer. Umstritten ist allerdings, ob man in dem Beitrag zum Aufbau der betrieblichen Altersversorgung nicht notwendige Ausgaben zur Erzielung späterer Einnahmen sehen muss.[93] Nach dieser Interpretation sind die Beitragszahlungen in der Anwartschaftsphase „Investitionen" vergleichbar. Gemäß dem objektiven Nettoprinzip müssen Aufwendungen, welche unmittelbar zur Einkunftserzielung erforderlich sind, von der Bemessungsgrundlage gekürzt werden.[94] Die unzweifelhafte Reinvermögenserhöhung durch die Zusage wird somit eine logische Sekunde später durch einen Reinvermögensabfluss in gleicher Höhe gemindert.[95] Das nach dieser Auffassung indisponible Einkommen darf in

89 Vgl. Haig, Income, 1921; Simons, Taxation, 1962.
90 Vgl. Schanz, FA 1896, S. 42 ff.; a.A. Mössner, Wegzugsbesteuerung, 2005, S. 113 f.
91 Vgl. Homburg, Steuerlehre, 2005, S. 221.
92 Eine eingehende Darstellung der Unterschiede zwischen den Konzepten sowie deren Würdigung in der Literatur findet sich bereits bei Barth, Bilanzrecht, 1955, S. 92 ff.
93 So z.B. Richter, FR 2001, S. 1002 ff.; Beiser, ÖStZ 2000, S. 418 f.; Mauer, Altersvorsorge, 1998, S. 155 ff.
94 Vgl. Birk/Wernsmann, DB 1999, S. 166 ff.
95 Leicht abweichend davon vgl. Birk, Altersvorsorge, 1987, S, 27 ff. *Birk* sieht in der Anwartschaftsphase keine Erhöhung der subjektiven steuerlichen Leistungsfähigkeit als gegeben.

der Anwartschaftsphase nicht besteuert werden.[96] Erst in der Versorgungsphase kommt es zur endgültigen Reinvermögenserhöhung, so dass faktisch eine nachgelagerte Besteuerung in einem Einkommensteuersystem entsteht.[97]

Die herrschende Meinung lehnt die Ausdehnung des Werbungskostenbegriffs auf die Beitragszahlungen der betrieblichen Altersversorgung ab.[98] Selbst wenn man die Beiträge mit einer Investition gleichsetzt, so müsste dem Reinvermögensabfluss die erworbene Anwartschaft als Reinvermögenserhöhung wieder entgegengesetzt werden.[99] Demnach sind die Beitragszahlungen eben nicht als Werbungskosten oder Betriebsausgaben anzusehen, welche die Leistungsfähigkeit reduzieren. Stattdessen fällt die Entscheidung zum Aufbau einer Altersversorgung in die Sphäre der Einkommensverwendung. Da der Entscheidung zwischen Konsum und Sparen für die Einkommensteuer keine Bedeutung zukommt, ist bereits in der Anwartschaftsphase in Höhe des zugesagten Beitrags bzw. dem abdiskontierten Wert der zusätzlichen Altersversorgung eine erhöhte Leistungsfähigkeit vorhanden, welche der Besteuerung unterliegt. In den Folgejahren müssen Erhöhungen des Versorgungskapitals durch Kapitalerträge steuerlich berücksichtigt werden. In der Versorgungsphase führt dies faktisch zu einer ertragsanteiligen Besteuerung.

1.3.2. Konsumsteuer

Während die Einkommensteuer die Entstehung und Erhöhung des Vermögens als steuerrelevanten Indikator verwendet, greift die Konsumbesteuerung auf die Vermögensverwendung zurück.[100] *Tipke/Lang* führen zutreffend aus, dass der materielle Unterschied zwischen den beiden Konzepten im Zeitpunkt des Steuerzugriffs besteht.[101] Die Befürworter einer konsumorientierten (direkten) Besteuerung definieren Leistungsfähigkeit als ein lebenslang erreichbares Bedürfnisbefriedigungsniveau, wobei der Zeitpunkt der Einkommenserzielung für die Besteuerung unbeachtlich ist.[102] In der kapitalorientierten Einkommensteuer wird eine Benachteiligung der Ersparnisbildung gegenüber dem gegenwärtigen Konsum gesehen. Da die Erträge auf das gesparte, bereits versteuerte Kapital der Besteuerung unterliegen, wird die Entscheidung zwischen

---

96 Vgl. Mauer, Altersvorsorge, 1998, S. 157 ff.
97 So im Ergebnis wohl Weber-Grellet, DStR 2004, S. 1722 f. A.A. Fischer, BB 2003, S. 877.
98 So auch BFH-Beschluss v. 1.2.2006, X B 166/05.
99 In einer bilanziellen Betrachtungsweise müsste die Investition aktiviert werden.
100 Vgl. Tipke/Lang, Steuerrecht, 2002, S. 84 f. m.w.N.
101 Vgl. Tipke/Lang, Steuerrecht, 2002, S. 85.

heutigem und zukünftigem Konsum verzerrt. Aufgrund dieser Ungleichbehandlung ist ein wesentlicher Aspekt der Steuergerechtigkeit nicht erfüllt.[103] Diese in der Literatur kontrovers diskutierte Ansicht[104] kann und soll an dieser Stelle nicht fortgeführt werden.

Feststellen lässt sich jedoch ohne jeden Zweifel, dass die betriebliche Altersversorgung im Rahmen einer konsumorientierten Besteuerung nachgelagert zu erfassen ist.[105] Die Beiträge in der Anwartschaftsphase sind einem Sparvorgang gleichzusetzen, so dass ein gegenwärtiger Konsum nicht vorliegt.[106] Das Gleiche gilt für die darauf anfallenden Kapitalerträge, da sie ebenfalls nicht unmittelbar konsumiert werden können. Erst die Auszahlungen in der Versorgungsphase erhöhen demnach die Leistungsfähigkeit des Steuerpflichtigen.

1.4. Die Besteuerung der betrieblichen Altersversorgung aus Sicht des Arbeitgebers

Für den Arbeitgeber konzentriert sich die Fragestellung auf die steuerliche Abzugsfähigkeit der Aufwendungen für die betriebliche Altersversorgung.[107] Zu unterscheiden ist zwischen einer unternehmensinternen und einer unternehmensexternen Kapitalanlage: Wird dem Arbeitnehmer eine mittelbare Versorgungszusage gemacht, so ist die steuerliche Abzugsfähigkeit der Beiträge an die externe Versorgungseinrichtung zu prüfen. Dabei geht es zum einen um die Höhe der zulässigen Abzugsbeträge sowie zum anderen um den Zeitpunkt ihrer Verrechnung. Die daraus erwirtschafteten Erträge sind für das Unternehmen in der Regel nicht relevant, da diese bei der rechtlich selbständigen Versorgungsinstitution anfallen.[108] Eine Ausnahme besteht nur im Falle einer Beitragsrückgewähr.

---

102 Vgl. Kraft, Steuergerechtigkeit, 1991, S. 41 ff.

103 Vgl. Musgrave, Steuerbemessungsgrundlage, 1991, S. 40 ff. m.w.N. A.A. Tipke, Steuerrechtsordnung II, 2003, S. 638 ff. m.w.N.

104 *Fehr/Wiegard* vergleichen die Auseinandersetzung mit früheren Glaubenskriegen; vgl. Fehr/Wiegard, Neugestaltung, 1999, S. 66.

105 Vgl. z.B. Wagner, ÖStZ 1998, S. 404 ff.

106 Vgl. Gröpl, FR 2001b, S. 622 ff.

107 Zur Frage der Leistungsfähigkeit juristischer Personen vgl. Vogt, Leistungsfähigkeit, 2003, S. 52 ff.

108 Eine „transparente" Besteuerung der Erträge der Versorgungseinrichtung ist international nicht zu beobachten.

Bei einer unmittelbaren Zusage erfolgt die Kapitalansammlung sowie die Auszahlung an den Arbeitnehmer direkt durch den Arbeitgeber. Während die externe Rechnungslegung unstrittig eine Aufwandsverrechnung bereits im Jahr der erbrachten Arbeitsleistung fordert,[109] ist die steuerliche Berücksichtigung sowohl in der fiktiven Beitragsphase als auch erst im Zeitpunkt der realen Auszahlung des Versorgungskapitals denkbar. Darüber hinaus werden die direkt beim Arbeitgeber erzielten Erträge auf ein ggf. angesammeltes Kapital grundsätzlich der Besteuerung unterworfen, soweit das Steuerrecht keinen impliziten „Tax Shield" ermöglicht.[110]

Da sich die Besteuerung international häufig an der Zivilrechtsstruktur orientiert, kann die Rechtsform des Arbeitgebers einen Einflussfaktor für die Besteuerung der betrieblichen Altersversorgung darstellen. Aufgrund der potentiellen Ertragsbesteuerung ist im Falle unmittelbarer Zusagen eine hohe Relevanz gegeben. Bei Anlage der Vermögensmittel in Finanzaktiva kommen beispielsweise die aus dem Körperschaftsteuersystem resultierenden Besteuerungsunterschiede zwischen Zinszahlungen und Dividenden zum Tragen.[111]

1.5. Besteuerung auf Ebene der Versorgungseinrichtung

Per Definition kann die Besteuerung der Versorgungsinstitution nur bei externen Pensionszusagen relevant sein. Hinsichtlich der erhaltenen Beiträge sowie der ausgezahlten Leistungen liegen auf dieser Ebene grundsätzlich erfolgsneutrale Vorgänge vor, die auch steuerlich unbeachtlich sein müssen. Die mit den erhaltenen Beiträgen erwirtschafteten Erträge können grundsätzlich steuerpflichtig oder steuerbefreit sein.[112] Hier ist allerdings zwischen formaler Steuerpflicht und effektiver Steuerbelastung zu trennen. Systematisch bedingt ist es möglich, dass eine formale Steuerbefreiung zu einer deutlich höheren Steuerbelastung führt, als es bei einer formalen Steuerpflicht der Fall

[109] Vgl. § 249 Abs. 1 HGB, IAS 19, SFAS 87. Wie *Scheffler* zeigt, fordert auch die interne Kostenrechnung eine Verrechnung während der Beschäftigungszeit, da ein späterer Ansatz nicht mit dem Entgeltcharakter der Zusage vereinbar ist; vgl. Scheffler, krp 1991, S. 241 ff.

[110] Dies ist beispielsweise bei der Pensionsrückstellung nach § 6a EStG der Fall, da in Höhe des Rechnungszinses von 6 % unter bestimmten Voraussetzungen eine faktische Steuerbefreiung eintreten kann.

[111] Vgl. Wellisch, ZfbF 2004, S. 600.

[112] Auch Mischformen aufgrund einer ermäßigten Besteuerung sind denkbar; vgl. Jacobs, Körperschaftsteuersysteme, 1999, S. 85 ff. Jaeger, Körperschaftsteuersysteme, 2001.

wäre.[113] Dafür verantwortlich ist die Existenz von Quellensteuern oder anderen anrechenbaren Steuern, wenn diese nur im Falle einer Steuerpflicht erstattet werden. Anschaulich lässt sich dies am Beispiel erhaltener Dividenden demonstrieren: Die effektive Steuerbelastung von Dividendenerträgen hängt maßgeblich von dem Körperschaftsteuersystem ab.[114] Nimmt man den Fall eines Anrechnungsverfahrens, von dem eine steuerbefreite Versorgungseinrichtung regelmäßig ausgeschlossen ist, so kann die effektive Steuerbelastung aufgrund der fehlenden Verrechnungsmöglichkeiten höher sein, als wenn eine formale Steuerpflicht bestehen würde. Ähnlich gelagert ist der Fall von ausländischen Erträgen, auf die eine Quellensteuer einbehalten wurde. Sofern keine inländische Steuerpflicht vorliegt, besteht häufig keine Möglichkeit einer Steueranrechnung.[115]

Auch wenn man eine Anlage in (inländische) zinstragende Wertpapiere unterstellt, muss eine Steuerpflicht nicht zwingend einer formalen Steuerbefreiung der Versorgungskasse unterlegen sein. Dies ergibt sich daraus, dass gleichzeitig die Deckungsrückstellungen für die Versorgungsverpflichtungen erhöht werden. Liegt eine Beitragszusage vor, bei der die erwirtschafteten Anlageerträge dem Arbeitnehmer zustehen, so kompensieren sich diese beiden Effekte vollständig. Den Zinserträgen stehen in gleichem Umfang Aufwendungen aus den korrespondierend erhöhten Leistungsverpflichtungen gegenüber. Bei Leistungszusagen ist die Kompensationswirkung nicht zwingend perfekt. Da der Aufbau der Anwartschaft unabhängig von (Kapital-) Marktentwicklungen nach den Bedingungen der Zusage erfolgt, verteilt sich der Aufwand vergleichsweise gleichmäßig über die Perioden. Die Anlageerträge können dagegen eine stärkere Volatilität aufweisen. Berücksichtigt man Rückstellungen für Beitragsrückgewähr, gleichen sich die positiven und negativen Ertragsauswirkungen wieder an. Übersteigen die Erträge die verrechneten Aufwendungen, so sind Beitragserstattungen an die Trägerunternehmen möglich. Umgekehrt sinken die Rückstellungen für Beitragsrückgewähr in ertragsschwächeren Jahren. Durch die erfolgswirksame Auflösung entstehen Erträge, welche durch die weit gehend konstanten Aufwendungen abgedeckt werden. Zusammenfassend wird der Ertrag somit de facto kongruent oder zumindest partiell neutralisiert.

---

113 So auch die Argumentation der deutschen Versicherungswirtschaft und des Bundesfinanzministeriums zur Einschränkung des Dividendenprivilegs nach § 8b Abs. 8 KStG; vgl. BT-Drs. 15/1684, S. 9.

114 Vgl. Jacobs, intertax 1999, S. 264 ff.

115 So im Ergebnis auch Wellisch, ZfbF 2004, S. 603.

2. Neutralität der Besteuerung

Im ökonomischen Sinne wird die Effizienz eines Steuersystems daran gemessen, ob bzw. inwieweit es Entscheidungen der Steuerpflichtigen beeinflusst.[116] Als entscheidungsneutrales Ideal[117] gilt eine Besteuerung, welche bei einem rational handelnden Steuerpflichtigen keine Ausweichreaktionen verursacht.[118] Neutralität ist gegeben, wenn sich die Rangfolge unternehmerischer Entscheidungen durch die Besteuerung nicht verändert.[119] Typischerweise unterscheidet man zwischen intersektoraler und intertemporaler Neutralität.[120]

Intersektorale Neutralität setzt voraus, dass die Besteuerung keinen Einfluss auf Entscheidungen über den Faktoreinsatz ausübt.[121] Daraus lassen sich als Teilbereiche die Investitions-, die Finanzierungs-, die Rechtsform- und die Standortneutralität ableiten.[122] Für die Thematik der betrieblichen Altersversorgung sind hiervon lediglich die Investitions- und Finanzierungsneutralität relevant. Im Grundsatz darf die Rangfolge zwischen den einzelnen Durchführungswegen und Finanzierungsformen durch die Besteuerung nicht verändert werden.[123] Die meisten Staaten können diese Anforderung nicht erfüllen, da sie unmittelbare Versorgungszusagen steuerlich nicht anerkennen. Jedoch führt auch die steuerliche Anerkennung nicht zwangsläufig zu Finanzierungsneutralität. In diesem Fall sind die konkreten Vorschriften zur Aufwandsverrechnung zu berücksichtigen.

Von besonderer Bedeutung für die betriebliche Altersversorgung ist die Forderung nach intertemporaler Neutralität.[124] Diese setzt voraus, dass die Entscheidung zwischen heutigem und zukünftigem Konsum durch die Besteuerung nicht verändert wird.[125] Im Grundsatz soll die Steuerbelastung über die gesamte Lebenszeit eines Steuerpflichtigen weder davon abhängen, wann er Einkünfte erwirtschaftet noch wann

---

116 Vgl. Wagner/Dirrigl, Steuerplanung, 1980, 13 f.; Schwinger, Steuersysteme, 1992, S. 9 ff.; Rose, BB 1992, S. 8; Jacobs, Rechtsform, 2002, S. 112 ff.

117 *Schneider* bezeichnet dies plastisch als „Eichstrich". Vgl. Schneider, Steuerlast, 2002, S. 97 ff.

118 Vgl. Schneider, Investition, 1992, S. 193.

119 Vgl. Schreiber, Besteuerung, 2005, S. 512.

120 Vgl. Jacobs, Rechtsform, 2002, S. 112. Abweichende Einordnungen finden sich bei Elschen/Hüchtebrock, FA 1983, S. 256 ff.; Schwinger, Steuersysteme, 1992, S. 9 ff.

121 Vgl. Schneider, Betriebswirtschaftslehre, 1997, S. 670.

122 Vgl. Jacobs, Rechtsform, 2002, S. 112.

123 Vgl. Schwarz, Altersvorsorgebesteuerung, 2004, S. 33.

124 Vgl. Schwarz, Altersvorsorgebesteuerung, 2004, S. 31 ff.

125 Vgl. Rose, BB 1992, S. 9.

er diese für Konsumzwecke verwendet.[126] Eine neutrale Besteuerung lässt sich idealtypisch sowohl bei einer Einkommensteuer[127] als auch bei einer Konsumsteuer[128] verwirklichen.[129]

3. Praktikabilität

Jede Rechtsnorm muss so geschaffen sein, dass sie angewendet und durchgeführt werden kann.[130] Diese allgemeine Anforderung gewinnt in einem massenhaft angewendeten Rechtsgebiet wie dem Steuerrecht große Relevanz. Die Anforderung der Praktikabilität zielt zum einen auf die tatsächliche Durchführbarkeit der Gesetze in der Praxis und zum anderen auf die damit verbundenen Verwaltungskosten für die Steuerpflichtigen und den Fiskus.[131] Allerdings steht die vereinfachte und kostengünstige Anwendung des Steuerrechts in einem grundsätzlichen Konflikt mit dem Gleichheitsgrundsatz. Vereinfachungen in Form von Typisierungen und Pauschalierungen gehen stets mit Abstrichen bei der Einzelfallgerechtigkeit einher. Insofern hat der Gesetzgeber einen vernünftigen Kompromiss zwischen den beiden gegenläufigen Anforderungen zu finden.[132]

4. Lenkungsziele der Besteuerung

Eine gewisse Einschränkung erfährt das Leistungsfähigkeitsprinzip in Form der zahlreichen im Steuerrecht verankerten Lenkungsnormen. Neben der fiskalischen Zielsetzung wird das Steuerrecht auch zur Erreichung bestimmter wirtschafts- oder sozialpolitischer Ziele genutzt. Diese Sondervorschriften lassen sich regelmäßig nicht aus der Systematik der Besteuerung erklären. Umgangssprachlich werden diese mitunter auch als Subventionen bezeichnet.

---

[126] Vgl. Tipke/Lang, Steuerrecht, 2002, S. 92 f.

[127] Dies gilt jedoch nur bei Besteuerung des ökonomischen Gewinns. Legt man die Reinvermögenszugangstheorie zugrunde, entstehen Verzerrungen der Sparentscheidung. Diese lassen sich nur beseitigen, wenn die Kapitalerträge steuerfrei bleiben. Vgl. Schreiber, Kapitaleinkommen, 1996, S. 101 ff. Fortführend dazu vgl. Wenger, FA 1983, S. 243 ff.

[128] Neutralität ist sowohl bei der spar- als auch der zinsbereinigten Methode möglich; vgl. Hiller, Cash-Flow-Steuer, 2003, S. 13 ff. m.w.N.

[129] Vgl. Schwarz, Altersvorsorgebesteuerung, 2004, S. 38 ff. m.w.N.

[130] Vgl. Arndt, Praktikabilität, 1983, S. 8.

[131] Zu den entstehenden Kosten vgl. Wagner, StuW 2005, S. 94 ff.

[132] Zu Recht verweisen *Tipke/Lang* darauf, dass auch eine Steuergerechtigkeit durch Vereinfachung möglich ist; vgl. Tipke/Lang, Steuerrecht, 2002, S. 96 m.w.N.

Neben das fiskalische Ziel der Besteuerung tritt in modernen Steuerordnungen der Nebenzweck einer wirtschafts-, sozial- oder kulturpolitischen Lenkung.[133] Die Zuordnung einzelner Steuervorschriften zur Gruppe der Fiskalzwecknormen oder der Lenkungsnormen[134] ist keineswegs eine rein akademische Diskussion. Fiskalzwecknormen orientieren sich überwiegend am Leistungsfähigkeitsprinzip und sind somit aufgrund systematischer Erwägungen geboten.[135] Demgegenüber ist die Fundierung von Lenkungsnormen diffuser. Grundsätzlich ist deren Legitimierung im Gemeinwohl zu suchen,[136] so dass ihr Ursprung nicht im Steuersystem, sondern im Wirtschafts- und Sozialrecht liegt.[137]

Die Einordnung der „Förderung" der betrieblichen Altersversorgung ist vor diesem Hintergrund zu würdigen.[138] Geht man davon aus, dass sich eine nachgelagerte Besteuerung aus den zugrunde liegenden Steuerprinzipien ableiten lässt, so ist die Freistellung der Beiträge in der Anwartschaftsphase steuersystematisch geboten. Konsequenterweise werden die Auszahlungen in der Leistungsphase in voller Höhe erfasst. Diese Schlussfolgerung lässt sich wie gezeigt sehr einfach mit den Grundüberlegungen einer Konsumsteuer sowie – wenn auch nur mit großer Mühe – mit denen einer Einkommensteuer vereinbaren. Diese Schwierigkeiten und die kontroversen Auffassungen bei der Einkommensteuer verdeutlichen, dass die Einordnung unter steuersystematisch gebotenen oder unter Förderungsaspekten erwünschten Abzugsposten auch eine politische Entscheidung darstellen kann.[139]

Soweit eine nachgelagerte Besteuerung als nicht mit der Systematik des Steuerrechts vereinbar angesehen wird, kann diese lediglich in Form von Lenkungsnormen begründet werden. Grundsätzlich steht dem Gesetzgeber die Verabschiedung von sozial- oder

---

133 Vgl. Tipke, Steuerrechtsordnung I, 2000, S. 5 f. m.w.N.

134 Diese werden bei *Tipke* weiter als Sozialzwecknormen gefasst. Daneben existieren Vereinfachungszwecknormen, die hier nicht weiter erörtert werden; vgl. Tipke, Steuerrechtsordnung I, 2000, S. 74 ff.

135 Vgl. Tipke, Steuerrechtsordnung I, 2000, S. 77, 80 ff.

136 Vgl. Tipke/Lang, Steuerrecht, 2002, S. 94 f.; BVerfG-Urteil v. 22. Juni 1995, 2 BvL 37/91 (148).

137 Vgl. Tipke, Steuerrechtsordnung I, 2000, S. 78 m.w.N.

138 Die Bedeutung der Unterscheidung zwischen systematisch gebotenen Abzugsposten und sozial- oder wirtschaftspolitisch motivierten Steuervergünstigungen zeigt sich sehr anschaulich am Beispiel der deutschen Entfernungspauschale. Angesichts der schwierigen Lage der öffentlichen Haushalte konnte sich diese nicht dem Etikett der „Steuersubvention" erwehren und wurde in der Folge deutlich abgeschmolzen; vgl. zur Diskussion Wesselbaum-Neugebauer, FR 2004, S. 385 ff. m.w.N.

139 Ähnlich Tipke, Steuerrechtsordnung I, 2000, S. 80 f.

wirtschaftspolitisch motivierten Vergünstigungen[140] frei, sofern dabei das Allgemeinwohl gefördert wird. Eine Beeinträchtigung der Gleichmäßigkeit der Besteuerung wird insofern hingenommen.[141] Die nachgelagerte Besteuerung kann in diesem Fall als Anreiz zur Förderung des Aufbaus einer eigenverantwortlichen Altersversorgung verstanden werden. Dieser Gedanke ist den Steuersystemen nicht fremd. Die nachgelagerte Besteuerung von Altersvorsorgemaßnahmen wird häufig mit dem Argument der stärkeren Förderung verbunden.[142] Gleichzeitig schränken fast alle Staaten den Umfang abzugsfähiger Aufwendungen ein, was darauf schließen lässt, dass nur ein bestimmtes Versorgungsniveau als förderfähig angesehen wird. Steuersytematisch lassen sich diese Einschränkungen über das subjektive Nettoprinzip rechtfertigen.[143] Ausschließlich Beiträge zur Sicherung des zukünftigen Lebensstandards bzw. Existenzminimums sind demnach als abzugsfähig anzuerkennen, so dass eine betragsmäßige Begrenzung der abzugsfähigen Altersvorsorgeaufwendungen erforderlich ist.

5. Zwischenfazit

Je nach Auslegung der steuersystematischen Anforderungen kann die Besteuerung der betrieblichen Altersversorgung vorgelagert oder nachgelagert erfolgen. In ihren Grundprinzipien hat eine Einkommensteuer die sofortige steuerliche Erfassung von Versorgungszusagen in der Anwartschaftsphase zur Konsequenz. Eine nachgelagerte Besteuerung ist konzeptionell nur dann mit der Einkommensteuer vereinbar, wenn die Beitragszahlungen entsprechend der Mindermeinung als Werbungskosten einer Einkunftsart „Renteneinkünfte" interpretiert werden oder das subjektive Nettoprinzip eine – begrenzte – Entlastung des indisponiblen Einkommens verlangt. Demgegenüber folgt bei einer Konsumsteuer in Bezug auf die betriebliche Altersversorgung unstrittig eine nachgelagerte Besteuerung. Als nicht konsumiertes Einkommen ist die betriebliche Altersversorgung erst bei ihrem tatsächlichen Zufluss der Besteuerung zuzuführen.

---

140 *Schneider* definiert eine Vergünstigung als Unterschied zwischen der tatsächlichen Steuerbelastung und dem „Eichstrich" der Steuerbelastung, wie sie sich modellhaft ergeben müsste. Vgl. Schneider, DB 2004, S. 1516 f.; ausführlich dazu m.w.N. Schneider, Steuerlast, 2002, S. 97 ff.

141 Vgl. zur Rechtfertigung von Steuervergünstigungen Tipke, Steuerrechtsordnung I, 2000, S. 336 ff.

142 Vgl. beispielsweise Regierungsbegründung zum AVmG, BT-Drs. 14/4595, S. 2, 39 ff.

143 Vgl. Gröpl, FR 2001b, S. 623.

Die Frage, welches Steuersystem für die betriebliche Altersversorgung normativ zu fordern ist, soll an dieser Stelle nicht weiter verfolgt werden.[144] Der Schwerpunkt dieser Arbeit liegt auf der internationalen Besteuerung. Die Entscheidung eines Staates für eine vor- oder nachgelagerte Besteuerung wird daher im Folgenden als Datum hingenommen.

III. Die internationale Besteuerung der betrieblichen Altersversorgung

1. Grundsätzliche Anforderungen an die Besteuerung auf internationaler Ebene

1.1. Gerechtigkeit zwischen Individuen

Mit dem Leistungsfähigkeitsprinzip ist die mehrfache Erfassung von Einkommensteilen durch mehrere Staaten nicht vereinbar.[145] Aus Sicht des betroffenen Steuerpflichtigen ist die Gleichheit der Besteuerung unabhängig davon zu gewährleisten, ob er sein Einkommen ausschließlich aus dem Inland oder auch aus dem Ausland bezieht. Fraglich ist dabei, welcher Vergleichsmaßstab anzulegen ist, um die Gleichmäßigkeit der Besteuerung zu erreichen. Auf der einen Seite wird gefordert, dass es für die Besteuerung keinen Unterschied machen darf, ob das Einkommen im Inland oder im Ausland erwirtschaftet wird.[146] Dieser Ansicht liegt ein absolut verstandenes Leistungsfähigkeitsprinzip zugrunde.[147] Die Leistungsfähigkeit eines Steuerpflichtigen addiert sich demnach unabhängig von der Herkunft der Einkünfte zu einer Gesamtgröße, welche der Besteuerung zu unterwerfen ist.[148]

Nach der gegensätzlichen Ansicht dürfen die spezifischen Rahmenbedingungen in den einzelnen Ländern nicht außer Acht gelassen werden.[149] Eine gerechte Besteuerung kann nur dann erfolgen, wenn identische Umweltbedingungen bei der Einkommenser-

---

144 Vgl. dazu Schwarz, Altersvorsorgebesteuerung, 2004, S. 31 ff.

145 Vgl. Tipke, Steuergerechtigkeit, 2000, S. 25.

146 Vgl. Musgrave, Koordinationsprobleme, 1991, S. 542 f.

147 Diese Interpretation korreliert mit den Überlegungen der Kapitalexportneutralität, da eine Gleichbehandlung aller in einem Staat ansässigen Steuerpflichtigen unabhängig von der Quelle ihrer Einkünfte angestrebt wird. Weiterführend dazu vgl. Musgrave, Taxation, 1969, S. 109 ff.; Vogel, CDFI 1984, S. 20 ff.; Jacobs, Unternehmensbesteuerung, 2002, S. 20 ff.; Homburg, Steuerlehre, 2005, S. 273 ff.

148 Vgl. Jacobs, Unternehmensbesteuerung, 2002, S. 20 f.

149 Der relativen Betrachtung entspricht die Theorie der Kapitalimportneutralität, welche auf die Chancengleichheit aller in einem Markt agierenden Personen abstellt. Vgl. dazu Homburg, Wohnsitzprinzip, 2005, S. 18 ff.; Jacobs, Unternehmensbesteuerung, 2002, S. 20 ff.; Vogel, Besteuerungsrechte, 1994, S. 394 ff.

zielung vorliegen. Das Leistungsfähigkeitsprinzip wird dabei relativ ausgelegt, da andere Rahmenbedingungen zu einer anderen Leistungsfähigkeit führen können, selbst wenn die absoluten Beträge identisch sind.[150]

Im internationalen Kontext versteht man unter einer Doppelbesteuerung „die Erhebung vergleichbarer Steuern in zwei (oder mehreren) Staaten von demselben Steuerpflichtigen für denselben Steuergegenstand und denselben Zeitraum".[151] Während die rechtliche Doppelbesteuerung zwingend die Identität des Steuersubjekts voraussetzt, ist dies für die wirtschaftliche Doppelbesteuerung bzw. Doppelbelastung nicht erforderlich.[152] Letztere spielt nach dieser Definition vor allem bei der Integration der Körperschaftsteuer in das Einkommensteuersystem und der daraus resultierenden mehrfachen Erfassung von Einkünften eine Rolle.[153]

Die gleichzeitige Existenz von Steueransprüchen zweier oder mehrerer Staaten resultiert aus den verschiedenen Anknüpfungspunkten der Besteuerung.[154] Grundsätzlich unterscheidet man zwischen der unbeschränkten und der beschränkten Steuerpflicht. Die unbeschränkte Steuerpflicht hängt i.d.R. von einer engen persönlichen Bindung einer Person zu einem Staat ab. Voraussetzung hierfür ist entweder die nationale Verbundenheit aufgrund von Staatsangehörigkeit oder juristischem Sitz (sog. Nationalitätsprinzip) oder die räumlich dauerhafte Zugehörigkeit, die sich am Wohnsitz bzw. dauernden Aufenthalt oder dem Ort der Geschäftsleitung (sog. Ansässigkeitsprinzip) festmachen lässt.[155] Gemäß dem Mondialprinzip folgt aus der unbeschränkten Steuerpflicht, dass die weltweit erzielten Einkünfte des Steuerpflichtigen erfasst werden, unabhängig von deren Ort der Erzielung.[156] Dagegen liegt bei einer beschränkten Steuerpflicht lediglich ein sachlicher Zusammenhang mit dem Inland vor. Anstatt persönlicher Verknüpfungen reicht die Erzielung von Einkünften für die Begründung der Steuerpflicht aus. Konsequenterweise umfasst die Steuerpflicht nur die im Inland er-

---

150 Vgl. Jacobs, Unternehmensbesteuerung, 2002, S. 21 f.

151 OECD, Commentary, 2000, A Tz. 1; vgl. ähnlich Jacobs, Unternehmensbesteuerung, 2002, S. 3; Schaumburg, Steuerrecht, 1998, S. 585 ff. Eine erste Systematisierung und Auseinandersetzung mit dem Begriff der Doppelbesteuerung sowie den Möglichkeiten ihrer Überwindung findet sich bei Spitaler, Doppelbesteuerungsproblem, 1936.

152 Vgl. Vogel, in: Vogel/Lehner, DBA-Kommentar, 2003, Einl. Tz. 4; Jacobs, Unternehmensbesteuerung, 2002, S. 3 f.

153 Ausführlich zu den verschiedenen Körperschaftsteuersystemen vgl. Jaeger, Körperschaftsteuersysteme, 2001 sowie Müller, Entscheidungsneutralität, 2001.

154 Vgl. Vogel, in: Vogel/Lehner, DBA-Kommentar, 2003, Einl. Tz. 2 ff.

155 Vgl. Jacobs, Unternehmensbesteuerung, 2002, S. 6.

zielten Einkommensteile (sog. Territorialitäts- oder Quellenprinzip).[157] Treffen gleichartige oder unterschiedliche Anknüpfungspunkte in verschiedenen Ländern aufeinander, so besteht die Gefahr einer Doppelbesteuerung.[158]

Im Gegensatz zum Begriff der Doppelbesteuerung hat sich für die Minderbesteuerung noch keine eindeutige und allgemein akzeptierte Definition herauskristallisiert. Nach der überwiegenden Auffassung[159] wird darunter die Entstehung von Steuervergünstigungen aufgrund der Koexistenz mehrerer Abgabegewalten gesehen,[160] die nicht zu gleichmäßigen und wettbewerbsneutralen Steuerbelastungen führen.[161] Minderbesteuerungen ergeben sich außer aus missbräuchlichen Gestaltungen auch als Folge von Qualifikationskonflikten, wenn ein Sachverhalt von den betroffenen Staaten unterschiedlich interpretiert wird,[162] sowie aufgrund von systematischen Unterschieden.[163]

1.2. Gerechtigkeit zwischen Staaten

So unstrittig einerseits die Forderung ist, dass die Gleichzeitigkeit von Steueransprüchen verschiedener Staaten die Gleichbehandlung der Individuen untereinander nicht beeinträchtigen soll, so unklar ist andererseits, welcher Staat in der Folge auf seinen Steueranspruch zu verzichten hat bzw. wie die Steueransprüche unter den Staaten aufzuteilen sind.[164] Das Leistungsfähigkeitsprinzip beinhaltet keine Aussage darüber, welcher Staat an der Leistungsfähigkeit des Steuerpflichtigen teilhaben darf.[165]

---

156 Vgl. ausführlich zum Welteinkommensprinzip Mössner, Welteinkommensprinzip, 2000, S. 253 ff.

157 Vgl. Jacobs, Unternehmensbesteuerung, 2002, S. 6 f.

158 Vgl. eingehend dazu Vogel, in: Vogel/Lehner, DBA-Kommentar, 2003, Einl. Tz. 2 ff.; Jacobs, Unternehmensbesteuerung, 2002, S. 8 f.

159 Nach einer anderen Meinung sind nur unzulässige und missbräuchliche Gestaltungen zur Ausnutzung des internationalen Steuergefälles unter den Begriff der Minderbesteuerung zu subsumieren; vgl. Jacobs, Unternehmensbesteuerung, 2002, S. 4.

160 Vgl. Burmester, Minderbesteuerung, 1997, S. 55 ff.

161 Vgl. Jacobs, Unternehmensbesteuerung, 2002, S. 4.

162 Vgl. Vogel, IStR 2003, S. 528 f.

163 Außer bei der betrieblichen Altersversorgung stellt sich diese Problematik beispielsweise beim Besteuerungszeitpunkt von Stock Option Plänen. Zu einer Minderbesteuerung kommt es hier z.B., wenn ein Arbeitnehmer, dem in Deutschland von seinem Arbeitgeber ein Optionsprogramm gewährt wurde, dauerhaft seinen Wohnsitz in die Schweiz verlegt. Da Deutschland den Vorteil erst im Zeitpunkt der Optionsausübung, die Schweiz hingegen bereits bei Optionsgewährung besteuern, kommt es zu sog. „weißen Einkünften"; vgl. Jacobs, Unternehmensbesteuerung, 2002, S. 1295 f. Ausführlich zu diesem Thema vgl. Portner, Stock Options, 2003.

164 Vgl. Oestreicher, Gewinnabgrenzung, 2000, S. 8.

165 Vgl. Tipke, Steuergerechtigkeit, 2000, S. 25.

Ausgangspunkt ist die juristische Frage, ob die involvierten Staaten jeweils ausreichende Anknüpfungspunkte für ein eigenes Besteuerungsrecht geltend machen können. In einem zweiten Schritt ist abzuwägen, welchem Staat die Besteuerungskompetenz vorrangig zukommt.[166] Eine solche Reihung der Steueransprüche ist dem internationalen Steuerrecht aufgrund der Souveränität der einzelnen Staaten nicht immanent.[167] Entsprechend kamen bereits 1921 Überlegungen auf, das Nebeneinander von Wohnsitz- und Quellensteuerprinzip abzuschaffen.[168] Nach dem Vorschlag einer vom Völkerbund eingesetzten Kommission sollte die Besteuerung ausschließlich dem Wohnsitzprinzip folgen.[169] Obwohl dadurch eine bessere Berücksichtigung der absoluten Leistungsfähigkeit der Individuen ermöglicht würde und sich negative Effekte durch Doppel- oder Minderbesteuerungen vermeiden ließen, ist dieser Vorschlag in der Literatur aufgrund seiner Verteilungsfolgen zwischen den Staaten heftig kritisiert worden.[170] Einem kapitalimportierenden Staat würde durch Entzug des Besteuerungsrechtes die Möglichkeit genommen, eine angemessene Entschädigung für die bereitgestellten staatlichen Leistungen zu erhalten.[171] Neben der Abschöpfung ökonomischer Gewinne in Form von Kapitalerträgen durch den Gläubigerstaat, würden dem Schuldnerstaat gleichzeitig die Steuereinnahmen vorenthalten.[172]

Auf *Georg Schanz* basiert die Überlegung, die Steueransprüche entsprechend der wirtschaftlichen Zugehörigkeit der Einkünfte aufzuteilen.[173] Eine solche Zugehörigkeit zu einem Staat könne sowohl in konkreten Erwerbstätigkeiten wie in reinen Konsumvorgängen gesehen werden, wobei der Ort der Einkommensquelle mit einer intensiveren Bindung verbunden sei.[174] Die damit verbundenen Schwierigkeiten bestehen in der Definition und Lokalisierung der Quelle.[175] Anknüpfend an die Äquivalenztheorie wird die wirtschaftliche Zugehörigkeit der Einkünfte in dem Staat gesehen, welcher zu deren Erzielung durch sein Rechts- oder Wirtschaftssystem beigetragen hat.[176] Demzufolge ist jeder Steuerpflichtige in dem Maße zur Besteuerung heranzuziehen, in dem er

166 Vgl. Fohr, Besteuerungskonzept, 2000, S. 75.
167 Vgl. Bühler, Prinzipien, 1964, S. 130 ff.
168 Vgl. Genschel, Steuerharmonisierung, 2002, S. 42.
169 Vgl. Richman, Taxation, 1963, S. 40 ff.
170 Vgl. Genschel, Steuerharmonisierung, 2002, S. 42 f.
171 Vgl. insbesondere Schanz, FA 1923, S. 353 ff.
172 Vgl. Genschel, Steuerharmonisierung, 2002, S. 42.
173 Vgl. Schanz, FA 1882, S. 368.
174 Vgl. Schanz, FA 1882, S. 375 ff.
175 Vgl. Vogel, intertax 1988, S. 223 ff.; Lang, Quellenprinzip, 2005, S. 34 ff.
176 Vgl. Zuber, Anknüpfungsmerkmale, 1991, S. 111.

Leistungen des Staates empfangen hat.[177] Vereinfachend wird angenommen, dass sich Kosten und Nutzen der Staatsleistungen entsprechen.[178] Öffentliche Güter entziehen sich jedoch einer Zuordnung auf das einzelne Individuum, da in der Regel weder Teilbarkeit, Abgrenzbarkeit noch Quantifizierbarkeit gegeben sind.[179] Selbst eine nur grobe Abschätzung, inwieweit Leistungen der betroffenen Staaten genutzt werden, scheitert auf zwischenstaatlicher Ebene.[180] Als Ausweg bietet sich eine Abwägung der gesamtwirtschaftlichen Vorteile an, welche durch die internationale Geschäftstätigkeit entstehen.[181] Für eine solche Aufteilung nach den Wertschöpfungsbeiträgen haben sich zwei Sichtweisen herauskristallisiert:[182] Gemäß des „supply approach" ist der Ort der Wertschöpfung dort zu sehen, an welchem die Produktionsfaktoren eingesetzt werden. Der „supply-demand approach" sieht zusätzlich in der Bereitstellung eines Absatzmarktes einen zu berücksichtigenden Wertfaktor, welcher neben den Produktionsfaktoren in die zwischenstaatliche Aufteilung des Steuersubstrats einfließen soll.[183] Probleme ergeben sich hier zum einen aus dem unklaren Aufteilungsmechanismus zwischen den beteiligten Staaten.[184] Zum anderen ist aufgrund des Aufkommens moderner Informations- und Kommunikationstechnologien eine genaue Lokalisierung des Absatzes nicht immer möglich.[185] In Bezug auf die betriebliche Altersversorgung ist der Aspekt der Nachfrage nicht von Bedeutung, da lediglich die Entlohnung des Produktionsfaktors Arbeit zu würdigen ist. Insofern sprechen sich beide Ansätze für eine Zuordnung des Besteuerungsrechts an den Staat aus, in welchem die Arbeit verrichtet wird.[186]

---

177 Vgl. Musgrave, Taxation, 1969, S. 150 ff.; Musgrave, Finanztheorie, 1974, S. 53 ff.; Fuest, Wirtschaftsdienst 2005, S. 23.

178 Vgl. Hansjürgens, Äquivalenzprinzip, 2001, S. 17 ff.; ähnlich Schön, IStR 2004, S. 291.

179 Vgl. Kraft, Steuergerechtigkeit, 1991, S. 9.

180 Vgl. Richman, Taxation, 1963, S. 16.

181 Vgl. grundlegend Richman, Taxation, 1963, S. 16 ff.; Musgrave/Musgrave, Equity, 1972, S. 71 f. *Hansjürgens* sieht im Äquivalenzprinzip nur eine allgemeine Richtschnur für die Vorteilsabwägung; vgl. Hansjürgens, Steuerwettbewerb, 2001, S. 84 f.

182 Vgl. Schäfer/Spengel, Allocation, 2003, S. 6. Ähnlich Tipke, Steuergerechtigkeit, 2000, S. 25 f.

183 Vgl. Oestreicher, Gewinnabgrenzung, 2000, S. 179 ff.

184 Vgl. ausführlich dazu Oestreicher, Gewinnabgrenzung, 2000, S. 180 ff.

185 Vgl. Schäfer/Spengel, Scope, 2002, S. 11 f.

186 So auch Vogel, intertax 1988, S. 318 f., 401. Kritisch dazu vgl. Kolb, IWB 2005, S. 1916 f.

2. Europarechtliche Anforderungen

2.1. Institutionelle Aspekte und Kompetenzen in der Europäischen Union

Die Wurzeln der Europäischen Institutionen reichen zurück zu der 1951 gegründeten Montanunion (Europäische Gemeinschaft für Kohle und Stahl, EGKS) und zu den 1957 abgeschlossenen Römischen Verträgen zur Gründung der Europäischen Wirtschaftsgemeinschaft (EWG) und der Europäischen Atomgemeinschaft (Euratom).[187] Die strukturell identisch konzipierten Teilgemeinschaften wurden 1965 formal zu den Europäischen Gemeinschaften (EG) mit einer einheitlichen Exekutive (Kommission), Legislative (Parlament und Ministerrat) sowie Judikative (Europäischer Gerichtshof, EuGH) fusioniert. Neben dem Abbau von Zollschranken zwischen den Mitgliedstaaten war die Schaffung eines Gemeinsamen Marktes zentrale Zielsetzung der Gemeinschaft. Durch die Einheitliche Europäische Akte (EEA) vom 1.7.1987 wurde die Schaffung des Binnenmarkts vertraglich bis zum 31.12.1992 festgelegt. Gleichzeitig wurden umfassende Änderungen an den Gründungsverträgen vorgenommen, welche der Schaffung einer politischen Union den Weg bereiten sollten. Die Ausdehnung der rein wirtschaftlich konzipierten Europäischen Gemeinschaft zu einem politischen Bündnis wurde am 1.11.1993 durch den Vertrag von Maastricht über die Europäische Union angegangen.[188] Nach der erneuten Umstrukturierung der Vertragstexte auf der Konferenz von Amsterdam 1997 sowie der Erweiterungskonferenz von Nizza 2000 wurde auf der Konferenz von Rom 2004 mit der Unterzeichnung der europäischen Verfassung der vorläufige Schlussstein der politischen Integration Europas gesetzt. Mit deren Inkrafttreten ist aufgrund der ablehnenden Referenden in Frankreich und den Niederlanden mittelfristig nicht zu rechnen.

Der EG-Vertrag stellt die primäre Rechtsquelle der Europäischen Gemeinschaft dar.[189] Hinzu treten die zugehörigen Protokolle sowie die Beitrittsverträge der einzelnen Mitgliedstaaten, soweit sie nach 1957 in die Gemeinschaft aufgenommen wurden.[190] Eine Änderung des europäischen Primärrechts setzt eine Vereinbarung der Regierungen der Mitgliedstaaten sowie deren anschließende Ratifizierung in allen Mitgliedstaaten vor-

---

187 Ausführlich zur Geschichte der europäischen Integration vgl. Arndt, Europarecht, 2004, S. 9 ff.

188 Durch den Vertrag von Maastricht wurde die Europäische Wirtschaftsgemeinschaft in Europäische Gemeinschaft sowie der EWG-Vertrag in EG-Vertrag umbenannt. Die Europäische Union bildet das institutionelle Dach für EG und Euroatom sowie die Kooperationen in der Außenpolitik sowie der Innen- und Justizpolitik; vgl. ausführlich zum „Drei-Säulen-Charakter“ der EU Arndt, Europarecht, 2004, S. 13 ff., 26 ff.

189 In dieser Arbeit werden die rechtlichen Grundlagen nach dem Vertrag von Nizza verwendet.

190 Vgl. Arndt, Europarecht, 2004, S. 77 f.

aus.[191] Von den nachgeordneten Rechtsakten nehmen Verordnungen als unmittelbar geltende Rechtsnormen einen besonderen Status ein, da sie nicht der Umsetzung in den Mitgliedstaaten bedürfen.[192] Richtlinien der EU-Kommission dagegen entfalten erst nach ihrer Transformation in nationales Recht Bindungswirkung.[193] Zu den sekundären Rechtsquellen zählen außerdem Entscheidungen, die nur für die Adressaten bindende Wirkung entfalten, sowie Empfehlungen oder Stellungnahmen, die nach Art. 249 EG unverbindlich sind.[194]

Um die Realisierung eines einheitlichen gemeinsamen Marktes zu erreichen, sollen die Rechtsvorschriften in den Mitgliederstaaten einander angeglichen werden.[195] In Bezug auf die Besteuerung war mit der Einheitlichen Europäischen Akte ein expliziter Harmonisierungsauftrag für die indirekten Steuern[196] verbunden. Dies ergibt sich bereits aus der Bestimmung des Art. 90 EG, wonach eine steuerliche Benachteiligung von Waren aus anderen Mitgliedstaaten untersagt ist.[197] Die direkten Steuern sind hiervon ausgenommen. Das Subsidiaritätsprinzip (Art. 5 EG)[198] sicherte den Mitgliedstaaten die Steuerhoheit in diesem Bereich formal zu.[199] Da eine Zuständigkeit der EG für das Steuerwesen im Allgemeinen – abgesehen von den indirekten Steuern – nicht vorgesehen ist, bleiben die Einzelstaaten in steuerlichen Fragen vollständig souverän.[200] Zwar

---

191 Vgl. Arndt, Europarecht, 2004, S. 91.

192 Als bekanntes Beispiel in jüngerer Vergangenheit sei die Verordnung zur Einführung der IFRS/IAS-Rechnungslegung genannt; Verordnung (EG) 1606/2002.

193 Eine Ausnahme davon besteht nur soweit die Richtlinie nicht fristgerecht oder nicht ordnungsgemäß umgesetzt wurde. Betroffene Unionsbürger können sich in diesem Fall auf die „vertikale Direktwirkung" der Richtlinie berufen. Vgl. Arndt, Europarecht, 2004, S. 83 ff.

194 Vgl. ausführlich zur Reichweite des sekundären Gemeinschaftsrechts im Steuerrecht Klein, DStJG 19, 1996, S. 12 ff.

195 Vgl. Art. 3 Abs. 1 EG. Für eine kritische Auseinandersetzung mit der Notwendigkeit und Reichweite der Rechtsangleichung vgl. Spengel, Unternehmensbesteuerung, 2003, S. 293; Lang, Harmonisierung, 1997, S. 873 ff.; Schön, DStJG 23, 2000, S. 208 ff., 216 ff.; Vogel, StuW 1993, 382; Birk, DStJG 19, 1996, S. 74 ff.; Weiser, Rechtssetzung, 1998, S. 198 ff.

196 V.a. Verkehrs- und Verbrauchssteuern, vgl. Art. 93 EG. Zur Harmonisierung der Umsatzsteuer in der EG vgl. Jacobs, Unternehmensbesteuerung, 2002, S. 156 ff.; Lang, Harmonisierung, 1997, S. 877 ff.

197 Vgl. Jacobs, Unternehmensbesteuerung, 2002, S. 97; Klein, DStJG 19, 1996, S. 10 ff.

198 *Herzig* verbindet mit dem Subsidiaritätsprinzip einen „Wettbewerb der Systeme", der das Gegenstück zur Harmonisierung bildet; Herzig, DStJG 19, 1996, S. 122 ff. Demgegenüber integriert *Lang* in das Subsidiaritätsprinzip sowohl den Wettbewerbsgedanken als auch – wenn auch nur in einem Teilbereich – das Harmonisierungsprinzip; Lang, Harmonisierung, 1997, S. 875 ff., 885 ff.

199 Vgl. Klein, DStJG 19, 1996, S. 7 f.

200 Der EG-Vertrag regelt nicht einmal den Begriff der Steuern. Dieser musste erst durch den EuGH in seinem Urteil vom 13.2.1996 (Société Bautiaa), Tz. 39 definiert werden; vgl. Laule, Auswirkungen, 2003, S. 8; Raad, ECTR 1995, S. 190 f.

besteht auch für das Steuerrecht das Ziel der Rechtsangleichung nach Art. 14 EG. Gemäß Art. 94 Abs. 2 EG ist hierzu jedoch ein einstimmiger Beschluss des Rates erforderlich, der angesichts der 25 Mitgliedstaaten und ihrer teils stark divergierenden Interessen als sehr unwahrscheinlich eingestuft werden muss.[201] Gleichwohl sind die Mitgliedstaaten bei der Ausübung ihrer steuerlichen Hoheitsrechte an Gemeinschaftsrecht gebunden, da die allgemein gültigen Grundsätze des Binnenmarktes vorrangig zu beachten sind.[202] Neben dem allgemeinen Diskriminierungsverbot (vgl. Punkt 2.2) sind es vor allem die europäischen Grundfreiheiten (vgl. Punkte 2.3.-2.6.), die im Steuerrecht ihre unmittelbare Wirkung entfalten.[203]

2.2. Das allgemeine Diskriminierungsverbot und der europäische Gleichheitssatz

Art. 12 EG bestimmt, dass in der Europäischen Union „jede Diskriminierung aus Gründen der Staatsangehörigkeit verboten" ist, soweit diese nicht ausdrücklich durch den Vertrag zugelassen wird.[204] Obwohl keine dem deutschen Grundgesetz[205] vergleichbare Kodifizierung des Gleichheitsgrundsatzes gegeben ist, hat die Rechtsprechung des EuGH ausgehend von Art. 12 EG einen allgemeinen Gleichheitssatz formuliert.[206] In der Rechtssache Wagner[207] definiert der Europäische Gerichtshof eine Diskriminierung als die Ungleichbehandlung gleicher Sachverhalte bzw. die Gleichbe-

---

201 Vgl. Jacobs, Unternehmensbesteuerung, 2002, S. 97.

202 Vgl. Körner, IStR 2004, S. 424. Zum Vorrang des Gemeinschaftsrechts vgl. ausführlich Arndt, Europarecht, 2004, S. 104 ff. Wegen der unmittelbaren Wirkung der Grundfreiheiten sehen *Thiel/Achilles* keinen Souveränitätsvorbehalt der Staaten im direkten Steuerrecht; vgl. Thiel/Achilles, IStR 2003a, S. 531 ff.

203 Vgl. Jacobs, Unternehmensbesteuerung, 2002, S. 95 f.; Schön, DStJG 23, 2000, S. 208 f.; Lenz, ECTR 1997, S. 80; Klein, DStJG 19, 1996, S. 11.

204 Von diesem Grundsatz werden sowohl „offene" als auch „faktische" oder „mittelbare" Diskriminierungen aufgrund unterschiedlicher Staatsangehörigkeit abgedeckt; vgl. Schön, DStJG 23, 2000, S. 209; EuGH-Urteil v. 12.2.1974 (Sotgiu); EuGH-Urteil v. 8.5.1990 (Biehl), Tz. 13. Soweit das Steuerrecht tangiert ist, sind vor allem faktische und mittelbare Diskriminierungen anzutreffen, wie bereits die Rechtssache Avoir fiscal als Präzendenzfall zum direkten Steuerrecht gezeigt hatte; vgl. Thömmes, DStJG 19, 1996, S. 83; EuGH-Urteil v. 28.1.1986 (avoir fiscal).

205 Art. 3 GG.

206 Weder der Vertrag über die Europäischen Gemeinschaften noch der Vertrag über die Europäische Union nennen den Gleichheitsgrundsatz. Letzterer verweist darauf zumindest indirekt in Art. 6 durch die Bezugnahme auf die Europäische Menschenrechtskonvention und die verfassungsrechtlichen Traditionen der Mitgliedstaaten; vgl. Wouters, ECTR 1999, S. 98 ff. m.w.N.

207 Vgl. EuGH-Urteil v. 23.2.1983 (Wagner).

handlung ungleicher Sachverhalte, sofern die unterschiedliche Behandlung nicht objektiv gerechtfertigt ist.[208]

Die Anwendung von Art. 12 EG setzt voraus, dass ein grenzüberschreitender Sachverhalt vorliegt.[209] Obwohl der Wortlaut der Norm lediglich Diskriminierungen aufgrund der Staatsangehörigkeit verbietet, werden davon auch Ungleichbehandlungen aufgrund des Ortes der Ansässigkeit erfasst. Die Nationalität im Sinne des Staatsbürgerbegriffs tritt insofern hinter das Ansässigkeitskonzept zurück (sog. Inländergleichbehandlung).[210] Die Ungleichbehandlung der eigenen Staatsangehörigen bzw. Gebietsansässigen wird – soweit kein grenzüberschreitender Bezug vorliegt – nicht untersagt (kein Verbot der Inländerdiskriminierung).[211] Die Wahrung der Gleichheit zwischen Inländern kann sich folglich nur aus der jeweiligen nationalen Grundordnung ergeben.[212]

Neben dem Binnenmarktprinzip des Art. 14 EG stellt das Diskriminierungsverbot eines der Fundamentalprinzipien der Gemeinschaft dar. Ihre Grundüberlegungen ziehen sich – unter Abwägung weiterer Zielsetzungen und Prinzipien – durch das komplette Vertragswerk und werden dementsprechend auch von der europäischen Gerichtsbarkeit weit ausgelegt.[213] Von praktischer Bedeutung wird das allgemeine Diskriminierungsverbot und das Binnenmarktprinzip in den Konkretisierungen als Grundfreiheiten hinsichtlich des Verkehrs von Waren,[214] Personen,[215] Dienstleistungen und des Kapi-

---

208 Vgl. kritisch zur Definition des Diskriminierungsverbots des EuGH Hinnekens, ET 1996, S. 287 ff. Nach *Arndt* ist der EuGH insoweit in Übereinstimmung mit der Definition von Gleichheitsverstößen des BVerfG. Gleichwohl werde das Gleichheitsgebot vom EuGH wesentlich „enger" i.S.v. „grundrechtsfreundlicher" als beispielsweise vom BVerfG interpretiert. Der europarechtliche Gleichheitsgrundsatz entfaltet damit regelmäßig einen weiter gehenden Schutzbereich als die jeweiligen nationalen Regelungen; vgl. ausführlich dazu Arndt, Europarecht, 2004, S. 121 ff.; ebenso Thömmes, DStJG 19, 1996, S. 93 ff.

209 Ein Verstoß gegen Art. 12 EG kann sowohl von natürlichen als auch von juristischen Personen angefochten werden.

210 Vgl. Hinnekens, ET 1996, S. 286; Pistone, ECTR 2002, S. 129 f. m.w.N.

211 Vgl. Arndt, Europarecht, 2004, S. 141 f.; Hakenberg, Grundzüge, 2003, S. 79.

212 *Arndt* weist darauf hin, dass die Anwendbarkeit nationaler Gleichheitsnormen auf die Inländerdiskriminierung umstritten ist. Nachdem dies vom österreichischen Verfassungsgericht bejaht wurde, scheine auch das deutsche BVerfG in diese Richtung zu tendieren; vgl. Arndt, Europarecht, 2004, S. 142.

213 Vgl. Hinnekens, ECTR 2002, S. 112 f.; Kapitel D.II.1.

214 Die Warenverkehrsfreiheit (Art. 23 EG) ist im Zusammenhang mit der betrieblichen Altersversorgung nicht betroffen und wird im Folgenden nicht näher thematisiert. Vgl. ausführlich zur Warenverkehrsfreiheit Arndt, Europarecht, 2004, S. 148 ff.

215 Die Personenverkehrsfreiheit unterteilt sich in die Freizügigkeit der Arbeitnehmer und die Niederlassungsfreiheit.

talverkehrs.[216] Art. 12 EG tritt hinter den Geltungsbereich der spezielleren Grundfreiheiten zurück und entfaltet lediglich dann Wirkung, wenn eine Diskriminierung grenzüberschreitender Sachverhalte vorliegt, die nicht bereits durch die Grundfreiheiten sanktioniert wurde.[217] Beachtenswert ist allerdings, dass der EuGH in ständiger Rechtsprechung die Grundfreiheiten über das Diskriminierungsverbot[218] – und der damit verbundenen Formel der Inländergleichbehandlung – hinaus als Beschränkungsverbote auslegt.[219] Demnach sind grundsätzlich jegliche nationalen Maßnahmen unzulässig, welche die Ausübung der Grundfreiheiten behindern oder weniger attraktiv erscheinen lassen.[220] Der EuGH bezieht sich dabei auf die Zwecksetzung des Binnenmarktes nach Art. 3 Abs. 1 lit. c) EG als Schaffung eines gemeinsamen Marktes ohne Hindernisse für den Waren-, Personen-, Dienstleistungs- oder Kapitalverkehr.[221] Als unzulässige Beschränkungen werden insbesondere Maßnahmen angesehen, die entweder einen unmittelbaren Einfluss auf den freien Marktzugang ausüben oder die zu einer Doppelbelastung im grenzüberschreitenden Verkehr führen.[222]

Unter bestimmten Voraussetzungen duldet das Gemeinschaftsrecht eine Einschränkung der Grundfreiheiten. Dies kann zum einen durch explizit kodifizierte Schrankenregelungen bzw. Bereichsausnahmen erfolgen.[223] Eine allgemeine Ausnahme besteht für hoheitliche Aufgaben, die den jeweiligen Staatsangehörigen vorbehalten bleiben dürfen.[224] Die Schrankenregelungen sind nach der Rechtsprechung des EuGH restriktiv auszulegen, da von einem weiten Schutzbereich der Grundfreiheiten auszugehen ist.[225]

---

216 Vgl. Kavelaars, intertax 1993, S. 600 f.

217 Vgl. zum Subsidiaritätsprinzip Arndt, Europarecht, 2004, S. 123. Dies entspricht dem rechtssystematischen Grundsatz „lex specialis derogat legem generalis".

218 *Birk* charakterisiert die Reichweite der Diskriminierungsverbote als „Kästchengleichheit". Zwar sind die Steuerbelastungen in den Mitgliedstaaten grundsätzlich unterschiedlich. Innerhalb des jeweiligen „nationalen Kästchens" besteht dagegen steuerliche Gleichbehandlung; vgl. Birk, DStJG 19, 1996, S. 76 f.

219 Ausführlich zur historischen Entwicklung und zu den Konsequenzen der erweiterten Auslegung als Beschränkungsverbote vgl. Everling, Grenzen, 1997, S. 607 ff.; Roth, Diskriminierungsverbot, 1997, S. 675 ff.; Thömmes, DStJG 19, 1996, S. 100 ff.; Lehner, DStJG 23, 2000, S. 265 ff. A.A. Rödder, DStR 2004, S. 1629 f.

220 Vgl. EuGH-Urteil v. 30.11.1995 (Gebhard).

221 Vgl. Schön, DStJG 23, 2000, S. 210 ff.

222 Vgl. ausführlich zur Kritik am allgemeinen Beschränkungsverbot sowie dessen Auslegung nach herrschender Meinung Arndt, Europarecht, 2004, S. 139 ff.

223 Vgl. Arndt, Europarecht, 2004, S. 143 f.

224 Sog. Bereichsausnahme, vgl. Arndt, Europarecht, 2004, S. 143.

Zum anderen erkennt die europäische Rechtsprechung immanente Schranken als mögliche Rechtfertigungsgründe an.[226] Ausgehend von der engen Interpretation der kodifizierten Schranken akzeptiert der EuGH damit den Umstand, dass einige der Ausnahmetatbestände nicht mehr auf die modifizierten Freiheitsrechte anwendbar sind bzw. umgekehrt dass der ursprüngliche Vertragstext Rechtfertigungsgründe, die sich erst später herauskristallisiert haben, nicht kennen konnte.[227] Dies erlaubt eine den veränderten Umständen angepasste Interpretation des EG-Vertrags. Eine Ausweitung der Diskriminierungen aufgrund der Staatsangehörigkeit wird dadurch allerdings nicht sanktioniert.[228] Die Anerkennung einer immanenten Schranke ist durch den EuGH an restriktiv auszulegende Bedingungen geknüpft worden. Voraussetzung ist erstens, dass keine anwendbaren kodifizierten Schrankenregeln vorliegen. Die immanente Rechtfertigung darf lediglich subsidiären Charakter aufweisen und damit eine lückenfüllende Funktion einnehmen.[229] Die Einschränkung muss zweitens aufgrund eines zwingenden öffentlichen Erfordernisses erfolgen.[230] Grundsätzlich darf es sich zwar nur um nicht wirtschaftliche Zwänge handeln. Soweit jedoch die Regelung eines Sachverhalts in die Zuständigkeit der Mitgliedstaaten fällt, können auch wirtschaftliche Interessen als Rechtfertigungsgrund herangezogen werden. Ein solches Interesse ist insbesondere bei der Besteuerung gegeben. In der Rechtssache Bachmann[231] akzeptierte der EuGH erstmals das Argument der Kohärenz des Steuerrechts als Rechtfertigung für eine Grundfreiheitseinschränkung.[232] Drittens muss die grundrechtsbegrenzende Maßnahme verhältnismäßig sein. Dazu muss die Maßnahme geeignet sein, ihre Zwecksetzung umzusetzen. Eine „Übererfüllung“ wird vom EuGH regelmäßig als unzulässig abgelehnt.[233] Darüber hinaus setzt die Anerkennung der Einschränkung voraus, dass das verfolgte Ziel nicht durch eine andere Maßnahme erreicht werden könnte, die einen geringeren Eingriff in die Grundfreiheiten darstellen würde.

---

225 Für den Bereich des Steuerrechts sind die kodifizierten Schrankenregelungen jedoch von untergeordneter Bedeutung; vgl. Eckhoff, in: Birk, Handbuch, 1995, § 18 Tz. 24, § 19 Tz. 38.

226 Erst durch die weite Interpretation der Grundfreiheiten als Beschränkungsverbote wird eine Rechtfertigung durch immanente Schranken legitimiert; vgl. Knobbe-Keuk, ECTR 1994, S. 78. Ebenso Thiel/Achilles, IStR 2003b, S. 555 ff.

227 Vgl. Arndt, Europarecht, 2004, S. 144.

228 Vgl. Arndt, Europarecht, 2004, S. 145 ff.

229 Vgl. Arndt, Europarecht, 2004, S. 145.

230 Beispiele verschiedener Rechtfertigungsgründe finden sich bei Hakenberg, Grundzüge, 2003, S. 120. Zum Stellenwert des öffentlichen Interesses in der EuGH-Rechtsprechung vgl. Berlin, ECTR 1993, S. 89 ff.

231 Vgl. EuGH-Urteil v. 28.1.1992 (Bachmann).

232 Vgl. ausführlich zum Kohärenz-Argument sowie zur Rechtsentwicklung durch den EuGH in Bezug auf die Altersversorgung Kapitel D.II.1.

233 Vgl. Arndt, Europarecht, 2004, S. 147.

2.3. Freizügigkeit

Art. 39 EG gewährleist, dass ein Arbeitnehmer, der Staatsangehöriger eines EU-Staates ist, in keinem Mitgliedstaat aufgrund seiner Staatsangehörigkeit hinsichtlich der Beschäftigung, Entlohnung oder Arbeitsbedingungen diskriminiert werden darf.[234] Dazu zählt auch das Recht, sich in jedem Mitgliedstaat um eine Arbeitsstelle zu bewerben, sich zu diesem Zweck im Gebiet der Gemeinschaft frei zu bewegen, sich in einem Mitgliedstaat aufzuhalten und einer Beschäftigung nachzugehen sowie nach Beendigung der Beschäftigung – unter bestimmten Voraussetzung – dort zu verweilen (Art. 39 Abs. 3 EG).[235] Das ursprünglich auf Arbeitnehmer beschränkte Aufenthaltsrecht in einem anderen Mitgliedstaat wurde mit der Einführung der Unionsbürgerschaft durch den Vertrag von Maastricht (Art. 17 EG) auf alle EU-Bürger ausgedehnt.[236] Damit dürfen sich grundsätzlich auch nicht Erwerbstätige dauerhaft in einem anderen Mitgliedstaat aufhalten, obwohl sie nicht deren Staatsangehörige sind (Art. 18 EG).[237] Für die betriebliche Altersversorgung ist dies vor allem für Rentner von Bedeutung, da hierdurch zum einen die Möglichkeit eröffnet wird, den Ruhestand in einem anderen EU-Staat zu verbringen. Zum anderen können aber auch Arbeitnehmer, die während ihres Arbeitslebens von der Freizügigkeit in einen anderen Staat Gebrauch gemacht haben, nach Ausscheiden aus ihrem Beruf in diesem Staat verbleiben. Aus Sicht der internationalen Besteuerung ist der zweite Fall dann unproblematisch, wenn keine weiteren Altersbezüge aus anderen Staaten als dem Arbeits-/Ruhestandsstaat bezogen werden.

Der Arbeitnehmerbegriff wird europarechtlich weit ausgelegt.[238] Nach dem Verständnis des EuGH zählen zu den Arbeitnehmern sowohl abhängig Beschäftigte, die für ihre Tätigkeit ein nicht unwesentliches Entgelt erhalten, als auch Arbeitslose, die vermittelbar sind und Anspruch auf Arbeitslosenunterstützung haben.[239] Insofern handelt es

---

234 Vgl. Art. 39 Abs. 2 EG; Hakenberg, Grundzüge, 2003, S. 105.

235 Für eine detaillierte Darstellung der einzelnen Rechte vgl. Arndt, Europarecht, 2004, S. 165 ff.

236 Vgl. Arndt, Europarecht, 2004, S. 14. Zuvor erfolgte bereits eine Ausdehnung des Aufenthaltsrechts durch Sekundärrecht, vgl. Richtlinie 90/364/EWG. Zur allmählichen Abkopplung der Freizügigkeit von der Arbeitnehmereigenschaft durch die Einführung der Unionsbürgerschaft vgl. Hakenberg, Grundzüge, 2003, S. 105, 109 f.

237 Voraussetzung ist, dass die nationalen Meldepflichten für Ansässige eingehalten werden; vgl. Arndt, Europarecht, 2004, S. 165. Zu Wirkung und Reichweite des Art. 18 EG vgl. Bode, EuZW 2003, S. 552 ff.

238 Allgemein zur Auslegung des Gemeinschaftsrechts vgl. Schön, DStJG 19, 1996, S. 171 ff.

239 Vgl. Arndt, Europarecht, 2004, S. 164 f. m.w.N.

sich bei Art. 39 EG nicht lediglich um die Freizügigkeit von Arbeitnehmern, sondern um die Freizügigkeit von (nicht selbständig)[240] Erwerbstätigen.[241]

2.4. Niederlassungsfreiheit

Während mit der Arbeitnehmerfreizügigkeit die Freiheiten der abhängig Beschäftigten erfasst werden, richtet sich die Niederlassungsfreiheit an die selbständig Erwerbstätigen. Nach Art. 43 EG sind Beschränkungen des Niederlassungsrechts von Staatsangehörigen eines anderen Mitgliedstaats unzulässig.[242] Unter „Staatsangehörigen" versteht der EG-Vertrag nicht lediglich natürliche Personen, sondern ebenfalls Gesellschaften, die nach den Rechtsvorschriften eines Mitgliedstaats gegründet wurden und ihren satzungsmäßigen Sitz, ihre Hauptverwaltung oder ihre Hauptniederlassung in der EG haben (Art. 48 EG).[243]

Die Anwendbarkeit der Niederlassungsfreiheit setzt voraus, dass eine selbständige Erwerbstätigkeit aufgenommen oder ausgeübt wird. Dem steht die Gründung oder Leitung von Unternehmen grundsätzlich gleich (Art. 43 Abs. 2 EG). Während sich die Dienstleistungsfreiheit von der Arbeitnehmerfreizügigkeit durch das Kriterium der Selbständigkeit unterscheidet, erfolgt die Abgrenzung gegenüber der Dienstleistungsfreiheit durch die Dauer der Tätigkeit.[244] Bei einer nur vorübergehenden Tätigkeit in einem anderen Mitgliedstaat ist die Dienstleistungsfreiheit tangiert.[245] Die Niederlassungsfreiheit greift hingegen, wenn die Erwerbstätigkeit dauerhaft ausgelegt ist.[246]

Im Rahmen der betrieblichen Altersversorgung kommt der Niederlassungsfreiheit in Bezug auf die Versorgungsträger eine wichtige Rolle zu. Die dauerhafte Aufnahme der Geschäftstätigkeit in einem Mitgliedstaat durch eine Versorgungseinrichtung aus ei-

---

240 Selbständig Tätige fallen unter die Niederlassungsfreiheit nach Art. 43 ff. EG; vgl. Abschnitt 2.4.

241 Eine weitere Ausdehnung der Freizügigkeit ist in Folge der Unionsbürgerschaft nach Art. 17, 18 EG zu erwarten, da deren umfassenderes Aufenthaltsrecht das Kriterium der Arbeitnehmereigenschaft nicht voraussetzt; vgl. Hakenberg, Grundzüge, 2003, S. 109 f. m.w.N.

242 Das gilt auch für die Gründung von Agenturen, Zweigniederlassungen oder Tochtergesellschaften (Art. 43 Abs. 2 EG).

243 Vgl. Bizioli, ECTR 1998, S. 239 f. In diesem Zusammenhang wird auf die jüngste Rechtsprechung des EuGH zur sog. Sitztheorie verwiesen; vgl. EuGH-Urteil v. 5.11.2002 (Überseering); EuGH-Urteil v. 30.9.2003 (Inspire Art). Vgl. dazu Westphal, SteuStud 2004, S. 388 ff.; Schäfer, NZG 2004, S. 785

244 Vgl. Arndt, Europarecht, 2004, S. 173.

245 Vgl. Hakenberg, Grundzüge, 2003, S. 111.

246 Vgl. EuGH-Urteil v. 30.11.1995 (Gebhard); Strahl/Bauschatz, IStR 2004, S. 368 ff.

nem anderen Mitgliedstaat darf demnach nicht beschränkt werden. Die Erfüllung von Bestimmungen, die der aufnehmende Staat an seine eigenen Staatsangehörigen stellt, steht dem nicht entgegen (Art. 43 Abs. 2 EG). Daraus folgt, dass ein europäischer Versorgungsträger, soweit die allgemeinen formalen Gründungs- und Aufsichtsbestimmungen jeweils beachtet werden, in jedem Mitgliedstaat Leistungen der betrieblichen Altersversorgung anbieten kann.

Auf Arbeitgeberebene spielt die Niederlassungsfreiheit in Bezug auf die betriebliche Altersversorgung nur eine untergeordnete Bedeutung. Eine Beeinträchtigung ist lediglich dann vorstellbar, wenn aufgrund gesetzlicher Regelungen eine Zwangsaufnahme in betriebliche Altersversorgungssysteme geboten ist, durch die der Arbeitgeber zu einer Doppelbelastung gezwungen wäre. Dies ist dann der Fall, wenn für einen Arbeitnehmer in mehreren Staaten zwangsweise Beiträge für eine betriebliche Altersversorgung anfallen.

2.5. Dienstleistungsfreiheit

Die Dienstleistungsfreiheit erfasst Tätigkeiten, die gegen Entgelt in einem Mitgliedstaat erbracht werden (Art. 50 Abs. 1 EG). Die Abgrenzung zur Niederlassungsfreiheit wird in Art. 50 Abs. 3 EG klargestellt, da sich die Dienstleistungsfreiheit auf nur vorübergehende Tätigkeiten in einem anderen Mitgliedstaat bezieht. Die in der Praxis oft schwierige Grenzziehung zur Warenverkehrsfreiheit[247] gestaltet sich bei der betrieblichen Altersversorgung einfach, da ein Zusammenhang mit Warenlieferungen nicht gegeben ist. Aus den umfänglichen Abgrenzungen gegenüber allen anderen Grundfreiheiten (Art. 50 Abs. 1 EG) wird ersichtlich, dass der Dienstleistungsfreiheit zumindest teilweise eine Auffangfunktion zukommt.[248] Sie soll Sachverhalte, die einen wirtschaftlichen Leistungsaustausch im Binnenmarkt darstellen und nicht bereits von den anderen Normen erfasst wurden, abdecken. Anknüpfungspunkt der Dienstleistungsfreiheit ist die Erbringung selbständiger Tätigkeiten gegen Entgelt.[249] Exemplarisch werden in Art. 50 Abs. 2 EG gewerbliche, kaufmännische, handwerkliche und freiberufliche Tätigkeiten genannt. Wer die Dienstleistung erbringt, ist im Gegensatz zu den Personenfreiheiten irrelevant.[250]

---

[247] Vgl. hierzu Arndt, Europarecht, 2004, S. 180 f.
[248] Vgl. Hakenberg, Grundzüge, 2003, S. 119.
[249] Vgl. Arndt, Europarecht, 2004, S. 180.

Erneut stehen die Tätigkeiten von Versorgungsträgern im Vordergrund, wenn die Dienstleistungsfreiheit auf die betriebliche Altersversorgung angewendet wird.[251] Ein Problemfall liegt vor, wenn ein Versorgungsträger eine grenzüberschreitende betriebliche Altersversorgung anbietet. Das Steuerrecht aber auch die Rahmenbedingungen für Finanzdienstleister und Versicherer[252] können hier zu Beschränkungen führen.

2.6. Kapital- und Zahlungsverkehrsfreiheit

Die Grundfreiheiten bezüglich des Waren- und Personenverkehrs blieben unvollständig, wenn die korrespondierenden Zahlungsströme nicht ebenso diskriminierungsfrei erfolgen könnten.[253] Die Zahlungsverkehrsfreiheit nach Art. 56 Abs. 2 EG gewährleistet, dass die Erbringung der Gegenleistung im Rahmen eines innergemeinschaftlichen Leistungsaustausches ohne nationale Beschränkungen erfolgen kann.[254]

Die Kapitalverkehrsfreiheit ist die jüngste unter den europäischen Grundfreiheiten, da sie erst zum 1.1.1994 in Kraft getreten ist. Dies ist umso erstaunlicher, als die früher wenig beachtete Erweiterung der z.T. ebenfalls umstrittenen Zahlungsverkehrsfreiheit in der neueren EuGH-Rechtsprechung von zentraler Bedeutung ist. Wie bereits *Arndt* ausführt, wird sie inzwischen insbesondere im Steuerrecht[255] und im Gesellschaftsrecht häufig bei Entscheidungen herangezogen.[256]

Die Reichweite der Kapitalverkehrsfreiheit geht über die Zahlungsverkehrsfreiheit hinaus, da ein innerer Zusammenhang mit anderen Transaktionen nicht erforderlich ist. Vielmehr ist jede Form des Kapitalverkehrs zwischen den Mitgliedstaaten[257] durch das Beschränkungsverbot des Art. 56 Art. 1 EG geschützt. Der Schutz des EG knüpft lc-

---

250 Vgl. Arndt, Europarecht, 2004, S. 180.

251 Die Dienstleistungsfreiheit ist im Allgemeinen besonders tangiert, wenn ein Export von Sozialleistungen vorliegt. Grundsätzlich hierzu vgl. Arndt, Europarecht, 2004, S. 182 f.

252 Vgl. dazu Hakenberg, Grundzüge, 2003, S. 122.

253 Vgl. Arndt, Europarecht, 2004, S. 184.

254 Vgl. Hakenberg, Grundzüge, 2003, S. 125 f.

255 Beispielhaft sei die Entscheidung zum finnischen Körperschaftsteueranrechnungsverfahren genannt; vgl. EuGH-Urteil v. 7.9.2004 (Manninen). Zur europarechtlichen Beurteilung der Körperschaftsteuersysteme vgl. ausführlich Jaeger, Körperschaftsteuersysteme. 2001; Jacobs, Unternehmensbesteuerung, 2002, S. 227 ff.; Bont, ECTR 1995, S. 136 ff.

256 Vgl. zur Entwicklung der Kapitalverkehrsfreiheit Arndt, Europarecht, 2004, S. 187 ff.; Hakenberg, Grundzüge, 2003, S. 126 ff.

257 Inwieweit die Kapitalverkehrsfreiheit auch im Verhältnis der Mitgliedstaaten zu sog. Drittstaaten Wirkungen entfaltet ist noch nicht abschließend geklärt. Zum Stand der Diskussion vgl. Schön, Drittstaaten, 2005, S. 489 ff.; Kessler/Obser, IStR 2004, S. 327 f. m.w.N.

diglich an den Sitz des Kapitals an, so dass die Staatsangehörigkeit seines Eigentümers irrelevant ist.[258]

Bedingt durch das weite Anwendungsgebiet steht die Kapital- und Zahlungsverkehrsfreiheit in Konkurrenz zu allen anderen Grundfreiheiten.[259] Während die Überschneidungen mit der Warenverkehrsfreiheit und der Arbeitnehmerfreizügigkeit exklusiv zugunsten dieser Freiheiten gelöst werden, ist das Verhältnis zur Niederlassungs- und zur Dienstleistungsfreiheit in der Literatur umstritten. Während einige Autoren eine Subsidiarität der Niederlassungsfreiheit gegenüber der Kapitalverkehrsfreiheit sehen, geht die wohl herrschende Meinung zunächst von einer parallelen Anwendung aus. In einem zweiten Prüfschritt wird abgewogen, ob der Gesichtspunkt der Niederlassung in einem Mitgliedstaat oder die Portfolio-Investition im Vordergrund steht.[260] Je nach Zielsetzung werden die konkurrierenden Freiheiten stärker unter dem Aspekt der Niederlassungs- oder der Kapitalverkehrsfreiheit interpretiert.[261] Im Verhältnis zur Dienstleistungsfreiheit werden ebenfalls die beiden Standpunkte einer parallelen Anwendung bzw. der Exklusivität vertreten. Nach vorherrschender Auffassung steht Art. 50 Abs. 1 EG einer gleichzeitigen Anwendung entgegen, da der Kapitalverkehrsfreiheit ein Vorrang vor der Dienstleistungsfreiheit eingeräumt wird.[262]

Einschränkungen der Kapital- und Zahlungsverkehrsfreiheit sind nach Maßgabe der Art. 57 und Art. 59 EG zulässig, soweit Kapitalbewegungen aus oder nach Nicht-Mitgliedstaaten betroffen sind. Eine Beschränkung gegenüber innergemeinschaftlichen Transaktionen kann sich aus Art. 58 EG ergeben. Danach stehen der Kapitalverkehrsfreiheit steuerliche Vorschriften nicht entgegen, die Steuerpflichtige mit unterschiedlichen Wohnorten oder Kapitalanlageorten unterschiedlich behandeln.[263] Dessen Reichweite wird jedoch unterschiedlich beurteilt. Während die Mitgliedstaaten hierin eine explizite Rechtfertigung für steuerliche Differenzierungen erkennen wollen, geht

---

258 Vgl. Hakenberg, Grundzüge, 2003, S. 125 f.

259 Vgl. Schön, Kapitalverkehrsfreiheit, 1997, S. 748 ff.

260 Zur Abgrenzung der Niederlassungs- von der Kapitalverkehrsfreiheit vgl. Kessler/Obser, IStR 2004, S. 326 f. Bei einer mehr als 25 %-igen Beteiligung geht die europäische Rechtsprechung regelmäßig von der Anwendbarkeit der Niederlassungsfreiheit aus, während die Kapitalverkehrsfreiheit zurückgedrängt wird; vgl. Hahn, GmbHR 2004, S. 277. Ebenso Kessler/Obser, IStR 2004, S. 326 f.; Schön, Kapitalverkehrsfreiheit, 1997, S. 754 f.

261 Vgl. ausführlich hierzu Arndt, Europarecht, 2004, S. 184 f.

262 Eine Ausnahme besteht allerdings für Dienstleistungen von Banken und Versicherungen im Zusammenhang mit dem Kapitalverkehr (Art. 51 Abs. 2 EG). Vgl. Arndt, Europarecht, 2004, S. 185 f. m.w.N.

263 Vgl. Dautzenberg, RIW 1998, S. 537 ff.; Mössner/Kellersmann, DStZ 1999, S. 509 f.

die Rechtsprechung des EuGH von einem rein deklaratorischen Charakter der Norm aus, da eine Ungleichbehandlung nur bei objektiv nicht vergleichbaren Situationen zulässig sei.[264] Eine spezielle Rechtfertigung für Einschränkungen im Rahmen des Steuerrechts kann aus Art. 58 EG somit nicht abgeleitet werden, da lediglich die EuGH-Rechtsprechung bestätigt wird.[265]

3. Internationale Doppelbesteuerung und Minderbesteuerung bei der betrieblichen Altersversorgung

3.1. Methoden zur Vermeidung einer internationalen Doppelbesteuerung

3.1.1. Anrechnungsmethode

Das Anrechnungsverfahren versucht eine internationale Doppelbesteuerung dadurch zu vermeiden, dass der im Ausland gezahlte Steuerbetrag auf die inländische Steuerschuld angerechnet wird. Grundlegend hierbei ist, dass bei der Ermittlung der inländischen Steuerbelastung zunächst vom Welteinkommen des Steuerpflichtigen ausgegangen wird. Konsequenterweise sind darin auch jene ausländischen Einkommensbestandteile enthalten, die für die Doppelbesteuerung ursächlich waren. In einem zweiten Schritt erfolgt die Anrechnung der bereits im Ausland geleisteten Steuerzahlung.[266] Sofern die Anrechnung der gesamten ausländischen Steuer erfolgt, spricht man von einer unbegrenzten Anrechnung.[267] Eingeschränkte Verfahren begrenzen das Anrechnungsvolumen auf einen Anrechnungshöchstbetrag, der sich aus dem rechnerischen Anteil der inländischen Steuerlast auf die ausländischen Einkommensteile ergibt.[268] Zusätzliche Beschränkungen können aus einer länder- oder einkunftsartenspezifischen Berechnung des Höchstbetrages entstehen.[269]

3.1.2. Freistellungsmethode

Anstatt auf den ausländischen Steuerbetrag abzustellen, setzt die Freistellungsmethode direkt an der Bemessungsgrundlage an.[270] Das im Ausland erzielte Einkommen wird von der Besteuerung im Inland komplett ausgenommen. Die uneingeschränkte Frei-

264 Vgl. Ribbrock, RIW 2005, S. 131 f.

265 Vgl. Eicker/Obser, IStR 2004, S. 443; Cordewener, Grundfreiheiten, 2002, S. 981.

266 Vgl. Jacobs, Unternehmensbesteuerung, 2002, S. 11.

267 Vgl. Jacobs, Unternehmensbesteuerung, 2002, S. 11.

268 Beispiele finden sich bei Saß, Grundzüge, S. 27 ff.

269 Vgl. Jacobs, Unternehmensbesteuerung, 2002, S. 11 f., 74.

270 Vgl. Jacobs, Unternehmensbesteuerung, 2002, S. 12.

stellung zeichnet sich dadurch aus, dass nach der Subtraktion der ausländischen Einkünfte keine weiteren Konsequenzen für die inländische Steuerlast bestehen.[271] Im Anwendungsbereich der uneingeschränkten Freistellungsmethode kommt es dadurch zu einer Abkehr vom Welteinkommensprinzip, da das Besteuerungsrecht für die freigestellten ausländischen Einkünfte dem Ausland überlassen wird. Damit erlangt für die Besteuerung der ausländischen Einkünfte das Territorialitätsprinzip Geltung. In der Praxis erfährt die Freistellungsmethode häufig eine Einschränkung in Form eines Progressionsvorbehalts. Zwar wird bei der Methode mit Progressionsvorbehalt ebenfalls das im Ausland erzielte Einkommen von der inländischen Bemessungsgrundlage ausgenommen. Jedoch findet es Berücksichtigung bei der Ermittlung des anzuwendenden inländischen Steuersatzes.[272]

3.1.3. Abzugsmethode

Der Grundgedanke der Abzugsmethode besteht darin, die im Ausland gezahlte Steuer bei der Ermittlung der inländischen Bemessungsgrundlage als Abzugsposten zu berücksichtigen. Im Gegensatz zu Anrechnungs- und Freistellungsmethode kann sie keine Beseitigung, sondern lediglich eine Milderung der Doppelbesteuerung erreichen.[273] Obschon sie in bestimmten Fällen eine hohe praktische Relevanz besitzt,[274] wird sie nachfolgend nicht näher betrachtet, da sie das Ziel der Vermeidung der Doppelbesteuerung regelmäßig verfehlt.

3.2. Anwendung der Methoden auf die betriebliche Altersversorgung und Systematisierung der Problemfälle

3.2.1. Systematisierung der Fallgruppen und Problembereiche

Grundsätzlich kann es auf Ebene des Arbeitnehmers immer dann zu einer Doppelbesteuerung kommen, wenn der Wohnsitz bzw. der gewöhnlichen Aufenthalt in einem anderen Staat liegt, als der Arbeitsort oder der Ort des Versorgungsträgers. Neben dem

---

271 Vgl. Jacobs, Unternehmensbesteuerung, 2002, S. 12.

272 Basierend auf dem Welteinkommen (inkl. ausländischer Einkünfte) wird eine fiktive Steuerbelastung ermittelt. Diese wird in Relation zum Welteinkommen gesetzt, um den relevanten Steuersatz auf die tatsächliche Bemessungsgrundlage nach Abzug freigestellter ausländischer Einkommensteile zu erhalten. Vgl. mit anschaulichen Beispielen Jacobs, Unternehmensbesteuerung, 2002, S. 12 ff.

273 Vgl. Jacobs, Unternehmensbesteuerung, 2002, S. 55.

274 Z.B. bei inländischen Verlusten oder einer ausländischen Bruttobesteuerung; vgl. Jacobs, Unternehmensbesteuerung, 2002, S. 56; ebenso Saß, Grundzüge, 1997, S. 30.

Fall des Grenzpendlers, der täglich eine Staatsgrenze überquert, um zu seinem Arbeitsplatz zu gelangen,[275] resultieren solche Situationen hauptsächlich aus internationalen Personalentsendungen[276] oder, wenn ein Steuerpflichtiger seinen Wohnsitz in einen anderen Staat verlegt. Diesen Fallgruppen ist gemein, dass Doppel- oder Minderbesteuerungen stets dann entstehen können, wenn die unbeschränkte Steuerpflicht in einen anderen Staat verlagert wird und in diesem die Leistungen aus der betrieblichen Altersversorgung bezogen werden. Für die Betrachtung ist jedoch eine Typisierung des Zeitpunkts des Wohnsitzwechsels hinreichend. Dieser wird im Folgenden zum Zeitpunkt des Eintritts in die Versorgungsphase angenommen.

Bei allen genannten Alternativen weist die Doppelbesteuerungsproblematik zwei Dimensionen auf: eine einperiodige und eine mehrperiodige. Bei der einperiodigen Betrachtung steht die Gleichzeitigkeit der konkurrierenden Steueransprüche während der Anwartschafts- bzw. Versorgungsphase im Mittelpunkt. Die steuerliche Erfassung von Beitragszahlungen an ausländische Versorgungseinrichtungen bildet hiervon einen Unterfall. Die mehrperiodige Analyse geht darüber hinaus, da ein Zusammenhang zwischen den Beitragszahlungen und der Ertragsbesteuerung in der Anwartschaftsphase mit den Auszahlungen in der Versorgungsphase hergestellt wird.

		Problembereiche		
		Anwartschafts-phase	Beiträge an ausländische Versorgungseinrichtung	Versorgungs-phase
Fallgruppen	Grenzpendler	Unbeschränkte vs. beschränkte Steuerpflicht	Evtl. Relevanz der Abzugsfähigkeit	Unbeschränkte vs. beschränkte Steuerpflicht
	Entsandte Mitarbeiter	Eventuell	I.d.R. Relevanz der Abzugsfähigkeit	Unbeschränkte vs. beschränkte Steuerpflicht
	Wechsel des Wohnsitzes	Keine	I.d.R. keine	Unbeschränkte vs. beschränkte Steuerpflicht

Tabelle 1: Systematisierung der Fallgruppen und Besteuerungsfolgen

275 Typischerweise pendelt der Grenzgänger täglich zwischen Arbeitsplatz und Wohnsitz, wobei stets eine Staatsgrenze überquert wird; vgl. auch Weizman, ECTR 1994, S. 100 ff.; weiterführend dazu Jacobs, Unternehmensbesteuerung, 2002, S. 1276 ff.

276 Ausführlich dazu vgl. Wellisch, StuW 2003, S. 154 ff.; Jacobs, Unternehmensbesteuerung, 2002, S. 1257 ff.; Richter/Schanz, BB 1994, S. 397 ff.

Die Problembereiche betreffen die genannten Fallgruppen in unterschiedlicher Art und Weise. Bei einem Wechsel des steuerlichen Wohnsitzes ist lediglich die Besteuerung in der Versorgungsphase von einer möglichen einperiodigen Doppel- oder Minderbesteuerung betroffen. Für die intertemporale Betrachtung muss die Vorbelastung in der Anwartschaftsphase hinzugezogen werden. Demgegenüber liegen bei Grenzpendlern und typischerweise auch bei entsandten Mitarbeitern bereits während des Anwartschaftsphase gleichzeitige Steueransprüche verschiedener Staaten vor.[277] Ein Unterschied zwischen den beiden Fallgruppen ist zum einen in der Dauerhaftigkeit der Besteuerungskonstellationen zu sehen. Bei Grenzpendlern kann man von einer langfristigen Doppelbesteuerungssituation ausgehen;[278] für entsandte Mitarbeiter stellt sich die Problematik nur für einen begrenzten Zeitraum. Zum anderen kann die Zuordnung der unbeschränkten bzw. beschränkten Steuerpflicht unterschiedlich sein. Für Grenzpendler ist typischerweise im Wohnsitzstaat die unbeschränkte und im Arbeitsortstaat die beschränkte Steuerpflicht gegeben. Je nach Dauer und Ausgestaltung der Entsendung kann dies bei entsandten Mitarbeitern identisch sein.[279] Die Besteuerung der betrieblichen Altersversorgung entspricht bei der Entsendung dann weit gehend dem Fall eines Grenzpendlers.

Sofern der Wohnsitz in das aufnehmende Land verlegt wird, kann es auch zu einer unbeschränkten Steuerpflicht im aufnehmenden Staat und einer nur beschränkten Steuerpflicht im eigentlichen Heimatstaat kommen. Damit sind die Besteuerungsfolgen in Bezug auf die betriebliche Altersversorgung nun eher mit dem Fall eines Wohnsitzwechsels vergleichbar. Von besonderer Relevanz ist bei Entsendungen die steuerliche Behandlung von Beitragszahlungen an ausländische Versorgungseinrichtungen. Hierbei ist insbesondere die Einordnung von im Heimatstaat gelegenen Versorgungseinrichtungen durch den aufnehmenden Staat von praktischer Bedeutung. Für den Expatriate kann die fortgesetzte Dotierung einer betrieblichen Altersversorgungszusage im Heimatstaat aufgrund der Probleme im Zusammenhang mit Unverfallbarkeitsfristen und der Atomisierung der Anwartschaften gegenüber nationalen Lösungen im Tätigkeitsstaat vorteilhaft sein.[280]

---

277 Zu den unterschiedlichen Steuerfolgen einer Entsendung und deren Einfluss auf die Entsendungskosten vgl. Endres/Spengel/Elschner, DB 2005, S. 2253 f.

278 Grundlegend zur Besteuerung von Grenzpendlern vgl. Zwick, Grenzgänger, 1986.

279 Ausführlich dazu vgl. Richter/Schanz, BB 1994, S. 397 ff.

280 Dies entspricht der in der Praxis vorherrschenden Vorgehensweise bei Entsendungen; vgl. Jacobs/Endres/Spengel/Elschner/Höfer/Schmidt, Expatriates, 2005, S. 92.

Durch Kombination der angesprochenen Fallgruppen kann es darüber hinaus zu Konstellationen kommen, in denen mehr als nur zwei Staaten für die Besteuerung der betrieblichen Altersversorgung relevant werden. Dazu kommt es beispielsweise, wenn der Arbeitnehmer während der Anwartschaftsphase Beiträge an eine Versorgungseinrichtung leistet, die ihren Sitz nicht im Ansässigkeitsstaat des Arbeitnehmers hat. Eine Dreiecksbeziehung entsteht, wenn der Arbeitnehmer in der Versorgungsphase seinen Wohnsitz in einen dritten Staat verlegt. Eine solche Konstellation wird im Regelfall durch die typisierten Fallgruppen hinreichend abgebildet, so dass sich die Analyse auf sie konzentrieren kann. Soweit sich in Ausnahmefällen Besonderheiten in Folge einer Dreieckskonstellation ergeben, wird darauf gesondert eingegangen.

Auf Arbeitgeberebene steht die Frage nach der Abzugsfähigkeit geleisteter Beitragszahlungen im Mittelpunkt. Soweit inländische Versorgungslösungen gewählt werden, ist dies Folge der nationalen Besteuerungssysteme und unabhängig von internationalen Problemstellungen. Eine Beeinträchtigung kann nur vorliegen, wenn die Abzugsfähigkeit von Beiträgen an eine ausländische Versorgungsinstitution untersagt wird.

Aus steuerplanerischer Sicht ist die Besteuerung der betrieblichen Altersversorgung im Falle von Personalentsendungen von Bedeutung.[281] Um der personalwirtschaftlichen Bedeutung der Entsendung gerecht zu werden, muss eine adäquate Vergütung der entsandten Mitarbeiter sichergestellt werden. Neben der erforderlichen Anreizwirkung, die zum einen in Form von Gehaltszuschlägen und zum anderen in Form von verbesserten Karrierechancen verwirklicht wird, sind Verschlechterungen für den Arbeitnehmer in Folge höherer Steuer- oder Sozialversicherungsbelastungen aufgrund der Entsendung durch den Arbeitgeber aufzufangen.[282] Darüber hinaus stellt sich in internationalen Konzernen die Frage der Kostentragung. Die Abzugsfähigkeit der Personalaufwendungen orientiert sich dabei im internationalen Steuerrecht an der Eigenschaft des wirtschaftlichen Arbeitgebers. Die tatsächliche Lohnauszahlung hat bestenfalls indizielle Bedeutung.

Abgesehen von den typischen Besteuerungsproblemen bei einer internationalen Investitionstätigkeit ist die Besteuerung des Versorgungsträgers als Institution eine rein nationale Angelegenheit.[283] Eine Doppelbesteuerung ist jedoch nicht bereits durch eine

281 Vgl. z.B. Kubaile, INF 2001, S. 15 ff.
282 Vgl. Jacobs/Endres/Spengel/Elschner/Höfer/Schmidt, Expatriates, 2005, S. 16 f.
283 Z.B. beschränkte Steuerpflicht bei Anlage in ausländische Aktien oder Anleihen.

formale Steuerbefreiung ausgeschlossen. Im Zusammenhang mit ausländischen Quellensteuern oder nicht anrechenbaren Körperschaftsteuerguthaben kann sich dadurch eine im Vergleich zu einer steuerpflichtigen Institution höhere Steuerbelastung ergeben.

Die besondere Problematik im Zusammenhang mit der betrieblichen Altersversorgung ergibt sich aus dem Zusammenspiel von Beitragszahlung, Ertragsansammlung und Leistungsauszahlung. Zu einer Doppelbesteuerungssituation kann es kommen, wenn auf Ebene der Versorgungseinrichtung Beiträge ertragswirksam vereinnahmt werden müssen, weil keine oder keine ausreichenden Rückstellungen für die späteren Leistungspflichten bzw. für Beitragsrückgewähr gebildet werden dürfen und die Leistungsauszahlungen nicht als abzugsfähige Betriebsausgaben angesehen werden.

3.2.2. Betrachtungsmodell

Die Untersuchung der Doppel- und Minderbesteuerung bei der betrieblichen Altersversorgung gliedert sich in drei Stufen. Auf der ersten Stufe ist zu klären, ob ein Staat die steuerliche Behandlung der betrieblichen Altersversorgung davon abhängig macht, ob sich die Versorgungseinrichtung im Inland oder im Ausland befindet. Diese Fragestellung taucht nur bei der Wahl mittelbarer Durchführungswege auf, da bei der unmittelbaren Direktzusage keine Beitragszahlungen stattfinden. Im Falle einer Anerkennung ausländischer Versorgungseinrichtungen ist grundsätzlich eine Gleichbehandlung mit nationalen Durchführungswegen möglich. Sofern die entsprechenden qualitativen Voraussetzungen[284] erfüllt sind, werden steuerlich keine Unterschiede nach dem Sitz des Versorgungsunternehmens getroffen. Ist national eine nachgelagerte Systematik für die Besteuerung des Arbeitnehmers vorgesehen, so kann diese auch für ausländische Lösungen angewendet werden. Gleichzeitig ist auf Arbeitgeberebene die Berücksichtigung von Beitragszahlungen als Betriebsausgaben unter den gleichen Voraussetzungen wie für Beiträge an inländische Einrichtungen möglich. Beide Konsequenzen können entfallen, wenn keine Anerkennung vorliegt. Auf Arbeitnehmerebene werden die geleisteten Beiträge dann stets als geldwerter Vorteil vorgelagert besteuert. Darüber hinaus ist auch die Versagung des Betriebsausgabenabzugs auf Arbeitgeberebene möglich.

---

[284] Z.B. in Bezug auf die Leistungsform.

Die einperiodigen Besteuerungsfolgen in der Anwartschaftsphase (Stufe 2) hängen zum einen von den aufeinander prallenden Steuersystemen ab. Zum anderen wird der konkrete Besteuerungserfolg maßgeblich davon beeinflusst, welche unilateralen Maßnahmen zur Vermeidung der Doppelbesteuerung im Ansässigkeitsstaat zur Anwendung kommen. Grundsätzlich führt die Verwendung der Freistellungsmethode zu einer Dominanz des Steuersystems des Tätigkeitsstaates, da der Ansässigkeitsstaat auf sein Besteuerungsrecht verzichtet. Ein Einfluss auf das Steuerniveau im Ansässigkeitsstaat ist nur dann gegeben, wenn der Ansässigkeitsstaat eine vorgelagerte Besteuerung vorsieht und die Freistellung nur unter Progressionsvorbehalt erfolgt. Für die Ermittlung des Steuersatzes im Ansässigkeitsstaat werden die im Tätigkeitsstaat entrichteten Beiträge in diesem Fall berücksichtigt. Wendet der Ansässigkeitsstaat dagegen eine nachgelagerte Besteuerung an, so hängt die steuerliche Belastung allein vom Steuersystem des Tätigkeitsstaates ab.

Besteuerung in Anwartschaftsphase (unilateral)			**Tätigkeitsstaat**	
			Vorgelagerte Besteuerung	Nachgelagerte Besteuerung
Ansässigkeitsstaat	Freistellungs-methode	Vorgelagerte Besteuerung	Ausländisches Steuerniveau (evtl. Progressionsvorbehalt)	Steuerfreiheit (evtl. Progressionsvorbehalt)
		Nachgelagerte Besteuerung	Ausländisches Steuerniveau	Steuerfreiheit
	Anrechnungs-methode	Vorgelagerte Besteuerung	Inländisches Steuerniveau*	Inländisches Steuerniveau
		Nachgelagerte Besteuerung	Steuerfreiheit*	Steuerfreiheit

* Evtl. Anrechnungsüberhang bei beschränkter Anrechnungsmethode

Tabelle 2: Unilaterale Besteuerung in Anwartschaftsphase

Bei Anwendung der Anrechnungsmethode setzt sich letztlich die Besteuerungssystematik des Ansässigkeitsstaates durch. Dies gilt allerdings nur, wenn die ausländischen Steuern unbeschränkt anrechenbar sind. Eine Vorbelastung im Tätigkeitsstaat würde bei einer unbeschränkten Anrechnung vollständig durch den Ansässigkeitsstaat kompensiert werden. Sind dagegen Beschränkungen vorhanden, kann es aufgrund von Anrechnungsüberhängen zu einer Überlagerung durch das ausländische Steuersystem kommen. Betrachtet man ausschließlich die Besteuerung der betrieblichen Altersversorgung, können Anrechnungsüberhängen nur bei einer vorgelagerten Besteuerung[285] im Tätigkeitsstaat entstehen. Der Anrechnungsüberhang entspricht bei einer isolierten Betrachtung exakt der ausländischen Steuer, wenn der Ansässigkeitsstaat eine nachgelagerte Besteuerung vorsieht. Falls der Ansässigkeitsstaat hingegen ebenfalls eine vorgelagerte Steuersystematik anwendet, hängt die Entstehung von Anrechnungsüberhängen vom Verhältnis der Steuerniveaus in den beiden Staaten ab. Ein Überhang entsteht, wenn die Steuerbelastung im Tätigkeitsstaat höher ist als im Ansässigkeitsstaat. Die beschränkte Anrechnungsmethode ermöglicht dann keinen vollständigen Ausgleich, so dass das ausländische Steuerniveau zum Tragen kommt.

Die Situation in der Versorgungsphase (Stufe 3) ist grundsätzlich spiegelbildlich dazu.[286] Die Probleme aufgrund der beschränkten Anrechnungsmethode ergeben sich hier jedoch im Falle einer nachgelagerten Besteuerung im Tätigkeitsstaat.[287]

Besteuerung in Versorgungsphase (unilateral)			**Auszahlungsstaat**	
			Vorgelagerte Besteuerung	Nachgelagerte Besteuerung
Ansässigkeitsstaat	Freistellungsmethode	Vorgelagerte Besteuerung	Steuerfreiheit	Ausländisches Steuerniveau
		Nachgelagerte Besteuerung	Steuerfreiheit (evtl. Progressionsvorbehalt)	Ausländisches Steuerniveau (evtl. Progressionsvorbehalt)
	Anrechnungsmethode	Vorgelagerte Besteuerung	Steuerfreiheit	Steuerfreiheit*
		Nachgelagerte Besteuerung	Inländisches Steuerniveau	Inländisches Steuerniveau*

* Evtl. Anrechnungsüberhang bei beschränkter Anrechnungsmethode

Tabelle 3: Unilaterale Besteuerung in Versorgungsphase

285 Bzw. die Nicht-Anerkennung von Beitragszahlungen an Versorgungseinrichtungen im Ansässigkeitsstaat durch den Tätigkeitsstaat.

286 Vgl. Tabelle 3.

287 Maßgeblich verantwortlich ist die häufig angewandte Bruttobesteuerung bei beschränkter Steuerpflicht; vgl. ebenso Weizman, ECTR 1994, S. 101.

Wenn der Ansässigkeitsstaat die Leistungen einer ausländischen Versorgungseinrichtung von der Besteuerung freistellt, hängt die Steuerbelastung grundsätzlich von der Systematik im Auszahlungsstaat ab. Wird dort vorgelagert besteuert, sind die Leistungen grundsätzlich komplett steuerfrei. Im Falle einer nachgelagerten Besteuerung werden die Auszahlungen mit dem ausländischen Steuerniveau belastet. Die tatsächliche Steuerbelastung kann sich jedoch noch erhöhen, sofern der Ansässigkeitsstaat eine nachgelagerte Besteuerung vorsehen würde und einen Progressionsvorbehalt anwendet. Zwar gehen die Leistungen aufgrund der Freistellungsmethode nicht in die Bemessungsgrundlage im Ansässigkeitsstaat ein. Sie haben dann aber einen Einfluss auf den anzuwendenden Steuersatz.

Wenn der Ansässigkeitsstaat dagegen die Anrechnungsmethode anwendet, ist für die Steuerbelastung grundsätzlich das inländische Steuersystem maßgebend. Dies gilt insbesondere dann, wenn eine unbeschränkte Anrechnung der im Auszahlungsstaat gegebenenfalls erhobenen Steuern erfolgt. Wenn der Ansässigkeitsstaat die betriebliche Altersversorgung vorgelagert besteuert, bleiben die Leistungen somit steuerlich unbelastet. Umgekehrt führt eine nachgelagerte Besteuerung zur Belastung der Betriebsrenten in Höhe des inländischen Steuerniveaus. Auch in der Versorgungsphase kann die beschränkte Anrechnungsmethode zu Anrechnungsüberhängen führen, welche die tatsächliche Steuerbelastung erhöhen können. Dazu ist erforderlich, dass der Auszahlungsstaat die Leistungen steuerlich erfasst hat, mithin also eine nachgelagerte Besteuerung vorsieht. Sieht der Ansässigkeitsstaat infolge einer vorgelagerten Besteuerung die Freistellung der Leistungen vor, entsteht ein Anrechnungsüberhang in Höhe der im Auszahlungsstaat erhobenen Steuern. Die Steuerbelastung der Auszahlungen steigt in diesem Fall auf das Steuerniveau des Auszahlungsstaates. Wenn sowohl der Ansässigkeits- als auch der Auszahlungsstaat nachgelagert besteuern, kann ein Anrechnungsüberhang nur dann entstehen, wenn die ausländische Steuerbelastung höher ist als die inländische.

3.2.3. Doppel- und Minderbesteuerungen bei intertemporaler Betrachtung

Die einperiodigen Doppelbesteuerungen werden durch die Anrechnungs- bzw. Freistellungsmethode wie gezeigt weit gehend aufgehoben. Aufgrund der Mehrperiodigkeit der betrieblichen Altersversorgung ist jedoch das Zusammenspiel der Besteuerung in Anwartschafts- und Versorgungsphase von Bedeutung. Ohne die Betrachtung von unilateralen Maßnahmen ist abstrakt eine solche Mehrfacherfassung stets dann gegeben, wenn die Besteuerungszeitpunkte in den betroffenen Staaten von einander abweichen, so dass der Altersvorsorgebeitrag jeweils im vorgelagert besteuernden Staat erfasst sowie die Rentenzahlungen in voller Höhe im nachgelagert besteuernden Staat erfasst wird.[288] Bei Existenz unilateraler Maßnahmen im Ansässigkeitsstaat muss diese Aussage eingeschränkt werden.[289] Sowohl die Freistellungsmethode als auch die unbeschränkte Anrechnungsmethode stellen die einmalige Erfassung der betrieblichen Altersversorgung im Zeitverlauf sicher, da entweder die Besteuerung im Ansässigkeitsstaat unterbleibt oder die Steuer des Tätigkeitsstaates durch Anrechnung neutralisiert wird. Demgegenüber kann die mehrfache Belastung in Anwartschafts- und Versorgungsphase durch die beschränkte Anrechnungsmethode nicht vollständig aufgehoben werden. Die Beschränkung bewirkt, dass sich stets das höhere Steuerniveau von Ansässigkeits- bzw. Tätigkeitsstaat durchsetzt. Weichen die Besteuerungssysteme voneinander ab, so wird die ausländische Besteuerung während der im Ansässigkeitsstaat steuerfreien Phase nicht ausgeglichen. Durch die Entstehung von Anrechnungsüberhängen kommt es zu einer mehrfachen Besteuerung der betrieblichen Altersversorgung.[290]

Für Wohnsitzwechsler ist lediglich eine einperiodige Doppelbesteuerung in der Versorgungsphase gegeben. Wurden die Beitragszahlungen vorgelagert besteuert, so kann sich nur dann eine nochmalige Erfassung in der Versorgungsphase ergeben, wenn der neue Ansässigkeitsstaat eine nachgelagerte Besteuerung unter Anwendung der Anrechnungsmethode vorsieht. Da keine anrechenbare ausländische Steuer erhoben wird, führt die Anrechnung zu keiner Minderung der nochmaligen Besteuerung. Im umgekehrten Fall – Umzug aus einem nachgelagert in einen vorgelagert besteuernden Staat – ist eine vollständige Steuerfreiheit der betrieblichen Altersversorgung möglich. Dies setzt jedoch voraus, dass der neue Ansässigkeitsstaat ausländische Steuern unbeschränkt anrechnet. Die praktische Relevanz dieses Falles ist dementsprechend sehr gering.

---

288 Eine vergleichbare Konstellation kann sich dann ergeben, wenn der Abzug von Beiträgen für die betriebliche Altersversorgung nur unbeschränkt Steuerpflichtigen zusteht, z.B. wegen Einordnung als Sonderausgaben. Umgekehrt könnte der Wohnsitzstaat die Beiträge für die Altersversorgung als nicht abzugsfähig qualifizieren.

289 Vereinfachend wird unterstellt, dass der Ansässigkeitsstaat in Anwartschafts- und Versorgungsphase die gleichen unilateralen Maßnahmen anwendet. Die Auflösung der Annahme erhöht die möglichen Fallkonstellationen, ohne jedoch neue Erkenntnisse zu liefern.

290 Vgl. ähnlich Steinmeyer, Steuerregelungen, 2001, S. 199 ff.

3.2.4. Eignung der Methoden zur Vermeidung einer intertemporalen Doppelbesteuerung

Die Anwendung der Freistellungsmethode führt stets zu einem Rangrücktritt des inländischen Steueranspruchs hinter den des ausländischen Staats. Unabhängig von den konkreten Ausgestaltungen der Steuersysteme werden die zu Grunde liegenden Einkünfte nur dem ausländischen Steuerrecht unterworfen. Lediglich über den Progressionsvorbehalt kann es zu einer Beeinflussung der inländischen Steuerlast kommen. Dieses Ergebnis gilt selbst dann, wenn die Steuersysteme in Bezug auf die betriebliche Altersversorgung völlig voneinander abweichen. In der Anwartschaftsphase wird nach der Freistellungsmethode der entrichtete Beitrag im Ausland besteuert. Die sich daraus ergebende Betriebsrente geht aus demselben Grund ebenfalls nicht in die inländische Bemessungsgrundlage ein, so dass in der Gesamtschau die betriebliche Altersversorgung nach dem ausländischen Steuerrecht erfasst wird. Die geschilderte kontinuierliche Doppelbesteuerungssituation in Anwartschafts- und Versorgungsphase – wie im Fall eines Grenzpendlers oder einer Entsendung häufig gegeben – ist für dieses Ergebnis allerdings keine notwendige Voraussetzung. Geht man stattdessen davon aus, dass in der Anwartschaftsphase mangels Auslandsbeziehungen nur ein Staat über einen Steueranspruch verfügt, so werden die Beiträge folgerichtig zunächst gemäß dessen Systematik steuerlich erfasst. Verlegt der Arbeitnehmer den Ort seiner Ansässigkeit später in einen anderen Staat, der in Bezug auf die betriebliche Altersversorgung die Freistellungsmethode praktiziert, so erhebt dieser auf die Betriebsrente keinen Steueranspruch.[291] Daraus ergibt sich, dass die Besteuerung der Pension allein dem ehemaligen Heimatstaat überlassen bleibt, so dass insgesamt die Besteuerung ausschließlich nach dessen Steuersystem erfolgt.[292]

Das Ergebnis der Anrechnungsmethode fällt differenzierter aus. Neben der konkreten Ausgestaltung als unbegrenzte oder beschränkte Methode spielt die konkrete Fallgestaltung eine entscheidende Rolle. Nur im Falle einer unbegrenzten Anrechnung der ausländischen Steuer ist eine Bereinigung der intertemporalen Doppelbesteuerung möglich. Hierzu ist erforderlich, dass während der Anwartschafts- und der Versorgungsphase eine kontinuierliche Doppelbesteuerungssituation vorliegt. Obwohl der ausländische Staat bereits eine steuerliche Erfassung der betrieblichen Altersversorgung vorgenommen hat, dominiert dann das inländische Steuersystem. Die im Ausland

---

291 Erneut ist ein Progressionsvorbehalt möglich, durch den die Steuerlast abweichen kann.

292 Eine Kombination beider Fallkonstellationen ist grundsätzlich vorstellbar. Soweit alle beteiligten Länder dabei auf die Freistellungsmethode zurückgreifen, ergibt sich kein anderes Ergebnis.

entrichteten Steuerbeträge können in voller Höhe auf die inländische Steuerschuld angerechnet werden. Eventuell vorhandene Steuersatzdifferenzen werden dabei nivelliert.[293]

Der Ausgleichsmechanismus scheitert jedoch, wenn der Steuerpflichtige mit Beginn der Rentenzahlungen seinen Wohnsitzwechsel in einen Staat verlegt, welcher die betriebliche Altersversorgung abweichend besteuert.[294] Eine intertemporale Doppelbesteuerung entsteht konkret, wenn die Anwartschaft in einem vorgelagert besteuernden Staat angesammelt wird, bevor der Umzug in einen nachgelagert besteuernden Staat erfolgt. Der ursprüngliche Heimatstaat hatte in diesem Fall die Beiträge bereits steuerlich erfasst. Die systematische Steuerfreiheit in der Versorgungsphase[295] kommt jedoch nicht mehr zum Tragen, da die Pension von der nachgelagerten Steuer des neuen Ansässigkeitsstaats erfasst wird. Mangels im auszahlenden Staat zu entrichtender Steuer kann auch die unbegrenzte Anrechnungsmethode die intertemporale Doppelbesteuerung hier nicht verhindern. Wurde die Altersversorgung dagegen zunächst in einem nachgelagert besteuernden Staat aufgebaut und besteuert der neue Wohnsitzstaat vorgelagert, entsteht eine Minderbesteuerung. Weder die Beiträge noch die ausgezahlten Renten werden dann besteuert. Die Steuerfreiheit der Renten resultiert hierbei erst aus der unbeschränkten Anrechnung der im ehemaligen Heimatstaat zu entrichtenden Quellensteuer.

Zumindest letzteres Problem der Minderbesteuerung kann bei einer beschränkten Anrechnung nicht auftreten, da die maximal mögliche Anrechnung im Ansässigkeitsstaat aufgrund der vorgelagerten Besteuerung 0 ist.[296] Das beschriebene Doppelbesteuerungsproblem im Umkehrfall besteht hingegen auch hier. Darüber hinaus ergeben sich auch bei einer kontinuierlichen Doppelbesteuerungssituation in Anwartschafts- und Versorgungsphase Doppelbesteuerungsprobleme durch die beschränkte Anrechnung.

---

293 Verbleibende Doppelbesteuerungen können aufgrund von Wechselkurseffekten entstehen; vgl. Jacobs, Unternehmensbesteuerung, 2002, S. 73. In der Europäischen Gemeinschaft ist dieses Problem seit Einführung des Euros als gemeinsamer Währung von derzeit 12 Staaten und dem ergänzenden Europäischen Wechselkurssystem EWS als nur geringfügig einzustufen.

294 Ein Umzug in einen Staat mit vergleichbarem Steuersystem hat keine negativen Folgen.

295 Von einer Ertragsanteilsbesteuerung wird hier aus Vereinfachungsgründen abgesehen, da sie systematisch mit der vorgelagerten Besteuerung verträglich ist.

296 Dies unterstellt, dass keine weiteren Einkünfte vorliegen, die im Saldierungsbereich der Beschränkung liegen. Zur Veranschaulichung wird eine isolierte Betrachtungsweise der betrieblichen Altersversorgung vorgenommen, so dass keine Vermischungseffekte durch andere Einkünfte auftreten.

Selbst bei einem völligen Gleichlauf der Besteuerungssysteme zur betrieblichen Altersversorgung[297] entsteht gegenüber dem theoretischen Ideal der Kapitalexportneutralität eine Abweichung. Ist die Anrechnung maximal in Höhe der inländischen Steuerschuld zulässig, kann ein vollständiger Ausgleich nicht erfolgen, wenn der ausländische Steuersatz über dem inländischen liegt. Durch den resultierenden Anrechnungsüberhang werden die ausländischen Einkünfte gegenüber inländischen Einkünften diskriminiert.[298] Bei abweichenden Steuersystemen führen die Anrechnungsüberhänge nicht nur zu einer Steuersatzverschiebung. Die intertemporale Doppelbesteuerung kann infolge des Systemkonflikts nicht aufgelöst werden, da im Extremfall der Anrechnungsüberhang mangels einer inländischen Steuerbelastung stets den Betrag der im Ausland gezahlten Steuer annimmt. Eine Anrechnung scheidet folglich jeweils aus, so dass sowohl die Beitrags- als auch die Versorgungsphase steuerlich erfasst werden.

3.3. Formulierung einer erweiterten internationalen Doppelbesteuerung bzw. Minderbesteuerung

Gerade die Besteuerungsprobleme beim Arbeitnehmer machen deutlich, dass die einperiodige Definition der Doppelbesteuerung im Falle der betrieblichen Altersversorgung versagt.[299] Neben den typischen Problemen aus grenzüberschreitender Einkunftserzielung kommt es durch systematische Unterschiede in der Besteuerung der Altersversorgung zu effektiven Doppelbelastungen. Theoretisch ist, sofern eine Quellenbesteuerung in der Rentenphase unterbleibt, bei einem Wechsel von einem nachgelagerten zu einem vorgelagerten Besteuerungssystem nach Abschluss der Anwartschaftsphase die Erzielung „weißer Einkünfte" vorstellbar. Durch geschicktes Wechseln zwischen den besteuernden Staaten könnte somit eine intertemporale Minderbesteuerung erreicht werden.

Um der besonderen Charakteristik der betrieblichen Altersversorgung gerecht zu werden, muss der Begriff der Doppelbesteuerung auf intertemporale Zusammenhänge ausgedehnt werden. Ausgangspunkt einer erweiterten Begriffsdefinition kann die De-

---

297 Dabei wird unterstellt, dass bei einer nachgelagerten Besteuerung die im Ausland gezahlten Beiträge im Inland als abzugsfähig anerkannt werden.

298 Dieses Problem tritt allerdings nicht lediglich bei der betrieblichen Altersversorgung auf, sondern stellt ein allgemeines Problem der begrenzten Anrechnung dar; vgl. dazu Jacobs, Unternehmensbesteuerung, 2002, S. 23 ff., 73 f.

299 Zur ähnlich gelagerten Kritik an der OECD-Definition der Doppelbesteuerung vgl. Gassner, IStR 2000, S. 486 f.

finition der wirtschaftlichen Doppelbesteuerung sein. Dehnt man die wirtschaftliche Betrachtungsweise über das Tatbestandsmerkmal des Steuersubjekts aus, so wäre eine wirtschaftliche Doppelbesteuerung bereits dann gegeben, wenn eine wirtschaftliche Identität hinsichtlich Steuersubjekt, Steuerobjekt, Erhebungszeitraum und erhobene Steuern besteht.[300] Bereitet nach klassischer Definition das unterschiedliche Steuerobjekt in Anwartschafts- und Versorgungsphase noch Probleme, so könnte eine wirtschaftliche Interpretation den Zusammenhang zwischen der Beitragsaufbringung (respektive Mittelansammlung) und der sich daraus ergebenden Leistungserbringung wieder herstellen. So weit will allerdings auch eine wirtschaftlich verstandene Interpretation des Doppelbesteuerungsbegriffs nicht gehen. Die ökonomische Betrachtungsweise soll nach h.M. lediglich Unterschiede zwischen den Steuerhoheiten in Bezug auf die gewählte Terminologie bzw. Qualifizierung des Steuerobjekts angemessen berücksichtigen.[301]

Gleichzeitig hilft auch die erweiterte wirtschaftliche Betrachtungsweise im Hinblick auf den Erhebungszeitraum nur bedingt weiter. Im Allgemeinen wird darunter bislang nicht der intertemporale Zusammenhang gesehen, der vor allem bei der betrieblichen Altersversorgung zu einer effektiven Doppelbesteuerung führen kann. Vielmehr bezieht sich der Erhebungszeitraum auf den Zeitraum, innerhalb dessen der Steuergegenstand angefallen ist.[302] Die wirtschaftliche Interpretation hilft dabei lediglich, Divergenzen aufgrund abweichender Veranlagungszeiträume zu vermeiden.[303] Eine weiter gehende Auffassung, die den Zusammenhang zwischen der Anwartschaftsphase und der Leistungsphase beachtet, hat sich dagegen noch nicht etablieren können.

Konkretisiert man den intertemporalen Zusammenhang, würde eine internationale Doppelbesteuerung genau dann vorliegen, wenn in wirtschaftlicher Betrachtungsweise von einem Steuerpflichtigen von mehreren Steuerhoheiten eine vergleichbare Steuer für ein Steuerobjekt erhoben wird, das in einem inneren Zusammenhang mit einem anderen Steuerobjekt steht, welches bereits in einer früheren Periode steuerlich erfasst wurde.[304] Zwar wird durch diese Definition die Verbindung zwischen Beitragszahlung

300 Vgl. insofern, Krause, Doppelbesteuerung, 2003, S. 8 f.

301 Vgl. Bächle/Rupp, Steuerrecht, 2002, S. 24 f.

302 Vgl. Bächle/Rupp, Steuerrecht, 2002, S. 21, 26.

303 Z.B. weicht in Großbritannien oder Japan das Steuerjahr vom Kalenderjahr ab. Für weitere Beispiele vgl. Bächle/Rupp, Steuerrecht, 2002, S. 26.

304 Ähnlich *Scheffler*, für den eine internationale Doppelbesteuerung bereits dann vorliegt, wenn das identische Steuerobjekt durch eine identische oder gleichartige Steuer belastet wird; vgl. Scheffler, Besteuerung, 2002, S. 9 f.

und Leistungserbringung betont. Gleichzeitig ist die wirtschaftliche Identität des Erhebungszeitraums jedoch unscharf. Die Erfassung der Besteuerungsproblematik in Bezug auf die betriebliche Altersversorgung würde durch eine Aufweichung der Begriffsdefinition erkauft werden, so dass beispielsweise auch normale Sparvorgänge als Doppelbesteuerungen zu qualifizieren wären.[305] Dem ist entgegenzuhalten, dass auch bei einer sonstigen Geldanlage das Prinzip der Einmalbesteuerung bzw. der steuerneutralen Vermögensumschichtung Geltung besitzt. Die Anlage von Geld ist in der Ansparphase steuerlich unbeachtlich und führt zu keiner Minderung der Bemessungsgrundlage. Mangels Abzugsfähigkeit erfolgt der Sparvorgang somit aus bereits versteuertem Einkommen bzw. Vermögen. Eine steuerliche Erfassung der Kapitalrückzahlung würde zu einer erneuten Besteuerung und somit zu einer Doppelbesteuerung führen. Insofern besteht kein materialer Unterschied zur betrieblichen Altersversorgung, wenn gefordert wird, dass deren Auszahlungen steuerfrei bleiben sollen, soweit die eingezahlten Beiträge aus versteuertem Einkommen geleistet wurden.

Davon unabhängig ist die Frage nach der Ertragsbesteuerung. Eine steuerliche Erfassung der zwischenzeitlich erzielten Anlageerfolge ist nicht anders zu beurteilen als die Besteuerung von laufenden Zinszahlungen einer „normalen" Sparanlage. Lediglich im Falle einer nachgelagerten Besteuerung wäre eine bereits vorgenommene Ertragsbesteuerung zu berücksichtigen.

[305] Basierend auf der Lehre von *John Stuart Mill* hat bereits *Irving Fisher* einen Ansatz entwickelt, der lediglich die Identität des Steuersubjekts, Steuerobjekts und der Steuer voraussetzt; vgl. Mill, Principles, 1865; Fisher, Capital, 1906, S. 250s ff. *Spitaler* bereits lehnte dieses von ihm als „fortgesetzte Besteuerung" bezeichnete Konzept ab; vgl. Spitaler, Doppelbesteuerungsproblem, 1936, S. 70 f.

C. Vergleich und europarechtliche Beurteilung der Besteuerung der betrieblichen Altersversorgung in ausgewählten Ländern

I. Die Besteuerung der betrieblichen Altersversorgung in Europa im Überblick

Die Besteuerung der betrieblichen Altersversorgung kann auf drei verschiedenen Ebenen bzw. in drei verschiedenen Zeitabschnitten erfolgen: Erstens muss geklärt werden, welche steuerlichen Folgen sich für den Arbeitgeber aus einer Betriebsrentenzusage ergeben. Wie in Kapitel B gezeigt wurde, konzentriert sich diese Problematik darauf, ob bzw. wann ein Betriebsausgabenabzug zulässig ist. Die Arbeitgeberebene soll für die folgende Systematisierung zunächst ausgeblendet werden. Als weitere Besteuerungsebenen verbleiben der begünstigte Arbeitnehmer sowie ggf. die eingeschaltete Versorgungseinrichtung. Hier kann die Besteuerung am Zusagezeitpunkt in der Anwartschaftsphase, an den zwischenzeitlich erzielten Erträgen und schließlich an der Auszahlung an den Arbeitnehmer in der Versorgungsphase anknüpfen. Löst man sich von systematischen Erwägungen (vgl. Kapitel B), kann der Gesetzgeber in jeder der drei Phasen zwischen einer Besteuerung und einer Nicht-Besteuerung entscheiden. Typisierend resultieren hieraus insgesamt acht denkbare Besteuerungsvarianten, welche in der Literatur durch die Kombination der Buchstaben „T" für Besteuerung („Taxed") bzw. „E" für Freistellung („Exempt") bezeichnet werden.[306] Zieht man die systematischen Überlegungen in die Betrachtung mit ein, so lassen sich die Buchstabenkürzel „TEE" und „TTE" einer sog. vorgelagerten Besteuerung sowie „EET"[307] bzw. ETT" einer nachgelagerten Besteuerung zuordnen. Die verbleibenden Kombinationen können als Mischformen bezeichnet werden. Mit Ausnahme von „ETE" und „TTE" sind sämtliche theoretischen Varianten in der Europäischen Union (EU-15)[308] vorhanden.[309] Dominierendes Grundprinzip ist inzwischen die nachgelagerte Besteuerung mit steuerfreien Kapitalerträgen („EET"). Trotz der bestehenden Unterschiede lassen sich alle umgesetzten Systeme am Beispiel von Dänemark, Deutschland und Österreich vollständig abbilden, weshalb im Folgenden nur diese drei Länder näher betrachtet werden.

---

306 Vgl. z.B. Davis, Pension, 1996, S. 213; Beiser, DB 2002, S. 703.

307 Die Ertragsanteilsbesteuerung entspricht einer steuerfreien Kapitalauszahlung, da nur die Zinsanteile besteuert werden; vgl. Wellisch, StuW 2001, S. 274.

308 In den neuen Mitgliedstaaten der EU spielt die betriebliche Altersversorgung bislang nur eine untergeordnete Rolle.

309 Vgl. Abb. 2. Aus Gründen der Übersichtlichkeit wurde dabei auf die separate Darstellung von ermäßigten Besteuerungsformen wie beispielsweise einer pauschalbesteuerten deutschen Pensionskassenzusage verzichtet.

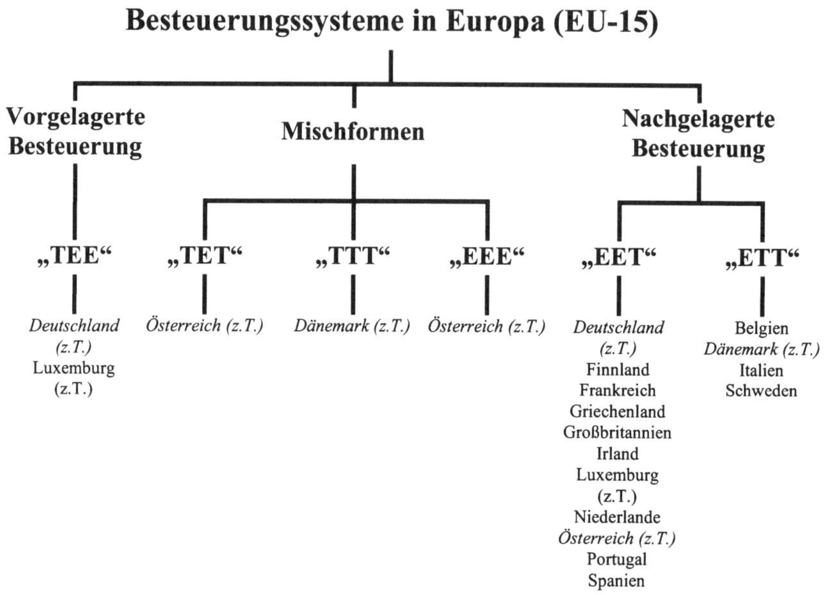

Abbildung 2: Besteuerung der betrieblichen Altersversorgung in Europa (Quellen: KOM(2001) 214, S. 6; eigene Darstellung)

II. Deutschland

1. Allgemeine Rahmenbedingungen

Die Altersversorgung in Deutschland basiert im Wesentlichen auf dem Drei-Säulen-Modell. Vor dem Hintergrund der jüngsten Reformen im Zuge des Alterseinkünftegesetzes verschwimmen die Grenzen zwischen den Elementen der gesetzlichen, betrieblichen und privaten Altersvorsorge jedoch zunehmend.[310] In Anlehnung an die Unterschiede bei deren steuerlicher Behandlung wird zum Teil auch der Begriff „Drei-Schichten-Modell“ verwendet.[311] Die Basisversorgung in Form der gesetzlichen Rentenversicherung und der Beamtenversorgung wird demnach durch steuerlich begünstigte private Leibrentenversicherungsverträge ergänzt, soweit diese den Anforderungen

[310] Zum Alterseinkünftegesetz vgl. Weber-Grellet, DStR 2004, S. 1721 ff.

[311] Vgl. Sachverständigenkommission zur Neuordnung der Steuerrechtlichen Behandlung von Altersvorsorgeaufwendungen und Altersbezügen, Abschlussbericht, 2003, S. 16 ff.

des § 10 Abs. 1 Nr. 2 lit. b) EStG entsprechen.[312] Unter der als Zusatzversorgung bezeichneten zweiten Schicht, welche ebenfalls in bestimmten Grenzen steuerlich gefördert wird, werden nach dieser Auffassung ergänzende Maßnahmen in Form einer betrieblichen Altersversorgung oder einer „Riester-Rente" verstanden.[313] Darüber hinaus gehende Vorsorgemaßnahmen („dritte Schicht") werden steuerlich grundsätzlich nicht begünstigt.[314]

Nach wie vor kommt der betrieblichen Altersversorgung in Deutschland hauptsächlich eine Ergänzungsfunktion zu, da sie Versorgungslücken aufgrund einer unzureichenden Absicherung durch die gesetzliche Rentenversicherung abdecken soll.[315] Ihre Bedeutung hat sich im Zuge der verstärkten Wahrnehmung der Finanzierungsengpässe der gesetzlichen Regelsysteme vergrößert.[316] Insbesondere die Rentenreform 2001 durch das Altersvermögensgesetz (AVmG) und das Altersvermögensergänzungsgesetz (AVmEG) setzte auf private und betriebliche Vorsorgemaßnahmen, um die weiter sinkenden Leistungen der Rentenversicherung kompensieren zu können.[317] Neben der Einführung eines neuen Durchführungsweges (Pensionsfonds) sowie des Anspruchs auf Entgeltumwandlung wurden zahlreiche steuerliche Regelungen zur Förderung der betrieblichen Altersversorgung eingeführt bzw. geändert. Flankiert werden diese Maßnahmen durch das vor allem auf die private Vorsorge zugeschnittene Zulagensystem mit Sonderausgabenabzug.[318]

Die ursprünglich kapitalgedeckte gesetzliche Rentenversicherung ist seit 1957/69 im Umlageverfahren organisiert.[319] Die Finanzierung erfolgt zwar im Wesentlichen durch

---

312 Die Auszahlung darf frühestens nach Vollendung des 60. Lebensjahrs des Begünstigten erfolgen. Die Ansprüche dürfen nicht vererblich, nicht übertragbar, nicht beleihbar, nicht veräußerbar und nicht kapitalisierbar sein.

313 Vgl. Risthaus, DB 2004, S. 1330.

314 Die Kapitallebensversicherungen behalten ein teilweises Steuerprivileg nach § 20 Abs. 1 Nr. 6 EStG.

315 Das gesetzliche Rentenniveau soll von derzeit 67 % auf 54 % des letzten Nettoeinkommens absinken; vgl. Uebelhack, Altersversorgung, 2004, Tz. 43 ff.

316 Empirisch lässt sich ein dramatischer Vertrauensverlust der Bürger in die gesetzliche Rentenversicherung nachweisen; vgl. Heien, DRV 2004, S. 211 ff.

317 Vgl. statt vieler Wellisch, StuW 2001, S. 271 f. sowie Rürup, DSWR 2001, S. 170 ff.

318 In der Öffentlichkeit hat sich dafür der Begriff „Riester-Rente" nach dem damaligen Bundesarbeitsminister Walter Riester eingebürgert. Ausführlich zur privaten Altersversorgung nach dem AVmG vgl. Risthaus, DB 2001, S. 1269 ff.; Myßen, NWB 2001, S. 11645 ff.; Pasch/Höreth/Renn, DStZ 2001, S. 573 ff.

319 Zur Geschichte und Entwicklung vgl. ausführlich Rückert, Rentenversicherung, 1990, S. 1 ff. Eine kritische Auseinandersetzung mit dem Umlageverfahren findet sich bei Börsch-Supan, FA 1999, S. 400 ff.

die paritätisch aufgeteilten Beitragszahlungen von Arbeitnehmern und Arbeitgebern in Höhe von insgesamt 19,5 % des sozialversicherungsrechtlichen Bruttoarbeitsentgelts.[320] Bereits über 30 % der Ausgaben der Rentenversicherung werden jedoch über einen Zuschuss aus dem Bundeshaushalt gedeckt. 2003 entsprach dies einem Betrag in Höhe von 77 Mrd. €.[321] Die Rentenleistungen sind von den eingezahlten Beiträgen und den dadurch erworbenen „Entgeltpunkten" abhängig und dienen maßgeblich der Absicherung des Lebensstandards.[322]

Seit 1974[323] bildet das „Gesetz zur Verbesserung der betrieblichen Altersversorgung (BetrAVG)"[324] den arbeits- und zivilrechtlichen Rahmen für betriebliche Vorsorgemaßnahmen.[325] Über die allgemeine Definition des Begriffs der betrieblichen Altersversorgung[326] und der Nennung der insgesamt fünf anerkannten Durchführungswege hinaus regelt das Gesetz die konkreten Möglichkeiten der Ausgestaltung betrieblicher Versorgungszusagen hinsichtlich deren Leistungen, der Finanzierung sowie der arbeitsrechtlichen Konsequenzen.[327] Neben der Anknüpfung an ein biometrisches Ereignis[328] können die Leistungen nach dem Verpflichtungsumfang unterschieden werden. Während der Arbeitgeber bei einer Leistungszusage dem Arbeitnehmer eine exakt festgelegte Versorgungsleistung schuldet, die allerdings von bestimmten Bezugsgrö-

---

320 Der Beitrag wird jedoch lediglich bis zur Beitragsbemessungsgrenze, deren Höhe 2005 62.400 € p.a. in Westdeutschland und 52.800 € in Ostdeutschland beträgt, erhoben; Wiegelmann, BB 2005, Beilage 2, S. 2* f.

321 Vgl. Bundesregierung, DRV 2004, S. 570. Dies entspricht mehr als 25 % des Bundesetats; vgl. o.V., iwd 40/2004, S. 1.

322 Zur Rentenformel vgl. Breyer/Kifmann, FA 2004, S. 63 ff.; Beer, SteuerStud 2003, S. 32 f. Ausführlich zu den sonstigen Anspruchsvoraussetzungen vgl. Schuchardt, NWB 2001, S. 5437 ff.

323 In den alten Bundesländern Deutschlands. Die neuen Bundesländer wurden gemäß Einigungsvertrag zum 1.1.1992 in den Anwendungsbereich des Gesetzes aufgenommen; vgl. Ahrend/Förster/Rühmann, BetrAVG, 2002, S. 2.

324 Durch das Alterseinkünftegesetz wurde die zuvor nur umgangssprachliche Bezeichnung „Betriebsrentengesetz" als offizielle Kurzbezeichnung übernommen.

325 Für einen Überblick über die umfassenden Änderungen durch das Altersvermögensgesetz vgl. Höfer, DB 2001, S. 1145 ff.

326 Zusage von Leistungen der Alters-, Invaliditäts- oder Hinterbliebenenversorgung vom Arbeitgeber an einen Arbeitnehmer aus Anlass des Arbeitsverhältnisses (§ 1 Abs. 1 Satz 1 BetrAVG).

327 Große praktische Bedeutung kommt der Anpassungsprüfungspflicht nach § 16 BetrAVG zu; vgl. dazu Langohr-Plato, BB 2002, S. 406 ff.; Lieb, DB 2004, Beilage 4. Mit dem Alterseinkünftegesetz wurde außerdem die Portabilität der betrieblichen Altersversorgung verbessert; vgl. May, betrAV 2004, S. 704 ff.

328 Invalidität, Tod, Langlebigkeit.

ßen abhängen kann,[329] verspricht er bei einer Beitragszusage, die Verwendung eines Beitrags für die betriebliche Altersversorgung. Das BetrAVG erlaubt neben der Leistungszusage allerdings nur modifizierte Beitragszusagen. Bei einer beitragsorientierten Leistungszusage sagt der Arbeitgeber die Bereitstellung eines Betrags zu, der versicherungsmathematisch in eine Versorgungsleistung umgerechnet wird.[330] Demgegenüber ist die endgültige Leistungshöhe bei einer Beitragszusage mit Mindestleistung nicht ex ante festgelegt, da der Arbeitgeber nur die Zahlung eines bestimmten Beitrages verspricht.[331] Allerdings muss eine Wertsicherung der geleisteten Beiträge gewährleistet werden.[332]

Die Frage der Finanzierung hat in der Praxis einen besonderen Stellenwert. Zu unterscheiden sind arbeitgeberfinanzierte und arbeitnehmerfinanzierte Zusagen. Neben der freiwilligen, zusätzlichen betrieblichen Altersversorgung, die durch den Arbeitgeber gewährt wird, kann sich der Arbeitnehmer an den dafür erforderlichen Beiträgen beteiligen.[333] Auf eine entsprechende Entgeltumwandlung haben Arbeitnehmer seit 2002 nach § 1a BetrAVG einen Rechtsanspruch in Höhe von bis zu 4 % der Beitragsbemessungsgrenze zur gesetzlichen Rentenversicherung (West).[334] Verzichtet der Arbeitnehmer in diesem Rahmen auf Teile seines Entgelts,[335] so ist der Arbeitgeber verpflichtet, ihm eine wertgleiche Zusage auf betriebliche Altersversorgung zu gewäh-

329 Verbreitet sind Gesamtversorgungszusagen, gehaltsabhängige Zusagen und Fixbetragszusagen. Bei Gesamtversorgungszusagen soll ein bestimmtes Versorgungsniveau abgesichert werden, so dass Defizite aus der gesetzlichen Rentenversicherung ausgeglichen werden. Die Leistungen von gehaltsabhängigen Zusagen bestimmen sich in Relation zum Endgehalt, einem Durchschnittsverdienst oder einer analogen Größe. Bei Zusage eines fixen Betrags wird in der Regel ein konstanter Geldbetrag zugesagt. Vgl. ausführlich hierzu Spengel/Schmidt, Altersversorgung, 1997, S. 62.

330 Vgl. Ahrend/Förster/Rühmann, BetrAVG, 2002, § 1, Tz. 42.

331 Vgl. ausführlich zur Beitragszusage mit Mindestleistung Langohr-Plato/Teslau, DB 2003, S. 661 ff.

332 Vgl. Ahrend/Förster/Rühmann, BetrAVG, 2002, § 1, Tz. 42.

333 Zur schwierigen Abgrenzung zwischen arbeitgeber- und arbeitnehmerfinanzierten Zusagen vgl. Grabner/Bode, DB 2001, S. 481 ff.

334 Darüber hinaus können Arbeitnehmer freiwillige Eigenbeiträge an einen Pensionsfonds, eine Pensionskasse oder eine Direktversicherung nach § 1 Abs. 2 Nr. 4 BetrAVG leisten. Insofern findet keine Änderung der Lohnabrede statt. Vgl. Hopfner, DB 2002, S. 1050 ff.

335 Dem steht eine Umwandlung von Arbeitszeitguthaben in eine betriebliche Altersversorgung gleich; vgl. zur Zulässigkeit Niermann, DB 2002, S. 2124 ff.; BMF-Schreiben v. 5.8.2002, IV C 4 – S 2222 – 295/02 / IV C 5 – S 2333 – 154/02; BMF-Schreiben v. 17.11.2004, IV C 4 – S 2222 – 177/04 / IV C 5 – S 2333 – 269/04 und zu den Konsequenzen dieser alternativen Form der Entgeltumwandlung Wellisch, DB 2004, S. 2225 ff.

ren.[336] Als Durchführungswege stehen für die Entgeltumwandlung nur Pensionskassen, Pensionsfonds und Direktversicherungen zur Verfügung.[337] Neben dem Rechtsanspruch des § 1a BetrAVG können Entgeltumwandlungen ebenso im Einvernehmen mit dem Arbeitgeber vereinbart werden. Restriktionen hinsichtlich des Durchführungsweges bestehen in diesem Fall nicht.[338] Obgleich die formale Beitragszahlung in ökonomischer Hinsicht keinen Unterschied darstellen sollte (vgl. Kapitel B.I.2.2.), knüpfen daran zum Teil erhebliche rechtliche Unterschiede an. Dies gilt insbesondere für den Zeitpunkt der Unverfallbarkeit. Während auf Entgeltumwandlungen beruhende Anwartschaften unmittelbar unverfallbar werden (§ 1b Abs. 5 BetrAVG), sind arbeitgeberfinanzierte Zusagen erst dann unverfallbar, wenn der Arbeitnehmer das 30. Lebensjahr vollendet und die Zusage mindestens fünf Jahre bestanden hat (§ 1b Abs. 1 BetrAVG).[339]

2. Durchführungswege der betrieblichen Altersversorgung

2.1. Direktzusage

Die Direktzusage stellt die dominierende Durchführungsform der betrieblichen Altersversorgung dar.[340] Dabei sagt der Arbeitgeber dem Arbeitnehmer die Erbringung von Versorgungsleistungen ohne Einschaltung einer anderen Versorgungseinrichtung zu.[341] Abgesehen von den Normierungen im Betriebsrentengesetz sind unmittelbare Pensionszusagen gesetzlich nicht geregelt.[342] Die Gewährung einer Direktzusage ist zivilrechtlich an keine Voraussetzungen gebunden, so dass sie sowohl durch individu-

---

336 Der Anspruch kann jedoch durch tarifrechtliche Schranken begrenzt werden; vgl. Blomeyer, DB 2001, S. 1415 ff.; Feudner, DB 2001, S. 2047 ff.; Schliemann, DB 2001, S. 2554 ff.; Heither, NZA 2001, S. 1275 ff.

337 Dem Arbeitgeber kommt dabei ein Initiativrecht zu, da er die Art und Durchführung der betrieblichen Altersversorgung bestimmen darf. Im Zweifel muss jedoch stets die Möglichkeit einer Direktversicherung gegeben sein (§ 1a Abs. 1 BetrAVG). Vgl. Schnitker/Grau, BB 2003, S. 1061 ff.

338 Vgl. zur Zulässigkeit so genannter Deferred-Compensation-Zusagen vgl. Grawert/Knoll, DStR 1998, S. 1692 ff.; Schuler, DStR 2001, S. 2129 ff.

339 Vgl. Förster/Rühmann/Recktenwald, BB 2001, S. 1407. Darüber hinaus werden Entgeltumwandlungen sozialversicherungsrechtlich grundsätzlich abweichend behandelt; vgl. dazu Wellisch/Näth, BB 2002, S. 1397 ff.; Bode/Grabner/Stein, DStR 2002, S. 685.

340 Dies gilt sowohl nach Zahl der Arbeitnehmer (vgl. Kortmann/Haghiri, betrAV 2003, S. 763 ff.) als auch nach Höhe der Deckungsmittel (vgl. Schwind, betrAV 2003, S. 352 f.). Zur Geschichte der betrieblichen Altersversorgung in Deutschland vgl. Uebelhack, Altersversorgung, 2004, Tz. 15 ff.

341 Vgl. Ahrend/Förster/Rühmann, BetrAVG, 2002, § 1b, Tz. 17; Kemper, in: Kemper/Kisters-Kölkes/Berenz/Bode/Pühler, BetrAVG, 2003, § 1, Tz. 58 ff.

342 Vgl. Ahrend/Förster/Rühmann, BetrAVG, 2002, § 1b, Tz. 17.

al- und kollektivrechtliche Verträge als auch durch bloße „betriebliche Übung" erteilt werden kann.[343] Die Leistungsform ist frei gestaltbar, wobei leistungsorientierte Zusagen in der Praxis dominieren. Eine Kapitaldeckung ist durch das Betriebsrentengesetz nicht vorgeschrieben.[344] Entsprechend existieren für die Anlage von Deckungsmitteln keine aufsichtsrechtlichen Vorschriften.[345] Weit verbreitet ist der Abschluss einer Rückdeckungsversicherung durch das Unternehmen, um die Risiken der Pensionserbringung abzudecken. Davon unabhängig besteht bei Direktzusagen stets eine Beitragspflicht zum Pensions-Sicherungs-Verein a.G. (PSV).[346]

Aufgrund der Selbstverpflichtung des Arbeitgebers zur Versorgungsleistung entsteht handelsrechtlich die Pflicht zur Passivierung einer Verbindlichkeitsrückstellung nach §§ 246 Abs. 1 i.V.m. 249 Abs. 1 HGB.[347] Sofern eine Rückdeckungsversicherung abgeschlossen wurde, müssen die daraus entstehenden Ansprüche auf der Aktivseite ausgewiesen werden.[348] Grundsätzlich gilt dies ebenso für die internationale Rechnungslegung nach US-GAAP[349] bzw. IFRS,[350] welche in Deutschland erst über die Ausnahmeregelung des § 292a HGB für befreiende Konzernabschlüsse kapitalmarktorientierter Unternehmen zulässig wurden.[351] Für nach dem 1.1.2005[352] beginnende Geschäftsjahre sind diese Konzerne gemäß der europäischen IAS-Verordnung[353] verpflichtet, ihre Konzernabschlüsse nach IFRS zu erstellen.[354] Die in der Verordnung vorgesehenen Wahlrechte hat der deutsche Gesetzgeber im Rahmen des Bilanzrechts-

343 Zum Gewohnheitsrecht in der betrieblichen Altersversorgung vgl. Reinecke, BB 2004, S. 1625 ff.

344 An der Aufbringung der erforderlichen Mittel kann auch der Arbeitnehmer in Form von sog. Deferred Compensation-Modellen beteiligt werden; vgl. dazu Langemeyer, Cafeteria-Verfahren, 1999. Zu den Möglichkeiten und den Konsequenzen alternativer Vermögensanlagen vgl. Spengel/Schmidt, Altersversorgung, 1997, S. 79 ff.

345 Zu den Anlageoptionen bei interner Kapitalansammlung vgl. Spengel/Schmidt, BB 1997, S. 2099 f.

346 Der Beitrag beträgt für 2005 4,9 Promille des Teilwerts der Pensionsverpflichtung; vgl. http://www.psvag.de/pdf/presse_info_beitragssatz_2005.pdf.

347 Gemäß der Übergangsvorschrift des Art. 28 EGHGB besteht für sog. Altzusagen, die vor dem 1.1.1987 erteilt wurden, ein Passivierungswahlrecht; ausführlich zur handelsrechtlichen Bilanzierung vgl. Adler/Düring/Schmaltz, Rechnungslegung, 1998, § 249 HGB, Rz. 79 ff.; Berger/Ring, in: Berger/Ellrott/Förschle/Hense, Bilanz-Kommentar, § 249 HGB, Rz. 151 ff.

348 Vgl. BFH-Urteil v. 25.2.2004, I R 54/02; Schulze-Osterloh, BB 2004, S. 1561; Laupenmühlen/Löw/Kusterle, KoR 2002, S. 291 ff.

349 Vgl. Pellens/Fülbier/Sellhorn, DBW 2004, S. 133 ff.

350 Vgl. IAS 19; Feld, WPg 2003, S. 580 ff.

351 Vgl. Pfitzer/Oser/Orth, Reform, 2005, S. 19 ff.

352 Für Unternehmen, die aufgrund einer Notierung an einer ausländischen Börse bislang nach US-GAAP bilanzieren, gilt eine Übergangsfrist bis 2007.

353 Vgl. Verordnung (EG) Nr. 1606/2002.

354 Vgl. statt vieler Oestreicher/Spengel, RIW 2001, S. 889 ff.

reformgesetzes größtenteils an die bilanzierenden Unternehmen weitergegeben.[355] In Bezug auf die Direktzusagen hat diese Entwicklung zwei Auswirkungen. Zum einen sehen die IFRS im Vergleich zu den handelsrechtlichen Vorschriften zwar grundsätzlich vergleichbare Ansatzpflichten vor. Die Bewertung der Verpflichtung unterscheidet sich jedoch regelmäßig, da an Stelle des häufig verwendeten Teilwertverfahrens[356] das Anwartschaftsbarwertverfahren tritt.[357] Zum anderen existiert in IAS 19 die Möglichkeit einer Auslagerung der Pensionsverpflichtung aus der Bilanz. Sofern unter den organisatorischen Voraussetzungen eines solchen Contractual Trust Arrangements (CTA) eine Unterlegung der Rückstellung mit Assets erfolgt, werden das designierte Vermögen und die Verpflichtung durch Saldierung aus der Bilanz des Unternehmens getilgt.[358]

In der Steuerbilanz des Arbeitgebers ist die Passivierung einer Pensionsrückstellung nur unter den Voraussetzungen des § 6a EStG zulässig.[359] Im Gegensatz zum Zivilrecht sind Rückstellungen für Pensionszusagen steuerlich nicht anzusetzen, wenn keine Schriftform, kein Rechtsanspruch des Bezugsberechtigten oder eine Abhängigkeit von zukünftigen Gewinnanteilen vorliegt.[360] Darüber hinaus ist die Passivierung erst zulässig, wenn der begünstigte Arbeitnehmer bis zur Mitte des Wirtschaftsjahrs sein 28. Lebensjahr vollendet hat oder wenn die Anwartschaft unverfallbar geworden ist. Als Wertmaßstab ist ausschließlich das Teilwertverfahren nach § 6a Abs. 3 EStG zulässig, wobei ein Diskontierungssatz von 6 % anzuwenden ist. Die Zuführungen zur Pensionsrückstellung sind insofern steuerlich abzugsfähige Betriebsausgaben. Sofern Deckungskapital angesammelt wird, sind die damit erwirtschafteten Erträge auf Ebene des Arbeitgebers zu versteuern. Dabei greift für erhaltene Dividenden und Gewinne aus der Veräußerung von Anteilen an Kapitalgesellschaften das Halbeinkünfteverfahren nach § 3 Nr. 40 EStG bzw. die (partielle) Steuerbefreiung nach § 8b KStG.[361] Im

355 Vgl. Pfitzer/Oser/Orth, Reform, 2005, S. 43 ff.

356 Die Anwendung in der Handelsbilanz wird durch HFA 2/1988 gedeckt.

357 Vgl. zu den fundamentalen Unterschieden Spengel/Schmidt, Altersversorgung, 1997, S. 64 ff.

358 Ausführlich zu CTAs vgl. Schäfer/Wojtysiak, FB 2002, S. 355 ff.; Rößler/Doetsch/Heger, BB 1999, S. 2498 ff.

359 Sofern die Bedingungen erfüllt sind, wird das steuerliche Ansatzwahlrecht aufgrund der allgemeinen Maßgeblichkeit nach § 5 Abs. 1 Satz 1 EStG durch die handelsrechtliche Ansatzpflicht dominiert.

360 Vgl. Seeger, in: Schmidt, EStG, 2004, § 6a.

361 Im Falle wertpapiergebundener Pensionszusagen ist der Auffassung zuzustimmen, dass die von der Finanzverwaltung vorgesehene Begrenzung der Rückstellungshöhe auf den Bilanzansatz der Vermögenswerte unzulässig ist; vgl. Wellisch/Schwinger/Mühlberger, DB 2003,

Ergebnis kann dadurch eine faktisch steuerfreie Kapitalansammlung erreicht werden.[362] In der Versorgungsphase ist die Pensionsrückstellung versicherungsmathematisch aufzulösen. Den dabei entstehenden Erträgen stehen die als Aufwand zu verbuchenden Leistungsauszahlungen gegenüber.

Auf Ebene des Arbeitnehmers findet erst in der Versorgungsphase ein steuerpflichtiger Zufluss statt. Die Dotierung der Pensionsrückstellung durch den Arbeitgeber wird mangels eines erworbenen Rechtsanspruchs gegenüber einem Dritten nicht erfasst.[363] Die ausgezahlten Betriebsrenten gehen als Einkünfte aus nichtselbständiger Arbeit nach § 19 EStG in die Bemessungsgrundlage ein. Dabei ist die Gewährung eines Versorgungsfreibetrags gem. § 19 Abs. 2 EStG zu beachten. Demnach bleiben für 2005 beginnende oder laufende Betriebsrenten 40 % der Bezüge, jedoch höchstens 3.000 € steuerfrei. Der Freibetrag wird um einen Zuschlag in Höhe von 900 € im Jahr 2005 ergänzt.[364] Durch das Alterseinkünftegesetz wurde beschlossen, sowohl den Freibetrag als auch den Zuschlag bis zum Jahr 2040 vollständig abzuschmelzen. Soweit keine höheren Aufwendungen nachgewiesen werden, kann ein Pauschbetrag in Höhe von 102 € angesetzt werden.[365] Auf einmalige Kapitalauszahlungen oder Abfindungen ist die Steuerermäßigung des § 34 EStG anwendbar.

2.2. Unterstützungskasse

Nach der Definition des Betriebsrentengesetzes ist eine Unterstützungskasse eine „rechtsfähige Versorgungseinrichtung, die auf ihre Leistungen keinen Rechtsanspruch gewährt".[366] Die typischerweise in der Rechtsform eines Vereins oder einer GmbH[367] firmierende Kasse kann sowohl überbetrieblich für mehrere Unternehmen als auch nur für ein Trägerunternehmen tätig werden. Formal haben die bezugsberechtigten Arbeitnehmer keinen Rechtsanspruch auf die Leistungen der Unterstützungskasse, da diese

S. 628 ff.; Ververs/Nolte, DB 2002, S. 1282; Knoll, StuB 2003, S. 307 ff.; Kiesewetter, BB 2003, S. 1220 ff.; a.A. BMF-Schreiben v. 17.12.2002 – IV A 6 – S 2176 – 47/02.

362 Vgl. Wellisch, ZfbF 2004, S. 601 f.

363 Analog sind Arbeitnehmerbeiträge im Rahmen einer Deferred Compensation-Vereinbarung von der Besteuerung auszunehmen; vgl. bereits BFH-Urteil v. 3.7.1964, IV 262/63 U; Barein, StB 2000, S. 250 ff.; Ebel, FR 2000, S. 241 ff.; Berz, DStR 2000, S. 315 ff.

364 Damit sollte ein Ausgleich für den bis 31.12.2004 ansetzbaren Arbeitnehmerpauschbetrag geschaffen werden.

365 § 9a Nr. 1 lit. b) EStG.

366 § 1b Abs. 4 BetrAVG.

367 Die zulässige Rechtsform einer Stiftung ist aufgrund der damit verbundenen Staatsaufsicht nur selten anzutreffen; vgl. Ahrend/Förster/Rühmann, BetrAVG, 2002, § 1b, Tz. 41.

ansonsten der Versicherungsaufsicht durch die BaFin unterliegen würde.[368] Daraus ergeben sich für die Unterstützungskasse große Freiheiten im Hinblick auf die Vermögensanlage der angesammelten Mittel.[369] Materiell ist der fehlende Rechtsanspruch zu relativieren. Zum einen besteht eine Subsidiärhaftung des Arbeitgebers, falls die Kasse ihren Leistungspflichten nicht nachkommen kann.[370] Zum anderen hat die Rechtsprechung des Bundesarbeitsgerichts den Ausschluss des Rechtsanspruchs in ein an sachliche Gründe gebundenes Widerrufsrecht umgedeutet.[371] Dem Risiko der Arbeitgeberinsolvenz wird durch die Beitragspflicht zum PSV begegnet.

Die steuerliche Abzugsfähigkeit von Beiträgen des Arbeitgebers an eine Unterstützungskasse richtet sich nach § 4d EStG.[372] Sofern die Kasse eine Rückdeckungsversicherung abgeschlossen hat, kann der Arbeitgeber den dafür erforderlichen Beitrag steuermindernd der Unterstützungskasse zuführen.[373] Andernfalls ist lediglich eine pauschale Dotierung[374] möglich, die bei Anwartschaften auf lebenslänglich laufende Altersversorgungsleistungen im Jahr maximal 25 % der zugesagten jährlichen Versorgungsleistung betragen darf.[375] Die Abzugsfähigkeit auf Ebene des Arbeitgebers ist daran geknüpft, dass die Unterstützungskasse ihr zulässiges Kassenvermögen nicht überschreitet.[376] Eine Überschreitung kann neben der Nichtabzugsfähigkeit von Arbeitgeberbeiträgen gleichzeitig Konsequenzen für die steuerliche Behandlung der Unterstützungskasse auslösen. Grundsätzlich sind die Kassen nach § 5 Abs. 1 Nr. 3 KStG von der Besteuerung befreit.[377] Wird jedoch das zulässige Kassenvermögen um mehr

---

368 Vgl. Ahrend/Förster/Rühmann, BetrAVG, 2002, § 1b, Tz. 42.

369 Z.B. ist die Darlehensvergabe an Trägerunternehmen ohne Begrenzungen zulässig.

370 Vgl. Kemper, in: Kemper/Kisters-Kölkes/Berenz/Bode/Pühler, BetrAVG, 2003, § 1, Tz. 93.

371 Vgl. BAG-Urteil v. 17.5.1973, 3 AZR 381/72; BAG-Urteil v. 17.11.1992, 3 AZR 76/92, BAG-Urteil v. 26.8.1997, 3 AZR 235/96; BAG-Urteil v. 11.12.2001, 3 AZR 512/00; Gosch, in: Kirchhof, EStG, 2004, § 4d, Tz. 4; Kemper, in: Kemper/Kisters-Kölkes/Berenz/Bode/Pühler, BetrAVG, 2003, § 1, Tz. 91.

372 Zwar bietet Art. 28 EGHGB ein Passivierungswahlrecht für mittelbare Verpflichtungen. Dieses handelsrechtliche Wahlrecht wird jedoch in der Steuerbilanz zu einem Passivierungsverbot; vgl. BFH-Beschluss v. 3.2.1969, GrS 2/68; Adler/Düring/Schmaltz, Rechnungslegung, 1998, § 249 HGB, Tz. 105 ff.

373 § 4d Abs. 1 Nr. 1 lit. c) EStG; vgl. BMF-Schreiben v. 31.1.2002 – IV A 6 – S 2144c – 9/01; Harle/Weingarten, BB 2001, S. 2503 ff.

374 Zur Vorteilhaftigkeit pauschaldotierter Unterstützungskassen vgl. Harle/Weingarten, DB 2001, S. 2357 ff.; Hoffmeister/Harle/Weingarten, DB 2002, S. 1283 ff.

375 Für laufende Leistungen kann das Deckungskapital eingebracht werden.

376 § 4d Abs. 1 Nr. 1 Satz 2 ff. EStG.

377 Für die Gewerbesteuer verweist § 3 Nr. 9 GewStG auf das Körperschaftsteuergesetz.

als 25 % überschritten, setzt eine partielle Steuerpflicht ein. Das Einkommen der Kasse unterliegt, soweit es auf das übersteigende Kapital entfällt, der Besteuerung.[378]

Auf Arbeitnehmerebene werden Unterstützungskassenzusagen wie Direktzusagen behandelt. Es kommt folglich erst in der Versorgungsphase zum Zufluss von Einkünften aus nichtselbständiger Arbeit. Ebenso können der Versorgungsfreibetrag nach § 19 Abs. 2 EStG und der Werbungskostenpauschbetrag in Höhe von 102 € angesetzt werden.

2.3. Pensionskasse

Sofern eine rechtsfähige Versorgungseinrichtung dem Arbeitnehmer einen Rechtsanspruch auf die Leistungen der betrieblichen Altersversorgung zusagt, liegt eine Pensionskasse vor.[379] Seit dem Altersvermögensgesetz trifft diese Legaldefinition in § 1b Abs. 3 BetrAVG ausdrücklich auch für Pensionsfonds zu. Die Unterscheidung zwischen Pensionskasse und Pensionsfonds ergibt sich nicht aus dem Betriebsrentengesetz, sondern aus den aufsichtsrechtlichen Bestimmungen des Versicherungsaufsichtsgesetzes. Das VAG sieht explizite Sonderregelungen für Pensionsfonds (§§ 112 ff. VAG) vor, nicht jedoch für Pensionskassen. Daraus lässt sich schließen, dass der Gesetzgeber unter Pensionskassen lediglich eine besondere Form von Versicherungsunternehmen versteht.[380] Dies zeigt sich auch an den für Pensionskassen zulässigen Rechtsformen Versicherungsverein auf Gegenseitigkeit und Versicherungsaktiengesellschaft.[381] Pensionskassen unterstehen der Versicherungsaufsicht durch die BaFin und müssen folglich deren Vorgaben für die Vermögensanlage beachten. Analog zu Lebensversicherungsunternehmen ist die Anlage in Aktien und Wagniskapital beschränkt. Zurzeit dürfen maximal 35 % des Vermögens in Aktien investiert werden. Eine Darlehensvergabe an ein Trägerunternehmen[382] ist nur unter sehr eingeschränkten

378 § 6 Abs. 5 KStG. Kritisch zur partiellen Steuerpflicht vgl. Harle/Kulemann, GmbHR 2001, S. R 437 f.

379 Z.B. vgl. Kemper, in: Kemper/Kisters-Kölkes/Berenz/Bode/Pühler, BetrAVG, 2003, § 1, Tz. 73.

380 Vgl. Kemper, in: Kemper/Kisters-Kölkes/Berenz/Bode/Pühler, BetrAVG, 2003, § 1, Tz. 73; Koch, betrAV 2003, S. 418.

381 Daneben besteht für öffentlich-rechtliche Pensionskassen die Alternative der Körperschaft und Anstalt des öffentlichen Rechts nach § 7 Abs. 1 VAG. Zu den Vor- und Nachteilen der Rechtsformalternativen vgl. Breuer/Breuer, WiSt 2003, S. 70 ff.

382 Ähnlich wie bei Unterstützungskassen unterscheidet man zwischen Betriebs- bzw. Konzernpensionskassen auf der einen Seite, welche ihre Leistungen lediglich einem Trägerunternehmen bzw. Trägerkonzern anbieten, und Gruppenpensionskassen auf der anderen Seite, die für

Voraussetzungen zulässig. Ansatz und Bewertung der Deckungsrückstellungen wird durch Verordnungen der BaFin geregelt.[383] Demnach ist grundsätzlich ein Diskontierungssatz von 2,75 % anzuwenden.[384]

Für den Arbeitgeber stellen Beiträge an eine Pensionskasse grundsätzlich abzugsfähige Betriebsausgaben dar.[385] Die Pensionskasse ist nach § 5 Abs. 1 Nr. 3 KStG von der Besteuerung freigestellt, wenn die Voraussetzungen des § 2 KStDV erfüllt sind. Demnach dürfen die zukünftigen Betriebsrenten den Betrag von jeweils 25.769 € im Jahr nicht übersteigen.[386]

Der gewährte Rechtsanspruch bewirkt, dass die betriebliche Altersversorgung über eine Pensionskasse systematisch einen steuerpflichtigen Zufluss beim Arbeitnehmer bereits in der Anwartschaftsphase auslösen würde. Unter der Voraussetzung, dass die Auszahlung der Leistungen in Rentenform erfolgt,[387] bestimmt § 3 Nr. 63 EStG, dass „Beiträge des Arbeitgebers aus dem ersten Dienstverhältnis an [...] eine Pensionskasse" in Höhe von bis zu 4 % der Beitragsbemessungsgrenze der gesetzlichen Rentenversicherung (West)[388] steuerfrei bleiben. Für nach dem 1.1.2005 erteilte Zusagen erhöht sich dieser Betrag um 1.800 €.[389] Teleologisch erweiternd gilt die Steuerbefreiung des § 3 Nr. 63 EStG ebenso für Beiträge aus einer Entgeltumwandlung.[390] Die sich hieraus ergebenden Betriebsrenten werden in der Leistungsphase als sonstige Einkünf-

---

mehrere, voneinander unabhängige Unternehmen tätig werden. Vgl. Ahrend/Förster/Rühmann, BetrAVG, 2002, § 1b, Tz. 38.

383 Vgl. Uebelhack, Altersversorgung, 2004, Tz. 373 ff., 392.

384 Für Altfälle gilt ein Diskontierungssatz von 3,25 %. Unter bestimmten Voraussetzungen kann davon abgewichen werden; vgl. Birkner/Breiting, VW 2003, S. 1143 f.; Jaeger, VW 2004, S. 414 ff.

385 § 4c EStG spezifiziert, dass sich die Beiträge entweder aus der Satzung bzw. dem Geschäftsplan der Pensionskasse oder einer Anordnung der BaFin ergeben müssen. Außerdem können Beiträge zur Schließung von Fehlbeträgen steuermindernd abgezogen werden.

386 Für Witwenrenten gilt ein Höchstbetrag von 17.179 €, für Waisenrenten 5.154 €.

387 Ein Wahlrecht zur Kapitalauszahlung ist prinzipiell unschädlich. Allerdings entfällt die Möglichkeit, § 34 Abs. 2 EStG in Anspruch zu nehmen; vgl. BMF-Schreiben v. 17.11.2004, IV C 4 – S 2222 – 177/04 / IV C 5 – S 2333 – 269/04, Tz. 177. Zu Recht weisen *Wellisch/Näth* darauf hin, dass die Ausübung des Wahlrechts zu Gunsten einer Einmalauszahlung – abgesehen von Progressionseffekten – keine nachteiligen steuerlichen Konsequenzen nach sich zieht; vgl. Wellisch/Näth, BB 2005, S. 19 f.

388 Diese beträgt im Jahr 2005 62.400 €, so dass Beiträge in Höhe von bis zu 2.496 € steuerfrei gezahlt werden können.

389 Vgl. Niermann, DB 2004, S. 1449 f.

390 Vgl. Wellisch/Näth, BB 2005, S. 20; BMF-Schreiben v. 17.11.2004, IV C 4 – S 2222 – 177/04 / IV C 5 – S 2333 – 269/04, Tz. 171. Lediglich Eigenbeiträge im Sinne des § 1 Abs. 2 Nr. 4 BetrAVG sind von der Steuerbefreiung ausgeschlossen.

te in voller Höhe besteuert.[391] Lediglich ein Werbungskostenpauschbetrag in Höhe von 102 € kann abgezogen werden.

Für so genannte „Altfälle" sowie für umlagefinanzierte Pensionskassen[392] besteht auch nach Inkrafttreten des Alterseinkünftegesetzes die Möglichkeit, eine Lohnsteuerpauschalierung nach § 40b EStG vorzunehmen. Wurde die Zusage auf Versorgungsleistungen einer kapitalgedeckten Pensionskasse vor dem 1.1.2005 erteilt, so können Beiträge bis zu 1.752 € p.a. mit einer pauschalen Lohnsteuer in Höhe von 20 %[393] abgegolten werden. Diese Möglichkeit bestand auch vor der Gesetzesänderung nur, wenn die geleisteten Beiträge den steuerfreien Betrag des § 3 Nr. 63 EStG überschritten hatten, da die Freistellung gesetzessystematisch der Lohnsteuerpauschalierung vorgehen sollte.[394] Renten, die auf pauschal besteuerten Beiträgen beruhen, werden in der Leistungsphase nach § 22 Nr. 1 Satz 3 EStG ertragsanteilig besteuert.

2.4. Pensionsfonds

Das Versicherungsaufsichtsgesetz definiert Pensionsfonds als rechtsfähige Versorgungseinrichtungen, welche gegen die Zahlung von Beiträgen eine kapitalgedeckte Altersversorgung für einen oder mehrere Arbeitnehmer übernehmen, wobei den Begünstigten ein Rechtsanspruch auf die als lebenslange Rente zu zahlenden Leistungen gewährt wird.[395] Der Pensionsfonds unterscheidet sich von der Pensionskasse vor allem durch liberalere Anlagevorschriften. Explizite quantitative Vorgaben existieren insofern nicht. Nach Maßgabe des § 115 VAG hat der durch die BaFin beaufsichtigte Pensionsfonds das Vermögen nach den Grundsätzen des „Asset-Liability-Managements" sowie des „Prudent-Man-Konzepts" anzulegen.[396] Der „Preis" der grö-

391 § 22 Nr. 5 EStG.

392 Dabei handelt es sich insbesondere um die Zusatzversorgungskassen für den öffentlichen Dienst.

393 Zuzüglich Solidaritätszuschlag und Kirchensteuer.

394 Vgl. BMF-Schreiben v. 5.8.2002 – IV C 4 – S 2222 – 295/02 / IV C 5 – S 2333 – 154/02 – Tz. 169 ff.

395 Nach § 112 Abs. 1 Nr. 4 VAG ist die Rentenauszahlung eine konstitutive Voraussetzung zur Erlangung einer Erlaubnis zum Geschäftsbetrieb. Eine Teilkapitalauszahlung in Höhe von bis zu 30 % des Versorgungskapitals ist als unschädlich anerkannt. Vgl. Uebelhack, Altersversorgung, 2004, Tz. 393 ff.

396 Diese Auffassung wird durch die Verwaltungsanweisungen der BaFin nochmals untermauert (Pensionsfonds-Kapitalanlagenverordnung); vgl. Schäfer/Wojtysiak, FB 2002, S. 358 ff.; Gohdes/Haferstock/Schmidt, DB 2001, S. 1561 f.

ßeren Anlagefreiheit besteht in der Beitragspflicht zum Pensions-Sicherungs-Verein a.G.[397]

Während die Beiträge des Arbeitgebers nach § 4e EStG analog zu Pensionskassen ebenso abzugsfähige Betriebsausgaben darstellen, ist der Pensionsfonds selbst steuerpflichtig. Dies relativiert sich jedoch vor dem Hintergrund, dass der Fonds Deckungsrückstellungen und Rückstellungen für Beitragsrückgewähr gemäß §§ 20 ff. KStG steuerwirksam ansetzen kann.[398] Zu beachten ist, dass Pensionsfonds analog zu Versicherungsunternehmen nach § 8b Abs. 8 KStG von der Steuerbefreiung für erhaltene Dividenden und erzielte Veräußerungsgewinne aus Anteilen an Kapitalgesellschaften ausgenommen sind. Daraus entsteht für den Pensionsfonds jedoch kein materieller Nachteil, sofern die Zuführungen zu den Deckungsrückstellungen den Beteiligungserträgen betragsmäßig entsprechen. Die Beteiligungserträge unterliegen in diesem Fall nur der definitiven Körperschaftsteuerbelastung auf Ebene der ausschüttenden Gesellschaft.

Auf Ebene des Arbeitnehmers stellen die Beiträge grundsätzlich einen steuerpflichtigen Zufluss dar. Ebenso wie bei Pensionskassen greift jedoch die Steuerbefreiung des § 3 Nr. 63 EStG, sofern die Leistungen als Rente ausgezahlt werden. Diese werden als sonstige Einkünfte in voller Höhe nachgelagert besteuert.

2.5. Direktversicherung

Als administrativ einfachste Lösung aus Sicht des Arbeitgebers bietet sich der Abschluss einer Versicherung auf das Leben des Arbeitnehmers an, wobei dieser Bezugsberechtigter der Leistungen ist (§ 1b Abs. 2 BetrAVG). Hierin ist der maßgebliche Unterschied zur Direktzusage mit Abschluss einer Rückdeckungsversicherung zu sehen. Zwar spielen biometrische Risiken bei der Bemessung der Rückdeckungsversicherung ebenfalls eine Rolle. Deren Leistungen stehen aber ausschließlich dem Arbeitgeber als Bezugsberechtigtem zu.[399] Bei einer Direktversicherungszusage hat der Arbeitnehmer einen unmittelbaren Rechtsanspruch auf die Leistungen des Lebensversicherers. Den Arbeitgeber trifft neben der Beitragspflicht lediglich das Risiko einer Subsidiärhaftung

397 Vgl. Mitlacher/Scholz, StuB 2002a, S. 1103; kritisch zur Insolvenzsicherung von Pensionsfonds vgl. Grabner/Brandl, DB 2002, S. 945 ff.

398 Vgl. Gohdes/Haferstock/Schmidt, DB 2001, S. 1559 f.

399 Dies gilt selbst dann, wenn die Ansprüche aus der Rückdeckungsversicherung an den Arbeitnehmer verpfändet wurden.

nach § 1 Abs. 1 Satz 3 BetrAVG, welches aufgrund der restriktiven Anlage- und Aufsichtsbestimmungen für Lebensversicherungsunternehmen jedoch als gering einzustufen ist. Aus diesem Grund sind Zusagen auf Direktversicherungen grundsätzlich von der Beitragspflicht zum PSV befreit.[400]

Das Steuerrecht sieht keine explizite Vorschrift für den Abzug der Beiträge an eine Direktversicherung vor. Sofern deren betriebliche Veranlassung gegeben ist, fallen sie unter die allgemeine Abzugsnorm des § 4 Abs. 4 EStG. Für die Kapitalansammlung auf Ebene des Versicherungsunternehmens wird eine faktische Steuerbefreiung über die Bildung von Deckungsrückstellungen und Rückstellungen für Beitragsrückgewähr nach §§ 20 ff. KStG erreicht.[401] Von der Steuerbefreiung für erhaltene Dividenden und realisierte Veräußerungsgewinne des § 8b KStG sind Lebensversicherer aufgrund § 8b Abs. 8 KStG explizit ausgenommen.[402] Die steuerlichen Folgen sind in Zusammenhang mit den Deckungsrückstellungen nur gering.[403]

Seit 1.1.2005 können Beiträge an eine Direktversicherung für den Arbeitnehmer steuerfrei eingezahlt werden. Dies gilt unter der Voraussetzung, dass die Auszahlung in Rentenform erfolgt,[404] für Beträge in Höhe von bis zu 4 % der Beitragsbemessungsgrenze der gesetzlichen Rentenversicherung (West). Wurde die Zusage erst nach dem 31.12.2004 erteilt, erhöht sich dieser Betrag um weitere 1.800 €. In der Versorgungsphase führen die daraus resultierenden Leistungen in voller Höhe zu sonstigen Einkünften nach § 22 Abs. 1 Nr. 5 EStG, wobei ein Werbungskostenpauschbetrag in Höhe von 102 € zur Verfügung steht.

Für vor dem 1.1.2005 erteilte Zusagen bestand die Möglichkeit durch Erklärung gegenüber dem Arbeitgeber auf die Steuerbefreiung des § 3 Nr. 63 EStG zu verzich-

---

400 Die Beitragspflicht lebt wieder auf, soweit der Arbeitgeber die Ansprüche aus der Versicherung abgetreten oder beliehen hat (§ 10 Abs. 3 Nr. 2 BetrAVG).

401 Kritisch zu den Rechnungslegungsvorschriften von Versicherungsunternehmen vgl. Rückle, BFuP 2001, S. 563 ff.

402 Diese Ausnahme wurde auf ausdrücklichen Wunsch der Versicherungswirtschaft eingeführt, da in Verbindung mit der Rückstellungsbildung ein reziprokes Verhältnis zwischen wirtschaftlichem Erfolg des Unternehmens und dessen Steuerbelastung entstehen würde; vgl. BT-Drs. 15/1684, S. 9.

403 Siehe dazu die Ausführungen zum Pensionsfonds in Kapitel C.II.2.4.

404 Analog zu Pensionskassen und Pensionsfonds ist ein Auszahlungswahlrecht steuerunschädlich; vgl. BMF-Schreiben v. 17.11.2004 – IV C 4 – S 2222 – 177/04 / IV C 5 – S 2333 – 269/04, Tz. 177.

ten.[405] Nur dieser Verzicht eröffnet dem Arbeitnehmer die fortgesetzte Inanspruchnahme der pauschalen Lohnversteuerung nach § 40b EStG.[406] Für bis zu 1.752 € pro Jahr wird in diesem Fall eine pauschale Lohnsteuer mit Abgeltungswirkung[407] in Höhe von 20 % zzgl. Solidaritätszuschlag und Kirchensteuer abgeführt. Die auf pauschal besteuerten Beiträgen basierenden Leistungen werden in der Versorgungsphase nur ertragsanteilig nach § 22 Abs. 1 Nr. 1 Satz 3 EStG in die Bemessungsgrundlage aufgenommen. Für Einmalzahlungen ist, sofern eine Mindestlaufzeit von 12 Jahren vorliegt, eine steuerfreie Vereinnahmung nach § 20 Abs. 1 Nr. 6 EStG a.F.[408] möglich.

2.6. Staatliche Förderung der privaten Altersversorgung („Riester-Rente")

Die Förderung nach Abschnitt XI sowie § 11a EStG ist in ihrer Zielrichtung zunächst auf die private Altersvorsorge zugeschnitten.[409] Der Gesetzgeber hat allerdings über § 2 Abs. 2 EStG die betriebliche Altersversorgung in den Förderkatalog aufgenommen, sofern die Auszahlung in Form einer Rente oder eines Auszahlungsplans erfolgt. Voraussetzung für die Inanspruchnahme der so genannten „Riester-Rente" ist, dass die Beiträge aus individuell versteuertem Einkommen geleistet werden. Demnach muss der Arbeitnehmer gegenüber dem Arbeitgeber auf die Steuerfreistellung nach § 3 Nr. 63 EStG bzw. auf die gegebenenfalls mögliche Lohnsteuerpauschalierung nach § 40b EStG verzichten. Da dem Arbeitnehmer ein solcher Verzichtsanspruch nur im Rahmen der Entgeltumwandlung zusteht (§ 1a Abs. 3 BetrAVG), beschränkt sich die Riester-Förderung für die betriebliche Altersversorgung auf die Durchführungswege Pensionskasse, Pensionsfonds und Direktversicherung. Die Förderung setzt eine unbeschränkte Steuerpflicht voraus und ist auf die in § 10a Abs. 1 EStG genannten Personen beschränkt.[410]

---

405 Nach § 52 Abs. 52a i.V.m. Abs. 6 EStG musste die Erklärung für bestehende Dienstverhältnisse bis zum 30.6.2005 erfolgen bzw. bei einem Arbeitgeberwechsel vor der ersten Beitragszahlung; vgl. Wellisch/Näth, BB 2004, S. 2661 ff.

406 Vgl. Höreth/Schiegl, BB 2004, S. 2103 ff.

407 § 40 Abs. 3 EStG.

408 Die neue Fassung für die Besteuerung von Lebensversicherungen gilt ausschließlich für Verträge, die nach dem 31.12.2004 abgeschlossen wurden. Da die Pauschalierung nur für Altfälle zulässig ist, kommt diese Regelung nicht in Betracht; vgl. Pohl, betrAV 2004, S. 703.

409 Vgl. zur Förderung der privaten Altersversorgung Lindberg, DStR 2001a, S. 2054 ff.; Lindberg, DStR 2001b, S. 2099 ff.

410 Hierunter fallen neben sozialversicherungspflichtigen Arbeitnehmern u.a. auch Beamte; vgl. Risthaus/Myßen, NWB 2002, S. 11997 ff. Zum mittelbaren Förderanspruch vgl. Laux, BB 2002, S. 31* ff.

Die staatliche Förderung der kapitalgedeckten Altersvorsorge vollzieht sich in zwei Stufen. Sofern der Arbeitnehmer einen Mindesteigenbeitrag an einen zertifizierten Altersvorsorgevertrag[411] leistet, hat er Anspruch auf eine Zulage, welche direkt dem Vertrag gutgeschrieben wird. Der Mindesteigenbeitrag ist nach § 86 EStG gestaffelt und wird im Jahr 2008 seine Zielgröße von 4 % der sozialversicherungspflichtigen Einnahmen des Arbeitnehmers erreichen.[412] Der Beitrag wird entsprechend der Höchstgrenzen in § 10a EStG gekappt, so dass 2008 höchstens 2.100 €[413] als Eigenbeitrag zu leisten sind. Die Zulage setzt sich aus einer Grundzulage in Höhe von 154 € (ab 2008)[414] sowie Kinderzulagen von 185 € je Kind (ab 2008)[415] zusammen.[416] Alternativ kann ein Sonderausgabenabzug nach § 10a EStG vorgenommen werden. Ist der Abzug von bis zu 2.100 € (ab 2008) vorteilhafter,[417] hat der Steuerpflichtige die Zulage über seine Einkommensteuer zu erstatten.[418] Sofern der Sonderausgabenabzug günstiger ist als die Zulagengewährung, kommt es im Endeffekt zu einer steuerlichen Freistellung der geleisteten Beiträge, die mit der Wirkung des § 3 Nr. 63 EStG vergleichbar ist.[419] In der Rentenphase werden die Leistungen in voller Höhe gemäß § 22 Nr. 5 EStG besteuert.[420] Wird abweichend eine einmalige Kapitalauszahlung vorgenommen, liegt nach § 95 i.V.m. § 93 EStG eine schädliche Verwendung vor. In einem solchen Fall sind die erhaltenen Zulagen ebenso wie eventuelle Steuervorteile aus dem Sonderausgabenabzug zurückzuzahlen.[421]

---

411 Für die betriebliche Altersversorgung ist keine Zertifizierung nach AltZertG durch die BaFin erforderlich. Allerdings muss für die zugesagten Leistungen eine Rentenauszahlung vorgesehen sein.

412 2005: 2 %; 2006/2007: 3 %.

413 2005: 1.050 €; 2006/2007: 1.575 €.

414 2005: 76 €; 2006/2007: 114 €.

415 2005: 92 €; 2006/2007: 138 €.

416 Die Zulagen werden auf den zu leistenden Mindesteigenbeitrag angerechnet, so dass effektiv ein geringerer Beitrag gezahlt werden muss.

417 Eine Günstigerprüfung wird von Amts wegen vorgenommen; vgl. Ley, DStR 2002, S. 194.

418 Das Verfahren entspricht der Vorgehensweise bei Kindergeld bzw. Kinderfreibetrag.

419 Allerdings ergeben sich deutliche Unterschiede in Bezug auf die Sozialversicherungspflicht; vgl. Wellisch/Näth, BB 2003, S. 333 ff.; Mitlacher/Scholz, StuB 2002b, S. 1144 ff.

420 Der Werbungskostenpauschbetrag beträgt 102 €.

421 Insofern führt die Verletzung der geforderten Auszahlung in Rentenform zu schärferen steuerlichen Sanktionen als bei nach § 3 Nr. 63 EStG steuerfrei gestellten Altersversorgungsbeiträgen; vgl. Wellisch/Näth, BB 2005, S. 19 f.

3. Unilaterale außensteuerliche Regelungen zur betrieblichen Altersversorgung

3.1. Behandlung ausländischer Versorgungsträger

Grundsätzlich ist die Abzugsfähigkeit von Beiträgen an Versorgungseinrichtungen unabhängig von deren Sitz.[422] Eine Einschränkung besteht lediglich hinsichtlich des Pensionsfonds. § 4e Abs. 1 EStG macht die Abzugsfähigkeit davon abhängig, dass es sich um einen Pensionsfonds im Sinne des § 112 VAG handelt. Dieser setzt die Erlaubnis der Aufsichtsbehörde voraus, welche aufgrund von § 7 Abs. 1a VAG wiederum bedingt, dass sich der Ort der Hauptverwaltung im Inland befindet.[423] Da dies bei ausländischen Fonds definitionsgemäß nie der Fall ist, sind Beiträge an solche Pensionsfonds steuerlich nicht abzugsfähig für den Arbeitgeber.[424] Dagegen verweist die Steuerbefreiung des § 3 Nr. 63 EStG nicht auf die Vorschriften des VAG, so dass auf Arbeitnehmerebene Beiträge an ausländische Versorgungseinrichtungen in jedem Fall analog zu inländischen Einrichtungen behandelt werden. Dies gilt auch für die Riester-Förderung. Allerdings müssen sich auch ausländische Anbieter einer Zertifizierung durch die BaFin unterziehen.[425]

Aus dem Ausland erhaltene Leistungen sind in Deutschland grundsätzlich steuerpflichtig. Versorgungsbezüge sind nach § 19 Abs. 2 EStG vollständig als Einkünfte aus nichtselbständiger Arbeit zu erfassen, wenn eine der deutschen Direktzusage oder einer Unterstützungskasse vergleichbare Durchführungsform vorliegt. Der Abzug des Versorgungsfreibetrags sowie des Zuschlags ist analog möglich. Schwieriger gestaltet sich die Einordnung von Versorgungseinrichtungen, welche den Charakter einer Versicherung oder eines Fonds besitzen. Eine nachgelagerte Besteuerung nach § 22 Nr. 5 EStG, wie sie für die deutschen Durchführungswege sowie für Riester-Verträge vorgesehen ist, greift nur, wenn auch die Beitragszahlungen in Deutschland nach §§ 82 ff, 10a EStG oder durch § 3 Nr. 63 EStG gefördert wurden. Für andere Leistungen ist eine Erfassung nach § 22 Nr. 5 EStG aufgrund des engen Anwendungsbereichs der Vorschrift nicht möglich. In einem solchen Fall steht lediglich eine Subsumtion unter § 22 Nr. 1 Satz 3 lit. a) bb) EStG offen. Die Leistungen ausländischer Pensionskassen, Pen-

---

422 Seit 1993 nimmt der deutsche Gesetzgeber keine Differenzierung zwischen inländischen und ausländischen Versicherungen mehr vor; vgl. Kaefer/Weynand, BB 1994, S. 548.

423 Vgl. Gohdes/Haferstock/Schmidt, DB 2001, S. 1558.

424 Vgl. Laule/Pathe, EuGH-Rechtsprechung, 2004, S. 35 f.

425 Dem Kriterium einer Pflichtversicherung in der gesetzlichen Rentenversicherung nach § 10a EStG entspricht ebenfalls die obligatorische Versicherung in einer ausländischen gesetzlichen

sionsfonds oder Lebensversicherungen werden somit nur ertragsanteilig in die deutsche Bemessungsgrundlage aufgenommen, wenn die Beitragszahlungen nicht nach deutschem Recht steuerfrei gestellt wurden.

Im Ausland entrichtete Steuerbeträge sind unter den Voraussetzungen des § 34c EStG auf die deutsche Einkommensteuer anrechenbar. Die Anrechnung vergleichbarer Steuern ist jedoch durch eine „per-country-limitation" beschränkt.[426]

3.2. Steuerfolgen bei beschränkter Steuerpflicht

Deutschland gewährt beschränkt Steuerpflichtigen bei Einkünften aus nichtselbständiger Arbeit im Wesentlichen die gleichen Vergünstigungen wie unbeschränkt Steuerpflichtigen. Gem. § 50 Abs. 1 i.V.m. § 49 Abs. 1 Nr. 4 EStG gelten die Regelungen zur betrieblichen Altersversorgung analog. Lediglich die Riester-Förderung nach Abschnitt XI bzw. § 10a EStG wird verwehrt.

Betriebsrenten aus Direktzusagen oder Unterstützungskassen an im Ausland lebende Empfänger sind in Deutschland beschränkt steuerpflichtig.[427] Die Definition der Einkünfte aus nichtselbständiger Arbeit in § 49 Abs. 1 Nr. 4 EStG knüpft in vollem Umfang an die Regelung in § 19 EStG an, so dass sie auch die Leistungen aus einer Direktzusage oder einer Unterstützungskasse einschließt.[428] Die Steuererhebung erfolgt im Lohnsteuerabzugsverfahren nach § 39d EStG.[429] Die Leistungen anderer Durchführungsformen fallen hingegen nur bedingt unter die beschränkte Steuerpflicht. Zwar wurden die Tatbestandsvoraussetzungen des § 49 Abs. 1 Nr. 7 EStG um Leibrenten von inländischen Versicherungsunternehmen und ähnlichen Zahlstellen erweitert.[430] Durch die explizite Anknüpfung an § 22 Nr. 1 Satz 3 lit. a) EStG kann aber höchstens der Ertragsanteil der ausgezahlten Leistungen erfasst werden. Darüber hinaus ist zweifelhaft, ob die beschränkte Steuerpflicht auch Leistungen umfasst, welche auf steuerfrei eingezahlten Beiträgen nach § 3 Nr. 63 EStG beruhen. Nach nationalem Recht

---

Rentenversicherung; vgl. Finanzministerium Schleswig-Holstein, Kartei-Rundverfügung v. 29.7.2003, S 2222 A – St 254.

426 Vgl. Jacobs, Unternehmensbesteuerung, 2002, S. 465.

427 Vgl. Straub/Zwick, PIStB 2004, S. 154.

428 Vgl. Ramackers, in: Littmann/Bitz/Pust, Einkommensteuerrecht, 2005, § 49 Tz. 332; Hidien, in: Kirchhof/Söhn, EStG, 2005, § 49, Rn. G 15, G 89; Haiß, in: Herrmann/Heuer/Raupach, Kommentar, 2005, § 49 EStG, Anm. 712.

429 Vgl. Hidien, in: Kirchhof/Söhn, EStG, 2005, § 49, Rn. G 213.

430 Vgl. Seifert, Gestaltende Steuerberatung 2004, S. 253.

werden diese § 22 Nr. 5 EStG zugeordnet, so dass § 49 Abs. 1 Nr. 7 EStG nicht greift.[431] Dessen Anwendungsbereich betrifft somit lediglich Leistungen aus „Altzusagen“, deren Beiträge zuvor pauschal nach § 40b EStG oder in voller Höhe besteuert wurden.

Davon weicht die steuerliche Behandlung im Falle einer Riester-geförderten betrieblichen Altersversorgung deutlich ab. Gemäß § 95 EStG gelten bei einer Aufgabe der unbeschränkten Steuerpflicht die Vorschriften über die schädliche Verwendung nach §§ 93 f. EStG analog. Allerdings besteht die Möglichkeit einer Stundung der Rückzahlungsverpflichtung über die erhaltenen Zulagen und die gewährten Steuervorteile bis zum Beginn der Rentenauszahlung. Von diesen müssen mindestens 15 % zur Tilgung eingesetzt werden, um die Stundung zu verlängern. Stundungszinsen fallen jedoch nicht an.

III. Österreich

1. Bedeutung der betrieblichen Altersversorgung und allgemeine Rahmenbedingungen

Im Gegensatz zum Steuerrecht hat sich das Sozialversicherungssystem in Österreich bereits frühzeitig wieder von der „Rechtsangleichung“ emanzipiert, welche im Zuge des „Anschlusses“ Österreichs an das Deutsche Reich 1938 durchgeführt wurde. Obwohl sich noch das österreichische Kaiserreich bei verschiedenen Reformen[432] am Beispiel der Bismarckschen Sozialgesetzgebung orientierte, hat sich die 2. Österreichische Republik mit dem Allgemeinen Sozialversicherungsgesetz 1955 bewusst für einen eigenständigen Weg entschieden.[433] Charakteristisch ist die dominierende erste Säule der gesetzlichen „Pensionsversicherung“.[434] Nach verschiedenen Reformschritten sind in ihr mittlerweile (beinahe) alle unselbständig und selbständig Erwerbstätigen pflichtversichert.[435] Die im Umlageverfahren operierende Versicherung speist sich aus Beiträgen der Versicherten sowie einem Zuschuss aus Steuermitteln.[436] Bei abhängig

431 Vgl. Wernsmann/Nippert, FR 2005, S. 1124.

432 Darunter das 1906 verabschiedete Pensionsversicherungsgesetz für Privatangestellte; vgl. Casmir, Rentenversicherungssysteme, 1990, S. 421 ff.; Schäfer, Systeme, 1997, S. 47 f.

433 Vgl. Bertuleit, Österreich, 1999, S. 5.

434 Vgl. Kaether, Österreich, 1998, S. 1173 ff.

435 Lediglich Beamte sind ausgenommen, da ihre Versorgung vom Staat geleistet wird. Dafür müssen sie jedoch einen Beitrag in Höhe von 11,75 % ihres Gehalts abführen; vgl. Bertuleit, Österreich, 1999, S. 5 ff.

436 Vgl. Fenge/Gebauer/Holzner/Meier/Werding, Alterssicherungssysteme, 2003, S. 21.

Erwerbstätigen beträgt der Beitragssatz 22,8 %, welcher zu 12,55 Pp. vom Arbeitgeber und zu 10,25 Pp. vom Arbeitnehmer getragen wird.[437] Selbständige und Freiberufler sind mit einem Beitragssatz in Höhe von 15 % pflichtversichert. Die Leistungen der gesetzlichen Rente sind abhängig von der Versicherungsdauer.[438] Sie ermitteln sich auf Grundlage der „15 besten Beitragsjahre" und können bis zu 80 % der Bemessungsgrundlage erreichen.[439]

Die Gewährung einer betrieblichen Versorgungszusage ist – abgesehen von der „Abfertigung Neu" – stets freiwillig. Mit dem Betriebspensionsgesetz (BPG) wurde 1990 eine umfassende Neuregulierung der betrieblichen Altersversorgung erreicht.[440] Das BPG bildet seitdem den arbeitsrechtlichen Rahmen der betrieblichen Altersversorgung.[441] Demnach werden Pensionszusagen grundsätzlich spätestens 5 Jahre nach Erteilung unverfallbar. Bei Direktzusagen und Unterstützungskassen ist durch Wartezeiten eine Ausdehnung auf maximal 10 Jahre zulässig.[442] Die Unverfallbarkeit entfällt jedoch, wenn der Arbeitnehmer seine Kündigung einreicht oder seine Entlassung verschuldet.[443]

Das österreichische Einkommensteuersystem orientiert sich im Grundsatz an der Markteinkommenstheorie. Wie in Deutschland werden sieben abschließende Einkunftsarten unterschieden (§ 2 Abs. 3 öEStG). Davon nicht erfasste Einkünfte sind nicht steuerbar.[444] Bei der Einkunftsermittlung werden Gewinneinkünfte[445] und Überschusseinkünfte[446] unterschieden. Im Grundsatz werden die einzelnen Einkünfte zum Gesamtbetrag der Einkünfte aufaddiert. Nach Abzug von Sonderausgaben, außergewöhnlichen Belastungen und Freibeträgen sowie dem Verlustausgleich wird auf das zu versteuernde Einkommen ein dreistufiger, progressiver Tarif angewandt, der in der

---

437 Die Beitragsbemessungsgrenze beträgt 3.630 € pro Monat sowie 7.260 € für Sonderzahlungen; vgl. Rürup/Gruescu, DAngVers 2004, S. 398.

438 Vgl. Fenge/Gebauer/Holzner/Meier/Werding, Alterssicherungssysteme, 2003, S. 21.

439 Vgl. Bertuleit, Österreich, 1999, S. 25 ff, 33.

440 Vgl. Bode, betrAV 1991, S. 31 ff.; Hodel, Pensionskassen, 1992, S. 532 f.

441 Vgl. Janda, betrAV 1998, S. 296.

442 Vgl. Bode, betrAV 1991, S. 32.

443 Vgl. Höfer/Oppermann/Dikhoff, DB 1990, S. 1663.

444 Vgl. Schwarz, Altersvorsorgebesteuerung, 2004, S. 124.

445 Einkünfte aus Land- und Forstwirtschaft, Einkünfte aus selbständiger Arbeit, Einkünfte aus Gewerbebetrieb. Z.T. werden diese Einkünfte auch als betriebliche Einkünfte bezeichnet; vgl. Leitner, in: Mennel/Förster, Steuern, 2005, Österreich, Tz. 37.

446 Einkünfte aus nichtselbständiger Arbeit, Einkünfte aus Kapitalvermögen, Einkünfte aus Vermietung und Verpachtung, sonstige Einkünfte. Diese Einkünfte werden auch als außerbe-

Spitze 50 % beträgt.[447] Eine Besonderheit im österreichischen Steuerrecht stellt die Erfassung von Kapitalerträgen dar.[448] Grundsätzlich werden erhaltene Zinsen und Dividenden von einer Kapitalertragsteuer mit „Endbesteuerungswirkung" in Höhe von 25 % erfasst.[449] Im Ausland erzielte Erträge werden im Zuge der Veranlagung einem Sondersteuersatz von ebenfalls 25 % unterworfen, da ein Steuerabzugsverfahren in diesen Fällen nicht durchführbar ist.[450] Auf Antrag des Steuerpflichtigen kann die Abgeltungswirkung der Kapitalertragsteuer aufgehoben werden. Die einbehaltene Quellensteuer wird dann auf die resultierende veranlagte Einkommensteuer angerechnet.[451] Hierbei ist zu beachten, dass Dividenden nur mit dem halben Durchschnittssteuersatz besteuert werden (Halbsatzverfahren).[452] Auf Ebene von Körperschaften sind erhaltene Dividenden unabhängig von der Beteiligungshöhe durch das Schachtelprivileg von der Körperschaftsteuer befreit. Die Kapitalertragsteuer wird dagegen nur dann nicht erhoben, wenn eine mindestens 25 %-ige Beteiligung vorliegt. Die einbehaltene Quellensteuer ist jedoch unbeschränkt anrechenbar.[453] Eine weitere Besonderheit im österreichischen Steuerrecht, die Eigenkapitalzuwachsverzinsung nach § 11 öEStG, wurde 2004 durch das Budgetbegleitgesetz 2003 für die Einkommensteuer[454] und 2005 durch das Steuerreformgesetz 2005 auch für die Körperschaftsteuer wieder abgeschafft.[455]

2. Durchführungswege der betrieblichen Altersversorgung

2.1. Direktzusage

Ähnlich wie in Deutschland ist es österreichischen Arbeitgebern möglich, ihren Arbeitnehmern eine unmittelbare Versorgungszusage zu geben. Das erforderliche Kapital wird intern angesammelt, was sich bilanziell in Form einer Pensionsrückstellung nach

triebliche Einkünfte bezeichnet; vgl. Leitner, in: Mennel/Förster, Steuern, 2005, Österreich, Tz. 37.

447 Vgl. öBMF, Steuerbuch, 2004, S. 13. An den Grundfreibetrag in Höhe von 10.000 € schließen sich die Progressionsstufen mit 38,3 % (bis 25.000 €), 43,6 % (bis 51.000 €) und der Spitzensteuersatz von 50 % (ab 51.000 €) an (§ 33 Abs. 1 öEStG).

448 Die per se synthetische Einkommensteuer wird partiell aufgebrochen und in eine Schedulensteuer verwandelt; so bereits Richter, IStR 1995. S. 164.

449 Vgl. Leitner, in: Mennel/Förster, Steuern, 2005, Österreich, Tz. 162 ff.

450 Vgl. Leitner, in: Mennel/Förster, Steuern, 2005, Österreich, Tz. 163.

451 Vgl. Jann/Schuch/Toifl, in: IBFD, Companies, 2005, Austria, S. 107.

452 Vgl. Leitner, in: Mennel/Förster, Steuern, 2005, Österreich, Tz. 165. Damit stellt das österreichische Körperschaftsteuersystem ein Shareholder Relief-Verfahren dar; vgl. Jacobs, StuW 2004, S. 256.

453 Vgl. Jann/Schuch/Toifl, in: IBFD, Companies, 2005, Austria, S. 107 f.

454 Vgl. Ehrke/Heinrich, IStR 2003, S. 838.

455 Vgl. Finkenzeller/Hirschler, RIW 2004, S. 563.

§§ 196 Abs. 1 i.V.m. 211 Abs. 2 öHGB auswirkt.[456] Die Bewertung der Rückstellung kann handelsrechtlich sowohl nach dem Teilwert- als auch nach dem Gegenwartswertverfahren erfolgen.[457] Während ersteres eine Verteilung der Aufwendungen vom Zeitpunkt des Dienstantritts bis zum Eintritt des Versorgungsfalls verlangt, sieht das Gegenwartswertverfahren den Zeitpunkt der Zusage als frühsten möglichen Passivierungszeitpunkt vor.[458] Der Diskontierungssatz ist gesetzlich nicht vorgegeben. Empfohlen wird eine Orientierung an einem Realzinssatz in Höhe von 4 %.[459] Das Innenfinanzierungspotenzial der Pensionsrückstellung ist in Österreich durch die Pflicht zur Wertpapierunterlegung begrenzt. Nach § 11 BPG sind unmittelbare Pensionszusagen durch Wertpapiere zu decken, die auf gesonderten Depots zu verwahren sind und im Konkursfall nicht zur Konkursmasse des Unternehmens zählen.[460] Der Mindestumfang der Wertpapierdeckung bemisst sich nach der Hälfte der Pensionsrückstellung zum Ende des vorangegangenen Wirtschaftsjahrs.[461]

Steuerrechtlich ist die Bildung einer Pensionsrückstellung nur unter den Voraussetzungen des § 14 Abs. 7 öEStG möglich. Die Pensionszusage muss danach schriftlich, rechtsverbindlich und unwiderruflich erteilt worden sein. Die zugesagte Leistung muss in Rentenform erfolgen[462] und darf 80 % des letzten laufenden Aktivbezugs nicht übersteigen.[463] Als Berechnungsmethode ist zwingend das Gegenwartswertverfahren und ein Zinssatz in Höhe von 6 % anzuwenden.[464] Die steuerliche Anerkennung der Pensionsrückstellung setzt gemäß § 14 Abs. 7 Nr. 7 i.V.m. Abs. 5 öEStG eine angemessene Wertpapierunterlegung voraus, welche analog zu § 11 BPG ermittelt wird.[465]

---

456 Vor Umsetzung der 4., 7. und 8. EG-Richtlinie war die Passivierung für bestimmte Pensionszusagen nicht verpflichtend; vgl. dazu Kapl, Pension, 1992, S. 174 f.; Neuburger, betrAV 1990, S. 73 f.

457 So die Auffassung des Fachsenats für Handelsrecht und Revision des Instituts für Betriebswirtschaft, Steuerrecht und Organisation der Wirtschaftstreuhänder Österreichs in den Fachgutachten KFS-RL 2 und KFS-RL 3. Zum Teil wird auch die Anwendung des Anwartschaftsdeckungs- und des Barwertverfahrens für zulässig erachtet; vgl. KPMG, Altersvorsorge, 2000, S. 11.

458 Vgl. Egger/Samer/Bertl, Jahresabschluß, 2002, S. 258 ff.

459 Vgl. Egger/Samer/Bertl, Jahresabschluß, 2002, S. 260.

460 Vgl. KPMG, Altersvorsorge, 2000, S. 13.

461 Vgl. Hodel, Pensionskassen, 1992, S. 523.

462 Vgl. KPMG, Altersvorsorge, 2000, S. 14.

463 Vgl. Steinmeyer, Steuerregelungen, 2001, S. 197.

464 Vgl. Egger/Samer/Bertl, Jahresabschluß, 2002, S. 261.

465 Aufgrund eines Redaktionsversehens hätte die Wertpapierunterlegung für Pensionsrückstellungen innerhalb von 5 Jahren abgebaut werden sollen; so z.B. noch die Ausführungen in Doralt, EStG, 2003, S. 45. Damit ergab sich die kuriose Situation, dass die zivilrechtlich geforderte Wertpapierdeckung aus steuerlichen Gründen aufzulösen gewesen wäre. Durch das

Andernfalls wird der Gewinn des Unternehmens um 60 % der Wertpapierunterdeckung erhöht.

Die Vorgänge in der Anwartschaftsphase haben für den Arbeitnehmer, sofern reine Arbeitgeberzusagen vorliegen, keine steuerlichen Konsequenzen.[466] Erst die Leistungsauszahlungen werden als Einkünfte aus nichtselbständiger Arbeit nach § 25 Abs. 1 Nr. 1 lit. a) öEStG erfasst. Dabei kann grundsätzlich der Pensionistenabsetzbetrag gemäß § 33 Abs. 6 öEStG in Höhe von 400 € angesetzt werden, der jedoch bei Bezügen ab 17.000 € bis 25.000 € gleichmäßig abgeschmolzen wird. Die Gewährung einer 13. oder 14. Pensionszahlung im Jahr kann begünstigt als sonstiger Bezug gem. § 67 Abs. 1 öEStG besteuert werden.[467] Sofern das „Jahressechstel" 2.000 € übersteigt, beträgt der anzuwendende Steuersatz 6 %, ansonsten verbleibt der Bezug steuerfrei.[468]

Diese Regelungen finden keine Anwendung, wenn eine so genannte Bezugsumwandlung vorliegt. Verzichtet der Arbeitnehmer auf einen Teil seines Gehalts zugunsten einer vom Arbeitgeber erteilten Pensionszusage, so geht das österreichische Steuerrecht bereits bei Entstehen des Anspruchs von einem steuerpflichtigen Zufluss beim Arbeitnehmer aus (§ 26 Nr. 7 lit. a) öEStG). Ein Abzug der „Beiträge" als Werbungskosten oder Sonderausgaben auf Ebene des Arbeitnehmers ist nicht möglich. Die daraus resultierenden Leistungen werden in Höhe des Differenzbetrages zur Summe der Beiträge als Einkünfte aus nichtselbständiger Arbeit besteuert.[469] Eine begrenzte Rückausnahme besteht im Falle „lohngestaltender Vorschriften" i.S.d. § 26 Nr. 7 lit. a) i.V.m. § 68 Abs. 5 Nr. 1-6 öEStG. Das heißt, wenn eine Umwandlung aufgrund von gesetzlichen Vorschriften, Dienstbesoldungsordnungen, Kollektivverträgen oder Betriebsvereinbarungen für eine bestimmte Gruppe von Arbeitnehmern beschlossen wird, werden die Arbeitnehmerbeiträge steuerlich wie Arbeitgeberbeiträge behandelt.[470] Nur individuellen Bezugsumwandlungen bleibt somit die steuerliche Anerkennung verwehrt.[471]

Budgetbegleitgesetz 2003 (öBGBl. I 2003/71) wurde der Erhalt der Wertpapierdeckung in § 124b Nr. 69 öEStG klargestellt.

466 Vgl. Kaether, Österreich, 1998, S. 1183.

467 Vgl. Schwarz, Altersvorsorgebesteuerung, 2004, S. 129.

468 Vgl. Beiser/Mayr, EStG, 2002, § 67 Tz. 6.

469 Vgl. KPMG, Altersvorsorge, 2000, S. 16.

470 Vgl. ausführlich dazu Gassner, SWK 1998, S. 675 ff.

471 Vgl. KPMG, Altersvorsorge, 2000, S. 5 f.

2.2. Pensionskasse und Unterstützungskasse

Die Vorschriften über die Pensionskasse wurden in Österreich 1990 mit Einführung des Pensionskassengesetzes (PKG) grundlegend überarbeitet.[472] Die überbetrieblichen oder betrieblichen Kassen dürfen ausschließlich in der Rechtsform einer Aktiengesellschaft betrieben werden.[473] Die Gründung einer Pensionskasse oder der Beitritt eines Arbeitgebers zu einer bestehenden Kasse setzt eine Betriebsvereinbarung mit dem Betriebsrat des Unternehmens[474] sowie einen Pensionskassenvertrag zwischen Arbeitgeber und Pensionskasse voraus.[475] Vom Bundesministerium für Finanzen, welches auch die Aufsichtsfunktion wahrnimmt, ist zum Betrieb die Erteilung einer Konzession erforderlich.[476] Die Vermögensanlage muss zu mindestens 40 % in Anleihen erfolgen. Investitionen in Aktien sind auf höchstens 40 % beschränkt.[477]

Unterstützungskassen haben als Instrument der betrieblichen Altersversorgung in Österreich eine nur geringe Verbreitung.[478] Grundsätzlich gewähren Unterstützungskassen keinen Rechtsanspruch auf ihre Leistungen.[479] Ehemalige Arbeitnehmer mit unverfallbaren Anwartschaften müssen jedoch im Leistungsfall mit nicht ausgeschiedenen Arbeitnehmern gleichgestellt werden, wobei dienstzeitabhängige Kürzungen zulässig sind. Durch die Regelung sollen willkürliche Leistungskürzungen verhindert werden.[480] Im Unterschied zur Pensionskasse unterliegt die Unterstützungskasse keiner Aufsicht und keinen Anlagerestriktionen. Allerdings sind Arbeitnehmerbeiträge unzulässig.[481]

Steuerlich werden die Durchführungswege Pensionskasse und Unterstützungskasse im Grundsatz identisch behandelt. Die Beiträge des Arbeitgebers an eine Kasse stellen bei

---

472 Vgl. Höfer/Oppermann/Dikhoff, DB 1990, S. 1662; Hodel, Pensionskassen, 1992, S. 526 ff.
473 Vgl. Ziegelbecker, betrAV 1999, S. 245.
474 Ist kein Betriebsrat vorhanden, müssen mit allen Beschäftigten identische Einzelverträge abgeschlossen werden; vgl. Höfer/Oppermann/Dikhoff, DB 1990, S. 1662.
475 Vgl. Ziegelbecker, betrAV 1999, S. 245.
476 Vgl. Janda, betrAV 1998, S. 297. Aufgrund einer Übergangsvorschrift in § 49 PKG mussten sich nach Einführung des Pensionskassengesetzes sämtliche bereits bestehenden Pensionskassen bis 31.12.1994 nach den Bestimmungen des PKG neu gründen; vgl. Höfer/Oppermann/Dikhoff, DB 1990, S. 1665.
477 Vgl. Ziegelbecker, berAV 1999, S. 245 f. Trotz dieser Restriktionen wird die österreichische Pensionskasse zum Teil mit Pensionsfonds angelsächsischer Prägung verglichen; vgl. Bruno-Latocha/Devetzi, DRV 2001, S. 493.
478 Vgl. Kapl, Pension, 1992, S. 177; Janda, betrAV 1998, S. 297.
479 Vgl. Kaether, Österreich, 1998, S. 1182.
480 Vgl. Höfer/Oppermann/Dikhoff, DB 1990, S. 1664 f.
481 Vgl. Kapl, Pension, 1992, S. 177.

ihm abzugsfähige Betriebsausgaben nach § 4 Abs. 4 öEStG dar. Für Pensionskassen ist zu beachten, dass das Leistungsniveau 80 % des letzten laufenden Aktivbezugs nicht übersteigen darf. Bei beitragsorientierten Pensionskassenzusagen und bei Unterstützungskassen darf der gesamte Beitrag des Arbeitgebers 10 % der Lohn- und Gehaltssumme nicht übersteigen.[482] Die Zuwendungen an die Kasse zählen gemäß § 26 Nr. 7 lit. a) öEStG nicht zum steuerpflichtigen Einkommen des Arbeitnehmers.[483] Eigenbeiträge des Arbeitnehmers unterliegen den bereits für Direktzusagen erläuterten Einschränkungen bei Bezugsumwandlungen, so dass sich typischerweise ein steuerpflichtiger Zufluss ergibt.[484] Anders als bei Direktzusagen kann der eingeschränkte Sonderausgabenabzug nach § 18 Abs. 1 Nr. 2 öEStG für Beiträge an eine Pensionszusatzversicherung oder die prämienbegünstigte Vorsorge nach § 108a bzw. § 108g öEStG genutzt werden.[485] Steuermindernd kann im Falle der Pensionszusatzversorgung ein Viertel der Beiträge geltend gemacht werden, höchstens jedoch 730 €.[486] Die prämienbegünstigte Vorsorge führt in pauschalierter Form zu einer (teilweisen) Rückerstattung der Einkommensteuer.[487] Sie setzt sich neben einem fixen Anteil in Höhe von 5,5 % des Beitrags aus einem variablen Anteil zusammen, welcher sich an der Bausparprämie orientiert.[488]

Pensionskassen und Unterstützungskassen selbst sind von der Besteuerung befreit.[489] Erst die Auszahlungen in der Leistungsphase führen beim Arbeitnehmer zu einem steuerpflichtigen Zufluss. Waren die Beiträge in der Anwartschaftsphase steuerfrei, so sind die Leistungen in voller Höhe als Einkünfte aus nichtselbständiger Arbeit nach § 25 Abs. 1 Nr. 2 lit. a) öEStG zu erfassen. Auf Arbeitnehmerbeiträgen beruhende Leistungen gehen nur zu 25 % in die Bemessungsgrundlage ein.[490] Leistungen der prä-

---

482 Vgl. KPMG, Altersvorsorge, 2000, S. 4.

483 Vgl. Hodel, Pensionskassen, 1992, S. 524.

484 Kritisch dazu vgl. Ludwig, RdW 1998, S. 768 ff.

485 Außerdem ist eine Steuerbefreiung in Höhe von 300 € nach § 3 Abs. 1 Nr. 15 öEStG für zukunftssichernde Aufwendungen möglich. Eine gleichzeitige Inanspruchnahme verschiedener Förderinstrumente scheidet aus; vgl. Payerer, ÖStZ 2003, S. 93.

486 Ein Viertel des Höchstbetrags nach § 18 Abs. 3 öEStG; vgl. Payerer, ÖStZ 2003, S. 92. Der Sonderausgabenabzug ist zudem durch eine „Einschleifregel" begrenzt, durch welche der Höchstbetrag bei Gesamteinkünften über 36.400 € abgeschmolzen wird. Ab einem Gesamtbetrag der Einkünfte in Höhe von 50.900 € sind keine Sonderausgaben i.S.d. § 18 Abs. 1 Nr. 2-4 öEStG mehr absetzbar; vgl. Kofler/Payerer, ÖStZ 2003, S. 124.

487 Vgl. Predota/Gössl, VW 2004, S. 437.

488 Vgl. Scholtissek, DStZ 2000, S. 126.

489 Vgl. § 6 öKStG. Dies gilt auch für die Kapitalertragsteuer nach § 94 Nr. 6 lit. c) öEStG.

490 Vgl. KPMG, Altersvorsorge, 2000, S. 7.

mienbegünstigten Vorsorge sind hingegen steuerfrei.[491] Die Auszahlungen einer Unterstützungskasse sind stets in voller Höhe nach § 25 Abs. 1 Nr. 2 lit. c) öEStG steuerpflichtig.

2.3. Direktversicherung und zukunftssichernde Aufwendungen

Die betriebliche Altersversorgung kann ebenfalls in Form einer Lebensversicherung auf das Leben des Arbeitnehmers als Begünstigtem erfolgen.[492] Es bestehen weder Beschränkungen hinsichtlich der Art der Auszahlung[493] noch hinsichtlich der Höhe, da keine gesetzlichen Höchstwerte für die Beiträge und Leistungen festgelegt wurden.[494] Im Unterschied zu den anderen Durchführungswegen werden Zusagen auf Direktversicherungen sofort unverfallbar.[495]

Die zivilrechtlichen Vorzüge in Bezug auf Gestaltungsfreiheit und Unverfallbarkeit werden jedoch durch steuerliche Nachteile erkauft.[496] Der Arbeitgeber kann die geleisteten Beiträge zwar als Betriebsausgaben absetzen. Gleichzeitig ist aber der Rückkaufswert der Versicherung ertragswirksam zu aktivieren.[497] Eine effektive Steuerminderung findet daher erst bei Auszahlung der Versicherungsleistungen statt. Für den Arbeitnehmer stellen die Arbeitgeberbeiträge Einkünfte aus nichtselbständiger Arbeit dar. Nur in engen Grenzen können nach § 3 Abs. 1 Nr. 15 öEStG steuerfreie Aufwendungen für die Zukunftsvorsorge in Höhe von 300 € oder, sofern eine lebenslange Rentenzahlung vereinbart wurde, Sonderausgaben nach § 18 Abs. 1 Nr. 2 öEStG (maximal 730 €) geltend gemacht werden.[498] Eigenbeiträge des Arbeitnehmers können nur als Sonderausgaben berücksichtigt werden.[499]

Die Prämien an das Lebensversicherungsunternehmen unterliegen zunächst der Versicherungssteuer in Höhe von 4 %.[500] Über den Garantiezins hinausgehende Gewinne

---

491 Vgl. Payerer, ÖStZ 2003, S. 91.
492 Vgl. Kapl, Pension, 1992, S. 177.
493 Somit können sowohl Renten- als auch Kapitalauszahlungen vereinbart werden; vgl. Höfer/Oppermann/Dikhoff, DB 1990, S. 1664.
494 Vgl. Kapl, Pension, 1992, S. 177.
495 Vgl. Kaether, Österreich, 1998, S. 1182.
496 Vgl. KPMG, Altersvorsorge, 2000, S. 17.
497 Vgl. Kapl, Pension, 1992, S, 182.
498 Vgl. KPMG, Altersvorsorge, 2000, S. 17 f.
499 Vgl. Kapl, Pension, 1992, S. 182.
500 Voraussetzung ist eine Vertragslaufzeit von mindestens 10 Jahren; vgl. § 6 Abs. 1 Nr. 1 lit. b öVersStG.

werden nach § 17 Abs. 3 öKStG zu 20 % in der körperschaftsteuerlichen Bemessungsgrundlage erfasst, so dass eine partielle Besteuerung der Überschussanteile erfolgt.[501]

Die Besteuerung in der Versorgungsphase ist von der Behandlung in der Anwartschaftsphase unabhängig. Kapitalauszahlungen kann der Begünstigte steuerfrei vereinnahmen, wenn die Vertragslaufzeit mindestens 10 Jahre betragen hat (§ 27 Abs. 1 Nr. 6 öEStG). Andernfalls ist die Differenz zwischen den eingezahlten Prämien und der ausgezahlten Leistung als Einkünfte aus Kapitalvermögen zu versteuern. Bei Rentenzahlungen erfolgt eine Besteuerung erst dann, wenn die Summe der erhaltenen Leistungen die geleisteten Beitragszahlungen übersteigt.[502]

2.4. „Abfertigung Neu“

Durch das Betriebliche Mitarbeitervorsorgegesetz (BMVG) wurde 2002 das „Abfertigungsrecht“ neu gestaltet. Bei Beendigung ihres Arbeitsverhältnisses durch Pensionierung oder Kündigung haben Arbeitnehmer Anspruch auf eine Sonderzahlung (sog. Abfertigung).[503] Die Neuregelung sieht vor, dass der Arbeitgeber während der Beschäftigungszeit 1,53 % des monatlichen sozialversicherungspflichtigen Entgelts an eine per Betriebsvereinbarung bestimmte Mitarbeitervorsorgekasse zu zahlen hat.[504] Damit werden die bisherigen gesetzlichen Abfertigungsverpflichtungen auf eine beitragsorientierte Basis gestellt. Zumindest insofern scheidet die Passivierung von Abfertigungsrückstellungen durch den Arbeitgeber in Zukunft aus.[505]

Die Mitarbeitervorsorgekassen benötigen eine staatliche Konzession und haben den Status von Sonderkreditinstituten. Dementsprechend unterliegen sie den Vorgaben des Bankwesengesetzes und der Aufsicht durch die Finanzmarktaufsichtsbehörde.[506] Die Kassen müssen den begünstigten Arbeitnehmern eine 100 %-ige Kapitalgarantie auf die eingezahlten Beiträge zusichern. Daraus resultieren vergleichsweise restriktive Vorgaben in Bezug auf die Vermögensanlage, da höchstens 40 % in Risikokapital in-

---

501 Vgl. KPMG, Altersvorsorge, 2000, S. 18.
502 Vgl. Schwarz, Altersvorsorgebesteuerung, 2004, S. 130.
503 Vgl. Kaether, Österreich, 1998, S. 1179. Allerdings besteht nicht bei jeder Beendigung des Arbeitsverhältnisses ein automatischer Auszahlungsanspruch; vgl. Bruckner, ÖStZ 2002, S. 446.
504 Vgl. ausführlich zur Abfertigung Neu KPMG, Abfertigungsrecht, 2002.
505 Zu Altfällen, Übergangsregelungen und freiwilligen Abfertigungen vgl. Bruckner, ÖStZ 2002, S. 447 ff.
506 Vgl. KPMG, Abfertigungsrecht, 2002, S. 12.

vestiert werden darf.[507] Im Falle der Beendigung des Arbeitsverhältnisses stehen den Arbeitnehmern mehrere Optionen zur Verfügung. Neben der Fortführung des Guthabens kann eine Auszahlung des angesparten Kapitals, eine Übertragung auf die Mitarbeitervorsorgekasse eines neuen Arbeitgebers oder eine Übertragung auf eine Versorgungseinrichtung (Pensionszusatzversicherung, Pensionsinvestmentfonds, Pensionskasse) verlangt werden, sofern diese eine Auszahlung in Rentenform vorsieht.[508]

Die vom Arbeitgeber abgeführten Beiträge sind in voller Höhe abzugsfähige Betriebsausgaben. Sofern lediglich die Pflichtbeiträge in Höhe von 1,53 % des Arbeitsentgelts geleistet werden, führen diese nicht zu steuerpflichtigen Einnahmen des Arbeitnehmers.[509] Freiwillig gezahlte höhere Beträge führen zu Einkünften aus nichtselbständiger Arbeit.[510] Die Mitarbeitervorsorgekassen müssen weder Versicherungs- noch Umsatzsteuer in Rechnung stellen[511] und sind von der Körperschaftsteuer nach § 6 Abs. 5 öKStG befreit.[512] Erst die Auszahlungen können beim Arbeitnehmer einen steuerpflichtigen Zufluss auslösen.[513] Nur im Falle einer einmaligen Kapitalauskehrung erfolgt eine abschließende Besteuerung mit 6 % gem. § 67 Abs. 3 öEStG. Übertragungen auf Pensionszusatzversicherungen, Pensionsinvestmentfonds oder Pensionskassen sind ebenso steuerfrei wie die daraus resultierenden Rentenzahlungen (§ 29 Nr. 1 öEStG).[514] Damit ist für die pflichtmäßig geleisteten Beiträge bei Auszahlung in Rentenform eine in jeder Phase steuerfreie Vereinnahmung möglich.[515]

3. Unilaterale außensteuerliche Regelungen zur betrieblichen Altersversorgung

3.1. Behandlung ausländischer Versorgungsträger

Die österreichischen Steuergesetze sehen keine unilateralen Maßnahmen zur Vermeidung einer internationalen Doppelbesteuerung vor.[516] Stattdessen ermächtigt § 48

507 Vgl. o.V., ÖStZ 2002, S. 151.
508 Vgl. Payerer, ÖStZ 2003, S. 90.
509 Vgl. KPMG, Abfertigungsrecht, 2002, S. 8.
510 Vgl. Bruckner, ÖStZ 2002, S. 448.
511 Vgl. KPMG, Abfertigungsrecht, 2002, S. 8, 14.
512 Damit einher geht die Befreiung von der Kapitalertragsteuer nach § 94 Nr. 6 lit. c) öEStG; vgl. Payerer, ÖStZ 2003, S. 89.
513 Eine Besteuerung in der Anwartschaftsphase bei Überbeiträgen wird nicht berücksichtigt; vgl. Payerer, ÖStZ 2003, S. 94.
514 Vgl. Pummerer, ÖStZ 2002, S. 286 f.
515 Kritisch dazu vgl. Kofler/Payerer, ÖStZ 2003, S. 123.
516 Vgl. Staringer/Buzanich, in: IBFD, Individuals, 2005, Austria, S. 63.

BAO das Finanzministerium, Regelungen zur Vermeidung einer Doppelbesteuerung zu treffen.[517] Auf dieser Grundlage wurde die „474. Verordnung des Bundesministers für Finanzen betreffend die Vermeidung von Doppelbesteuerungen" vom 17.12.2002[518] erlassen. Demnach sind bestimmte ausländische Einkünfte unbeschränkt Steuerpflichtiger von der Besteuerung in Österreich freizustellen,[519] wenn mit dem betreffenden Staat kein Doppelbesteuerungsabkommen existiert sowie die ausländischen Einkünfte durch eine Einkommen- oder Körperschaftsteuer mit einem durchschnittlichen Steuersatz von mindestens 15 % belegt wurden. Zu den darunter fallenden Einkünften zählen u.a. Einkünfte aus nichtselbständiger Arbeit im Ausland. Die Freistellung erfolgt mangels dahin gehender Regelungen ohne Progressionsvorbehalt. In Bezug auf die betriebliche Altersversorgung werden Beiträge von der österreichischen Besteuerung somit ausgenommen, wenn sie in Zusammenhang mit einer im Ausland ausgeführten nichtselbständigen Arbeit erzielt werden. Beträgt die ausländische Durchschnittssteuerbelastung weniger als 15 %, werden die ausländischen Einkünfte von Österreich besteuert. Die im Ausland entrichtete Steuer ist in diesem Fall nach Maßgabe der 474. Verordnung beschränkt anrechenbar.[520]

Unklar ist hingegen, wie Altersversorgungsbeiträge an eine ausländische Pensionskasse auf Ebene des Arbeitgebers zu behandeln sind. Einerseits erlaubt § 4 Abs. 4 Nr. 2 öEStG den Betriebsausgabenabzug nur für „Pensionskassenbeiträge im Sinne des Pensionskassengesetzes". Das PKG setzt stets einen Sitz im Inland voraus,[521] so dass Beiträge an ausländische Pensionskassen nicht zum Abzug zuzulassen wären. Andererseits stellt § 4 Abs. 4 öEStG nur eine beispielhafte Aufzählung von abzugsfähigen Betriebsausgaben dar. Nach dieser Auffassung wäre es möglich, dass auch Beiträge an ausländische Versorgungseinrichtungen steuerlich absetzbar sind.[522] Aus der expliziten Regelung der absetzbaren Pensionskassenbeiträge könnte jedoch im Umkehrschluss abgeleitet werden, dass eine steuerliche Berücksichtigung ausgeschlossen ist, wenn die in § 4 Abs. 4 Nr. 2 öEStG genannten Voraussetzungen nicht erfüllt sind.[523] Die Beiträ-

517 Vgl. Doralt/Ruppe, Steuerrecht II, 2001, S. 325.
518 öBGBl. II 474/2002.
519 Im Ausnahmefall greift eine beschränkte Anrechnungsmethode.
520 Vgl. 474. Verordnung des Bundesministers für Finanzen betreffend die Vermeidung von Doppelbesteuerungen, § 1 Abs. 2.
521 Vgl. Janda, betrAV 1998, S. 297.
522 Vgl. Bednar/Massera/Moser, SWK 1995, S. 699 ff.
523 Fraglich bleibt, ob sich aus der Normierung der Steuerfreiheit für Arbeitnehmer in § 26 Nr. 7 lit. a) öEStG eine Rückwirkung auf die Abzugsfähigkeit auf Ebene des Arbeitgebers ergeben kann. Aus der dortigen Erweiterung könnte ein über den Wortlaut des § 4 Abs. 4 öEStG hinausreichender Wille des Steuergesetzgebers abgeleitet werden. Dagegen spricht zum einen

ge an ausländische Pensionskassen wären damit als nicht abzugsfähige Betriebsausgaben anzusehen.[524] Umgekehrt wird argumentiert, dass sich aus § 4 Abs. 4 Nr. 2 öEStG lediglich Sonderbestimmungen für inländische Pensionskassenbeiträge ergeben, die auf Beiträge an ausländische Kassen nicht anwendbar seien. Stattdessen bestehe die Abzugsfähigkeit unabhängig davon, welche Form und Ausgestaltung die Zusage habe.[525] Dieser Schlussfolgerung ist zuzustimmen. Da der österreichische Gesetzgeber hinsichtlich Unterstützungskassen keine entsprechende Differenzierung nach dem Sitz der Kasse vornimmt, gelten einheitlich die Bestimmungen des § 4 Abs. 4 Nr. 2 lit. b) öEStG. Sofern die dort genannten Dotierungsbedingungen erfüllt sind, ist ein Abzug als Betriebsausgaben zulässig.

Die Erfassung von Beiträgen an ausländische Pensionskassen auf Ebene des Arbeitnehmers hängt gemäß § 26 Nr. 7 lit. a) öEStG davon ab, ob sie aufgrund einer gesetzlichen Verpflichtung zu leisten sind. In einem solchen Fall stehen die Beiträge Zahlungen an inländische Kassen gleich und werden folglich nicht in die Bemessungsgrundlage des Arbeitnehmers einbezogen. Für freiwillige Beiträge besteht nur die Möglichkeit des Sonderausgabenabzugs nach § 18 Abs. 1 Nr. 2 öEStG.[526] Wie auf Ebene des Arbeitgebers gilt die Differenzierung nach Sitz der Versorgungseinrichtung nicht für Beiträge an Unterstützungskassen. Sie führen beim Arbeitnehmer in der Anwartschaftsphase zu keinem steuerlichen Zufluss.

Die Besteuerung in der Versorgungsphase korreliert bei ausländischen Versorgungseinrichtungen mit der steuerlichen Behandlung in der Anwartschaftsphase. Eine Konstante stellt lediglich die Einordnung als Einkünfte aus nichtselbständiger Arbeit dar.[527] Sofern eine gesetzliche Beitragspflicht bestanden hat, sind Leistungen von Pensionskassen in vollem Umfang in die Bemessungsgrundlage aufzunehmen. Andernfalls werden die Bezüge nur zu 25 % erfasst.[528] Leistungen von Unterstützungskassen sind stets komplett nachgelagert zu besteuern.

---

die dort vorgenommene Unterscheidung zwischen inländischen und ausländischen Pensionskassen. Zum anderen ist die Zulässigkeit einer solchen teleologischen Erweiterung ungewiss, so dass dieser Argumentation nicht weiter gefolgt wird.

524 So im Ergebnis wohl Bednar/Massera/Moser, SWK 1995, S. 699 ff.

525 Dies entspricht auch der Auffassung der österreichischen Finanzverwaltung; vgl. Nolz/Loukota, SWI 1992, S. 358.

526 Dies gilt sowohl für Arbeitgeber- als auch Arbeitnehmerbeiträge; vgl. Bednar/Massera/Moser, SWK 1995, S. 699.

527 Die von *Bednar/Massera/Moser* noch bemängelte Differenzierung ist inzwischen beseitigt; Bednar/Massera/Moser, SWK 1995, S. 699.

528 Vgl. § 25 Abs. 1 Nr. 2 lit. b) öEStG; Beiser/Mayr, Austria, 2001, S. 4.

3.2. Steuerfolgen bei beschränkter Steuerpflicht

Natürliche Personen, die weder Wohnsitz noch gewöhnlichen Aufenthalt in Österreich haben, unterliegen nach §§ 1 Abs. 3 i.V.m. § 98 öEStG mit ihren dort erzielten Einkünften der beschränkten Steuerpflicht.[529] Dazu zählen auch die in § 25 öEStG aufgeführten Einkünfte aus nichtselbständiger Arbeit, die u.a. Bezüge aus einer betrieblichen Altersversorgung umfassen. Der österreichische Fiskus unterscheidet bei der Besteuerung der betrieblichen Altersversorgung in der Anwartschaftsphase nicht zwischen unbeschränkt und beschränkt Steuerpflichtigen. Dasselbe gilt für die Besteuerung der Leistungen in der Versorgungsphase. Mangels Einschränkung in § 98 ff. öEStG gelten für beschränkt Steuerpflichtige somit die oben genannten Vorschriften. Die Auszahlungen werden im Wege der Lohnsteuer nach dem Regeltarif erfasst (§ 102 Abs. 1 Nr. 1 i.V.m. § 70 öEStG).

IV. Dänemark

1. Bedeutung der betrieblichen Altersversorgung und allgemeine Rahmenbedingungen

Obwohl sich die Alterssicherung in Dänemark im Grundsatz an der Drei-Säulen-Konzeption orientiert,[530] ist eine starke Auffächerung in mehrere, unterschiedlich strukturierte Versorgungselemente unverkennbar.[531] Zum einen setzt sich die gesetzliche Altersversorgung aus insgesamt drei Komponenten zusammen. Die steuerfinanzierte „Volksrente“ (*Folkepension*) dient seit ihrer Einführung im Jahr 1891 der Absicherung des Existenzminimums.[532] Die Rentenleistungen folgen nicht dem Versicherungsprinzip, sondern dem Einwohnerprinzip: Jeder Einwohner Dänemarks[533] hat nach Vollendung des 65. Lebensjahrs[534] Anspruch auf die einheitliche *Folkepension*, welche im Jahr 2004 DKK 54.204 (ca. 7.300 €) betragen hat. Voraussetzung ist, dass der

---

[529] Vgl. Doralt/Ruppe, Steuerrecht I, 2003, S. 305 f.

[530] A.A. Winther-Sørensen, Taxation, 2001, S. 1.

[531] Vgl. Fenge/Gebauer/Holzner/Meier/Werding, Alterssicherungssysteme, 2003, S. 12. Zuweilen wird die dänische Altersversorgung als „Vier-Säulen-Konzept“ beschrieben; vgl. Hausschild, Dänemark, 2003, S. 35.

[532] Vgl. Köhler, DAngVers 1990, S. 359; Dürkop, Alterssicherung, 1993, S. 77 ff.

[533] Formal knüpft der Anspruch an die dänische Nationalität an. Dieser wurden jedoch die Staatsbürgerschaften der anderen EU-Mitgliedstaaten und der Länder des Nordischen Rats sowie – unter bestimmten Einschränkungen – weiterer Staaten gleichgestellt; vgl. Ministeriet for Videnskab Teknologi og Udvikling, Folkepension, 2005.

[534] Für vor dem 1. Juli 1939 geborene Personen liegt das Renteneintrittsalter bei 67 Jahren; vgl. Schulze, in: Schulze, in: Mennel/Förster, Steuern, 2005, Dänemark, Tz. 157.

Rentner ab seinem 15. Lebensjahr 40 Jahre in Dänemark gelebt hat.[535] Für jedes fehlende Wohnjahr wird die Grundrente um 1/40 gekürzt.[536] Da die *Folkepension* bedürfnisabhängig ausgestaltet ist, sind bei hohen Erwerbseinkommen Kürzungen der Grundrente möglich.[537] Einkünfte aus anderen Altersvorsorgeinstrumenten werden jedoch nicht angerechnet.[538]

Die Einheitsrente wird seit 1964 durch die *Arbejdsmarkedets Tillægspension* (ATP) ergänzt.[539] In der obligatorischen Zusatzversorgung sind Arbeitnehmer ab dem 16. Lebensjahr erfasst. Die Beiträge sind einkommensunabhängig und staffeln sich pauschal nach der Wochenarbeitszeit.[540] Sie werden zu zwei Dritteln von den Arbeitgebern und zu einem Drittel von den Arbeitnehmern getragen.[541] Dem ATP-System liegt ein Mischverfahren zugrunde, da lediglich eine teilweise Kapitaldeckung vorliegt.[542] Die Leistungen der ab dem 65. Lebensalter ausgezahlten ATP-Rente sind sowohl von der Höhe der eingezahlten Beiträge als auch der Versicherungsdauer abhängig.[543]

Die jüngste Komponente im Rahmen der gesetzlichen Absicherung stellt das obligatorische Sonder-Sparsystem (*Særlige Pension*, SP) dar, das erst 1999 eingeführt wurde. Die Ausgestaltung der kapitalgedeckten und beitragsfinanzierten SP wird in dezentral ausgehandelten Tarifverträgen festgelegt.[544] Die in der Regel ausschließlich vom Arbeitnehmer aufgebrachten Beiträge in Höhe von einem Prozent des Bruttoeinkommens werden an die ATP-Versicherungsanstalt abgeführt, jedoch steht die tatsächliche Leistungshöhe aufgrund eines Umverteilungsschlüssels nicht in direkter Abhängigkeit zu den eingezahlten Beiträgen.[545]

Zum anderen zeichnet sich auch die betriebliche Altersversorgung in Dänemark durch ein sehr breites Spektrum möglicher Durchführungswege aus.[546] Sieht man von der

---

535 Vgl. Hülsmann/Schmid/Schöll, Rentenreformen, 2001, S. 9, 23 f.

536 Vgl. Kapl, Pension, 1992, S. 69.

537 Vgl. Hausschild, Dänemark, 1999, S. 194 f.

538 Vgl. Winther-Sørensen, Taxation, 2001, S. 1.

539 Vgl. Köhler, DAngVers 1990, S. 360.

540 Vgl. Hausschild, Dänemark, 1999, S. 191.

541 Vgl. Kapl, Pension, 1992, S. 70; Fenge/Gebauer/Holzner/Meier/Werding, Alterssicherungssysteme, 2003, S. 12.

542 Vgl. Fenge/Gebauer/Holzner/Meier/Werding, Alterssicherungssysteme, 2003, S. 12.

543 Vgl. ausführlich dazu Hausschild, Dänemark, 1999, S. 196 f.

544 Vgl. Hülsmann/Schmid/Schöll, Rentenreformen, 2001, S. 10.

545 Vgl. Reinhard, Modelle, 2002, S. 652.

546 Die Vielzahl der Modelle kann selbst von der dänischen Regierung nur im Schätzwege beziffert werden; so bereits Köhler, DAngVers 1990, S. 362 m.w.N.

Versorgung von Beamten und Angestellten im öffentlichen Dienst ab,[547] so kann man die verschiedenen Instrumente grob in Firmenpensionskassen, überbetriebliche Pensionskassen sowie Lebens- und Rentenversicherungen gliedern.[548]

Das dänische Steuersystem geht einerseits von einem umfassenden Einkommensbegriff aus, da sämtliche Einkünfte unabhängig vom Bezug als Geldleistung oder als geldwerter Vorteil steuerpflichtig sind, soweit sie nicht ausdrücklich von der Besteuerung ausgenommen wurden.[549] Im Gegensatz zu Deutschland werden die steuerpflichtigen Einkünfte nicht abschließend aufgezählt. Vielmehr hat die Nennung verschiedener Einkünfte im dänischen Einkommensteuergesetz (§ 3 ff. PSL) lediglich beispielhaften Charakter.[550] Andererseits weist die Einkommensbesteuerung schedulenartige Züge auf, die im Zusammenhang mit der in Skandinavien verbreiteten „Dual Income Tax" zu sehen sind.[551] Die Einkünfte werden in vier Kategorien unterteilt: (1) persönliche Einkünfte, (2) Kapitaleinkünfte, (3) Einkünfte aus Beteiligungen und (4) sog. CFC-Einkünfte.[552] Dabei fungiert die Kategorie der „persönlichen Einkünfte" als Auffangposten für sämtliche Einkünfte, welche nicht unter einer der anderen Kategorien erfasst werden.[553] Typischerweise fallen hierunter gewerbliche Einkünfte, Arbeitseinkünfte und Altersbezüge.[554] Die Kapitaleinkünfte umfassen insbesondere Zinsen, Einkünfte aus unbeweglichem Vermögen sowie Veräußerungsgewinne und Dividenden, soweit sie nicht den Einkünften aus Beteiligungen zuzuordnen sind.[555] Zu den Beteiligungseinkünften zählen stets Dividenden dänischer Unternehmen. Für Dividenden aus dem Ausland gilt dies nur, sofern sie nicht von Finanzierungsgesellschaften in Niedrigsteuerstaaten stammen. Veräußerungsgewinne werden den Einkünften aus Beteiligungen zugerechnet, wenn die veräußerten Aktien mindestens drei Jahre gehalten wurden. Dabei gilt die Unterscheidung zwischen inländischen und ausländischen Anteilen analog.[556] Unter CFC-Einkünften werden Einkünfte aus Beherrschungsverhält-

547 Vgl. dazu Meier, betrAV 1993, S. 177 ff.
548 Angelehnt an Köhler, DAngVers 1990, S. 363; Kapl, Pension 1992, S. 71.
549 Vgl. IBFD, Handbook, 2005, S. 177.
550 Vgl. Kischel, IWB 2000, S. 139.
551 Allerdings zählt Dänemark nicht zu den typischen Vertretern einer Dual Income Tax; vgl. dazu Schreiber/Finkenzeller/Rüggeberg, DB 2004, S. 2767 ff.
552 Vgl. Schulze, in: Mennel/Förster, Steuern, 2005, Dänemark, Tz. 42.
553 Vgl. Krämer/Thomsen, in: IBFD, Individuals, 2005, Denmark, S. 15.
554 Vgl. Kischel, IWB 2000, S. 139.
555 Vgl. Krämer/Thomsen, in: IBFD, Individuals, 2005, Denmark, S. 15.
556 Vgl. Kischel, IWB 2000, S. 139.

nissen verstanden. Hierbei handelt es sich um eine Zugriffsbesteuerung auf Einkünfte ausländischer Unternehmen in Niedrigsteuerstaaten.[557]

Die Differenzierung in die verschiedenen Einkunftskategorien hat Auswirkungen auf die Ermittlung der Einkommensteuer. Persönliche Einkünfte und Kapitaleinkünfte werden aggregiert, wobei Verluste aus Kapitaleinkünften nicht verrechenbar sind. Die als zu versteuerndes Einkommen bezeichnete Summe wird von der progressiven Staatssteuer (*Indkomstskat til staten*) sowie den linearen Bezirkssteuern (*Amtskommunal indkomstskat*) und Kommunalsteuern (*Kommunal indkomstskat*) erfasst. Beteiligungseinkünfte werden separat in Form eines Stufentarifs besteuert. Diese Methode steht in Zusammenhang mit dem Körperschaftsteuersystem, welches als Shareholder-Relief-Verfahren bezeichnet werden kann.[558]

Eine Besonderheit stellt die Arbeitsmarktabgabe in Höhe von 8 % auf das Bruttoeinkommen von Arbeitnehmern bzw. das Nettoeinkommen von Selbständigen dar. Auf Arbeitgeberebene fällt ein Fixbetrag in Höhe von DKK 1.789,20 je Vollzeitarbeitnehmer an.[559] Der steuerähnliche Beitrag auf Arbeitseinkommen dient hauptsächlich der Finanzierung der Arbeitslosenversicherung.[560] Der überwiegenden Einordnung der Arbeitsmarktabgabe als einer Sozialabgabe[561] wird in dieser Arbeit gefolgt, so dass die Abgabe im Folgenden nur am Rande betrachtet wird.

2. Durchführungswege der betrieblichen Altersversorgung

2.1. Firmenpensionskassen

Unter Firmenpensionskassen versteht der dänische Gesetzgeber einen Verein oder Zusammenschluss, dessen Ziel die Absicherung der Alters-, Invaliditäts- und Hinterbliebenenversorgung von Arbeitnehmern in Privatunternehmen ist.[562] Da nur Unternehmen mit mehr als 50 Mitarbeitern eine firmeneigene Pensionskasse gründen können,

557 Vgl. ausführlich dazu Krämer/Thomsen, in: IBFD, Individuals, 2005, Denmark, S. 35 ff.

558 So auch Jacobs, StuW 2004, S. 256. Das ursprünglich klassische System wurde durch eine ermäßigte Besteuerung ausgezahlter Dividenden modifiziert; vgl. Andersen, in: IBFD, Companies, 2005, Denmark, S. 109 ff.

559 Arbeitgeber sind von Sozialabgaben seit 2000 befreit; vgl. Andersen, in: IBFD, Companies, 2005, Denmark, S. 96.

560 Vgl. Schulze, in: Mennel/Förster, Steuern, 2005, Dänemark, Tz. 53.

561 Dem entspricht auch die Einbindung der Arbeitsmarktabgabe in internationale Abkommen zur sozialen Sicherung; vgl. Schulze, in: Mennel/Förster, Steuern, 2005, Dänemark, Tz. 55.

562 Vgl. § 1 tilsyn med pensionskassen vom 11.5.1935; Köhler, DAngVers 1990, S. 363.

ist deren Anteil an der betrieblichen Altersversorgung in Dänemark sehr gering.[563] Die Versorgungszusagen beruhen in der Regel auf Betriebsvereinbarungen oder individuellen Verträgen.[564] Obwohl die Ausgestaltung an keine Vorgaben gebunden ist, orientieren sich die meisten Pensionskassen an einem durchschnittlichen Beitragssatz von ca. 15 % des Arbeitnehmergehalts, der in der Regel zu 2/3 vom Arbeitgeber getragen wird.[565] Firmenpensionskassen werden im Grundsatz durch einen paritätisch besetzten Kassenvorstand verwaltet. Die Arbeitgeberseite behält jedoch üblicherweise die Stimmrechtsmehrheit.[566] Die Kassen werden nach dem Gesetz zur Überwachung von Betriebspensionskassen reguliert.[567]

2.2. Überbetriebliche Pensionskassen

Ebenso wie Firmenpensionskassen bezwecken auch überbetriebliche Pensionskassen eine Absicherung biometrischer Risiken. Sie unterscheiden sich dadurch, dass sie in der Regel durch kollektivvertragliche Vereinbarungen zwischen den Tarifpartnern ausgehandelt werden.[568] Für die Teilnahme an der betrieblichen Altersversorgung ist dann die Betätigung in einem bestimmten Berufsfeld konstitutiv.[569] Da die Mehrheit der dänischen Arbeitnehmer gewerkschaftlich organisiert ist, verfügen etwa 90 % der Beschäftigten über eine tarifvertraglich vereinbarte betriebliche Altersversorgung.[570] Die Verwaltung überbetrieblicher Pensionskassen erfolgt analog zu Firmenpensionskassen durch einen Kassenvorstand, der wiederum paritätisch gewählt wird.[571]

Die Leistungen überbetrieblicher Pensionskassen weisen sehr starke Charakteristika einer Versicherung auf. Als Folge unterliegen sie dem Versicherungsgesetz, woraus im Vergleich zu Firmenpensionskassen abweichende aufsichtsrechtliche Konsequenzen resultieren. Die Überwachung überbetrieblicher Kassen erfolgt durch die Versicherungsaufsicht.[572] Gleichzeitig ist die Kapitalanlage an die Vorgaben des Versicherungsgesetzes gebunden. Maximal 20 % der technischen Reserven dürfen in andere Währungen als dänische Kronen investiert werden. Für freie Reserven existieren hin-

563 Vgl. Schmidt, betrAV 1995, S. 53; Jørgensen, betrAV 1996, S. 202.
564 Vgl. Kapl, Pension, 1992, S. 71.
565 Vgl. Köhler, DAngVers 1990, S. 363.
566 Vgl. Kapl, Pension, 1992, S. 72.
567 Vgl. Jørgensen, betrAV 1996, S. 204.
568 Vgl. Köhler, DAngVers 1990, S. 364.
569 Vgl. Kapl, Pension, 1992, S. 72.
570 Vgl. Jørgensen, betrAV 1996, S. 202.
571 Vgl. Köhler, DAngVers 1990, S. 363.

gegen keine Vorgaben zur Währungskongruenz. Die Anlage in Aktien ist auf höchstens 40 % der Aktiva begrenzt, so dass zumindest 60 % in festverzinslichen Anlagen und Immobilien angelegt werden müssen.[573] Investitionen in Einzelunternehmen dürfen 2 % der technischen Reserven nicht übersteigen.[574]

2.3. Lebens- und Rentenversicherungen

Der Abschluss einer Lebensversicherung durch den Arbeitgeber zugunsten eines Arbeitnehmers kann sich sowohl aufgrund individueller als auch kollektiver Vereinbarungen ergeben. Die Gestaltungsmöglichkeiten hinsichtlich der Leistungen sind sehr weit gehend und reichen von Leibrentenzusagen bis zu einmaligen Kapitalauszahlungen.[575] Die Kapitalanlage unterliegt dem dänischen Versicherungsgesetz mit den daraus hervorgehenden Restriktionen (s.o.).[576]

2.4. Besteuerung der betrieblichen Altersversorgung in Dänemark

Grundsätzlich geht das dänische Steuerrecht von einer nachgelagerten Besteuerung der Altersversorgung aus.[577] Die steuerliche Behandlung von Beiträgen zu einer betrieblichen Altersversorgung hängt weit gehend nicht von der Wahl des Durchführungsweges ab, sondern von der Ausgestaltung der Versorgungszusage. Die Voraussetzungen für die steuerliche Anerkennung finden sich im Pensionsbesteuerungsgesetz.[578] Demnach sind sowohl Zusagen auf eine Leib- oder Zeitrente als auch auf eine einmalige Kapitalauszahlung zulässig, sofern die Versorgungseinrichtung in Dänemark ansässig und von den dänischen Aufsichtsbehörden autorisiert worden ist.[579] Dies gilt unabhän-

572 Vgl. Jørgensen, betrAV 1996, S. 205 f.

573 Vgl. Jørgensen, betrAV 1996, S. 205.

574 Für große Aktiengesellschaften gilt eine Grenze in Höhe von 3 %; vgl. Jørgensen, betrAV 1996, S. 205.

575 Vgl. Kapl, Pension, 1992, S. 72.

576 Vgl. Jørgensen, betrAV 1996, S. 205 f.

577 So sind auch ATP- und SP-Beiträge steuerfrei. Für die *Folkepension* als steuerfinanziertes System stellt sich die Frage mangels Beitragszahlungen nicht. Für private Altersvorsorgeprodukte kommen grundsätzlich die selben Steuerregeln zur Anwendung wie für die betriebliche Altersversorgung; vgl. Schulze, in: Mennel/Förster, Steuern, 2005, Dänemark, Tz. 158 ff.

578 Pensionsbeskatning, PBL.

579 Allerdings existieren aufgrund von Doppelbesteuerungsabkommen Sonderregeln bezüglich britischer und Schweizer Versorgungseinrichtungen; vgl. Kapl, Pension, 1992, S. 77.

gig davon, ob die Versorgungszusage über eine Pensionskasse, Versicherung oder Bank abgewickelt wird.[580]

Annuitätenzusagen werden in zwei verschiedenen Ausprägungen steuerlich anerkannt. Bei *pensionsordninger med løbende udbetalinger* i.S.d. § 2 PBL liegt eine Art Leibrentenversicherung vor. Ihre steuerliche Anerkennung setzt neben den allgemeinen Bedingungen voraus, dass die Leistungen erst bei Eintritt des Bezugsberechtigten in den Ruhestand, frühestens jedoch mit Erreichen des 60. Lebensalters ausgezahlt werden. Die Zahlungen müssen sich über einen Zeitraum von wenigstens 10 Jahren erstrecken und dürfen nur im Todesfall des Versicherten beendet werden. Die Ergänzung um eine Hinterbliebenen- und Invaliditätsversicherung ist unschädlich.[581] Unter die zweite Kategorie fallen Rentenversicherungsverträge i.S.d. § 8 PBL (*rateforsikringer i pensionsøjemed*). Deren Auszahlungen haben zwingend in einem Zeitraum zwischen dem 60. und 85. Lebensjahr des Arbeitnehmers zu erfolgen. Die Leistungen müssen für mindestens 10 Jahre in konstanter Höhe ausgezahlt werden, gegebenenfalls sogar über den Tod des Versicherten hinaus. Im Gegenzug darf die Zusage auf einen Rentenversicherungsvertrag nicht nach Erreichen des 60. Lebensjahres abgeschlossen werden.[582]

Sofern diese Voraussetzungen erfüllt sind, stellen die Beiträge für die betriebliche Altersversorgung beim Arbeitnehmer grundsätzlich kein steuerpflichtiges Einkommen dar. Der dänische Gesetzgeber differenziert allerdings zwischen Arbeitgeber- und Arbeitnehmeranteilen. Vom Arbeitgeber finanzierte Beiträge stellen für ihn zum einen in voller Höhe abzugsfähige Betriebsausgaben dar und sind zum anderen für den Arbeitnehmer komplett steuerfrei (§ 19 PBL).[583] Die vom Arbeitnehmer entrichteten Beiträge hingegen sind für ihn lediglich bis zu einem Höchstbetrag von DKK 41.000 (2005) steuerlich abzugsfähig.[584] Aus Annuitätenzusagen resultierende Leistungen sind stets als persönliches Einkommen zu versteuern (§ 20 PBL, § 3 Abs. 1 PSL).

Zusagen auf einmalige Kapitalauszahlung müssen vor Erreichen des 60. Lebensjahrs abgeschlossen werden. Die Leistungsauszahlung kann innerhalb einer bestimmten Bandbreite ausgestaltet werden. Im Wesentlichen hat die Kapitalauskehrung zwischen

---

580 Vgl. Krämer/Thomsen, in: IBFD, Individuals, 2005, Denmark, S. 29.
581 Vgl. Krämer/Thomsen, in: IBFD, Individuals, 2005, Denmark, S. 29.
582 Vgl. Krämer/Thomsen, in: IBFD, Individuals, 2005, Denmark, S. 29.
583 Vgl. Stark, betrAV 2005, S. 216.
584 Vgl. IBFD, Handbook, 2005, S. 178.

dem 60. und dem 70. Lebensjahr zu erfolgen, wobei eine Leistung im Todesfall ebenfalls zulässig ist.[585] Die Besteuerung von Kapitalzusagen weicht von der Besteuerung von Annuitätenzusagen in einigen Punkten ab. Grundsätzlich sind Beiträge des Arbeitgebers für ihn abzugsfähige Betriebsausgaben und für den Arbeitnehmer steuerfreie Einkünfte. Allerdings werden diese auf den Höchstbetrag für abzugsfähige Altersvorsorgebeiträge durch den Arbeitnehmer (DKK 41.000 (2005)) angerechnet.[586] Dadurch reduzieren sich dessen Möglichkeiten eine steuerbegünstigte Altersversorgung durch eigene Beiträge aufzubauen. Die Kapitalauszahlungen unterliegen beim Arbeitnehmer einer besonderen Besteuerung. Diese gehen nicht in die Bemessungsgrundlage zur Staats-, Bezirks- und Kommunalsteuer ein, sondern werden separat durch eine 40 %-ige Abgeltungssteuer erfasst.[587]

Darüber hinaus kann es trotz der grundsätzlichen Abzugsfähigkeit von Beiträgen an qualifizierende Versorgungseinrichtungen zu einer partiellen Besteuerung auf Ebene des Arbeitnehmers in der Anwartschaftsphase kommen. Dies hängt mit der Berechnungssystematik der dänischen Staatssteuer zusammen. Die Beiträge zu einer betrieblichen Altersversorgung mindern zwar unter den genannten Voraussetzungen das zu versteuernde Einkommen des Steuerpflichtigen. Dies gilt jedoch lediglich für die ersten beiden Progressionsstufen der Staatssteuer.[588] Das nach Abzug der Beiträge und bestimmter persönlicher Freibeträge ermittelte zu versteuernde Einkommen unterliegt zunächst einer Grundbelastung in Höhe von 5,5 %. Zu versteuernde Einkommen, die DKK 259.000 übersteigen, werden in der mittleren Progressionsstufe zusätzlich mit 6 % besteuert. Der Spitzensteuersatz der Staatssteuer von weiteren 15 % setzt bei Einkommen von mindestens DKK 311.500 an. Dabei sind zum zu versteuernden Einkommen jedoch persönliche Freibeträge ebenso wie Beiträge des Arbeitnehmers an betriebliche Pensionskassen, die eine Kapitalauszahlung vorsehen, wieder hinzuzuaddieren.[589] Effektiv werden die Arbeitnehmerbeiträge somit mit 15 % Staatssteuer belegt. Dieser Effekt tritt bei den Bezirks- und Kommunalsteuern nicht auf, da deren Bemessungsgrundlage stets das zu versteuernde Einkommen darstellt. Die Steuerbelastung auf die Arbeitnehmerbeiträge kann sich allerdings reduzieren, wenn sich unter Berücksichtigung der Bezirks- und Kommunalsteuern insgesamt ein 59 % überstei-

585 *Kapitalforsikring i pensionsøhemed* nach § 10 PBL bzw. *opsparing i pensionsøjemed* nach § 12 PBL.

586 Vgl. Krämer/Thomsen, in: IBFD, Individuals, 2005, Denmark, S. 30.

587 Vgl. Schulze, in: Mennel/Förster, Steuern, 2005, Dänemark, Tz. 159.

588 Vgl. IBFD, Handbook, 2005, S. 179 f.

gender Steuersatz ergibt.[590] Die Kappung der Gesamtsteuerbelastung auf 59 % wird dann durch eine entsprechende Absenkung des Spitzensteuersatzes in der Staatssteuer erreicht.[591] In diesem Fall würde die Steuerbelastung auf Beiträge an Pensionskassen mit Kapitalauszahlung für Steuerpflichtige mit hohen Einkommen etwas abgemildert.

Betrachtet man die Besteuerung auf Arbeitnehmerebene, so liegt im Wesentlichen ein System der nachgelagerten Besteuerung vor. Interessant hieran ist, dass in den Beiträgen zur Altersversorgung formal Werbungskosten gesehen werden, was auf ein weites Verständnis des objektiven Nettoprinzips hindeuten könnte. Der ambivalente Charakter zeigt sich jedoch an der nur eingeschränkten Steuerfreistellung von Arbeitnehmerbeiträgen zugunsten einer Zusage mit Kapitalleistung. Zumindest partiell wird deren Eigenschaft als Werbungskosten wieder unterbrochen, wodurch eine effektive Belastung von bis zu 15 % entstehen kann.

Der Vorteil einer betrieblichen gegenüber einer privaten Altersversorgung in Dänemark besteht auf den ersten Blick darin, dass die Beiträge an betriebliche Versorgungseinrichtungen von der Arbeitsmarktabgabe befreit sind.[592] Dies stellt jedoch lediglich eine Verlagerung der Belastung dar, da die bei Pensionskassen eingehenden Beiträge dort zur Arbeitsmarktabgabe herangezogen werden.[593] Die Versorgungseinrichtungen selbst unterlagen bis zum Jahr 1999 einer besonderen Realzinssteuer.[594] Demnach wurden Zinserträge, die einen gesetzlich fixierten Realzins in Höhe von 3,5 % überstiegen, mit bis zu 56 % besteuert.[595] Die Steuer, von der auch Pensionskassen betroffen waren, wurde 2000 abgeschafft. Pensionskassen sowie das Pensionsvermögen von Lebensversicherungen sind grundsätzlich von der Einkommen- und Körperschaftsteuer befreit. Allerdings sieht das Pensionskassensteuergesetz (PABL)[596] eine Sondersteuer für diese Einrichtungen vor. Deren Bemessungsgrundlage umfasst sämtliche Erträge aus Kapitalanlagen,[597] worunter neben Zinsen und Dividenden auch

589 Vgl. Krämer/Thomsen, in: IBFD, Individuals, 2005, Denmark, S. 30, 77. Sämtliche Angaben für 2005.

590 Vgl. Kischel, IWB 2000, S. 142.

591 Vgl. Krämer/Thomsen, in: IBFD, Individuals, 2005, Denmark, S. 77 ff.

592 Vgl. Fenge/Gebauer/Holzner/Meier/Werding, Alterssicherungssysteme, 2003, S. 149.

593 Vgl. Schmidt, betrAV 1995, S. 53.

594 *Realrenteafgift*; vgl. Kischel, IWB 2000, S. 145.

595 Vgl. Kapl, Pension, 1992, S. 79.

596 *Pensionsafkastbeskatningsloven* (PABL).

597 Ausnahmen bestehen für bestimmte Anleihen; vgl. Europäische Kommission, Inventory, 2002, S. 27.

realisierte und unrealisierte Kursänderungen verstanden werden. Der Steuersatz beträgt einheitlich 15 %.[598]

3. Unilaterale außensteuerliche Regelungen zur betrieblichen Altersversorgung

3.1. Behandlung ausländischer Versorgungsträger

Aufgrund der restriktiven Bestimmungen des dänischen Pensionsbesteuerungsgesetzes sind Beitragszahlungen an ausländische Versorgungseinrichtungen für einen in Dänemark ansässigen und arbeitenden Arbeitnehmer nicht vom zu versteuernden Einkommen abzugsfähig.[599] Beitragszahlungen des Arbeitgebers an eine ausländische Pensionskasse sind auf seiner Ebene zwar abzugsfähige Betriebsausgaben. Sie führen jedoch auf Ebene des Arbeitnehmers ebenso wie dessen Eigenbeiträge zu steuerpflichtigem Einkommen. Darüber hinaus sind die im Ausland erwirtschafteten Erträge der Pensionskasse für den Arbeitnehmer nicht von der Besteuerung befreit. Wie bei nicht steuerbegünstigten dänischen Versorgungseinrichtungen scheidet eine Ertragsbesteuerung nach dem Pensionskassensteuergesetz aus. Stattdessen sind die (notfalls geschätzten) Erträge dem Arbeitnehmer direkt zuzuordnen und bei ihm als persönliches Einkommen mit bis zu 59 % zu besteuern.[600]

Die von ausländischen Versorgungseinrichtungen gezahlten Leistungen unterliegen nur bedingt der dänischen Besteuerung. Grundsätzlich sieht Dänemark von deren Besteuerung nach § 53a Abs. 5 PBL ab.[601] Eine Rückausnahme hiervon sieht § 53b PBL vor, wenn der Steuerpflichtige in der Anwartschaftsphase in einem anderen Staat ansässig war und dort Beiträge zu einer betrieblichen Altersversorgung steuermindernd geltend machen konnte. Liegt in der Versorgungsphase die Ansässigkeit in Dänemark, reaktiviert der dänische Staat seinen Steueranspruch auf die ausgezahlten Leistungen.[602]

---

598 Vgl. Europäische Kommission, Inventory, 2002, S. 27.

599 Vgl. IBFD, Handbook, 2005, S. 178. In Doppelbesteuerungsabkommen mit dem Vereinigten Königreich und der Schweiz wurden hiervon jedoch Ausnahmen normiert; vgl. Art. 28 Abs. 4 DBA Schweiz-Dänemark; Art. 28 Abs. 3 DBA Dänemark-Vereinigtes Königreich; Kapl, Pension, 1992, S. 77.

600 Vgl. Winther-Sørensen, Taxation, 2001, S. 4.

601 Vgl. Winther-Sørensen, Taxation, 2001, S. 5.

602 Vgl. Hügelschäffer, ZTR 2001, S. 549. Bei nur teilweiser Steuerbefreiung der Beiträge erfolgt die Besteuerung der Leistungen nur anteilig.

Im Ausland gezahlte Steuern können beschränkt angerechnet werden.[603] Die Anrechnung erfolgt auf Grundlage einer länderbezogenen Betrachtung und ist auf den in Dänemark darauf zu entrichtenden Steuerbetrag (Staats-, Bezirks-, Gemeindesteuer) limitiert.[604] Im Falle von Grenzgängern weicht das dänische Steuerrecht hiervon unter bestimmten Voraussetzungen ab. Wenn der in Dänemark ansässige Arbeitnehmer für zumindest 6 Monate im Ausland beschäftigt ist, wird das ausländische Arbeitseinkommen von der dänischen Besteuerung unter Progressionsvorbehalt freigestellt (§ 33a LL).[605] Dementsprechend findet in Dänemark keine steuerliche Erfassung der entrichteten Beiträge für betriebliche Altersversorgung statt.[606] Die Besteuerung der erhaltenen Leistungen in Dänemark entspricht der oben beschriebenen Situation. Da die Rückausnahme nur im Falle einer zuvor unbeschränkten Steuerpflicht im Ausland zur Geltung kommt, kann es unter Umständen zu einer intertemporalen Minderbesteuerung kommen.

3.2. Steuerfolgen bei beschränkter Steuerpflicht

Dänemark lässt den Abzug von Beiträgen für eine betriebliche Altersversorgung beim Arbeitnehmer nur dann zu, wenn in der Anwartschaftsphase eine unbeschränkte Steuerpflicht in Dänemark gegeben ist. Besteht nur eine beschränkte Steuerpflicht, führen die Beiträge beim Arbeitnehmer zu einem steuerpflichtigen Zufluss.[607] Auszahlungen einer qualifizierenden Pensionskasse an einen im Ausland Ansässigen unterliegen gemäß § 2 Abs. 1 b) Quellensteuergesetz[608] einer beschränkten Steuerpflicht in Dänemark.[609] Die Höhe der Besteuerung folgt der Einteilung des dänischen Steuerrechts in Annuitätenrenten und Kapitalauszahlungen. Während erstere entsprechend des anzuwendenden Steuersatzes progressiv belastet werden, werden einmalige Kapitalauszahlungen durch eine 40 %-ige Abgeltungssteuer erfasst. Vorzeitige Abfindungen bzw. Auszahlungen führen zu einer sofortigen Besteuerung des gesamten Versorgungskapi-

[603] Vgl. Schulze, in: Mennel/Förster, Steuern, 2005, Dänemark, Tz. 204. Der Steuerpflichtige kann dabei entscheiden, ob die Doppelbesteuerung nach Maßgabe der unilateralen Regelungen oder den Bestimmungen des einschlägigen Doppelbesteuerungsabkommens vermieden werden soll.

[604] Vgl. Krämer/Thomsen, in: IBFD, Individuals, 2005, Denmark, S. 117 f.

[605] Vgl. Krämer/Thomsen, in: IBFD, Individuals, 2005, Denmark, S. 117.

[606] Dies gilt unabhängig von Art und Sitz der Versorgungseinrichtung.

[607] Vgl. Fenge/Gebauer/Holzner/Meier/Werding, Alterssicherungssysteme, 2003, S. 149. Zu Ausweichmöglichkeiten über eine Option zur unbeschränkten Steuerpflicht vgl. Stark, betrAV 2005, S. 219.

[608] *Kildeskatteloven* (KSL).

[609] Vgl. Winther-Sørensen, Taxation, 2001, S. 5.

tals in Höhe von 60 %.[610] Demgegenüber sind Auszahlungen von nicht qualifizierenden Versorgungseinrichtungen von keiner Quellenbesteuerung betroffen, da der dänische Steueranspruch bereits in der Anwartschaftsphase durchgesetzt wurde.[611]

3.3. Sonderregelungen für Expatriates

Das dänische Steuerrecht kennt im Falle von internationalen Mitarbeiterentsendungen nach Dänemark einige Vergünstigungen, die auch die Behandlung der betrieblichen Altersversorgung tangieren können.[612] Demnach können Expatriates für eine Steuer in Höhe von 25 % auf ihr Bruttoeinkommen (abzüglich der Arbeitsmarktabgabe und des ATP-Beitrags) optieren.[613] Dies setzt eine Beschäftigung bei einem in Dänemark ansässigen Arbeitgeber[614] voraus, die zwischen 6 und 36 Monaten dauert. Der Expatriate muss in dieser Zeit in Dänemark unbeschränkt steuerpflichtig werden und nach Abzug der Arbeitsmarktabgabe und des ATP-Beitrags ein Mindesteinkommen von DKK 57.300 erhalten.[615] Liegen diese Voraussetzungen vor und wird die Sonderbesteuerung in Anspruch genommen, so sind Beiträge für eine betriebliche Altersversorgung auf Ebene des Expatriates nicht abzugsfähig – unabhängig davon, ob eine qualifizierende oder eine nicht qualifizierende Versorgungszusage gewählt wird. Umgekehrt besteht für die Leistungsauszahlungen eine generelle Steuerbefreiung. Lediglich die Ertragsbesteuerung auf Ebene der Versorgungseinrichtung bleibt von der Ausübung des Wahlrechts unberührt.[616] Die Erträge sind folglich wie oben beschrieben mit 15 % steuerlich belastet.

Verzichtet der entsandte Mitarbeiter auf die Möglichkeit der ermäßigten Bruttobesteuerung, so richtet sich die Besteuerung der betrieblichen Altersversorgung vollumfänglich nach den allgemeinen Grundsätzen.[617]

---

610 Vgl. Ministeriet for Videnskab Teknologi og Udvikling, Leave, 2005.

611 Dies gilt jedoch nicht für evtl. noch anfallende Kapitalerträge.

612 Demgegenüber sind Regelungen betreffend Expatriates, die ins dänische Ausland entsandt werden gegebenenfalls in den jeweiligen Doppelbesteuerungsabkommen enthalten; vgl. Krämer/Thomsen, in: IBFD, Individuals, 2005, Denmark, S. 120.

613 Vgl. Krämer/Thomsen, in: IBFD, Individuals, 2005, Denmark, S. 119 f.

614 Oder alternativ eine feste Geschäftseinrichtung eines beschränkt steuerpflichtigen Arbeitgebers.

615 Vgl. Krämer/Thomsen, in: IBFD, Individuals, 2005, Denmark, S. 119 f.

616 Vgl. Ministeriet for Videnskab Teknologi og Udvikling, Leave, 2005.

617 Vgl. Ministeriet for Videnskab Teknologi og Udvikling, Leave, 2005.

V. Europarechtliche Beurteilung der dargestellten Systeme anhand von Anwendungsbeispielen

1. Anwendungsbeispiele ohne Berücksichtigung bilateraler oder multilateraler Steuerabkommen

1.1. Erläuterung der untersuchten Sachverhalte

Im Folgenden werden die steuerlichen Konsequenzen einer grenzüberschreitenden betrieblichen Altersversorgung für die drei betrachteten Länder analysiert. Von der Existenz eines Doppelbesteuerungsabkommens wird zunächst abstrahiert, um die Auswirkungen der unilateralen Maßnahmen offenzulegen. Dabei kommt das in Kapitel B.III.3.2. aufgestellte Betrachtungsmodell zur Anwendung. Untersucht werden die Steuerwirkungen für einen Grenzpendler bzw. Expatriate[618] sowie für den Fall eines Wohnsitzwechsels.

In den jeweiligen Unterpunkten 1. und 3. werden die Steuerwirkungen für einen Grenzpendler untersucht, welcher im einen Staat ansässig bzw. unbeschränkt steuerpflichtig und im anderen Staat als Arbeitnehmer beschränkt steuerpflichtig ist. Die betriebliche Altersversorgung erfolgt ausschließlich über Versorgungseinrichtungen des Tätigkeitsstaates. In Unterabschnitt 2. und 4. werden die Steuerfolgen für einen Wohnsitzwechsel betrachtet. Annahmegemäß habe ein Steuerpflichtiger während der Anwartschaftsphase in seinem bisherigen Ansässigkeitsstaat, in welchem er folglich unbeschränkt steuerpflichtig war, eine betriebliche Altersversorgung aufgebaut. Zu Beginn der Versorgungsphase verlegt der Steuerpflichtige seinen Wohnsitz und gewöhnlichen Aufenthalt in den anderen Staat. Die Leistungen der betrieblichen Altersversorgung unterliegen somit grundsätzlich im neuen Ansässigkeitsstaat der unbeschränkten Steuerpflicht und gegebenenfalls im Auszahlungsstaat einer beschränkten Steuerpflicht. In einem 5. Punkt werden Besonderheiten bei einem Wohnsitzwechsels aus Deutschland in einen anderen Staat in Zusammenhang mit der so genannten Riester-Rente betrachtet.

1.2. Deutschland – Österreich

1.2.1. Deutscher Grenzpendler

Besteuerung in Anwartschaftsphase (unilateral)			**Tätigkeitsstaat: Österreich** Vorgelagerte Besteuerung	**Tätigkeitsstaat: Österreich** Nachgelagerte Besteuerung
Ansässigkeitsstaat: Deutschland	Freistellungsmethode	Vorgelagerte Besteuerung	-	-
		Nachgelagerte Besteuerung	-	-
	Anrechnungsmethode	Vorgelagerte Besteuerung	-	Abfertigung Neu
		Nachgelagerte Besteuerung	PK (AN), DV	DZ, UK, PK (AG)

Tabelle 4: Anwartschaftsphase bei Ansässigkeit in Deutschland und Tätigkeit in Österreich, unilateral

Ein deutscher Grenzpendler mit Arbeitsort in Österreich kann im Falle arbeitnehmerfinanzierter Pensionskassenbeiträge oder bei Direktversicherungszusagen mit einer intertemporalen Doppelbesteuerung konfrontiert sein. Deutschland erkennt die Beiträge an eine österreichische Versorgungseinrichtung grundsätzlich an und sieht somit eine nachgelagerte Besteuerung vor. Dagegen wendet Österreich hier eine vorgelagerte Besteuerung an, welche durch die beschränkte Anrechnungsmethode in Anwartschafts- und Versorgungsphase regelmäßig nicht kompensiert wird.[619] Bei der Abfertigung Neu entsteht durch die deutsche Besteuerung zwar keine intertemporale Doppelbesteuerung. Der österreichische Steuervorteil wird aber durch den deutschen Staat vollständig abgeschöpft, so dass im Endeffekt eine vorgelagerte Besteuerung entsteht.

1.2.2. Umzug von Österreich nach Deutschland

Ein Wohnsitzwechsel von Österreich nach Deutschland führt zu keinen intertemporalen Doppel- oder Minderbesteuerungen. Österreichische Direktzusagen sowie die Leistungen von Unterstützungskassen werden in beiden Staaten konsequent nachgelagert

---

618 Aufgrund der geographischen Ferne ist die Annahme eines Grenzpendlers zwischen Dänemark und Österreich sehr unrealistisch. Die Problematik besteht jedoch wie in Kapitel B gezeigt wurde bei Entsendungen in vergleichbarer Weise.

besteuert. Bei arbeitgeberfinanzierten Pensionskassen sieht Deutschland allerdings nur eine ertragsanteilige Besteuerung nach § 22 Nr. 1 Satz 3 lit. a) bb) EStG vor. Aufgrund der Begrenzung des § 34c EStG kommt das österreichische Steuerniveau zur Anwendung, so dass insgesamt ebenfalls eine nachgelagerte Besteuerung resultiert. Bei arbeitnehmerfinanzierten Pensionskassen und Direktversicherungen entstehen vorgelagerte Besteuerungen, da Österreich keine Abzugsfähigkeit in der Anwartschaftsphase vorsieht und die Leistungen in der Versorgungsphase von Deutschland ertragsanteilig nach § 22 Nr. 1 Satz 3 lit. a) bb) EStG besteuert werden.

Besteuerung in Versorgungsphase (unilateral)			**Auszahlungsstaat: Österreich**	
			Vorgelagerte Besteuerung	Nachgelagerte Besteuerung
Ansässigkeitsstaat: Deutschland	Freistellungsmethode	Vorgelagerte Besteuerung	-	-
		Nachgelagerte Besteuerung	-	-
	Anrechnungsmethode	Vorgelagerte Besteuerung	Abfertigung Neu; PK (AN), DV (in Anwartschaftsphase ansässig in AT)	PK (AG) (in Anwartschaftsphase ansässig in AT)
		Nachgelagerte Besteuerung	PK (AN), DV (in Anwartschaftsphase ansässig in DE)	DZ, UK, PK (AG) (in Anwartschaftsphase ansässig in DE)

Tabelle 5: Versorgungsphase bei Ansässigkeit in Deutschland und Auszahlung aus Österreich, unilateral

1.2.3. Österreichischer Grenzpendler

Die betriebliche Altersversorgung eines in Deutschland arbeitenden österreichischen Grenzpendlers wird in der Versorgungsphase nach deutschem Steuerrecht in der Regel steuerlich nicht erfasst.[620] Zwar sieht Österreich grundsätzlich die vorgelagerte Besteuerung von Beiträgen an ausländische Pensionskassen,[621] Pensionsfonds oder Di-

619 Vgl. Tabelle 4 und Tabelle 5.

620 Ausnahmen bestehen nur bei Pensionskassen- und Direktversicherungszusagen, welche vor dem 1.1.2005 erteilt wurden; vgl. Tabelle 6.

621 § 26 Nr. 7 lit. a) öEStG ist in der Regel mangels gesetzlicher Beitragspflicht nicht anwendbar.

rektversicherungen vor. Da in der Anwartschaftsphase aber regelmäßig eine durchschnittliche Steuerbelastung von mindestens 15 % auf die Arbeitseinkünfte in Deutschland erreicht wird, verzichtet Österreich nach der 474. Verordnung auf sein Besteuerungsrecht. Die Leistungen aus Direktzusagen und Unterstützungskassen werden in Deutschland in voller Höhe nachgelagert besteuert, so dass auch hier in der Regel eine wenigstens 15 %-ige Durchschnittsbelastung vorliegen sollte. Andernfalls erfolgt eine nachgelagerte Besteuerung in Österreich, wobei die deutsche Einkommensteuer beschränkt anrechnungsfähig ist.[622]

Besteuerung in Anwartschaftsphase (unilateral)			**Tätigkeitsstaat: Deutschland**	
			Vorgelagerte Besteuerung	Nachgelagerte Besteuerung
Ansässigkeitsstaat: Österreich	Freistellungsmethode	Vorgelagerte Besteuerung (ohne Progressionsvorbehalt)	PK, DV (Altfälle)	PK, PF, DV (Neufälle)
		Nachgelagerte Besteuerung	-	DZ, UK
	Anrechnungsmethode	Vorgelagerte Besteuerung	-	-
		Nachgelagerte Besteuerung	-	-

Tabelle 6: Anwartschaftsphase bei Ansässigkeit in Österreich und Tätigkeit in Deutschland, unilateral

Betriebsrenten aus Pensionskassen, Pensionsfonds und Direktversicherungen unterliegen gem. § 49 Abs. 1 Nr. 7 EStG nur in Höhe des Ertragsanteils der deutschen Besteuerung. Aus § 25 Abs. 1 Nr. 2 lit. b) und § 27 Abs. 1 Nr. 6 öEStG folgt, dass auch Österreich nur eine ertragsanteilige Erfassung vornimmt, wenn die deutsche Besteuerung weniger als 15 % betragen sollte. Insgesamt wird die betriebliche Altersversorgung über Pensionskassen, Pensionsfonds und Direktversicherungen somit nur ertragsanteilig in der Versorgungsphase besteuert.[623] Es liegt eine intertemporale Minderbesteuerung vor.

[622] Vgl. Tabelle 7.

1.2.4. Wohnsitzwechsel von Deutschland nach Österreich

Besteuerung in Versorgungsphase (unilateral)			**Auszahlungsstaat: Deutschland** Vorgelagerte Besteuerung	**Auszahlungsstaat: Deutschland** Nachgelagerte Besteuerung
Ansässigkeitsstaat: Österreich	Freistellungsmethode	Vorgelagerte Besteuerung	PK, PF, DV (wenn Durchschnittssteuersatz > 15 %)	-
		Nachgelagerte Besteuerung (ohne Progressionsvorbehalt)	-	DZ, UK
	Anrechnungsmethode	Vorgelagerte Besteuerung	PK, PF, DV (wenn Durchschnittssteuersatz < 15 %)	-
		Nachgelagerte Besteuerung	-	Riester

Tabelle 7: Versorgungsphase bei Ansässigkeit in Österreich und Auszahlung aus Deutschland, unilateral

Ein Umzug von Deutschland nach Österreich führt bei Direktzusagen und Unterstützungskassen zu keiner Änderung der Besteuerungssystematik. Nach der steuerfreien Anwartschaftsphase erfasst Deutschland die Betriebsrenten auch bei beschränkter Steuerpflicht gem. § 49 Abs. 1 Nr. 4 EStG in voller Höhe. Die Voraussetzungen für die unilaterale Steuerfreistellung nach der 474. Verordnung dürften in Österreich regelmäßig erfüllt sein. Andernfalls erfolgt eine ebenfalls nachgelagerte Besteuerung unter Anrechnung der deutschen Einkommensteuer. Demgegenüber sind Betriebsrenten aus Pensionskassen, Pensionsfonds und Direktversicherungen von Deutschland nur in Höhe des Ertragsanteils beschränkt steuerpflichtig (§ 49 Abs. 1 Nr. 7 EStG). Da Österreich ebenfalls nur eine ertragsanteilige Besteuerung vorsieht, entsteht eine intertemporale Minderbesteuerung.[624] Dieses Ergebnis ist insofern überraschend, als im unilateralen Fall theoretisch nur dann Minderbesteuerungen auftreten können, wenn der neue Ansässigkeitsstaat eine vorgelagerte Besteuerung in Verbindung mit einer unbeschränkten Anrechnungsmethode anwendet. Beides liegt im Fall Österreichs nicht vor. Die Minderbesteuerung lässt sich vielmehr auf eine systematische Lücke im

[623] Dies gilt nicht, wenn für Pensionskassen- oder Direktversicherungsbeiträge eine Lohnsteuerpauschalierung nach § 40b EStG vorgenommen wurde.

[624] Nur bei Lohnsteuerpauschalierung im Falle von Pensionskassen und Direktversicherungen ist eine systematische vorgelagerte Besteuerung erkennbar.

Rahmen der beschränkten Steuerpflicht in Deutschland zurückführen. Entgegen der nachgelagerten Besteuerungssystematik werden Betriebsrenten aus den erwähnten Durchführungsformen an beschränkt Steuerpflichtige nur ertragsanteilig erfasst. Sofern trotzdem eine durchschnittliche Steuerbelastung von mindestens 15 % entsteht, verzichtet Österreich auf eine eigenständige Besteuerung. Im Endergebnis werden die steuerfrei angesammelten Betriebsrenten somit zu gering besteuert.

1.2.5. Besonderheiten bei der Riester-Rente

Wurde in der Anwartschaftsphase die Riester-Förderung in Anspruch genommen, fordert der deutsche Fiskus bei Aufgabe der unbeschränkten Steuerpflicht die gewährten Zulagen bzw. Steuervorteile zurück. Die Leistungen sind in Österreich steuerfrei gestellt, wenn die Rückerstattung als Besteuerung angesehen wird und eine mindestens 15 %-ige Durchschnittsbelastung ergibt. Die Konsequenzen der fingierten schädlichen Verwendung nach § 95 EStG sind jedoch nicht zwingend als gleichwertig mit der österreichischen Einkommensteuer anzusehen. Wird die Vergleichbarkeit verneint, kann in Österreich keine Steuerfreistellung nach der 474. Verordnung erfolgen. Stattdessen sind die Leistungen in voller Höhe in die Bemessungsgrundlage aufzunehmen.[625] Gleichzeitig scheidet eine Anrechnung der Steuerrückerstattung ebenfalls mangels Gleichwertigkeit aus. Diese Interpretation führt zu einer internationalen Doppelbesteuerung in der Auszahlungsphase, da sowohl Deutschland als auch Österreich einen Steueranspruch auf die Leistungen geltend machen und keine unilateralen Maßnahmen greifen. Eine Auflösung der Doppelbesteuerung ist nur dann möglich, wenn Österreich die Konsequenzen der schädlichen Verwendung als gleichwertig mit der Einkommensteuer anerkennt. Aufgrund des Wortlauts in § 93 Abs. 1 EStG („Rückzahlung") sieht Deutschland die Nachforderung von Einkommensteuer früherer Veranlagungszeiträume vor, so dass ein anderer Besteuerungszeitraum tangiert ist. Damit sprechen mehr Argumente gegen die Vermutung einer Vergleichbarkeit als dafür.

1.3. Deutschland – Dänemark

1.3.1. Deutscher Grenzpendler

Die betriebliche Altersversorgung eines deutschen Grenzpendlers, der in Dänemark arbeitet, wird intertemporal doppelt besteuert.[626] Einerseits versagt Dänemark den steuerlichen Abzug in der Anwartschaftsphase mangels unbeschränkter Steuerpflicht. Deutschland erkennt die Zahlungen an dänische Versorgungseinrichtungen zwar als steuerlich abzugsfähig nach § 3 Nr. 63 EStG an. Die dänische Steuerbelastung kann aber aufgrund der beschränkten Anrechnung in Deutschland nicht ausgeglichen werden. In der Versorgungsphase sehen sowohl Deutschland als auch Dänemark eine komplette steuerliche Erfassung der Leistungen vor, so dass sowohl die Beiträge als auch die Leistungen aus der betrieblichen Altersversorgung besteuert werden.

Besteuerung in Anwartschaftsphase (unilateral)			**Tätigkeitsstaat: Dänemark**	
			Vorgelagerte Besteuerung	Nachgelagerte Besteuerung
Ansässigkeitsstaat: Deutschland	Freistellungsmethode	Vorgelagerte Besteuerung	-	-
		Nachgelagerte Besteuerung	-	-
	Anrechnungsmethode	Vorgelagerte Besteuerung	-	-
		Nachgelagerte Besteuerung	PK, DV	-

Tabelle 8: Anwartschaftsphase bei Ansässigkeit in Deutschland und Tätigkeit in Dänemark, unilateral

Auch die dänische Expatriate-Regelung kann dieses Ergebnis nicht ändern. Durch die Option zur Expatriate-Besteuerung wird das Brutto-Einkommen des Arbeitnehmers in Dänemark pauschal mit 25 % besteuert. Werbungskosten oder andere Abzugsposten werden nicht berücksichtigt. Die faktische vorgelagerte Besteuerung von Beitragszahlungen in Dänemark kann in der Anwartschaftsphase aufgrund der beschränkten Anrechnungsmethode in Deutschland nicht ausgeglichen werden. Zwar verzichtet Dänemark in der Versorgungsphase auf eine Besteuerung. Da Deutschland jedoch gem. §

[625] Vgl. Tabelle 7.

[626] Vgl. Tabelle 8 und Tabelle 9.

22 Nr. 5 EStG nachgelagert besteuert, kommt es zu einer intertemporalen Doppelbesteuerung.

1.3.2. Wohnsitzwechsel von Dänemark nach Deutschland

Der Umzug eines Dänen nach Deutschland führt zu keinen Doppel- oder Minderbesteuerungen. Die Leistungen seiner in Dänemark angesammelten Altersversorgung werden von der dänischen Quellenbesteuerung in voller Höhe erfasst. Da Deutschland gem. § 22 Nr. 1 Satz 3 lit. a) bb) EStG nur eine Besteuerung des Ertragsanteils vorsieht, entsteht ein Anrechnungsüberhang. Die dänischen Betriebsrenten sind somit entsprechend des dänischen Steuerniveaus belastet.

Besteuerung in Versorgungsphase (unilateral)			**Auszahlungsstaat: Dänemark**	
			Vorgelagerte Besteuerung	Nachgelagerte Besteuerung
Ansässigkeitsstaat: Deutschland	Freistellungsmethode	Vorgelagerte Besteuerung	-	-
		Nachgelagerte Besteuerung	-	-
	Anrechnungsmethode	Vorgelagerte Besteuerung	-	PK, DV, wenn in Anwartschaftsphase in DK ansässig
		Nachgelagerte Besteuerung	PK, DV (Expatriate-Regelung)	PK, DV, wenn in Anwartschaftsphase in DE ansässig

Tabelle 9: Versorgungsphase bei Ansässigkeit in Deutschland und Auszahlung aus Dänemark, unilateral

1.3.3. Dänischer Grenzpendler

Für einen dänischen Grenzpendler entstehen intertemporale Doppelbesteuerungen nur, wenn ihm eine Direktzusage oder eine Unterstützungskassenzusage gemacht wird. Während Dänemark die Bezüge bereits in der Anwartschaftsphase erfasst, sieht Deutschland eine nachgelagerte Besteuerung vor. Die beschränkte Anrechnungsmethode kann diesen Systemkonflikt nicht ausgleichen.[627] Die betriebliche Altersversor-

---

[627] Vgl. Tabelle 10 und Tabelle 11.

gung über andere deutsche Durchführungswege führt stets zu einer vorgelagerten Besteuerung in der Gesamtbetrachtung. Zwar sind die Beiträge in Deutschland grundsätzlich steuerfrei nach § 3 Nr. 63 EStG. Dänemark erfasst diese jedoch bereits in der Anwartschaftsphase, da ausländische Versorgungseinrichtungen grundsätzlich nicht anerkannt werden. In der Versorgungsphase unterbleibt eine Besteuerung durch Dänemark, während Deutschland ertragsanteilig nach § 49 Abs. 1 Nr. 7 EStG besteuert. Mangels Anrechnungsmöglichkeit entstehen insofern Anrechnungsüberhänge, welche aber zu keiner systemwidrigen Doppelbesteuerung führen.

Besteuerung in Anwartschaftsphase (unilateral)			**Tätigkeitsstaat: Deutschland**	
			Vorgelagerte Besteuerung	Nachgelagerte Besteuerung
Ansässigkeitsstaat: Dänemark	Freistellungsmethode	Vorgelagerte Besteuerung	-	-
		Nachgelagerte Besteuerung	-	-
	Anrechnungsmethode	Vorgelagerte Besteuerung	PK, DV (Altfälle)	DZ, UK, PF, PK, DV (Neufälle)
		Nachgelagerte Besteuerung	-	-

Tabelle 10: Anwartschaftsphase bei Ansässigkeit in Dänemark und Tätigkeit in Deutschland, unilateral

1.3.4. Wohnsitzwechsel von Deutschland nach Dänemark

Ein Wohnsitzwechsel von Deutschland nach Dänemark ist grundsätzlich ohne Doppelbesteuerungen möglich.[628] Betriebsrenten aus Direktzusagen und Unterstützungskassen werden von Deutschland ebenso wie von Dänemark in voller Höhe besteuert. Die deutsche Einkommensteuer ist auf die dänische Steuer anrechenbar, so dass im Endeffekt eine nachgelagerte Besteuerung erfolgt. Die konkrete Höhe der Belastung hängt davon ab, ob Anrechnungsüberhänge entstehen.[629] Die Leistungen von Pensi-

[628] Vgl. Tabelle 10 und Tabelle 11.

[629] Aufgrund der dänischen Bezirks- und Kommunalsteuern sind Anrechnungsüberhänge in diesem Fall sehr unwahrscheinlich, da die durchschnittliche Belastung durch die linearen Steuern im Jahr 2005 33,3 % betrug; vgl. IBFD, Handbook, 2005, S. 180 f.

onskassen, Pensionsfonds und Direktversicherungen unterliegen nur in Höhe des Ertragsanteils der deutschen Quellensteuer. Dänemark differenziert seinerseits, ob die Beiträge in der Anwartschaftsphase in Deutschland steuerlich abzugsfähig waren. Sofern keine Lohnsteuerpauschalierung nach § 40b EStG vorgenommen wurde, konnten die Beiträge in den Grenzen des § 3 Nr. 63 EStG in Deutschland steuerfrei gestellt werden. Dänemark erfasst die Betriebsrenten steuerlich dann in voller Höhe. Da die deutsche Einkommensteuer beschränkt anrechnungsfähig ist, werden die Betriebsrenten nachgelagert mit dem dänischen Steuerniveau belastet. Wurden die Beiträge an eine Pensionskasse oder Direktversicherung dagegen pauschaliert besteuert, verzichtet Dänemark ohne Progressionsvorbehalt auf die Besteuerung der Leistungen. Die resultierende vorgelagerte Besteuerung entspricht dem deutschen Steuerrecht.

<table>
<tr><th colspan="3" rowspan="2">Besteuerung in Versorgungsphase (unilateral)</th><th colspan="2">Auszahlungsstaat: Deutschland</th></tr>
<tr><th>Vorgelagerte Besteuerung</th><th>Nachgelagerte Besteuerung</th></tr>
<tr><td rowspan="4">Ansässigkeitsstaat: Dänemark</td><td rowspan="2">Freistellungs-methode</td><td>Vorgelagerte Besteuerung</td><td>-</td><td>-</td></tr>
<tr><td>Nachgelagerte Besteuerung</td><td>-</td><td>-</td></tr>
<tr><td rowspan="2">Anrechnungs-methode</td><td>Vorgelagerte Besteuerung</td><td>PK, PF, DV (in Anwartschaftsphase ansässig in DK);
PK, DV (Altfälle, wenn in Anwartschaftsphase ansässig in DE)</td><td>DZ, UK, wenn in Anwartschafts-phase ansässig in DK</td></tr>
<tr><td>Nachgelagerte Besteuerung</td><td>PK, PF, DV (in Anwartschaftsphase in DE ansässig und Beiträge abzugsfähig)</td><td>Riester,
DZ, UK, wenn in Anwartschafts-phase ansässig in DE</td></tr>
</table>

Tabelle 11: Versorgungsphase bei Ansässigkeit in Dänemark und Auszahlung aus Deutschland, unilateral

1.3.5. Besonderheiten bei der Riester-Rente

Wie im Falle Deutschland-Österreich erweist sich die Beurteilung einer Riester-geförderten Betriebsrente als problematisch. Da auch Dänemark die Gleichwertigkeit der Steuerrückerstattung mit der dänischen Einkommensteuer verneinen dürfte, entsteht ebenfalls eine Doppelbesteuerungssituation. Die Anrechnung der deutschen Rückforderung scheidet mangels Gleichwertigkeit mit der dänischen Steuer aus, so dass die unilateralen Maßnahmen keine Lösung der Problematik ermöglichen.[630]

1.4. Dänemark – Österreich

1.4.1. Dänischer Expatriate

Besteuerung in Anwartschaftsphase (unilateral)			**Tätigkeitsstaat: Österreich**	
			Vorgelagerte Besteuerung	Nachgelagerte Besteuerung
Ansässigkeitsstaat: Dänemark	Freistellungs-methode	Vorgelagerte Besteuerung	-	-
		Nachgelagerte Besteuerung	-	-
	Anrechnungs-methode	Vorgelagerte Besteuerung	PK (AN), DV	Abfertigung Neu, DZ, UK, PK (AG)
		Nachgelagerte Besteuerung	-	-

Tabelle 12: Anwartschaftsphase bei Ansässigkeit in Dänemark und Tätigkeit in Österreich, unilateral

Intertemporale Doppelbesteuerungen können entstehen, wenn ein in Dänemark unbeschränkt Steuerpflichtiger in Österreich arbeitet. Bei Direktzusagen, Unterstützungskassen und arbeitgeberfinanzierten Pensionskassen sieht Dänemark bereits in der Anwartschaftsphase einen steuerpflichtigen Zufluss als gegeben an. Österreich erfasst dagegen erst die Auszahlungen in der Versorgungsphase in voller Höhe. Da die beschränkte Anrechnungsmethode in der Versorgungsphase die steuerliche Vorbelastung durch Dänemark nicht eliminieren kann, entstehen intertemporale Doppelbesteuerungen. Arbeitnehmerfinanzierte Pensionskassen, Direktversicherungen und die Abfertigung Neu werden letztlich vorgelagert besteuert. Weder Österreich noch Dänemark nehmen eine Besteuerung in der Versorgungsphase, sondern jeweils nur in der An-

630 Auf die Ausführungen in Abschnitt C.V.1.2.5. wird verwiesen.

wartschaftsphase vor. Die Steuerfreiheit der Abfertigung Neu in Österreich wird durch die dänische Besteuerung in der Anwartschaftsphase nivelliert.[631]

1.4.2. Wohnsitzwechsel von Österreich nach Dänemark

Besteuerung in Versorgungsphase (unilateral)			**Auszahlungsstaat: Österreich**	
			Vorgelagerte Besteuerung	Nachgelagerte Besteuerung
Ansässigkeitsstaat: Dänemark	Freistellungs-methode	Vorgelagerte Besteuerung	-	-
		Nachgelagerte Besteuerung	-	-
	Anrechnungs-methode	Vorgelagerte Besteuerung	Abfertigung Neu (in Anwartschafts-phase ansässig in DK); PK (AN), DV	PK (AG), DZ, UK (in Anwartschafts-phase ansässig in DK)
		Nachgelagerte Besteuerung	Abfertigung Neu (in Anwartschafts-phase ansässig in AT)	PK (AG), DZ, UK (in Anwartschafts-phase ansässig in AT)

Tabelle 13: Versorgungsphase bei Ansässigkeit in Dänemark und Auszahlung aus Österreich, unilateral

Ein Wohnsitzwechsel von Österreich nach Dänemark führt für den Steuerpflichtigen zu keinen Doppelbesteuerungen. Soweit in der Anwartschaftsphase in Österreich Steuerfreiheit gewährt wurde (Direktzusage, Unterstützungskasse, arbeitgeberfinanzierte Pensionskasse), ist eine nachgelagerte österreichische Besteuerung vorgesehen. Da eine Abzugsfähigkeit während der Ansässigkeit in Österreich vorlag, besteuert auch Dänemark die Auszahlungen in voller Höhe. Die österreichische Einkommensteuer wird beschränkt angerechnet, wobei je nach Fallgestaltung Anrechnungsüberhänge entstehen können. Die vorgelagert von Österreich besteuerten Durchführungswege der arbeitnehmerfinanzierten Pensionskasse sowie der Direktversicherung werden von Dänemark steuerlich nicht erfasst. Die österreichische Quellensteuer auf den Ertragsanteil führt daher zu einem Anrechnungsüberhang. Bei der Abfertigung Neu ist zu beachten, dass die Steuerfreiheit in der Versorgungsphase durch den dänischen Fiskus

[631] Vgl. Tabelle 12 und Tabelle 13.

versagt wird. Die Leistungen werden in Höhe der dänischen Steuer nachgelagert besteuert.

1.4.3. Österreichischer Expatriate

Besteuerung in Anwartschaftsphase (unilateral)			**Tätigkeitsstaat: Dänemark**	
			Vorgelagerte Besteuerung	Nachgelagerte Besteuerung
Ansässigkeitsstaat: Österreich	Freistellungsmethode	Vorgelagerte Besteuerung (ohne Progressionsvorbehalt)	PK, DV	-
		Nachgelagerte Besteuerung	-	-
	Anrechnungsmethode	Vorgelagerte Besteuerung	-	-
		Nachgelagerte Besteuerung	-	-

Tabelle 14: Anwartschaftsphase bei Ansässigkeit in Österreich und Tätigkeit in Dänemark, unilateral

Für einen in Österreich ansässigen und in Dänemark arbeitenden Arbeitnehmer ergibt sich aus der grundsätzlichen Versagung der Abzugsfähigkeit von Altersversorgungsbeiträgen für beschränkt Steuerpflichtige durch das dänische Steuerrecht eine intertemporale Doppelbesteuerungssituation.[632] Sowohl die Beiträge als auch die Leistungen werden von Dänemark in voller Höhe steuerlich erfasst. Österreich würde in der Anwartschaftsphase zwar einen steuerlichen Zufluss erkennen (Umkehrschluss aus § 26 Abs. 1 Nr. 7 lit. a) öEStG). Wegen der in der Regel wenigstens 15 %-igen Durchschnittssteuerbelastung in Dänemark verzichtet Österreich jedoch auf eine Besteuerung (ohne Progressionsvorbehalt). In der Versorgungsphase sieht Österreich grundsätzlich nur eine Besteuerung des Ertragsanteils gem. § 25 Abs. 1 Nr. 2 lit. b) öEStG vor. Davon wird jedoch wiederum abgesehen, wenn die Durchschnittssteuerbelastung durch die dänische Quellensteuer mehr als 15 % beträgt. Andernfalls kann die dänische Steuer beschränkt angerechnet werden, wodurch regelmäßig Anrechnungsüberhänge entstehen. Die betriebliche Altersversorgung wird in diesem Fall sowohl in der Anwartschafts- als auch in der Versorgungsphase in voller Höhe besteuert.

632 Vgl. Tabelle 14 und Tabelle 15.

Anders verhält sich die Situation, wenn der österreichische Arbeitnehmer zur dänischen Expatriate-Besteuerung optiert hat. Die Beitragszahlungen an eine Pensionskasse oder eine Direktversicherung sind in Dänemark nicht als Werbungskosten abzugsfähig. Die Besteuerung in Österreich unterbleibt, da die dänische Steuerbelastung bei Ausübung der Expatriate-Option stets 25 % beträgt. Die Auszahlungen sind in Dänemark steuerfrei und werden in Österreich gem. § 25 Abs. 1 Nr. 2 lit. b) öEStG nur ertragsanteilig besteuert. Durch die dänische Expatriate-Regelung kann somit eine vorgelagerte Besteuerung der betrieblichen Altersversorgung ohne Doppel- oder Minderbesteuerungen erreicht werden.

1.4.4. Wohnsitzwechsel von Dänemark nach Österreich

<table>
<tr><th colspan="3" rowspan="2">Besteuerung in Versorgungsphase (unilateral)</th><th colspan="2">Auszahlungsstaat: Dänemark</th></tr>
<tr><th>Vorgelagerte Besteuerung</th><th>Nachgelagerte Besteuerung</th></tr>
<tr><td rowspan="4">Ansässigkeitsstaat: Österreich</td><td rowspan="2">Freistellungsmethode</td><td>Vorgelagerte Besteuerung</td><td>-</td><td>PK, DV (wenn Durchschnittssteuersatz > 15 %)</td></tr>
<tr><td>Nachgelagerte Besteuerung (ohne Progressionsvorbehalt)</td><td>-</td><td>-</td></tr>
<tr><td rowspan="2">Anrechnungsmethode</td><td>Vorgelagerte Besteuerung</td><td>PK, DV (Expatriate-Regelung)</td><td>PK, DV (wenn Durchschnittssteuersatz < 15 %)</td></tr>
<tr><td>Nachgelagerte Besteuerung</td><td>-</td><td>-</td></tr>
</table>

Tabelle 15: Versorgungsphase bei Ansässigkeit in Österreich und Auszahlung aus Dänemark, unilateral

Ein Umzug von Dänemark nach Österreich hat für den Steuerpflichtigen keine Doppelbesteuerungen zur Folge. Die steuerfrei angesammelte Altersversorgung wird nachgelagert von der dänischen Quellenbesteuerung erfasst. Österreich wird in der Regel von einer eigenen Besteuerung absehen, wenn ein Durchschnittssteuersatz von mindestens 15 % vorliegt. Andernfalls wird gem. § 25 Abs. 1 Nr. 2 lit. b) öEStG nur der Ertragsanteil in Österreich besteuert und die dänische Steuer hierauf (beschränkt) angerechnet. Die Betriebsrenten werden insgesamt somit nachgelagert besteuert.

2. Europarechtliche Analyse der dargestellten nationalen Besteuerungssysteme

2.1. Deutschland

Das deutsche Steuerrecht unterscheidet bei der Frage der Abzugsfähigkeit von Altersversorgungsbeiträgen grundsätzlich nicht nach dem Sitz der Versorgungseinrichtung. Zwar setzt der Pensionsfonds eine Zulassung i.S.d. VAG voraus, was gleichbedeutend ist mit einem inländischen Sitz.[633] Durch Analogie fallen ausländische Pensionsfonds aber unter den weiter gefassten Begriff der Pensionskasse.[634] Insofern sind Verletzungen der europäischen Grundfreiheiten nicht feststellbar. Allerdings kann das deutsche unilaterale Außensteuerrecht aufgrund der nur ertragsanteiligen Erfassung der Betriebsrenten aus Pensionskassen, Pensionsfonds und Direktversicherungen bei beschränkter Steuerpflicht zu intertemporalen Minderbesteuerungen führen. Diese laufen den Grundfreiheiten zwar nicht zuwider. Die systematischen Anforderungen an eine gerechte Besteuerung der Altersversorgung werden dadurch aber nicht erfüllt. Eine besondere Problematik ergibt sich im Falle Deutschlands aus der Riester-Förderung. Die Aufgabe der unbeschränkten Steuerpflicht in Deutschland führt gem. § 95 EStG zu einer fiktiven schädlichen Verwendung, so dass sämtliche Zulagen und Steuervorteile erstattet werden müssen. Es ist offensichtlich, dass die Freizügigkeit eines auswanderungswilligen Arbeitnehmers durch diese Regelung tangiert wird.[635] Es bleibt abzuwarten, ob der europäische Gerichtshof eine deutsche Rechtfertigung für diese Einschränkung wird gelten lassen.[636]

---

633 Vgl. Weiland, in: Lademann, EStG, 2005, § 4e, Tz. 10.

634 Vgl. Rätke, in: Herrmann/Heuer/Raupach, Kommentar, 2005, § 4c, Tz. 11; Stuhrmann, in: Bordewin/Brandt, EStG, 2005, § 4c, Tz. 4.

635 Vgl. Schnitger, DStR 2002, S. 1200; Dautzenberg/Rinker, BB 2002, S. 1946 f.

636 Ablehnend vgl. Musil, StuW 2005, S. 286; Wernsmann/Nippert, FR 2005, S. 1124 ff.; Schnitger, DStR 2002, S. 1199 ff.; Hügelschäffer, betrAV 2002, S. 134 ff.; Dautzenberg/Rinker, BB 2002, S. 1947 ff. *Cordewener* dagegen hält eine Rechtfertigung zumindest für möglich; vgl. Cordewener, BB 2002, S. 2559.

2.2. Österreich

Die Versagung der Steuerfreiheit für Beiträge an ausländische Versorgungseinrichtungen durch Österreich, wenn keine gesetzliche Beitragspflicht vorliegt, stellt eine Verletzung der Dienstleistungs- und Kapitalverkehrsfreiheit dar. Ausländische Versorgungseinrichtungen werden gegenüber inländischen steuerlich benachteiligt. Österreichische Arbeitgeber und Arbeitnehmer werden bei Gleichwertigkeit einer ausländischen mit einer inländischen Pensionskasse etwa stets die österreichische Kasse bevorzugen. Für Grenzpendler relativiert sich die Problematik durch die in der Regel erfolgende Steuerfreistellung der ausländischen Arbeitseinkünfte. In der Regel werden die Beiträge entsprechend des Steuerrechts des Tätigkeitsstaates berücksichtigt, so dass das österreichische Abzugsverbot in diesem Fall unbeachtlich ist. Eine Benachteiligung in der Versorgungsphase hingegen ist in keinem Fall vorhanden. Ohne Rücksicht auf die steuerliche Behandlung in der Anwartschaftsphase erfasst Österreich Leistungen ausländischer Pensionskassen stets nur mit dem Ertragsanteil.[637] Die undifferenzierte Besteuerung hat zur Folge, dass unter bestimmten Voraussetzungen intertemporale Minderbesteuerungen entstehen können, die unter europarechtlichen Gesichtspunkten jedoch unbedenklich sind.

2.3. Dänemark

Die europarechtliche Beurteilung des dänischen Steuerrechts fällt zwiespältig aus. Einerseits führt der generelle Ausschluss der steuerlichen Abzugsfähigkeit von Beiträgen in Dänemark, die an eine ausländische Versorgungseinrichtung entrichtet werden, unzweifelhaft zu einer Beeinträchtigung der europäischen Grundfreiheiten. Es ist offensichtlich, dass ausländische Anbieter von Produkten der betrieblichen Altersversorgung gegenüber dänischen Unternehmen benachteiligt werden. Eine Verletzung der Dienstleistungs- und der Kapitalverkehrsfreiheit liegt somit vor. Gleichzeitig werden Arbeitnehmer aus anderen Mitgliedstaaten in ihrer Freizügigkeit behindert, wenn eine betriebliche Altersversorgung in einem anderen Staat fortgeführt werden soll. Darüber hinaus versagt Dänemark beschränkt Steuerpflichtigen jeglichen Abzug von Altersversorgungsbeiträgen. Wie die Anwendungsbeispiele gezeigt haben (Punkte 1.3. und 1.4.), ergeben sich aus der Regelbesteuerung gerade für Grenzpendler und Expatriates erhebliche steuerliche Nachteile, da sowohl die Beiträge in der Anwartschaftsphase als auch die Leistungen in der Versorgungsphase steuerlich belastet werden. Durch eine

[637] Die Frage der damit wohl beabsichtigten Kohärenz des Steuerrechts wird in Kapitel D eingehend anhand der Rechtsprechung erörtert werden.

Option zur Expatriate-Besteuerung kann diese Doppelerfassung in Dänemark vermieden werden.

Andererseits nimmt Dänemark bei der Besteuerung von Betriebsrenten Bezug auf die steuerliche Vorbelastung in der Anwartschaftsphase. Die grundsätzliche Steuerfreiheit in Dänemark wird nur dann aufgehoben, wenn Beiträge während der Ansässigkeit in einem anderen Staat steuermindernd berücksichtigt werden konnten. Konsequenterweise führt eine Wohnsitzverlagerung aus einem anderen Mitgliedstaat nach Dänemark zu keiner intertemporalen Minderbesteuerung.

D. Ansätze zur Vermeidung intertemporaler Doppel- und Minderbesteuerungen

I. Doppelbesteuerungsabkommen

1. Grundsätzliches

Die Schwäche unilateraler Maßnahmen zur Vermeidung der Doppelbesteuerung[638] besteht darin, dass ihre Wirkung gegenüber allen anderen Staaten unbegrenzt ist, ohne Rücksicht auf besondere Umstände zu nehmen.[639] Eine Lösungsalternative besteht im Abschluss bilateraler oder multilateraler Doppelbesteuerungsabkommen (DBA),[640] deren Vertragsinhalte „passgenau" auf die Verhältnisse der Vertragsstaaten abgestimmt werden können.

Doppelbesteuerungsabkommen[641] können weder eine Steuerpflicht begründen noch erweitern. Sie regeln stattdessen, inwieweit Einkünfte in den Vertragsstaaten steuerlich erfasst werden dürfen. Aus diesem Grund werden sie auch als internationales Schranken- oder Kollisionsrecht bezeichnet.[642] Die Anwendbarkeit eines Doppelbesteuerungsabkommens setzt voraus, dass ein Sachverhalt in mindestens einem der Vertragsstaaten nach dessen nationalem Recht steuerlich erfasst wird. Das DBA greift in die Besteuerungsrechte der Staaten ein, da es den Steueranspruch des einen Vertragsstaates begrenzen oder ausschließen bzw. für den (oder die) anderen Vertragsstaat(en) die Anwendung von Steuererleichterungen in Form der Freistellungs- oder Anrechnungsmethode vorschreiben kann.[643] Als völkerrechtliche Verträge gehen die Doppelbesteu-

---

638 Vgl. Kapitel B zu den allgemeinen Regelungen sowie Kapitel C zu den konkreten Ausprägungen in den untersuchten Ländern.

639 Vgl. Jacobs, Unternehmensbesteuerung, 2002, S. 36 ff.

640 Einen konzisen Überblick über die historische Entwicklung der Doppelbesteuerungsabkommen findet sich bei Krause, Doppelbesteuerung, 2003, S. 34 sowie bei Wotschofsky/Wittemann, SteuerStud 2002, S. 319.

641 Primäre Zielsetzung von Doppelbesteuerungsabkommen ist zwar die Vermeidung internationaler Doppelbesteuerungen. Entgegen ihrer wörtlichen Bezeichnung werden häufig auch Vorschriften zur Bekämpfung der Minderbesteuerung in ihnen kodifiziert; vgl. Wotschofsky/Wittemann, SteuerStud 2002, S. 320.

642 Vgl. Vogel, in: Vogel/Lehner, DBA-Kommentar, 2003, Einl., Tz. 42 ff., 68 ff.; Jacobs, Unternehmensbesteuerung, 2002, S. 81 f.; Frotscher, Steuerrecht, 2001, S. 98; a.A. Wassermeyer, in: Debatin/Wassermeyer, Doppelbesteuerung, 2004, Art. 1 Tz. 10. *Wassermeyer* sieht im Abkommensrecht weder ein „lex superior" noch ein „lex specialis". Als „lex alia" komme ihm zwar eine Sonderrolle zu, die aber nicht unabänderlich sei. Er bejaht damit ausdrücklich die Zulässigkeit eines „Treaty-Override"; vgl. Wassermeyer, DStJG 19, 1996, S. 152 ff. Zur Diskussion vgl. Frotscher, Steuerrecht, 2001, S. 28 f.; Jacobs, Unternehmensbesteuerung, 2002, S. 82 ff. m.w.N.

643 Vgl. Portner, Stock Options, 2003, S. 168.

erungsabkommen grundsätzlich dem nationalen Recht vor.[644] Die Ausgestaltung der Doppelbesteuerungsabkommen steht den Vertragsstaaten zwar frei; tatsächlich ist jedoch eine Orientierung an den Musterabkommen der OECD[645] sowie der UNO[646] zu erkennen. Während das OECD-Musterabkommen als Referenz für Abkommen zwischen Industriestaaten gilt, wird das UN-Musterabkommen besonders im Verhältnis zu Entwicklungsländern herangezogen.[647] Auch die Anwendbarkeit dieser Doppelbesteuerungsabkommen setzt voraus, dass eine Person in mindestens einem der Vertragsstaaten ansässig ist und eine dem Abkommen unterliegende Steuer zu entrichten hat.[648]

Als Anknüpfungspunkt der Doppelbesteuerungsabkommen ist zunächst die Festlegung des Wohnsitzstaates des Steuerpflichtigen[649] von entscheidender Bedeutung, da die Rechtsfolgen aus dem DBA bezüglich der Einschränkung von Quellenbesteuerungsrechten sowie der Ermäßigungen im Heimatstaat von dieser Qualifikation abhängen.[650] Während dem Ansässigkeitsstaat aufgrund des Globalprinzips das grundsätzliche Besteuerungsrecht über alle weltweit erzielten Einkünfte zugestanden wird,[651] ist für den Quellenstaat eine Aufrechterhaltung, Begrenzung oder Aufhebung[652] des Besteuerungsrechts durch das DBA denkbar.[653] In besonderen Fällen existiert ein exklusives Besteuerungsrecht des Quellenstaates.[654]

---

644 Der Vorrang der DBA ist für Deutschland bspw. in § 2 AO geregelt.

645 Vgl. OECD-MA in der Fassung von 2005.

646 Vgl. UN-MA in der Fassung von 2001. Zur historischen Entwicklung vgl. Krause, Doppelbesteuerung, 2003, S. 35 f.

647 Im Folgenden beschränkt sich die Analyse auf das OECD-MA, da alle untersuchten Länder sowie die Mitgliedstaaten der Europäischen Union als Industriestaaten angesehen werden können. Von den am 1.5.2004 der EU beigetretenen Staaten sind Estland, Lettland und Slowenien bislang keine Mitglieder in der OECD. Dennoch sehen auch diese Staaten eine Anlehnung an das OECD-Musterabkommen in ihrer Abkommenspraxis vor; vgl. OECD, Commentary, 2000, Non-member countries positions, Introduction.

648 Vgl. Art. 1, 2 OECD-MA.

649 Nach Art. 4 OECD-MA richtet sich die Ansässigkeit einer natürlichen Person nach dem Ort ihres Wohnsitzes. Durch abgestufte Kriterien begegnet Art. 4 Abs. 2 OECD-MA dem Fall eines doppelt vorhandenen Wohnsitzes. Führt selbst das schwache Merkmal der Staatsangehörigkeit zu keiner eindeutigen Lösung, so kann der Ansässigkeitsstaat nur im Wege der Vermittlung ermittelt werden. Vgl. ausführlich Lehner, in: Vogel/Lehner, DBA-Kommentar, 2003, Art. 4.

650 Vgl. Portner, Stock Options, 2003, S. 169 f.

651 Die tatsächliche steuerliche Erfassung des fraglichen Einkommensbestandteils ist unerheblich. Allerdings kann das DBA über Art. 23-A OECD-MA eine Freistellung anordnen, so dass ein effektiver Eingriff in das Besteuerungsrecht des Ansässigkeitsstaats erfolgt.

652 Darunter fallen sowohl Begrenzungen hinsichtlich der Bemessungsgrundlage als auch des Steuersatzes.

653 Vgl. Jacobs, Unternehmensbesteuerung, 2002, S. 70 ff.

654 Z.B. sog. Belegenheitsprinzip bei Grundbesitz; vgl. Hey, Territorialitätsprinzip, 2004, S. 24.

2. Die betriebliche Altersversorgung im OECD-Musterabkommen

2.1. Erfassung auf Ebene des Arbeitnehmers

Das Musterabkommen der OECD sieht für die betriebliche Altersversorgung keinen eigenständigen Artikel vor, so dass eine Subsumtion unter verschiedene Artikel denkbar ist. In Frage kommen dabei die Regelungen zu Einkünften aus unselbständiger Arbeit (Art. 15 OECD-MA), zu Ruhegehältern (Art. 18 OECD-MA) sowie anderen Einkünften (Art. 21 OECD-MA). Soweit dessen Regelungsinhalt betroffen ist, geht Art. 18 in systematischer Hinsicht Art. 15 vor. Art. 21 dient lediglich als Auffangnorm, falls kein anderer Artikel greift. Obwohl intuitiv eine Einordnung der betrieblichen Altersversorgung unter Ruhegehälter nahe liegend erscheint, müssen die erforderlichen Voraussetzungen im Folgenden zunächst geprüft werden.[655] Um die Bedeutung der korrekten Einordnung darzustellen, werden dabei auch die jeweiligen Konsequenzen diskutiert.

2.1.1. Einordnung als Einkünfte aus unselbständiger Arbeit (Art. 15 OECD-MA)

Ihrem Charakter nach scheinen Beiträge an eine Versorgungseinrichtung während der Anwartschaftsphase als Einkünfte aus unselbständiger Arbeit zunächst unter Art. 15 OECD-MA zu fallen. Das Besteuerungsrecht liegt demnach im Grundsatz allein beim Ansässigkeitsstaat des Arbeitnehmers, sofern die Arbeit nicht im anderen Staat ausgeübt wird.[656] Das Musterabkommen sieht von dieser Regel eine Ausnahme vor, die an drei Voraussetzungen geknüpft ist. Demnach verbleibt das Besteuerungsrecht nur dann ausschließlich beim Ansässigkeitsstaat, wenn

a) „der Empfänger [der Vergütung; Anm. d. Verf.] sich im anderen Staat insgesamt nicht länger als 183 Tage innerhalb eines Zeitraums von zwölf Monaten, der während des betreffenden Steuerjahres beginnt oder endet, aufhält und
b) die Vergütungen von einem Arbeitgeber oder für einen Arbeitgeber gezahlt werden, der nicht im anderen Staat ansässig ist, und
c) die Vergütungen nicht von einer Betriebsstätte oder einer festen Einrichtung getragen werden, die der Arbeitgeber im andern Staat hat.“[657]

---

[655] Ähnlich vgl. Wotschofsky/Wittemann, SteuerStud 2002, S. 320. Eine ausführliche, steuerjuristisch geprägte Diskussion der verschiedenen Einordnungsmöglichkeiten am Beispiel des deutsch-amerikanischen Doppelbesteuerungsabkommen findet sich bei Lösel, Entgeltumwandlung, 2004, S. 341 ff.

[656] Vgl. Art. 15 Abs. 1 Satz 1 OECD-MA.

[657] Art. 15 Abs. 2 OECD-MA.

Entscheidend für die Anwendung der 183-Tage-Regel ist die Aufenthaltsdauer im Sinne einer physischen Anwesenheit des Arbeitnehmers.[658] Der Zeitraum der Tätigkeit ist unerheblich.[659] Sofern eine nur kurzfristige Tätigkeit in einem anderen Staat vorliegt, versagt das Musterabkommen diesem Staat das Besteuerungsrecht. Die Vergütung kann dann nur im Ansässigkeitsstaat besteuert werden. Insbesondere bei Entsendungen ist davon auszugehen, dass die 183-Tage-Frist regelmäßig überschritten wird, so dass dem Arbeitsortstaat ein Quellenbesteuerungsrecht zufällt.[660] Als weitere Voraussetzung muss der Ort des Arbeitgebers festgelegt werden. Angesichts der fehlenden Definition eines Arbeitgebers im Musterabkommen sowie im OECD-Kommentar erweist sich dies als schwierig.[661] Ausgehend vom Zweck der Regelung[662] kann man sich dem Begriff durch Umkehrung des Arbeitnehmerbegriffs annähern.[663] Als Arbeitgeber ergibt sich demnach diejenige Person, welcher der Arbeitnehmer seine Arbeitsleistung schuldet, und die gegenüber dem Arbeitnehmer weisungsbefugt und leitend tätig ist.[664] Zudem ist der Arbeitgeber wirtschaftlich durch die Vergütung an den Arbeitnehmer belastet.[665] Im OECD-Kommentar zu Art. 15 wird ein wirtschaftlicher Arbeitgeberbegriff verwendet.[666] Als Arbeitgeber gilt derjenige, der einen Anspruch auf das Arbeitsergebnis besitzt und die damit verbundenen Verantwortlichkeiten und Risiken

---

658 Zu den Abgrenzungsschwierigkeiten aufgrund von abweichenden Fiskaljahren bzw. Berechnungsmodi vgl. Long/Tyrrell, intertax 1992, S, 688 f.

659 Vgl. OECD, Kommentar, Art. 15, Tz. 5. Zur Berechnung des 183-Tage-Zeitraums vgl. Prokisch, in: Vogel/Lehner, DBA-Kommentar, 2003, Art. 15, Tz. 38 ff.

660 Zu Ausnahmen bei Arbeitnehmerüberlassungen vgl. Bendlinger, IWB 2004, S. 1791 ff.

661 So auch Prokisch, in: Vogel/Lehner, DBA-Kommentar, 2003, Art. 15, Tz. 49. Zu den Besonderheiten bei abweichenden Beurteilungen der Vertragsstaaten vgl. Wotschofsky/Wittemann, SteuerStud 2002, S. 323 ff.

662 Bei der Auslegung von Doppelbesteuerungsabkommen als völkerrechtlichen Verträgen steht nach dem „Wiener Übereinkommen über das Recht der Verträge" (WÜRV) vom 23.5.1969 die wörtliche Auslegung im Vordergrund. Der Zweck des Abkommens wird nur im Sinne eines „objektivierten Vertragszwecks" herangezogen, der sich eng am Wortlaut orientiert. Während der Vertragszweck somit nur ein schwaches Interpretationswerkzeug darstellt, scheiden der Wille der Vertragsparteien sowie der Sinn des Vertrages vollständig aus. Wie bereits *Vogel* anschaulich demonstriert, ist eine Auslegung unzulässig, welche zwar dem Sinn eines Doppelbesteuerungsabkommens sowie dem (vermeintlichen) Willen der Vertragsstaaten entspricht, aber nicht mehr dem Wortlaut des Vertrages entnommen werden kann. Vgl. ausführlich zur Auslegungssystematik von Doppelbesteuerungsabkommen Vogel, in: Vogel/Lehner, DBA-Kommentar, 2003, Einl., Tz. 95 ff., insb. 101 ff.; Vogel, IStR 2003, S. 525 ff.; Wotschofsky/Wittemann, SteuerStud 2002, S. 321 ff.

663 So z.B. Prokisch, in: Vogel/Lehner, DBA-Kommentar, 2003, Art. 15, Tz. 49.

664 Vgl. Coulombe, CDFI 1982, S. 40 ff.; Prokisch, in: Vogel/Lehner, DBA-Kommentar, 2003, Art. 15, Tz. 49; Hofmann/Schubert, BB 2004, S. 1477. So im Ergebnis auch BFH-Urteil v. 21.8.1985, I R 63/80.

665 Vgl. Weerth, IStR 2003, S. 124; ebenso BFH-Urteil v. 4.9.2002, I R 21/01.

666 Vgl. Runge, IStR 2002, S. 37.

trägt.[667] Insbesondere bei Personalentsendungen ist die Bestimmung des wirtschaftlichen Arbeitgebers von Bedeutung. Dabei kommt es häufig auf die konkrete Ausgestaltung der Entsendung sowie der damit verbundenen Tätigkeiten an.[668]

In enger Verbindung zur Ansässigkeit des (wirtschaftlichen) Arbeitgebers steht die dritte Voraussetzung des Ausnahmetatbestands in Art. 15 Abs. 2 OECD-MA. Das alleinige Besteuerungsrecht für Auslandstätigkeiten unter der 183-Tage-Frist verbleibt demnach nur dann beim Ansässigkeitsstaat, wenn die Vergütung nicht von einer Betriebsstätte oder festen Einrichtung des Arbeitgebers im anderen Staat getragen wird. Die Tätigkeiten des Mitarbeiters dürfen somit nicht in wirtschaftlichem Zusammenhang mit den Betriebsstätteneinkünften stehen und können folglich auch nicht bei diesen als Betriebsausgaben berücksichtigt werden.[669] Hierbei spielt die effektive Tätigkeit des Mitarbeiters eine entscheidende Rolle, da je nach Ausgestaltung der Bezug zum Stammhaus oder zur Betriebsstätte im Vordergrund stehen kann.[670]

Unter Einkünften aus unselbständiger Arbeit versteht das Musterabkommen neben Gehältern und Löhnen auch ähnliche Vergütungsformen.[671] Zunächst ist zu klären, ob dazu auch Beiträge zur Finanzierung einer betrieblichen Altersversorgung zählen, da Art. 15 OECD-MA gegenüber den Art. 16, 18 und 19 OECD-MA nachrangig ist.[672] Grundsätzlich sind jegliche Gegenleistungen für die erbrachte Arbeitsleistung des Arbeitnehmers unter Art. 15 OECD-MA zu subsumieren.[673] Der weite Oberbegriff „Vergütungen",[674] der neben der Barentlohnung auch Sachbezüge umfasst,[675] wirft die Frage auf, inwieweit der Aufbau einer betrieblichen Altersversorgung davon erfasst wird.

In einer formalen Betrachtungsweise kann argumentiert werden, dass im Falle einer arbeitgeberfinanzierten betrieblichen Altersversorgung das Kriterium der Gegenleistung für die erbrachte Arbeitsleistung erfüllt sei. Dieser Ansicht kann selbst dann ge-

---

667 Vgl. OECD, Commentary, 2000, Art. 15, Tz. 8.

668 Vgl. Runge, IStR 2002, S. 39 f.; Prokisch, in: Vogel/Lehner, DBA-Kommentar, 2003, Art. 15, Tz. 50.

669 Vgl. OECD, Commentary, 2000, Art. 15, Tz. 7.

670 Vgl. Prokisch, in: Vogel/Lehner, DBA-Kommentar, 2003, Art. 15, Tz. 63.

671 Vgl. Art. 15 Nr. 1 Satz 1 OECD-MA.

672 Sofern man den öffentlichen Dienst ausschließt, ist hiervon für die weitere Untersuchung lediglich Art. 18 OECD-MA (Ruhegehälter) von Belang.

673 Vgl. Prokisch, in: Vogel/Lehner, DBA-Kommentar, 2003, Art. 15, Tz. 15.

674 Nach der Rechtsprechung des EuGH fallen auch Leistungen der sozialen Sicherung unter den Entgeltbegriff; vgl. EuGH-Urteil v. 29.1.2001 (Griesmar), Tz. 27; Gassner/Konezny, DBA-Recht, 2003, S. 317.

folgt werden, wenn die Zusage nicht allein als Entgelt für die bereits geleistete Arbeit, sondern auch als Anreiz zur Steigerung der Loyalität zu dem Unternehmen gesehen wird. Die gezeigte Treue des Arbeitnehmers zum Unternehmen würde demnach ebenfalls als Gegenleistung für Arbeitsleistungen qualifizieren. Schwieriger gestaltet sich der Fall einer vom Arbeitnehmer finanzierten Altersversorgung. Der Anspruch auf betriebliche Altersversorgung ist hier unmittelbar mit einem Verzicht auf sofortige Gehaltsauszahlung verbunden. In formaler Hinsicht verlagert sich damit die Entscheidung zum Aufbau der betrieblichen Altersversorgung in den Privatbereich des Arbeitnehmers. Für den Arbeitgeber besteht die Verpflichtung zur Entlohnung der Arbeitsleistung zwar in der Sache unterschiedlich, aber in der Höhe unverändert fort.[676] Für ihn macht es keinen Unterschied, ob das Gehalt in voller Höhe an den Arbeitnehmer ausgezahlt wird, oder ob bereits vorab ein Teilbetrag an eine Versorgungseinrichtung abgeführt wird. Wirtschaftlich gesehen stehen beide Alternativen gleich.[677] Ein rational handelnder Arbeitnehmer wird eine Arbeitgeberzusage in die Bewertung des Gesamtvergütungspakets einbeziehen und entsprechend seiner temporalen Präferenzen sowie unter Berücksichtigung seiner alternativen Anlagemöglichkeiten bewerten. Daraus ergibt sich, dass in wirtschaftlicher Betrachtung eine Versorgungszusage als Vergütung im abkommensrechtlichen Sinne angesehen werden kann.[678]

Untermauert wird diese Einschätzung durch den vergleichbaren Problemfall der Stock Options.[679] Nach herrschender Auffassung wird die Gewährung von Aktienoptionsrechten an Mitarbeiter den Einkünften aus unselbständiger Arbeit zugeordnet.[680] Während die Einordnung unter Art. 15 OECD-MA noch weit gehend unstrittig ist,[681] bestehen im Hinblick auf den Zeitpunkt sowie die Höhe der Einkunftserfassung unterschiedliche Auffassungen.[682] Die Diskussion um Stock Options zeigt den beschränkten Wirkungsgrad von Doppelbesteuerungsabkommen sehr anschaulich auf: Als Schran-

675 Vgl. Prokisch, in: Vogel/Lehner, DBA-Kommentar, 2003, Art. 15, Tz. 16 ff.

676 Allerdings können sich die zu entrichtenden Sozialabgaben ändern.

677 Vgl. insofern die Ausführungen in Kapitel B.

678 Selbst wenn man behaupten würde, dass zwischen Arbeitgeber- und Arbeitnehmerfinanzierung ein entscheidender Unterschied bestehe, hieße dies doch, dass die Arbeitgeberzusage eine Vergütung für bereits erbrachte Arbeitsleistungen darstellen würde. Der als Arbeitnehmerbeitrag abgeführte Betrag müsste nach dieser Ansicht von Anfang an als Vergütung eingeordnet werden, da eine Verwendung von bereits bezogenem Einkommen vorliegen würde. Ebenso Lösel, Entgeltumwandlung, 2004, S. 319 ff. m.w.N.

679 Vgl. zur internationalen Besteuerung von Stock Options Portner, in: Becker/Höppner/Grotherr/Kroppen, DBA-Kommentar, 2004, Grundlagen Abschnitt 7.

680 Vgl. Portner, Stock Options, 2003, S. 170 ff.

681 Kritisch allerdings vgl. Burgstaller, IStR 2004, S. 149 ff.

682 Vgl. Prokisch, in: Vogel/Lehner, DBA-Kommentar, 2003, Art. 15, Tz. 20 ff. m.w.N.

kenrecht regeln die Abkommen ausschließlich, welchem Staat die Besteuerungskompetenz für bestimmte Einkünfte zufällt.[683] Die Reichweite dieses Besteuerungsrechts wird, sofern keine weiteren abkommensrechtlichen Vorschriften tangiert sind, nach dem jeweiligen nationalen Recht festgelegt. Aus Art. 15 OECD-MA lässt sich, wenn die Voraussetzungen des Art. 15 Abs. 2 nicht gegeben sind, kein Verbot der Besteuerung von Beiträgen für eine betriebliche Altersversorgung in der Anwartschaftsphase durch den Tätigkeitsstaat ableiten. Da Art. 15 OECD-MA jedoch unter dem Vorbehalt insbesondere des Art. 18 OECD-MA steht, ist zunächst dessen Anwendbarkeit zu prüfen.

2.1.2. Einordnung als Ruhegehälter (Art. 18 OECD-MA)

Das Musterabkommen spricht für Ruhegehälter dem Ansässigkeitsstaat das alleinige Besteuerungsrecht zu.[684] Dies gilt selbst dann, wenn das Ruhegehalt auf einer unselbständigen Arbeit beruht, die in einem anderen Staat ausgeübt wurde.[685] Damit steht Art. 18 OECD-MA in Konkurrenz zu den Einkünften aus unselbständiger Arbeit (Art. 15 OECD-MA). Als entscheidendes Abgrenzungsmerkmal wird der Bezug zur Beendigung des Arbeitsverhältnisses gesehen.[686] Demnach sind Ruhegehälter strikt gegen nachträglich erfolgende Zahlungen aus einem Arbeitsverhältnis abzugrenzen.[687] Maßgebend ist der Grund der Zahlung.[688] Während beispielsweise die Abfindung eines Versorgungsanspruchs bei Ausscheiden aus dem Unternehmen, um eine andere Tätigkeit auszuüben, als nachträgliche Einkünfte aus unselbständiger Arbeit qualifiziert wird,[689] steht bei Ruhegehältern der Versorgungscharakter im Vordergrund.[690] Problematisch ist der Begriff der Versorgung, da auch die Zahlung von Löhnen und Gehäl-

683 Vgl. Portner, Stock Options, 2003, S. 173.

684 Bei Angestellten des öffentlichen Dienstes geht Art. 19 OECD-MA vor. In Abweichung von Art. 18 OECD-MA sieht dieser eine Besteuerung im Kassenstaat vor. Vgl. ausführlich zu Art. 19 OECD-MA und dem Kassenstaatsprinzip Rupp, in: Becker/Höppner/ Grotherr/Kroppen, DBA-Kommentar, 2004, Art. 19 OECD-MA; Rodi, in: Vogel/Lehner, DBA-Kommentar, 2003, Art. 19; Wassermeyer, in: Debatin/Wassermeyer, Doppelbesteuerung, 2004, Art. 19 MA.

685 Vgl. Prokisch, in: Vogel/Lehner, DBA-Kommentar, 2003, Art. 18 Tz. 3.

686 Vgl. Prokisch, in: Vogel/Lehner, DBA-Kommentar, 2003, Art. 18 Tz. 7.

687 Vgl. Rupp, in: Becker/Höppner/Grotherr/Kroppen, DBA-Kommentar, 2004, Art. 18 OECD-MA, Tz. 30 ff. mit zahlreichen Beispielen aus der Rechtsprechung.

688 Vgl. Prokisch, in: Vogel/Lehner, DBA-Kommentar, 2003, Art. 15, Tz. 9; Vogelgesang, in: Becker/Höppner/ Grotherr/Kroppen, DBA-Kommentar, 2004, Art. 15 OECD-MA, Tz. 26. Ebenso BFH-Urteil v. 27.1.1972, I R 37/70.

689 Vgl. Prokisch, in: Vogel/Lehner, DBA-Kommentar, 2003, Art. 15, Tz. 9 m.w.N.

690 Vgl. Prokisch, in: Vogel/Lehner, DBA-Kommentar, 2003, Art. 18, Tz. 7.

tern eine Versorgungsfunktion beinhaltet.[691] *Gassner/Konezny* sehen den Zusammenhang zu einer früheren unselbständigen Arbeit insbesondere dann aufgehoben, wenn die Versorgung mittelbar und nicht direkt durch den Arbeitgeber abgewickelt wird. Zum einen sei im Gegensatz zu den Einkünften aus unselbständiger Arbeit die Arbeitsleistung, die der Versorgungszusage zwingend zugrunde liegen muss, bereits in der Vergangenheit erbracht worden.[692] Zum anderen könne die Art der Finanzierung nicht außer Betracht bleiben. Die auf Einzahlungen des Arbeitnehmers beruhenden Pensionszahlungen würden eben nicht für eine frühere unselbständige Arbeit gezahlt werden.[693]

An der Abgrenzung zu den nachträglichen Einkünften aus unselbständiger Arbeit wird ersichtlich, dass die Versorgungsfunktion allein als Kriterium nicht zufrieden stellend ist. Eine Präzisierung des Versorgungscharakters kann erreicht werden, wenn darunter eine angemessene Absicherung des Ruhestands verstanden wird.[694] Nachträgliche Einkünfte aus unselbständiger Arbeit sind dadurch gekennzeichnet, dass der Arbeitnehmer bereits vor Eintritt in den Ruhestand einen Rechtsanspruch auf Zahlungen hatte, welche aufgrund besonderer Umstände erst nach Beginn des Ruhestandes erfolgen konnten.[695] Anschaulich wird dies bei der Abfindung eines Pensionsanspruchs. Während die Abfindung einer bereits laufenden Betriebsrente den Ruhegehältern zugeordnet wird,[696] handelt es sich bei der Abfindung einer Anwartschaft um Einkünfte aus unselbständiger Arbeit. Der kausale Bezug zum Arbeitsverhältnis steht hier im Vordergrund,[697] da die Absicherung der Alterseinkünfte nicht länger gewollt ist. Die Subsumtion der betrieblichen Altersversorgung unter Art. 18 OECD-MA ist somit im Einklang mit den Auslegungsregeln der Doppelbesteuerungsabkommen. Sie entspricht sowohl dem wörtlichen Inhalt als auch dem objektivierten Abkommenszweck.[698] Eine Differenzierung nach unmittelbaren oder mittelbaren Versorgungszusagen lässt sich

---

691 Vgl. Gassner/Konezny, DBA-Recht, 2003, S. 318.

692 Vgl. Gassner/Konezny, DBA-Recht, 2003, S. 318.

693 Vgl. Gassner/Konezny, DBA-Recht, 2003, S. 322 ff.

694 Vgl. Pötgens, ET 2001, S. 260 m.w.N. Ähnlich Prokisch, in Vogel/Lehner, DBA-Kommentar, 2003, Art. 15, Tz. 9; Wassermeyer, in: Debatin/Wassermeyer, Doppelbesteuerung, 2004, Art. 18, Tz. 17.

695 Vgl. Rupp, in: Becker/Höppner/Grotherr/Kroppen, DBA-Kommentar, 2005, Art. 18 OECD-MA, Tz. 24.

696 Vgl. BFH-Urteil v. 19.9.1975, BStBl 1976 II S. 65.

697 Vgl. Rupp, in: Becker/Höppner/Grotherr/Kroppen, DBA-Kommentar, 2004, Art. 18 OECD-MA, Tz. 32; Prokisch, in: Vogel/Lehner, DBA-Kommentar, 2003, Art. 18, Tz. 8.

698 Vgl. Lang, Auslegung, 2003, S. 1487 ff.; Wotschofsky/Wittemann, SteuerStud 2002, S. 321 ff.

dem Musterabkommen nicht entnehmen.[699] Der Begriff des Ruhegehalts ist nach allgemeinem Verständnis nicht zu restriktiv aufzufassen, so dass auch Beiträge an externe Versorgungseinrichtungen erfasst werden.[700] Ersatzweise bietet sich ein Rückgriff auf die Definition der betrieblichen Altersversorgung in den Vertragsstaaten an.[701] Nach diesem pragmatischen Ansatz wird für die Feststellung eines Ruhegehalts auf das Recht desjenigen Staates abgestellt, in welchem der Anspruch auf betriebliche Altersversorgung begründet wurde.[702]

Während die Erfassung der Leistungen aus der betrieblichen Altersversorgung als Ruhegehälter im Sinne des OECD-Musterabkommens weit gehend unstrittig ist,[703] besteht Unklarheit über die Reichweite des Art. 18 OECD-MA in der Anwartschaftsphase.[704] Die OECD hat in ihrem Musterkommentar die Beitragszahlung an eine in einem anderen Staat ansässige Pensionskasse aufgegriffen und hierfür einen Lösungsvorschlag unterbreitet, der die prohibitiven Kosten senken und die Freizügigkeit des Arbeitnehmers gewährleisten soll.[705] Demnach sollen Beiträge einer Person, die in einem Vertragsstaat einer unselbständigen Tätigkeit nachgeht, an eine im anderen Vertragsstaat errichtete und steuerlich anerkannte „Pensionskasse“[706] im Tätigkeitsstaat in gleicher Weise steuermindernd berücksichtigt werden, wie dies für Beiträge an eine vergleichbare inländische „Pensionskasse“ möglich ist.[707] Abgesehen von der Vergleichbarkeit setzt dies voraus, dass die Person nicht bereits vor Aufnahme der Tätigkeit im Tätigkeitsstaat ansässig war.[708] Die Zusage der Pensionskassenleistungen muss aber vor Beginn der Tätigkeit im Gaststaat gemacht worden sein.[709] Zwar spricht der Mus-

---

699 Vgl. ähnlich Lösel, Entgeltumwandlung, 2004, S. 319 f.

700 *Toifl* führt für die Anwendung des Art. 18 OECD-MA auf Pensionskassen sowohl systematische als auch pragmatische Gründe an; vgl. Toifl, Pensionen, 2003, S. 299 f. Ebenso Prokisch, in: Vogel/Lehner, DBA-Kommentar, 2003, Art. 18, Tz. 13.

701 Vgl. Wassermeyer, in: Debatin/Wassermeyer, Doppelbesteuerung, 2004, Art. 18, Tz. 16.

702 Vgl. Lösel, Entgeltumwandlung, 2004, S. 332 ff.

703 A.A. Gassner/Konezny, DBA-Recht, 2003, S. 320 ff.

704 Vgl. dazu Firlinger, Arbeitnehmerbeiträge, 1994, S. 263 ff.; OECD, Commentary, 2000, Art. 18, Tz. 4 ff.; Prokisch, in: Vogel/Lehner, DBA-Kommentar, 2003, Art. 18, Tz. 24 f.; Rupp, in: Becker/Höppner/ Grotherr/Kroppen, DBA-Kommentar, 2004, Art. 18 OECD-MA, Tz. 91 ff.

705 Vgl. OECD, Commentary, 2000, Art. 18, Tz. 4 ff. Der Vorschlag basiert auf dem 1992 vom OECD-Steuerausschuss erarbeiteten Diskussionspapier; vgl. OECD, Commentary, 2000, Pension Contributions.

706 Der im englischen Originaltext verwendete Begriff „pension schemes“ ist umfassender zu verstehen, so dass sämtliche mittelbaren Durchführungswege angesprochen sind.

707 Vgl. OECD, Commentary, 2000, Art. 18, Tz. 11.

708 Vgl. OECD, Commentary, 2000, Art. 18, Tz. 11 lit. a) i) und ii).

709 Vgl. OECD, Commentary, 2000, Art. 18, Tz. 25; Firlinger, Arbeitnehmerbeiträge, 1994, S. 267.

terkommentar konkret nur Arbeitnehmerbeiträge zur betrieblichen Altersversorgung an. Den Vertragsstaaten steht aber im Verhandlungsweg eine Ausdehnung der Regelung auf Arbeitgeberbeiträge offen.[710]

Der Umstand, dass die Behandlung von Beitragszahlungen lediglich in der Kommentierung der OECD zu ihrem Musterabkommen thematisiert wird, zeigt bereits deren umstrittenen Inhalt auf.[711] *Wassermeyer* spricht gar von einer „Degradierung" und bezweifelt in Folge dessen die Durchsetzbarkeit der Regelung in der Praxis. In systematischer Hinsicht weicht die angeregte Regelung deutlich von denen anderer DBA-Artikel ab, da es sich nicht um eine Verteilungsnorm handelt, sondern um die Ausdehnung des Anwendungsbereichs einer innerstaatlichen Abzugsnorm.[712] Der Abzug von Beiträgen an eine „Pensionskasse" wird demnach – sofern eine unterstellte Gleichartigkeit der Einrichtungen gegeben ist – über inländische Institutionen auf ausländische ausgedehnt.

2.1.3. Einordnung als andere Einkünfte (Art. 21 OECD-MA)

Die Auffangnorm des Art. 21 OECD-MA spricht das alleinige Besteuerungsrecht für anderweitige Einkünfte dem Ansässigkeitsstaat zu.[713] Insoweit ist die Trennlinie zwischen Art. 21 und Art. 18 OECD-MA nur von akademischem Interesse.[714] Im Folgenden wird der herrschenden Meinung folgend die Anwendbarkeit des Art. 21 OECD-MA nicht weiter betrachtet.

2.2. Beurteilung aus Sicht des Arbeitgebers

Unternehmensgewinne werden gem. Art. 7 OECD-MA im Ansässigkeitsstaat des Unternehmens besteuert, sofern die Geschäftstätigkeit im Ausland nicht durch eine Be-

---

710 Vgl. Günkel, intertax 1992, S. 693.

711 Vgl. Wassermeyer, in: Debatin/Wassermeyer, Doppelbesteuerung, 2004, Art. 18 Tz. 6. Die Reichweite des OECD-Musterkommentars darf vor diesem Hintergrund aber keinesfalls unterschätzt werden, da er bspw. in der Rechtsprechung des BFH als Auslegungsgrundlage herangezogen wird; vgl. BFH v. 18.7.2001, I R 26/01; Schnitger, IStR 2002a, S. 407 ff.

712 Vgl. Prokisch, in: Vogel/Lehner, DBA-Kommentar, 2003, Art. 18, Tz. 24.

713 Eine Ausnahme besteht für unbewegliches Vermögen, das einer ausländischen Betriebsstätte zuzuordnen ist. Die daraus resultierenden Einkünfte fallen unter Art. 7 OECD-MA.

714 Eine Subsumtion unter Art. 21 OECD-MA wird bspw. von *Gassner/Konezny* vertreten; vgl. Gassner/Konezny, DBA-Recht, 2003, S. 324 f.

triebsstätte i.S.d. Art. 5 OECD-MA ausgeübt wird.[715] Dieses „Betriebsstättenprinzip“ begründet allerdings kein exklusives Besteuerungsrecht des Betriebsstättenstaates,[716] so dass die Doppelbesteuerung erst mittels Freistellung oder Anrechnung durch den Ansässigkeitsstaat abgewendet werden kann. Der Umfang der Besteuerung richtet sich gem. Art. 7 Abs. 3 OECD-MA nach einer um notwendige Aufwendungen gekürzten Nettogröße. Der Gesamterfolg des international tätigen Unternehmens wird auf das inländische Stammhaus sowie die ausländische Betriebsstätte aufgeteilt. Als Regelmethode ist abkommensrechtlich die „direkte Methode“ vorgesehen, wonach eine verursachungsgerechte Aufteilung vorzunehmen ist.[717] Die Betriebsstätte wird der Selbständigkeitsfiktion entsprechend als unabhängiger Unternehmensteil mit eigener Erfolgs- und Vermögensermittlung behandelt.[718] Personalaufwendungen können entsprechend von dem Unternehmensteil angesetzt werden, welcher sie wirtschaftlich „zu tragen“ hat.[719] Die Frage der Aufwandsverrechnung korreliert so mit der Zuweisung des Besteuerungsrechts für die Arbeitslöhne nach Art. 15 OECD-MA. Für die Einkünfte aus unselbständiger Arbeit wird dort in Abs. 2 spezifiziert, dass der Tätigkeitsstaat nur dann sein Besteuerungsrecht ausüben darf, wenn die Arbeit für einen dort ansässigen Arbeitgeber oder eine Betriebsstätte erbracht wird. Aufgrund dieser Korrelation sind die Vergütungen bei dem Unternehmensteil abzugsfähig, welcher wirtschaftlich als Arbeitgeber anzusehen ist.[720]

Das Musterabkommen sieht keine spezifischen Vorschriften zur Abzugsfähigkeit von Beiträgen an ausländische Versorgungseinrichtungen vor. In analoger Anwendung des im Musterkommentar zu Art. 18 OECD-MA enthaltenen Vorschlags könnte eine entsprechende Verrechnung zugelassen werden.[721] Sofern eine solche Vereinbarung nicht getroffen wird, richtet sich die steuerliche Berücksichtigung der Beiträge insbesondere nach den Steuervorschriften des Betriebsstättenstaates.

---

715 Zum abkommensrechtlichen Begriff der Betriebsstätte vgl. ausführlich Jacobs, Unternehmensbesteuerung, 2002, S. 379 ff.

716 Vgl. Kroppen, in: Becker/Höppner/Grotherr/Kroppen, DBA-Kommentar, 2005, Art. 7 OECD-MA, Tz. 66.

717 Vgl. Hemmelrath, in: Vogel/Lehner, DBA-Kommentar, 2003, Art. 7, Tz. 101 ff.

718 Vgl. dazu und zu den Abgrenzungsproblemen bei der direkten Methode Jacobs, Unternehmensbesteuerung, 2002, S. 625.

719 Vgl. Jacobs, Unternehmensbesteuerung, 2002, S. 1271 f.

720 Vgl. Bendlinger, IWB 2004, S. 1795

721 Vgl. Günkel, intertax 1992, S. 693.

2.3. Diskussion der Lösungsmechanismen und deren Eignung zur Vermeidung einer intertemporalen Doppelbesteuerung

Sieht man vom Ausnahmesachverhalt des Art. 15 Abs. 2 OECD-MA ab, so können Einkünfte aus unselbständiger Arbeit in dem Staat besteuert werden, in dem die Arbeit ausgeübt wurde. Da der Tätigkeitsstaat somit grundsätzlich an seinem Besteuerungsrecht festhalten kann, hängt die Vermeidung der Doppelbesteuerung maßgeblich von den dazu vorgesehenen Maßnahmen im Ansässigkeitsstaat ab. Die OECD hat hierzu in Art. 23 OECD-MA zwei Lösungsstrategien vorgeschlagen: Der Ansässigkeitsstaat kann im Tätigkeitsstaat erzielte Einkünfte entweder von der inländischen Besteuerung (unter Progressionsvorbehalt) freistellen (Art. 23-A OECD-MA) oder die im Tätigkeitsstaat gezahlte Steuer auf die inländische Steuerschuld anrechnen (Art. 23-B OECD-MA). Im Gegensatz zu den anderen Normen eines Doppelbesteuerungsabkommens ist dieser „Methodenartikel" nur im Wohnsitzstaat anzuwenden.[722] Daraus folgt auch, dass die beiden Vertragsstaaten von einander abweichende Methoden in Art. 23 festschreiben können.[723] Während das Musterabkommen – ebenso wie tatsächliche Abkommen – nur die Voraussetzungen für die Anwendung der Freistellungs- oder Anrechnungsmethode aufzählt, wird deren praktische Durchführung nicht thematisiert.[724] Für die konkrete Ausgestaltung der Methoden wird typischerweise auf das jeweilige nationale Recht verwiesen.[725] Fasst man diesen Mechanismus zusammen, so kommt man zur Schlussfolgerung, dass die in Art. 15 OECD-MA vorgeschlagene Norm die Doppelbesteuerungsproblematik der betrieblichen Altersversorgung nicht lösen kann. Da der Tätigkeitsstaat bzw. in der Versorgungsphase der Auszahlungsstaat ein Besteuerungsrecht behält, ergeben sich keine anderen Konsequenzen als bei alleiniger Anwendung der unilateralen Vorschriften, wie sie in Kapitel B.III. beschrieben wurden.[726] Die Freistellungsmethode führt dann zu einer systematisch schlüssigen Besteuerung. Dies gilt jedoch nicht, sofern die Versorgungseinrichtung ihren Sitz weder im Tätigkeits- noch im Ansässigkeitsstaat hat (Dreieckskonstellation). Wie im unilatera-

---

[722] Vgl. OECD, Commentary, 2000, Art. 23, Tz. 8.

[723] Eine Kombination der beiden Methoden durch einen Staat in Abhängigkeit der Einkünfte sieht der Musterkommentar ebenfalls explizit als zulässig an; vgl. OECD, Commentary, 2000, Art. 23, Tz. 31.

[724] Im Musterkommentar der OECD werden die in der Praxis bekannten Methoden nur abstrakt und wertungsfrei dargestellt; vgl. OECD, Commentary, 2000, Art. 23, Tz. 13 ff. Weiterführend vgl. Jacobs, Unternehmensbesteuerung, 2002, S. 73; Vogel, in: Vogel/Lehner, DBA-Kommentar, 2003, Art. 23, Tz. 9.

[725] Vgl. Vogel, in: Vogel/Lehner, DBA-Kommentar, 2003, Art. 23, Tz. 27.

[726] Dies gilt unter der Voraussetzung, dass der Ausgleichsmechanismus des Art. 23 in Übereinstimmung mit der unilateralen Methode gewählt wurde. Soweit dies nicht der Fall ist, kommt es zu einer Methodenverschiebung, so dass sich die Effekte entsprechend ändern.

len Fall können hier durch die Freistellungsmethode intertemporale Doppel- oder Minderbesteuerungen entstehen.[727] Das Ergebnis der Anrechnungsmethode hängt dagegen stärker von den Gegebenheiten des Einzelfalls ab. Liegen Systemunterschiede vor, so führt die in der Praxis regelmäßig verwendete beschränkte Anrechnungsmethode stets zu intertemporalen Doppelbesteuerungen. Da sich aus der Anwendung von Art. 15 OECD-MA somit keine von der unilateralen Situation abweichenden Ergebnisse ergeben, ist dessen Anwendung auf die betriebliche Altersversorgung als nicht zielführend abzulehnen.

<table>
<tr><th colspan="3" rowspan="2">Besteuerung in Anwartschaftsphase (Art. 15 OECD-MA)</th><th colspan="2">Tätigkeitsstaat</th></tr>
<tr><th>Vorgelagerte Besteuerung</th><th>Nachgelagerte Besteuerung</th></tr>
<tr><td rowspan="4">Ansässigkeitsstaat</td><td rowspan="2">Freistellungs-methode</td><td>Vorgelagerte Besteuerung</td><td>Ausländisches Steuerniveau (evtl. Progressionsvorbehalt)</td><td>Steuerfreiheit (evtl. Progressionsvorbehalt)</td></tr>
<tr><td>Nachgelagerte Besteuerung</td><td>Ausländisches Steuerniveau</td><td>Steuerfreiheit</td></tr>
<tr><td rowspan="2">Anrechnungs-methode</td><td>Vorgelagerte Besteuerung</td><td>Inländisches Steuerniveau*</td><td>Inländisches Steuerniveau</td></tr>
<tr><td>Nachgelagerte Besteuerung</td><td>Steuerfreiheit*</td><td>Steuerfreiheit</td></tr>
</table>

* Evtl. Anrechnungsüberhang bei beschränkter Anrechnungsmethode

Tabelle 16: Besteuerung in Anwartschaftsphase, Art. 15 OECD-MA

Art. 18 OECD-MA unterscheidet sich hiervon in zentralen Punkten. Die Abkommensvorschrift weist das Besteuerungsrecht in der Versorgungsphase ausschließlich dem Ansässigkeitsstaat zu. Besitzen beide Staaten ein nachgelagertes Steuersystem, so treten in beiden Staaten in der Anwartschaftsphase[728] keine Steuerbelastungen auf. In der Versorgungsphase würden beide gemäß ihrer Steuersystematik die Betriebsrente erfassen. Nach Art. 18 OECD-MA besitzt der Ansässigkeitsstaat das exklusive Besteuerungsrecht, so dass eine Quellenbesteuerung im vormaligen Tätigkeitsstaat ausscheidet. Die betriebliche Altersversorgung wird in diesem Fall während der Versorgungsphase lediglich im Ansässigkeitsstaat nachgelagert besteuert. Dies gilt sowohl für die

[727] Vgl. ähnlich Wellisch, betrAV 2004, S. 108.

Fälle der Grenzpendler und der Entsendung als auch für den Fall des Wohnsitzwechsels bei Renteneintritt.[729]

Besteuerung in Versorgungsphase (Art. 18 bzw. 21 OECD-MA)		**Auszahlungsstaat**	
		Vorgelagerte Besteuerung	Nachgelagerte Besteuerung
		Verbot von Quellensteuern	
Ansässigkeitsstaat	Vorgelagerte Besteuerung	Steuerfreiheit	Steuerfreiheit
	Nachgelagerte Besteuerung	Inländisches Steuerniveau	Inländisches Steuerniveau

Tabelle 17: Besteuerung in Versorgungsphase, Art. 18 bzw. 21 OECD-MA

Hatten beide Staaten ein vorgelagertes Steuersystem, fallen die jeweiligen Steuerbelastungen bereits in der Anwartschaftsphase an, während die Versorgungsphase systematisch nicht erfasst wird.[730] Die Besteuerung der Beiträge im Tätigkeitsstaat wird nach Art. 18 OECD-MA nicht grundsätzlich unterbunden. Zwar existiert im Musterkommentar ein Vorschlag zur Berücksichtigung von Beiträgen an eine ausländische Pensionskasse.[731] Daraus kann aber keine über das nationale Steuerrecht des Tätigkeitsstaats hinaus reichende Abzugsnorm abgeleitet werden. Vielmehr sieht die OECD eine Gleichbehandlung von Beitragszahlungen an inländische und ausländische Kassen vor, sofern eine grundsätzliche Vergleichbarkeit gegeben ist.[732] Fehlt eine entsprechende Abzugsmöglichkeit im Tätigkeitsstaat, können die Beitragszahlungen auch nach dem OECD-Vorschlag im Tätigkeitsstaat besteuert werden. Da der Ansässigkeitsstaat annahmegemäß eine analoge Besteuerung vornimmt, hängt das sich insgesamt ergebende Steuerniveau von der Anwendung der Freistellungsmethode oder Anrechnungsmethode ab. Nach der Freistellungsmethode kommt das Steuerniveau des Tätigkeitsstaats

728 Für die steuerliche Behandlung der Beitragszahlungen ist Art. 15 OECD-MA einschlägig.

729 Während in den ersten beiden Fällen das Steuerniveau des während der ganzen Zeit bestehenden Ansässigkeitsstaats zum Tragen kommt, greift im letzteren Fall das Steuerniveau des neuen Wohnsitzstaates.

730 Von einer möglichen Ertragsanteilsbesteuerung wird vereinfachend abgesehen. Vgl. Welisch, StuW 2001, S. 274.

731 Vgl. OECD, Commentary, 2000, Art. 18, Tz. 4 ff.

732 Vgl. OECD, Commentary, 2000, Art. 18, Tz. 11.

zum Tragen.[733] Die unbeschränkte Anrechnungsmethode lässt das inländische Steuerniveau dominieren. Die beschränkte Anrechnung führt stets zur höchsten Steuerbelastung, da entweder eine Hochschleusung auf das inländische Niveau erfolgt oder Anrechnungsüberhänge entstehen, wenn das Ausland ein höheres Steuerniveau als das Inland besitzt.

Probleme bereitet Art. 18 OECD-MA, wenn die Steuersysteme unterschiedlich gestaltet sind.[734] Bei einem Wohnsitzwechsel[735] führt der Umzug aus einem vorgelagert besteuernden Staat in einen nachgelagert besteuernden Staat stets zu einer intertemporalen Doppelbesteuerung.[736] Werden bereits in der Anwartschaftsphase die Beitragszahlungen steuerlich belastet, kommt es im neuen Ansässigkeitsstaat zu einer nochmaligen Erfassung der Leistungen. Da letzterem nach Art. 18 OECD-MA das alleinige Besteuerungsrecht zusteht, wird die mehrfache Besteuerung nicht verhindert.[737] Im umgekehrten Fall können hingegen „weiße", also steuerlich unbelastete Einkünfte entstehen: Die aufgrund der nachgelagerten Besteuerung während der Anwartschaftsphase steuerfrei gebliebenen Beiträge werden in der Versorgungsphase im vorgelagert besteuernden Ansässigkeitsstaat nicht in die Bemessungsgrundlage einbezogen.[738] Es ergibt sich eine intertemporale Minderbesteuerung.

Die steuerlichen Folgen bei Grenzpendlern bzw. entsandten Mitarbeitern sind hiermit im Grundsatz vergleichbar. In der Anwartschaftsphase ist die Aufteilung des Besteuerungsrechts auf die Arbeitseinkünfte und damit den grundsätzlich dazu zählenden Vorsorgebeiträgen durch Art. 15 OECD-MA geregelt. Unabhängig davon werden die Betriebsrenten jedoch gem. Art. 18 OECD-MA nur vom Ansässigkeitsstaat besteuert. Soweit sich die Steuersysteme der beiden Staaten entsprechen, können sich nur aufgrund von Anrechnungsüberhängen in der Anwartschaftsphase Hochschleusungseffekte auf das jeweils höhere Steuerniveau ergeben. Eine intertemporale Doppelbesteue-

[733] Darüber hinaus ist ein Effekt auf die inländische Steuerbelastung durch einen Progressionsvorbehalt möglich.

[734] Beispielsweise weil in einem der Staaten Beitragszahlungen an ausländische Versorgungseinrichtungen steuerlich abweichend behandelt werden.

[735] Dies gilt analog bei Dreieckskonstellationen, wobei die Versorgungseinrichtung in einem dritten Staat ansässig ist.

[736] Vgl. auch Steinmeyer, Steuerregelungen, 2001, S. 200 f. zum Beispiel Deutschland-Niederlande.

[737] Kritisch zu den Möglichkeiten im Rahmen eines Verständigungsverfahrens vgl. Steinmeyer, Steuerregelungen, 2001, S. 201.

rung ist aufgrund des exklusiven Steuerzugriffs des Ansässigkeitsstaates in der Versorgungsphase nur möglich, wenn dieser eine nachgelagerte Besteuerung vorsieht. Darüber hinaus müssen die Beitragszahlungen durch den Tätigkeitsstaat in der Anwartschaftsphase vorgelagert besteuert worden sein. Effektiv hat diese Steuerbelastung nur Bestand, wenn der Ansässigkeitsstaat ausländische Einkünfte von der Besteuerung freigestellt hat oder nur eine beschränkte Anrechnung vorsieht, so dass aufgrund von Anrechnungsüberhängen kein Ausgleich für eine höhere steuerliche Belastung im Tätigkeitsstaat erfolgen kann. Lediglich die Anwendung der unbeschränkten Anrechnungsmethode in der Anwartschaftsphase könnte die intertemporale Doppelbesteuerung verhindern. Eine intertemporale Minderbesteuerung kann entstehen, wenn der Tätigkeitsstaat nachgelagert und der Ansässigkeitsstaat vorgelagert besteuert. Dies gilt nur, wenn der Ansässigkeitsstaat auf die Besteuerung der Arbeitseinkünfte in der Anwartschaftsphase verzichtet hat. Die Anrechnungsmethode würde hier stets zur Erzielung einer systematisch zutreffenden einmaligen Besteuerung der Beitragszahlungen führen.

Zusammenfassend ergeben sich aus der Anwendung des Art. 18 OECD-MA mehr Probleme als bei Anwendung der unilateralen Maßnahmen. Sowohl bei einem Wohnsitzwechsler[739] als auch bei Grenzpendlern und Expatriates können systematische Unterschiede in der Besteuerung der betrieblichen Altersversorgung zu Doppel- oder Minderbesteuerungen führen. Da dies bei einem Wohnsitzwechsel stets und bei Grenzpendlern in typischen Fällen auftritt, ist eine hohe praktische Relevanz gegeben. Gerade bei Grenzpendlern und Entsendungen kann davon ausgegangen werden, dass die betroffenen Arbeitnehmer Vorstellungen darüber haben, in welchem Staat sie ihren Lebensabend verbringen wollen. Angesichts der drohenden Doppelbesteuerungen oder Minderbesteuerungen ergeben sich entweder prohibitive Kosten oder unsystematische Steuererleichterungen. Beide Effekte sind unter dem Aspekt der Gleichmäßigkeit der Besteuerung problematisch. Während die Doppelbesteuerung den betroffenen Steuerpflichtigen im Vergleich zu den anderen Steuerpflichtigen übermäßig belastet, führt bei einer Minderbesteuerung die Bevorzugung durch Erzielung von Steuervorteilen im Vergleich zu einem rein national tätigen Steuerpflichtigen zu gleichheitswidrigen Resultaten. Im europäischen Kontext stellt sich die Frage nach der Zulässigkeit entsprechender Steuerregeln. Gerade in der mehrfachen steuerlichen Erfassung der betriebli-

[738] Dies unterstellt die Qualifikation der Betriebsrente unter die entsprechende Steuernorm des neuen Ansässigkeitsstaats. Bei einer Dreieckskonstellation muss auch der Auszahlungsstaat eine vorgelagerte Besteuerung anwenden, wenn „weiße Einkünfte“ entstehen sollen.

[739] Einschließlich Dreieckskonstellationen.

chen Altersversorgung kann ein Hindernis für die Freizügigkeit gesehen werden.[740] Ein Arbeitnehmer kann sich aufgrund der steuerlichen Vorschriften trotz abgeschlossener Doppelbesteuerungsabkommen diskriminiert fühlen, wenn er damit rechnen muss, dass der Aufbau einer betrieblichen Altersversorgung für ihn nur unter erschwerten Bedingungen möglich ist.[741] Im Extremfall besteht die Gefahr, dass die Aufnahme einer Tätigkeit im Ausland aufgrund dieser Zusammenhänge unattraktiv wird.

Die Freizügigkeit ist durch den EG-Vertrag als Grundrecht geschützt. Eine Regelung, welche die Aufnahme oder Verfolgung einer Tätigkeit für einen Bürger aus einem anderen EU-Mitgliedstaat erschwert oder behindert, ist grundsätzlich unzulässig.[742] Maßstab des Europäischen Gerichtshofs für eine Verletzung der Grundfreiheiten ist die so genannte Inländergleichbehandlung. Für die betriebliche Altersversorgung erweist sich dieser Maßstab als nur bedingt hilfreich. Soweit es um die Anerkennung von Prämienzahlungen an vergleichbare ausländische Pensionseinrichtungen geht, kann aufgrund der Inländergleichbehandlung regelmäßig kein Ausschluss von steuerlichen Erleichterungen vorgenommen werden.[743] Die intertemporalen Doppelbesteuerungsprobleme resultieren jedoch gerade aus der Gleichbehandlung mit inländischen Betriebsrenten. Das Besteuerungsrecht nach Art. 18 OECD-MA steht zwar exklusiv dem Ansässigkeitsstaat zu. Die Nicht-Berücksichtigung einer in der Anwartschaftsphase erfolgten Besteuerung oder Freistellung entspricht der Maxime der Inländergleichbehandlung, wenn die Besteuerung in der Versorgungsphase analog zu inländisch erzielten Betriebspensionen erfolgt. Im Ergebnis entstehen dadurch intertemporale Doppel- oder Minderbesteuerungen. Die Inländergleichbehandlung führt somit zu keinem wirksamen Schutz.

Die EuGH-Rechtsprechung interpretiert die Grundfreiheiten umfassend als Beschränkungsverbote.[744] Eine Beschränkung stellt jede „nationale Maßnahme [dar], die die Ausübung der durch den Vertrag garantierten Freiheiten behindern oder weniger attraktiv machen kann".[745] Zukünftige Besteuerungsnachteile sind grundsätzlich geeignet, die Grundfreiheit der Freizügigkeit zu behindern oder zumindest weniger attraktiv

---

[740] Vgl. Steinmeyer, Steuerregelungen, 2001, S. 202 f.
[741] Vgl. Steinmeyer, Europa, 2001, S. 462 ff.
[742] Vgl. Arndt, Europarecht, 2004, S. 139.
[743] Vgl. dazu ausführlich Kapitel D.II.1.
[744] Vgl. Arndt, Europarecht, 2004, S. 139 ff.
[745] EuGH-Urteil v. 30.11.1995 (Gebhard), Tz. 37. Ergänzungen durch Verf.

zu gestalten. Dies gilt sowohl für den Fall eines Grenzpendlers bzw. eines entsandten Mitarbeiters als auch für einen Wohnsitzwechsel in der Versorgungsphase.[746] Die Auseinandersetzung mit der *Gebhard*-Entscheidung führte in der Folge zu einer teleologischen Reduktion deren Reichweite. Da eine wörtliche Interpretation des Beschränkungsverbots eine extensive Ausdehnung auf jedwede nationale Vorschrift hervorgerufen hätte, wurde der Schutzbereich des Beschränkungsverbots in der Folge als Sicherung eines freien Marktzugangs verstanden.[747] Für die hier betrachtete intertemporale Doppelbesteuerung der betrieblichen Altersversorgung kann das Ergebnis dieser Diskussion dahinstehen.[748] Das Resultat aus Besteuerung in Anwartschafts- und Versorgungsphase kann eine Beschränkung einer Grundfreiheit ergeben, welche zum einen deren Ausübung unattraktiv werden lassen kann. Zum anderen stehen mögliche Doppelbesteuerungen einem freien Marktzugang durch Bürger eines anderen EU-Mitgliedstaates entgegen, da die steuerliche Diskriminierung konsequente Folge der grenzüberschreitenden Tätigkeit des Steuerpflichtigen ist. Dieses Dilemma wird durch die Anwendung von Art. 18 OECD-MA häufig nicht bereinigt und im Gegenteil zum Teil sogar verschärft, da im Vergleich zu den unilateralen Maßnahmen neue Doppelbesteuerungen oder Minderbesteuerungen entstehen können. Inwieweit diese Beschränkungen gerechtfertigt werden können, soll in Unterkapitel II.1. anhand der bislang erfolgten Rechtsprechung erörtert werden.

3. Anwendung auf die Beispielfälle

3.1. DBA Deutschland-Österreich

Art. 15 des am 24.8.2000 abgeschlossenen Doppelbesteuerungsabkommens zwischen Deutschland und Österreich entspricht im Grundsatz dem OECD-Musterabkommen. Einkünfte aus unselbständiger Arbeit können bei einem Aufenthalt von mehr als 183 Tagen im Tätigkeitsstaat grundsätzlich in beiden Staaten besteuert werden.[749] Eine Ausnahme besteht gem. Art. 15 Abs. 6 für so genannte „Grenzgänger“. Das DBA definiert Grenzgänger als Personen, die ihren Wohnsitz im einen Staat nahe der Grenze haben und täglich zu einem im anderen Staat liegenden, grenznahen Arbeitsort pen-

---

[746] Wie in Kapitel B gezeigt wurde, erstreckt sich die Freizügigkeit über Arbeitnehmersachverhalte hinaus auf jeden EU-Bürger.

[747] Ausführlich zur Diskussion der Reichweite des allgemeinen Beschränkungsverbots vgl. Arndt, Europarecht, 2004, S. 140 f.

[748] Nach *Arndt* ist die Rechtsprechung des EuGH in dieser Frage noch nicht eindeutig geklärt; vgl. Arndt, Europarecht, 2004, S. 141.

[749] Zu den weiteren Voraussetzungen vgl. DBA Deutschland-Österreich, Art. 15 Abs. 2.

deln. Als „grenznah" gilt laut Nr. 8 des Protokolls eine Zone von 30 km beiderseits der Grenze. Für Grenzgänger wird das Besteuerungsrecht auf den Wohnsitzstaat beschränkt.[750] In den übrigen Fällen sehen sowohl Deutschland als auch Österreich gem. Art. 23 die Freistellung der im anderen Staat erzielten Einkünfte aus unselbständiger Arbeit vor. Deutschland behält sich dabei einen Progressionsvorbehalt vor.[751]

Auch Art. 18 zur Besteuerung von Ruhegehältern entspricht im Grundsatz dem Musterabkommen.[752] Abweichend davon gilt für Leistungen der gesetzlichen Sozialversicherung das Kassenstaatsprinzip. Private Ruhegehälter, welche für eine frühere unselbständige Arbeit gezahlt werden, dürfen nach Art. 18 Abs. 1 nur im Wohnsitzstaat besteuert werden.[753] Der Vorschlag im OECD-Musterkommentar zur Berücksichtigung von Beitragszahlungen an im anderen Vertragsstaat gelegene Versorgungseinrichtungen wurde nicht explizit aufgegriffen.

3.1.1. Deutscher Grenzpendler

Die im unilateralen Fall noch festgestellte intertemporale Doppelbesteuerung im Falle einer arbeitnehmerfinanzierten Pensionskasse bzw. einer Direktversicherung eines in Österreich tätigen deutschen Grenzpendlers[754] löst sich auf, da die Betriebsrenten in Deutschland nicht mehr § 22 Nr. 5 EStG unterliegen. Da in der Anwartschaftsphase in Folge der Freistellung nach Art. 15 DBA der deutsche § 3 Nr. 63 EStG nicht zur Anwendung kam, werden die Leistungen gem. § 22 Nr. 1 Satz 3 lit. a) bb) EStG nur ertragsanteilig erfasst. Die Vorbelastung der in Österreich steuerlich nicht abzugsfähigen Beiträge wird dadurch systemkonform berücksichtigt. Der starre Mechanismus des § 22 EStG führt allerdings dazu, dass auch Auszahlungen arbeitgeberfinanzierter Pensionskassen nur ertragsanteilig in Deutschland besteuert werden. Mangels Vorbelastung in der Anwartschaftsphase in Österreich entsteht eine intertemporale Minderbesteuerung.

---

[750] Vgl. Wilke, in: Becker/Höppner/Grotherr/Kroppen, DBA-Kommentar, 2005, Art. 15 DBA-Österreich 2000, Tz. 18 ff.

[751] Vgl. Hensel, PIStB 2004, S. 113; BFH-Urteil v. 19.12.01, I R 63/00; BFH-Urteil v. 15.5.02, I R 40/01.

[752] Vgl. Leitner, Austria, 1998, S. 114 f.

[753] Vgl. Kolb/Lang/Loukota/Waldburger/Waters/Wolff, SWK 2002, S. 525 f.

[754] Im Folgenden wird die Ausnahmeregelung des Art. 15 Abs. 6 des DBA bzgl. grenznaher Pendler außer Acht gelassen. Bei diesen gelten im Wesentlichen die rein nationalen Steuervorschriften, so dass sich keine internationalen Doppelbesteuerungen ergeben können.

<table>
<tr><th colspan="3" rowspan="2">Besteuerung in Anwartschaftsphase (Art. 15 DBA Deutschland-Österreich)</th><th colspan="2">Tätigkeitsstaat: Österreich</th></tr>
<tr><th>Vorgelagerte Besteuerung</th><th>Nachgelagerte Besteuerung</th></tr>
<tr><td rowspan="4">Ansässigkeitsstaat: Deutschland</td><td rowspan="2">Freistellungs-methode</td><td>Vorgelagerte Besteuerung</td><td>-</td><td>Abfertigung Neu</td></tr>
<tr><td>Nachgelagerte Besteuerung</td><td>PK (AN), DV</td><td>DZ, UK, PK (AG)</td></tr>
<tr><td rowspan="2">Anrechnungs-methode</td><td>Vorgelagerte Besteuerung</td><td>-</td><td>-</td></tr>
<tr><td>Nachgelagerte Besteuerung</td><td>-</td><td>-</td></tr>
</table>

Tabelle 18: Anwartschaftsphase bei Ansässigkeit in Deutschland und Tätigkeit in Österreich, DBA-Fall

3.1.2. Umzug von Österreich nach Deutschland

<table>
<tr><th colspan="2" rowspan="3">Besteuerung in Versorgungsphase (Art. 18 DBA Deutschland-Österreich)</th><th colspan="2">Auszahlungsstaat: Österreich</th></tr>
<tr><th>Vorgelagerte Besteuerung</th><th>Nachgelagerte Besteuerung</th></tr>
<tr><th colspan="2">Verbot von Quellensteuern</th></tr>
<tr><td rowspan="2">Ansässigkeitsstaat: Deutschland</td><td>Vorgelagerte Besteuerung</td><td>Abfertigung Neu; PK (AN), DV</td><td>PK (AG)</td></tr>
<tr><td>Nachgelagerte Besteuerung</td><td>-</td><td>DZ, UK</td></tr>
</table>

Tabelle 19: Versorgungsphase bei Ansässigkeit in Deutschland und Auszahlung aus Österreich, DBA-Fall

Nach unilateralem Recht führt der Wohnsitzwechsels eines Österreichers nach Deutschland bei einer arbeitgeberfinanzierten Pensionskassenzusage zu einer nachgelagerten Besteuerung. Die DBA-Regelungen durchbrechen diese Systematik. Die in Österreich vorgesehene volle Besteuerung der Leistungen wird durch das DBA unterbunden, während Deutschland nur ertragsanteilig besteuert. Es entsteht eine intertemporale Minderbesteuerung. Die anderen Durchführungswege werden dagegen auch nach dem DBA systematisch zutreffend besteuert.

3.1.3. Österreichischer Grenzpendler

Besteuerung in Anwartschaftsphase (Art. 15 DBA Deutschland-Österreich)			**Tätigkeitsstaat: Deutschland**	
			Vorgelagerte Besteuerung	Nachgelagerte Besteuerung
Ansässigkeitsstaat: Österreich	Freistellungsmethode	Vorgelagerte Besteuerung (ohne Progressionsvorbehalt)	PK, DV (Altfälle)	PK, PF, DV (Neufälle)
		Nachgelagerte Besteuerung	-	DZ, UK
	Anrechnungsmethode	Vorgelagerte Besteuerung	-	-
		Nachgelagerte Besteuerung	-	-

Tabelle 20: Anwartschaftsphase bei Ansässigkeit in Österreich und Tätigkeit in Deutschland, DBA-Fall (ohne „Grenzgänger-Regelung")

Die Minderbesteuerungen für einen österreichischen Grenzpendler werden durch das DBA nicht beseitigt. Die Betriebsrenten aus Pensionskassen, Pensionsfonds und Direktversicherungen werden in Österreich nur ertragsanteilig besteuert, obwohl die Beiträge in Deutschland steuerfrei gestellt waren.[755]

3.1.4. Umzug von Deutschland nach Österreich

Auch die Minderbesteuerungen bei einem Wohnsitzwechsel von Deutschland nach Österreich (Pensionskasse, Pensionsfonds, Direktversicherung) werden nicht beseitigt. Das aufgrund des DBA wegfallende Quellensteuerrecht Deutschlands wird in Österreich lediglich durch eine ertragsanteilige Besteuerung ersetzt, wodurch die steuerfreie

755 Bei Altfällen mit Lohnsteuerpauschalierung resultieren wie im unilateralen Fall vorgelagerte Besteuerungen.

Anwartschaftsphase nicht angemessen berücksichtigt wird. Die Probleme im Zusammenhang mit einer Riester-Rente werden durch das DBA nicht gelöst.[756]

Besteuerung in Versorgungsphase (Art. 18 DBA Deutschland-Österreich)		Auszahlungsstaat: Deutschland	
		Vorgelagerte Besteuerung	Nachgelagerte Besteuerung
		Verbot von Quellensteuern	
Ansässigkeitsstaat: Österreich	Vorgelagerte Besteuerung	PK, PF, DV	-
	Nachgelagerte Besteuerung	-	Riester, DZ, UK

Tabelle 21: Versorgungsphase bei Ansässigkeit in Österreich und Auszahlung aus Deutschland, DBA-Fall

3.2. DBA Deutschland-Dänemark

Die Bestimmungen des Art. 15 des DBA zwischen Dänemark und Deutschland sind im Wesentlichen mit dem OECD-Musterabkommen identisch.[757] Die Besteuerung im Tätigkeitsstaat ist u.a. unter der Voraussetzung möglich, dass die unselbständige Arbeit an mehr als 183 Tagen im Kalenderjahr dort ausgeübt wird. Die Vermeidung der Doppelbesteuerung wird gem. Art. 24 sowohl in Deutschland als auch in Dänemark durch Freistellung unter Progressionsvorbehalt erreicht. Eine Gleichstellung von im anderen Vertragsstaat gelegenen Versorgungseinrichtungen ist nicht vorgesehen.

Die Erfassung von Ruhegehältern folgt im Grundsatz dem OECD-Musterabkommen, da – abgesehen von Sozialversicherungsleistungen – nur dem Tätigkeitsstaat ein Besteuerungsrecht zusteht. Eine Besonderheit findet sich in Art. 18 Abs. 4 des DBA. Für Leistungen, die ein Steuerpflichtiger erhält, der seinen Wohnsitz vom einen in den anderen Vertragsstaat verlegt hat, lebt das Quellenbesteuerungsrecht des ehemaligen Ansässigkeitsstaats wieder auf.[758] Die Quellensteuer ist im neuen Wohnsitzstaat nach Art.

[756] Vgl. C.V.1.2.5.

[757] Zu den marginalen Abweichungen vgl. Vogelgesang, in: Becker/Höppner/Grotherr/Kroppen, DBA-Kommentar, 2005, Art. 15 DBA-Dänemark 1995, Tz. 2.

[758] Vgl. Prokisch, in: Vogel/Lehner, DBA-Kommentar, 2003, Art. 18, Tz. 45.

24 Abs. 1 lit. b) bb) bzw. Abs. 2 lit. a) jeweils beschränkt anrechenbar im Sinne einer per-country-limitation.

3.2.1. Deutscher Grenzpendler

Besteuerung in Anwartschaftsphase (Art. 15 DBA Deutschland-Dänemark)			**Tätigkeitsstaat: Dänemark**	
			Vorgelagerte Besteuerung	Nachgelagerte Besteuerung
Ansässigkeitsstaat: Deutschland	Freistellungs-methode	Vorgelagerte Be-steuerung	-	-
		Nachgelagerte Besteuerung	PK, DV	-
	Anrechnungs-methode	Vorgelagerte Besteuerung	-	-
		Nachgelagerte Besteuerung	-	-

Tabelle 22: Anwartschaftsphase bei Ansässigkeit in Deutschland und Tätigkeit in Dänemark, DBA-Fall

Für deutsche Grenzpendler und Expatriates löst das DBA zumindest die intertemporale Doppelbesteuerung auf. Die Beitragszahlungen sind zwar in Dänemark nicht steuerlich abzugsfähig. Da Deutschland in der Versorgungsphase jedoch nur den Ertragsanteil besteuert, entsteht eine vorgelagerte Besteuerung.

3.2.2. Umzug von Dänemark nach Deutschland

Bei einem Umzug eines Dänen nach Deutschland lebt das Quellensteuerrecht Dänemarks entgegen der grundsätzlichen Regelung in Art. 18 des DBA wieder auf. Die betriebliche Altersversorgung konnte in Dänemark grundsätzlich steuerbegünstigt in der Anwartschaftsphase aufgebaut werden. Das DBA stellt somit eine einmalige nachgelagerte Besteuerung sicher. Deutschland erhebt in diesem Fall als neuer Wohnsitzstaat nur eine Steuer auf den Ertragsanteil. Der entstehende Anrechnungsüberhang stellt jedoch die intertemporale Besteuerungssystematik sicher.

Besteuerung in Versorgungsphase (Art. 18 DBA Deutschland-Dänemark)		**Auszahlungsstaat: Dänemark**	
		Vorgelagerte Besteuerung	Nachgelagerte Besteuerung
		Verbot von Quellensteuern, Ausnahme: Wohnsitzwechsel	
Ansässigkeitsstaat: Deutschland	Vorgelagerte Besteuerung	-	PK, DV (kein Wohnsitzwechsel)
	Nachgelagerte Besteuerung	-	-

Tabelle 23: Versorgungsphase bei Ansässigkeit in Deutschland und Auszahlung aus Dänemark, DBA-Fall

3.2.3. Dänischer Grenzpendler

Besteuerung in Anwartschaftsphase (Art. 15 DBA Deutschland-Dänemark)			**Tätigkeitsstaat: Deutschland**	
			Vorgelagerte Besteuerung	Nachgelagerte Besteuerung
Ansässigkeitsstaat: Dänemark	Freistellungs-methode	Vorgelagerte Besteuerung	PK, DV (Altfälle)	-
		Nachgelagerte Besteuerung	-	DZ, UK, PF, PK, DV (Neufälle)
	Anrechnungs-methode	Vorgelagerte Besteuerung	-	-
		Nachgelagerte Besteuerung	-	-

Tabelle 24: Anwartschaftsphase bei Ansässigkeit in Dänemark und Tätigkeit in Deutschland, DBA-Fall

Für dänische Grenzpendler schafft erst das DBA mit Deutschland die Voraussetzungen für eine steuerlich vollständig unbelastete betriebliche Altersversorgung. Zum einen werden Beitragszahlungen während der Anwartschaftsphase von Deutschland nicht erfasst. Dänemark darf diese aufgrund der Freistellungsmethode in der Anwartschaftsphase steuerlich – abgesehen von einem Progressionsvorbehalt – nicht berücksichtigen. Zum anderen sieht Dänemark in der Versorgungsphase ebenfalls von einer Besteuerung ab. Die Rückausnahme des § 53b PBL greift hier nicht, da der Arbeitnehmer keinen Wohnsitzwechsel vorgenommen hat. Aus dem gleichen Grund darf Deutschland nach dem DBA keine Quellenbesteuerung vornehmen. Sieht man von den Ausnahmefällen der lohnsteuerpauschalierten Pensionskasse oder Direktversicherung ab, kommt es bei allen deutschen Durchführungswegen zu intertemporalen Minderbesteuerungen.

3.2.4. Umzug von Deutschland nach Dänemark

Die Besteuerung einer betrieblichen Altersversorgung nach einem Wohnsitzwechsel von Deutschland nach Dänemark entspricht nach DBA-Recht dem unilateralen Fall. Aufgrund der Besonderheit in Art. 18 Abs. 4 besitzt Deutschland ein Quellensteuerrecht, welches sich jedoch nur auf den Ertragsanteil bezieht. Demgegenüber erfasst Dänemark die Leistungen in voller Höhe, wenn die Beitragszahlungen in Deutschland steuerfrei waren. Durch Anrechnung der deutschen Einkommensteuer resultiert letztlich eine nachgelagerte Besteuerung. Abgesehen von der Riester-Rente[759] entstehen für alle Durchführungswege systematisch konsistente nachgelagerte oder vorgelagerte Besteuerungen.

<table>
<tr><th colspan="2" rowspan="3">Besteuerung in Versorgungsphase
(Art. 18 DBA Deutschland- Dänemark)</th><th colspan="2">Auszahlungsstaat: Deutschland</th></tr>
<tr><td>Vorgelagerte Besteuerung</td><td>Nachgelagerte Besteuerung</td></tr>
<tr><td colspan="2">Verbot von Quellensteuern,
Ausnahme: Wohnsitzwechsel</td></tr>
<tr><td rowspan="2">Ansässigkeitsstaat: Dänemark</td><td>Vorgelagerte Besteuerung</td><td>PK, DV (Altfälle) (kein Wohnsitzwechsel)</td><td>DZ, UK; BK, PF, DV (Neufälle) (kein Wohnsitzwechsel)</td></tr>
<tr><td>Nachgelagerte Besteuerung</td><td>-</td><td>-</td></tr>
</table>

Tabelle 25: Versorgungsphase bei Ansässigkeit in Dänemark und Auszahlung aus Deutschland, DBA-Fall

759 Die in Kapitel C.V.1.3.5. aufgezeigten Probleme existieren auch nach DBA-Recht.

3.3. DBA Österreich-Dänemark

Die Regelung bezüglich der Einkünfte aus unselbständiger Arbeit in Art. 13 des Doppelbesteuerungsabkommens zwischen Dänemark und Österreich vom 28.1.1972 sieht vor, dass der Tätigkeitsstaat dann ein Besteuerungsrecht innehat, wenn sich der Empfänger an mehr als 183 Tagen im Steuerjahr dort aufhält. In diesem Fall besitzt der Wohnsitzstaat keinen Steueranspruch auf die dort erzielten Einkünfte, was einer Freistellung der ausländischen Einkünfte entspricht. Art. 15 entspricht inhaltlich in vollem Umfang dem OECD-Musterabkommen zur Erfassung von Ruhegehältern. Das ausschließliche Besteuerungsrecht steht dem Wohnsitzstaat zu. Art. 19 stellt darüber hinaus klar, dass eine Quellenbesteuerung – sofern das Abkommen keine Ausnahme vorsieht – generell unzulässig ist.

3.3.1. Dänischer Expatriate

<table>
<tr><th colspan="3" rowspan="2">Besteuerung in Anwartschaftsphase (Art. 13 DBA Dänemark-Österreich)</th><th colspan="2">Tätigkeitsstaat: Österreich</th></tr>
<tr><th>Vorgelagerte Besteuerung</th><th>Nachgelagerte Besteuerung</th></tr>
<tr><td rowspan="4">Ansässigkeitsstaat: Dänemark</td><td rowspan="2">Freistellungs-methode</td><td>Vorgelagerte Besteuerung</td><td>PK (AN), DV</td><td>Abfertigung Neu, DZ, UK, PK (AG)</td></tr>
<tr><td>Nachgelagerte Besteuerung</td><td>-</td><td>-</td></tr>
<tr><td rowspan="2">Anrechnungs-methode</td><td>Vorgelagerte Besteuerung</td><td>-</td><td>-</td></tr>
<tr><td>Nachgelagerte Besteuerung</td><td>-</td><td>-</td></tr>
</table>

Tabelle 26: Anwartschaftsphase bei Ansässigkeit in Deutschland und Tätigkeit in Dänemark, DBA-Fall

Am gravierendsten von allen Betrachtungsfällen erweisen sich die Veränderungen für einen in Österreich tätigen Dänen. Die vormals intertemporal doppelt erfassten Direktzusagen, Unterstützungskassen und arbeitgeberfinanzierten Pensionskassen werden in Folge des DBAs intertemporal zu gering besteuert. Verantwortlich dafür ist, dass das DBA immer dann den Steueranspruch von einem der beiden Vertragsstaaten zurückdrängt, wenn dieser eine Erfassung der betrieblichen Altersversorgung vorsieht. So wird in der Anwartschaftsphase durch Art. 13 eine Besteuerung durch Dänemark als Wohnsitzstaat und in der Versorgungsphase gem. Art. 15 eine Besteuerung durch Österreich als Auszahlungsstaat verhindert.

3.3.2. Umzug von Österreich nach Dänemark

Ein Wohnsitzwechsel von Österreich nach Dänemark führt auch unter Berücksichtigung des DBA letztlich zum gleichen Ergebnis wie im unilateralen Fall. Die dänische Besteuerung der Betriebsrenten nimmt auf die steuerliche Abzugsfähigkeit der Beitragszahlungen in der Anwartschaftsphase Rücksicht, so dass insgesamt entweder nachgelagerte oder vorgelagerte Besteuerungen entstehen. Allerdings fällt die im unilateralen Fall noch vorhandene einperiodige Doppelbesteuerung weg, da Österreich kein Quellensteuerrecht nach DBA zusteht.

<table>
<tr><th colspan="2" rowspan="3">Besteuerung in Versorgungsphase
(Art. 15 DBA Dänemark-Österreich)</th><th colspan="2">Auszahlungsstaat: Österreich</th></tr>
<tr><td>Vorgelagerte Besteuerung</td><td>Nachgelagerte Besteuerung</td></tr>
<tr><td colspan="2">Verbot von Quellensteuern</td></tr>
<tr><td rowspan="2">Ansässigkeitsstaat: Dänemark</td><td>Vorgelagerte Besteuerung</td><td>Abfertigung Neu (in Anwartschaftsphase ansässig in DK); PK (AN), DV</td><td>PK (AG), DZ, UK (in Anwartschaftsphase ansässig in DK)</td></tr>
<tr><td>Nachgelagerte Besteuerung</td><td>Abfertigung Neu (in Anwartschaftsphase ansässig in AT)</td><td>PK (AG), DZ, UK (in Anwartschaftsphase ansässig in AT)</td></tr>
</table>

Tabelle 27: Versorgungsphase bei Ansässigkeit in Deutschland und Auszahlung aus Dänemark, DBA-Fall

3.3.3. Österreichischer Expatriate

Aufgrund der systematischen Unterschiede in der Besteuerung ergeben sich für dauerhaft im anderen Staat beschränkt Steuerpflichtige in Folge des Doppelbesteuerungsabkommens zahlreiche Unterschiede zum unilateralen Fall. Die für einen in Dänemark tätigen Österreicher festgestellte Doppelbesteuerung wird durch die Zurückdrängung der Quellensteueransprüche Dänemarks in der Versorgungsphase zu einer vorgelagerten Besteuerung umgewandelt. Das DBA führt dazu, dass die betriebliche Altersversorgung auch nach der Regelbesteuerung nicht intertemporal mehrfach erfasst wird. Die Systematik entspricht der Expatriate-Regelung.

<table>
<tr><th colspan="3" rowspan="2">Besteuerung in Anwartschaftsphase (Art. 13 DBA Dänemark-Österreich)</th><th colspan="2">Tätigkeitsstaat: Dänemark</th></tr>
<tr><th>Vorgelagerte Besteuerung</th><th>Nachgelagerte Besteuerung</th></tr>
<tr><td rowspan="4">Ansässigkeitsstaat: Österreich</td><td rowspan="2">Freistellungs-methode</td><td>Vorgelagerte Besteuerung (ohne Progressionsvorbehalt)</td><td>PK, DV</td><td>-</td></tr>
<tr><td>Nachgelagerte Besteuerung</td><td>-</td><td>-</td></tr>
<tr><td rowspan="2">Anrechnungs-methode</td><td>Vorgelagerte Besteuerung</td><td>-</td><td>-</td></tr>
<tr><td>Nachgelagerte Besteuerung</td><td>-</td><td>-</td></tr>
</table>

Tabelle 28: Anwartschaftsphase bei Ansässigkeit in Österreich und Tätigkeit in Dänemark, DBA-Fall

3.3.4. Umzug von Dänemark nach Österreich

<table>
<tr><th colspan="2" rowspan="3">Besteuerung in Versorgungsphase (Art. 15 DBA Dänemark-Österreich)</th><th colspan="2">Auszahlungsstaat: Dänemark</th></tr>
<tr><th>Vorgelagerte Besteuerung</th><th>Nachgelagerte Besteuerung</th></tr>
<tr><th colspan="2">Verbot von Quellensteuern</th></tr>
<tr><td rowspan="2">Ansässigkeitsstaat: Österreich</td><td>Vorgelagerte Besteuerung</td><td>-</td><td>PK, DV</td></tr>
<tr><td>Nachgelagerte Besteuerung</td><td>-</td><td>-</td></tr>
</table>

Tabelle 29: Versorgungsphase bei Ansässigkeit in Österreich und Auszahlung aus Dänemark, DBA-Fall

Ein Däne kann durch einen Umzug nach Österreich eine intertemporale Minderbesteuerung erzielen. Das Quellensteuerrecht Dänemarks wird durch das DBA untersagt. Österreich kennt für Betriebsrenten von ausländischen Pensionskassen jedoch nur eine ertragsanteilige Besteuerung unabhängig von der Beurteilung in der Anwartschaftsphase.

II. Europäische Harmonisierungen

1. Rechtsentwicklung durch den Europäischen Gerichtshof

1.1. Zuständigkeit und Kompetenz des EuGH

Die Aufgabe des Europäischen Gerichtshofs besteht gem. Art. 220 EG darin, die „Wahrung des Rechts bei der Auslegung des Vertrags" sicherzustellen,[760] wobei er sich diese Aufgabe mit dem Europäischen Gericht Erster Instanz teilt.[761] In die Zuständigkeit des EuGH fallen Vertragsverletzungsverfahren (Art. 226 EG), Vorabentscheidungsverfahren (Art. 234 EG) sowie sämtliche Klagen von Gemeinschaftsorganen oder Mitgliedstaaten.[762] Dem Gerichtshof kommt somit eine Doppelfunktion als „Verfassungsgericht"[763] und letztinstanzliches Gericht zu.[764] Welche Funktion der EuGH in concreto einnimmt, hängt davon ab, inwieweit sekundäres Gemeinschaftsrecht vorhanden ist. Soweit dies der Fall ist, agiert er als letztinstanzliches Gericht, welches die Vereinbarkeit der Rechtsfolgen nationaler Vorschriften mit dem (sekundären) Gemeinschaftsrecht überprüft.[765] Insofern beurteilt der EuGH die einheitliche Anwendung des Gemeinschaftsrechts in den Mitgliedstaaten.[766] Fehlen hingegen spezielle gemeinschaftsrechtliche Vorgaben, wendet der EuGH den EG-Vertrag direkt an. Dabei wird durch Auslegung die Vereinbarkeit nationaler Regelungen mit dem übergeordneten EG-Vertrag überprüft.[767] Im Bereich des direkten Steuerrechts existieren –

---

760 Zwar ist der EuGH als Gemeinschaftsorgan an die Normen des EG-Vertrags gebunden. Gleichwohl gilt als unumstritten, dass ihm im Rahmen allgemeiner richterlicher Grundsätze ein großer Anteil an der Rechtsfortbildung durch Konkretisierung des Gemeinschaftsrechts zukommt; vgl. Borchardt, IStR 1994, S. 446 ff.; Klein, DStJB 19, 1996, S. 15 f.; Schön, DStJG 19, 1996, S. 187 ff.

761 Zur grundsätzlichen Organisation des EuGH vgl. Arndt, Europarecht, 2004, S. 51 ff.

762 Zur Kompetenzabgrenzung gegenüber dem EuG nach Art. 255 EG vgl. Arndt, Europarecht, 2004, S. 53 ff.

763 Vor Inkrafttreten einer Europäischen Verfassung scheint der Begriff „Verfassungsgericht" unangemessen, wenngleich er die Funktion des Gerichts als Ausleger des grundlegenden Vertragswerks sehr zutreffend beschreibt. Ähnlich Vanistendael, Gerichtshof, 1997, S. 1023.

764 Eine Übersicht über die verschiedenen Funktionen des EuGH findet sich bereits bei Ipsen, Gemeinschaftsrecht, 1972, S. 370 ff.

765 Vgl. Vanistendael, Gerichtshof, 1997, S. 1023 f.

766 Vgl. Everling, DVBl 2002, S. 1295.

767 Der EuGH wendet vornehmlich eine systematische bzw. teleologische Auslegungsmethodik an. Dabei werden unter anderem der „effet utile", also die praktische Wirksamkeit der Norm, sowie die einheitliche Anwendung des Gemeinschaftsrechts berücksichtigt; Jacobs, Unternehmensbesteuerung, 2002, S. 100 f.; Vanistendael, Gerichtshof, 1997, S. 1025 ff.

von den Ausnahmen der Mutter-Tochter-Richtlinie,[768] der Fusionsrichtlinie,[769] der Schiedsverfahrenskonvention,[770] der Zins- und Lizenzrichtlinie[771] sowie der Amtshilferichtlinie, die auch für die Umsatzsteuer Geltung besitzt,[772] abgesehen – keine bedeutenden sekundärrechtlichen Vorschriften.[773] Damit kann der EuGH hier nur in seiner Funktion als „Verfassungsgericht" tätig werden.[774]

Neben den Vertragsverletzungsverfahren, welche in der Regel von der Kommission eingeleitet werden[775] und die Verletzung von Gemeinschaftsrecht durch einen Mitgliedstaat zum Gegenstand haben,[776] sind für die direkten Steuern die Vorabentscheidungsverfahren von besonderer Bedeutung.[777] Zur Wahrung des Auslegungs- und Interpretationsmonopols des EuGH sind letztinstanzliche nationale Gerichte zur Vorlage verpflichtet, wenn Zweifel über die Auslegung des Gemeinschaftsrechts bestehen; nicht-letztinstanzliche Gerichte besitzen ein Vorlagerecht.[778] Während bei indirekten Steuern im Rahmen von Vorabentscheidungsverfahren häufig auch eine unterbliebene oder fehlerhafte Umsetzung von Richtlinien beanstandet wird, stehen bei den direkten Steuern Verletzungen der Grundfreiheiten nach dem EG-Vertrag im Vordergrund.[779] Die Aufgabe des EuGH besteht weder in der Auslegung nationalen Rechts noch in der Entscheidung in der Sache selbst, sondern in der Beurteilung der Vereinbarkeit einer

---

768 Vgl. Richtlinie 90/435/EWG.

769 Vgl. Richtlinie 90/434/EWG.

770 Vgl. Übereinkommen 90/436/EWG.

771 Vgl. Richtlinie 2003/49/EG.

772 Vgl. Richtlinie 77/799/EWG.

773 Einen Überblick über die ersten drei Richtlinien vermitteln Jacobs/Spengel, Unternehmenssteuersysteme, 1996, S. 26 ff.; Krebs, BB 1990, S. 1945 ff. Eine Darstellung der Zins- und Lizenzrichtlinie findet sich bei Sailer/Ismer, IStR 2005, S. 1 ff.; Selling, IStR 2000, S. 418 ff.

774 Vgl. Vanistendael, ECTR 1996, S. 120; Vanistendael, Gerichtshof, 1997, S. 1023.

775 Antragsberechtigt ist außerdem jeder Mitgliedstaat.

776 Vgl. ausführlich zu Vertragsverletzungsverfahren Arndt, Europarecht, 2004, S. 57 ff. Wie *Thömmes* erläutert, stellen Vertragsverletzungsverfahren keine „Normenkontrollverfahren" dar, da der Urteilsspruch keine unmittelbare Auswirkung auf die beanstandete Norm hat; vgl. Thömmes, DStJG 19, 1996, S. 94.

777 Ausführlich dazu vgl. Hirsch, Vorabentscheidungsverfahren, 1999, S. 103 ff.

778 Allgemein zum Verhältnis der nationalen Gerichte zur Europagerichtsbarkeit vgl. Hirsch, DStJG 23, 2000, S. 175 ff., insb. 184 f. Die problematische Vorlagepflicht letztinstanzlicher Gerichte zeigt sich sehr eindrucksvoll am Fall des deutschen Bilanzsteuerrechts, das über den Maßgeblichkeitsgrundsatz auf der Transformation der 4. Bilanzrichtlinie 78/660/EWG basiert; vgl. dazu Scheffler, StuB 2004, S. 776 ff.; EuGH-Urteil v. 7.1.2003 (BIAO); Kahle, Rechnungslegung, 2002, S. 274 ff.; Weber-Grellet, StuW 1995, S. 339 ff.

779 Vgl. Jacobs, Unternehmensbesteuerung, 2003, S. 101; Vanistendael, Gerichtshof, 1997, S. 1025.

nationalen Regelung mit dem Gemeinschaftsrecht.[780] Die Entscheidung des EuGH in einem Vorabentscheidungsverfahren ist nur für das vorlegende Gericht sowie für nachfolgende Instanzen bindend.[781] Im Unterschied zum deutschen Verfassungsgericht beschränkt sich die Kompetenz des EuGH stets auf den jeweiligen Einzelfall. Eine „Verwerfungskompetenz“, nach der eine nationale Norm als nichtig gebrandmarkt werden kann, steht dem EuGH nicht zu.[782] Zum einen kommt der Entscheidung eine Wirkung ex-nunc zu, so dass die beanstandete Regelung als von Anfang an als ungültig anzusehen ist.[783] Zum anderen haben EuGH-Urteile als Präzedenzfälle auch einen zukunftsgerichteten Aspekt inne.[784]

Die Rechtsangleichung durch den EuGH wird in Teilen der Literatur auch als „negative Harmonisierung“ oder „negative Integration“ bezeichnet.[785] Der Begriff leitet sich aus dem Umstand ab, dass der Gerichtshof nur entscheiden kann, ob einzelne Regelungen gegen das Gemeinschaftsrecht verstoßen. Die Harmonisierung erfolgt über den Ablehnungsweg, da europarechtswidrige Bestimmungen zurückgewiesen werden.[786] Das Resultat kann bestenfalls als „punktuelle Harmonisierung“ bezeichnet werden, da eine umfassende Rechtsangleichung durch den EuGH nicht erfolgen kann.[787] Als „positive Harmonisierung“ wird demgegenüber die Schaffung harmonisierter Regelungen durch die Kommission bzw. den Rat bezeichnet.[788] Der Harmonisierung mittels Richt-

---

780 *Hakenberg* spricht in diesem Zusammenhang von einem „Dialog“ zwischen EuGH und dem vorlegenden Gericht; vgl. Hakenberg, Grundzüge, 2003, S. 84 f.

781 Vgl. Arndt, Europarecht, 2004, S. 73 f.

782 Dies gilt sowohl für Vorabentscheidungsverfahren als auch Vertragsverletzungsverfahren. Bei letzteren kann der EuGH den betroffenen Mitgliedstaat lediglich zur Beseitigung der gemeinschaftsrechtswidrigen Regelung verpflichten. Für eine Gegenüberstellung der Kompetenzen des deutschen Bundesverfassungsgerichts und des EuGH vgl. Thömmes, DStJG 19, 1996, S. 93 ff.

783 Vgl. Arndt, Europarecht, 2004, S. 74.

784 Vgl. Hakenberg, Grundzüge, 2003, S. 85. Zur Vorwirkung von EuGH-Urteilen vgl. Arndt, Europarecht, 2004, S. 74 f.

785 Vgl. zur Abgrenzung der „positiven“ und der „negativen Integration“ Tinbergen, Integration, 1965, S. 76 ff. *Lehner* spricht von „versteckter Harmonisierung“; Lehner, ECTR 2000, S. 6. Den integrativen Faktor des EuGH stellte bereits *Ipsen* heraus, vgl. Ipsen, Gemeinschaftsrecht, 1972, S. 373 f.

786 Vgl. Wathelet, ECTR 2004, S. 3. Kritisch zur negativen Harmonisierung vgl. *Spengel*, Unternehmensbesteuerung, 2003, S. 291 ff., der in der EuGH-Rechtsprechung keine „schleichende Harmonisierung“ sieht. Vielmehr wirke die weite Auslegung der Beschränkungsverbote systemzerstörend, wie am Beispiel des deutschen Körperschaftsteuer-Anrechnungsverfahrens erkennbar sei. Ähnlich argumentieren Fuest, Wirtschaftsdienst 2005, S. 23 ff.; Esser, Steuerwettbewerb, 2004, S. 39 ff.; Garcia Prats, ECTR 2002, S. 138 ff.; Williams, ECTR 1997, S. 4 ff.

787 Vgl. Lang, Harmonisierung, 1997, S. 885; Birk, DStJG 19, 1996, S. 73.

788 Vgl. Pistone, ECTR 2002, S. 129.

linien und Verordnungen steht ein umfassenderes und tiefer greifendes Instrumentarium zur Verfügung. Deren Realisierungschancen sind jedoch wie beschrieben – im Steuerrecht – vergleichsweise gering.[789]

1.2. Rechtfertigungsgründe für Beschränkungen der Grundfreiheiten durch das Steuerrecht in der Rechtsprechung des EuGH

Die Feststellung einer Verletzung von Grundfreiheiten ist nicht gleichbedeutend mit der Europarechtswidrigkeit der in Frage stehenden Norm. Die europäischen Grundfreiheiten lassen sich sowohl durch explizite als auch durch immanente Schranken begrenzen. Dies ist für die Besteuerung als möglichen Diskriminierungsfaktor zu relativieren. Die im EG-Vertrag vorgesehenen expliziten Ausnahmeregelungen greifen regelmäßig nur, sofern die öffentliche Ordnung, Sicherheit oder Gesundheit gefährdet ist. Ein solcher Eingriff ist durch das Steuerrecht kaum zu erwarten, so dass nur die immanenten Schranken als Rechtfertigungsgründe verbleiben. Voraussetzung ist, dass ein zwingender Grund des Allgemeininteresses für die Beschränkung gegeben ist. Die Umsetzung muss zudem stets den Grundsatz der Verhältnismäßigkeit beachten.

1.2.1. Sicherung der Bemessungsgrundlage

Als wenig zielführend hat sich die von den Mitgliedstaaten häufig angeführte Begründung erwiesen, die Einschränkung der Grundfreiheiten sei erforderlich, um die Integrität der Besteuerungsgrundlage zu schützen.[790] Erstmals fand sie ihren Niederschlag in der Rs. Safir, ohne darin jedoch den EuGH überzeugen zu können. Die Notwendigkeit, eine „Steuerlücke zu schließen", rechtfertige eben keine gegen die Grundfreiheiten verstoßende Regelung.[791] Aus dem Umstand, dass das Argument in späteren Entscheidungen weiterhin – erfolglos – als Rechtfertigung vorgebracht wurde, lässt sich ableiten, dass die Safir-Entscheidung von den Mitgliedstaaten offenbar anders aufgefasst wurde. Diese gehen davon aus, dass die Sicherung der Besteuerungsgrundlage prinzipiell einen aus dem Allgemeininteresse ableitbaren zwingenden Grund darstellt und damit grundsätzlich als Rechtfertigungsgrund geeignet ist. Lediglich die konkrete Ausgestaltung der in Frage stehenden Norm in der Rs. Safir sei unangemessen gewesen. Spätestens in den Urteilen zu den Rs. Danner, Rs. Lankhorst-Hohorst sowie Rs.

---

789 Vgl. Scharpf, Integration, 1996, S. 15, 19 ff.

790 Statt vieler vgl. EuGH-Urteil v. 3.10.2002 (Danner), Tz. 53.

791 Vgl. EuGH-Urteil v. 28.4.1998 (Safir), Tz. 34.

Skandia/Ramstedt präzisierte der EuGH seine Auffassung. Demnach stellt die Integrität der Besteuerungsgrundlage bzw. die Notwendigkeit, Steuerhinterziehungen zu verhindern, keinen aus dem Allgemeininteresse ableitbaren zwingenden Grund dar.[792]

1.2.2. Wahrung der Steueraufsicht

Der Rechtfertigungsgrund der effektiven Steueraufsicht ist vom EuGH grundsätzlich anerkannt worden.[793] Die wirksame steuerliche Kontrolle kann demnach einen zwingenden Grund des Allgemeininteresses darstellen, durch den eine Einschränkung der Grundfreiheiten gerechtfertigt werden kann.[794] Als Präzedenzfall gilt die Rs. Cassis de Dijon, welche sich mit einem Fall des indirekten Steuerrechts auseinandersetzte.[795] Gleichwohl fand das Argument der effektiven Steuerkontrolle auch in Urteilen zum direkten Steuerrecht seinen Niederschlag.[796] Spätere Urteile führten jedoch zu einer Relativierung, da die Wahrung der Verhältnismäßigkeit stärker hervorgehoben wurde.[797] In jüngeren Entscheidungen hat der EuGH stets das Instrument der Amtshilfe[798] als Vergleichsmaßstab herangezogen. Deren Wirksamkeit wird von Seiten der Mitgliedstaaten bislang jedoch aufgrund der Beschränkungen in Art. 8 der Richtlinie als weitaus geringer eingeschätzt.[799] Daneben spielen die Mitwirkungspflichten des Steuerpflichtigen bei der Sachverhaltsaufklärung eine große Bedeutung für den Gerichtshof.[800] Sofern durch diese Maßnahmen nach Auffassung des EuGH eine wirksame Kontrolle möglich ist, scheiden schärfere Eingriffe in die Grundfreiheiten als unverhältnismäßig aus.[801] Nach Ansicht *Cordeweners* ist von einem Stufenverhältnis auszugehen: Sofern nationale Sicherungsvorkehrungen nicht greifen, ist zunächst auf die Amtshilferichtlinie und den internationalen Informationsaustausch zurückzugreifen,

---

792 Vgl. EuGH-Urteil v. 26.6.2003 (Skandia/Ramstedt), Tz. 51; EuGH-Urteil v. 12.12.2002 (Lankhorst-Hohorst), Tz. 36; EuGH-Urteil v. 3.10.2002 (Danner), Tz. 55.

793 Vgl. Laule, Auswirkungen, 2003, S. 55; Sedemund, IStR 2001, S. 191; Knobbe-Keuk, ECTR 1994, S. 75 f.

794 Vgl. Englisch, StuW 2003, S. 96.

795 Vgl. EuGH-Urteil v. 20.2.1979 (Cassis de Dijon), Tz. 8.

796 Vgl. bspw. EuGH-Urteil v. 28.1.1992 (Bachmann), Tz. 18 ff.

797 Vgl. Englisch, StuW 2003, S. 96.

798 Vgl. Richtlinie Nr. 77/799/EWG vom 19.12.1977. Zur Wirkungsweise, Reichweite und Bedeutung der Amtshilfe vgl. Höppner, Amtshilfe, 1997, S. 817 ff. m.w.N.

799 Vgl. Vermeend, ECTR 1996, S. 55; Schnitger, IStR 2002b, S. 740; Hinnekens, ECTR 2002, S. 112.

800 Vgl. Englisch, StuW 2003, S. 96.

801 In der Literatur ist dies auch als „Anerkennungsgrundsatz“ bezeichnet worden; vgl. Frotscher, Steuerrecht, 2001, S. 38 f.; Dautzenberg, BB 1992, S. 2404.

bevor Maßnahmen ergriffen werden können, die zu einer stärkeren Einschränkung der Grundfreiheiten führen.[802]

1.2.3. Kohärenz des Steuerrechts

In der Rs. Bachmann[803] sowie der damit verbundenen Rs. Kommission/Belgien[804] akzeptierte der Gerichtshof eine Einschränkung der Grundfreiheiten aufgrund eines engen inneren Zusammenhangs zwischen der steuerlichen Abzugsfähigkeit der Beiträge und der späteren Besteuerung der Leistungen. Dabei ging es um die Frage, ob der belgische Staat einem Steuerpflichtigen den steuerlichen Abzug von Beiträgen für eine freiwillige Kranken- und Invaliditätsversicherung sowie eine Lebensversicherung verweigern kann, wenn die Versicherung im Ausland ansässig ist.[805] Der damit verbundene Eingriff in die Freizügigkeit sowie die Dienstleistungsfreiheit kann nur dann gerechtfertigt werden, wenn sich die Vorschriften des nationalen Steuerrechts systematisch aufeinander beziehen und in ihrer Gesamtheit eine angemessene systemgerechte Regelung bewirken.[806] Das belgische Steuerrecht sah vor, dass Versicherungsleistungen, die aus steuerfrei angesammelten Beiträgen resultieren, bei Auszahlung in voller Höhe zu versteuern sind. Umgekehrt waren Leistungen in Belgien steuerfrei, wenn die Beiträge nicht steuerlich abgesetzt werden konnten.[807] Sofern ein Mitgliedstaat Beitragszahlungen von der Besteuerung ausnimmt, soll ihm nach Ansicht des EuGH grundsätzlich das Besteuerungsrecht auf die Versicherungsleistungen zustehen.[808] Sofern sich der Sitz des Versicherers in einem anderen Mitgliedstaat befinde, werde die Durchsetzung dieses Steueranspruchs für den belgischen Staat erheblich erschwert oder unmöglich gemacht.[809] Die Beschränkung der steuerlichen Abzugsfähigkeit auf Beiträge an inländische Versicherer wurde vom EuGH daher als die am wenigsten ein-

---

802 Vgl. Cordewener, Grundfreiheiten, 2002, S. 938 ff.

803 Vgl. EuGH-Urteil v. 28.1.1992 (Bachmann).

804 Vgl. EuGH-Urteil v. 28.1.1992 (Kommission/Belgien). In seinen einheitlichen Schlussanträgen weist Generalanwalt *Mischo* darauf hin, dass in den beiden Fällen nicht die exakt identischen Vorschriften des belgischen Steuerrechts betroffen sind und die Rechtsgrundlagen der beiden Rechtssachen stark von einander abweichen. Da sich jedoch beide Fälle mit einer vergleichbaren Sachlage auseinandersetzen, befürwortet er deren einheitliche Betrachtung; vgl. Mischo, Bachmann, 1991, Tz. 1.

805 Vgl. EuGH-Urteil v. 28.1.1992 (Bachmann), Tz. 2 ff.

806 Vgl. Frotscher, Steuerrecht, 2001, S. 39 f.; Müller, StuW 1992, S. 164; Saß, DB 1992, S. 859 f.

807 Vgl. EuGH-Urteil v. 28.1.1992 (Kommission/Belgien), Tz. 15.

808 Vgl. EuGH-Urteil v. 28.1.1992 (Kommission/Belgien), Tz. 15.

809 Vgl. EuGH-Urteil v. 28.1.1992 (Bachmann), Tz. 24 f.

schneidende Maßnahme zur Gewährleistung der steuerlichen Kohärenz anerkannt.[810] Die Abgrenzung zum Kompensationsverbot besteht in der Systematik der betroffenen Normen: Besteht keine unmittelbare Beziehung zwischen dem steuerlichen Nachteil und dem steuerlichen Vorteil, so wird die Verletzung der Grundfreiheiten stets als unzulässig abgelehnt.[811]

Von Anfang an hatte der Gerichtshof einschränkend vorgebracht, dass das Kohärenz-Argument unanwendbar wird, wenn sich eine Regelung aufgrund von Doppelbesteuerungsabkommen oder einer Harmonisierung auf europäischer Ebene ergibt.[812] Für die Wahrung der Kohärenz des Steuerrechts ist demnach nicht erforderlich, dass derselbe Fiskus die Besteuerung durchführt, welcher zuvor die damit in einem inneren systematischen Zusammenhang stehenden Steuervorteile gewährt hatte.[813] Das Urteil in der Rs. Bachmann überrascht daher angesichts der Tatsache, dass der EuGH von einer eingehenden Prüfung existierender Doppelbesteuerungsabkommen abgesehen hatte.[814] Da nach allen von Belgien abgeschlossenen Doppelbesteuerungsabkommen das Besteuerungsrecht für die Versicherungsleistungen dem Wohnsitzstaat zugesprochen wird,[815] wäre – sofern der Wohnsitz des Steuerpflichtigen in Belgien fortbesteht – die nachgelagerte Erfassung grundsätzlich möglich gewesen.[816] Schwierigkeiten bei der Erfassung von aus dem Ausland zufließenden Erträgen hat der EuGH in ständiger Rechtsprechung als Rechtfertigungsgrund abgelehnt. Zum einen sieht der EuGH in der Amtshilferichtlinie ein effektives Instrument zur Durchsetzung steuerlicher Ansprüche in anderen Mitgliedstaaten. Zum anderen konnte der Wohnsitzstaat während der Anwartschaftsphase durch die vom Steuerpflichtigen eingereichten Belege für die Versicherungsbeiträge ausreichende Informationen über die daraus resultierenden Leistungen sammeln.[817] Die Rechtsprechung in der Rs. Bachmann erscheint somit als nicht

---

810 Vgl. EuGH-Urteil v. 28.1.1992 (Kommission/Belgien), Tz. 17 ff., insbesondere 20; EuGH-Urteil v. 28.1.1992 (Bachmann), Tz. 27.

811 Vgl. Englisch, Stuw 2003, S. 95; Frotscher, Steuerrecht, 2001, S. 39; EuGH-Urteil v. 26.6.2003 (Skandia/Ramstedt); EuGH-Urteil v. 26.10.1999 (Eurowings), Tz. 44 f.; EuGH-Urteil v. 16.7.1998 (ICI), Tz. 29. A.A. dagegen *Sedemund*, der keine klare Abgrenzung zwischen Kompensationsverbot und Kohärenz des Steuerrechts erkennt; vgl. Sedemund, IStR 2001, S. 191 f.

812 Vgl. EuGH-Urteil v. 28.1.1992 (Kommission/Belgien), Tz. 19.

813 Vgl. Elicker, IStR 2005, S. 89.

814 Vgl. Dassesse, JIBL 1992, S. 260.

815 Dies übersieht *Lenz* in seiner Verteidigung des Urteils; vgl. Lenz, ECTR 1997, S. 81.

816 Vgl. Thömmes, DStJG 19, 1996, S. 97 f.

817 Vgl. EuGH-Urteil v. 28.1.1992 (Bachmann), Tz. 21; EuGH-Urteil v. 3.10.2002 (Danner), Tz. 48; EuGH-Urteil v. 26.6.2003 (Skandia/Ramstedt), Tz. 38 ff.

konsistent.[818] Dies wird auch durch die Tatsache belegt, dass der Gerichtshof darin nicht den Schlussanträgen des Generalanwalts gefolgt ist, der das Argument der steuerlichen Kohärenz als nicht einschlägig zurückgewiesen hatte, da dem belgischen Staat vergleichsweise weniger gravierende Methoden zur Erzielung eines systematischen Besteuerungserfolgs zur Verfügung standen.[819]

Diese Inkonsistenzen wurden in der Literatur vielfach aufgegriffen und kritisiert.[820] So wird die scheinbar kohärente Besteuerung des belgischen Staats bereits dann unterbrochen, wenn ein in Belgien ansässiger Steuerpflichtiger später seinen Wohnsitz ins Ausland verlegt. Da laut Doppelbesteuerungsabkommen dem neuen Wohnsitzstaat das exklusive Besteuerungsrecht zusteht, erfolgt keine abschließende Besteuerung in Belgien, wie es für die Vollendung der Kohärenz erforderlich wäre.[821] Ebenfalls kann durch eine leichte Variation des Sachverhalts in der Rs. Bachmann die Kohärenz des Steuerrechts unterbrochen werden. Laut den tatsächlichen Gegebenheiten dotierte der Steuerpflichtige Bachmann eine private Lebensversicherung in Deutschland. Die Verweigerung der Abzugsfähigkeit sah der EuGH aufgrund der Steuerfreiheit der Ertragsrückflüsse als kohärent an.[822] Hätte Herr Bachmann dagegen Beiträge an eine deutsche Gruppenversicherung im Wege der Entgeltumwandlung gezahlt, so wäre ihm zwar ebenfalls die Abzugsfähigkeit versagt worden. Eine kohärente Besteuerung käme jedoch nicht zustande, da die Leistungen von Gruppenversicherungen in Belgien stets in voller Höhe besteuert werden.[823] Dasselbe Ergebnis ergibt sich bei rein arbeitgeberfinanzierten Zusagen der betrieblichen Altersversorgung.[824] Da sich jedoch die Rs. Kommission/Belgien auch auf die Abzugsfähigkeit von Arbeitnehmerbeiträgen an betriebliche Gruppenversicherungen bezogen hatte,[825] erscheint der Urteilsspruch in diesem die Rs. Bachmann begleitenden Vertragsverletzungsverfahren als zu pauschal. Selbst wenn man die fragwürdige Kohärenz im Bereich der privaten Altersversorgung als Rechtfertigungsgrund akzeptiert, so muss die Regelung zur betrieblichen Altersver-

---

818 A.A. Lenz, ECTR 1997, S. 80; Borchardt, betrAV 1993a, S. 3 f.

819 Vgl. Mischo, Bachmann, 1991, Tz. 24 ff., insb. 28; zustimmend Voß, StuW 1993, S. 166 f.

820 Vgl. statt vieler Knobbe-Keuk, ECTR 1994, S. 74 ff.; Dassesse, JIBL 1992, S. 259 ff.; Hinnekens/Schelpe, ECTR 1992, S. 58.

821 Vgl. Knobbe-Keuk, ECTR 1994, S. 81; Voß, StuW 1993, S. 167.

822 Vgl. EuGH-Urteil v. 28.1.1992 (Bachmann), Tz. 32 ff.

823 Gemäß Art. 12 § 1 sowie Art. 32 CIR (Code des Impôts sur les Revenues) in der Fassung des Gesetzes vom 7.12.1988; vgl. Hinnekens/Schelpe, ECTR 1992, S. 60.

824 Vgl. Hinnekens/Schelpe, ECTR 1992, S. 60.

825 Vgl. EuGH-Urteil v. 28.1.1992 (Kommission/Belgien), Tz. 4 sowie ausführlicher Mischo, Bachmann, 1991, Tz. 3 ff.

sorgung als eindeutiger Verstoß gegen das Gemeinschaftsrecht gewertet werden.[826] Die Nicht-Abzugsfähigkeit von Beiträgen der betrieblichen Altersversorgung an ausländische Versorgungsunternehmen beeinträchtigt die Dienstleistungsfreiheit, die Freizügigkeit (bzw. ggf. die Niederlassungsfreiheit) sowie die Kapitalverkehrsfreiheit.[827] Eine Kohärenz des belgischen Steuerrechts ist in diesem Bereich nicht erkennbar, da die Leistungen der Gruppenversicherung in voller Höhe besteuert werden, unabhängig von der Behandlung der Beiträge in der Anwartschaftsphase. Nach der Bachmann-Formel muss zwischen der Besteuerung bzw. Steuerfreistellung ein logischer und innerer Zusammenhang bestehen. Aufgrund der offensichtlichen intertemporalen Doppelbesteuerung ist eine solche Systematik nicht erkennbar.[828] Die Einschränkung auf belgische Gruppenversicherungen steht somit dem Gemeinschaftsrecht entgegen.[829]

Bereits in der Rs. Schumacker[830] wies der EuGH darauf hin, dass aufgrund des bestehenden Doppelbesteuerungsabkommens eine kohärente Besteuerung für den betroffenen Steuerpflichtigen verhindert wird. Angesichts einer nur beschränkten Steuerpflicht des Steuerpflichtigen sah der Quellenstaat von einer Berücksichtigung persönlicher Umstände des Steuerpflichtigen bei der Steuerermittlung ab. Die Minderung der Steuerbelastung durch entsprechende Freibeträge oder Abzugsmöglichkeiten scheiterte im Wohnsitzstaat jedoch mangels zu versteuerndem Einkommen.[831] Da der Zusammenhang zwischen Abzugsfähigkeit und Besteuerung lediglich auf einer zwischenstaatlichen Ebene aber eben nicht auf Ebene des Steuerpflichtigen gegeben war, war keine rechtfertigende steuerliche Kohärenz vorhanden.[832] Insbesondere das Urteil in der Rs. Wielockx führte zu einer teilweisen Abkehr des EuGH vom Kohärenz-Argument.[833] Obgleich damit keine formale Änderung der Rechtsprechung verbunden war, wurde die Anwendbarkeit der steuerlichen Kohärenz als Rechtfertigungsgrund stark eingeschränkt.[834] Nach niederländischem Steuerrecht ist die Dotierung einer steuerfreien

---

826 Vgl. Hinnekens, ECTR 1996, S. 61.

827 Vgl. insofern die Schlussfolgerungen in EuGH-Urteil v. 3.10.2002 (Danner), Tz. 25 ff.; EuGH-Urteil v. 26.6.2003 (Skandia/Ramstedt), Tz. 22 ff.

828 Vgl. Hinnekens/Schelpe, ECTR 1992, S. 60.

829 Weitere Fallgestaltungen im Zusammenhang mit dem belgischen Steuerrecht abseits der Altersversorgungsthematik finden sich bei Hinnekens/Schelpe, ECTR 1992, S. 60 ff.

830 Vgl. EuGH-Urteil v. 14.2.1995 (Schumacker).

831 Vgl. EuGH-Urteil v. 14.2.1995 (Schumacker), Tz. 40 ff.

832 Vgl. Klein, DStJG 19, 1996, S. 16 ff.

833 Vgl. Thömmes, IWB, 1996, S. 224 ff.; o.V., ECTR 1995, S. 269 f.

834 *Thömmes* sieht in der Kohärenz nach der Wielockx-Entscheidung nur noch eine „Leerformel“; vgl. Thömmes, intertax 1995, S. 603.

Altersrücklage möglich, die zu einer Verlagerung der Besteuerung in die Leistungsphase führt. Allerdings steht der Abzug der Altersrücklage beschränkt Steuerpflichtigen nicht zu.[835] Der zahlreichen Kritik folgend[836] sah der EuGH die Kohärenz nun aufgrund der Zuweisungsregeln des existierenden Doppelbesteuerungsabkommens aufgeweicht. Der strenge innere Zusammenhang zwischen der abzugsfähigen Beitragszahlung und der steuerpflichtigen Leistungsauszahlung wird durch den abkommensrechtlichen Verzicht der Niederlande auf die Besteuerung von Renten, die an nicht ansässige Personen gezahlt werden, unterbrochen.[837] Selbst wenn man die niederländische Regelung als kohärent annimmt, so kommt es durch das Doppelbesteuerungsabkommen zu einer externen Aufgabe der Kohärenz zugunsten des Wohnsitzstaates in der Versorgungsphase.[838] Wie *Thömmes* zutreffend ausführt, hätte die Rs. Bachmann unter diesen Gesichtspunkten anders ausfallen müssen.[839] *Raad* bemängelt die Wielockx-Entscheidung, da nach seiner Ansicht die Altersvorsorgerücklage als betriebliche Aufwendungen anzusehen ist. Die Prüfung der Berücksichtigung der persönlichen Situation des Steuerpflichtigen analog zum Schumacker-Fall gehe insofern fehl.[840] Die Schlussfolgerung hieraus würde bedeuten, dass die Qualifikation der Altersvorsorgeaufwendungen als Abzugsbeträge im Sinne des objektiven oder des subjektiven Nettoprinzips nicht im Belieben der Mitgliedstaaten stehen würde. Diese systematische Ausgestaltung des Steuerrechts ist vom EuGH jedoch aufgrund der Subsidiarität zu Recht bislang nicht aufgegriffen worden.

Auch Neuinterpretationen der steuerlichen Kohärenz hat sich der EuGH bislang verschlossen. In der Rs. Manninen regte Generalanwältin *Kokott* einen weiter gefassten Anwendungsbereich der Kohärenz an.[841] Eine steuerliche Kohärenz ist entsprechend der Schlussanträge auch dann anzunehmen, wenn der Vorteil des einen Steuerpflichtigen nur dann gewährt wird, wenn bei dem anderen Steuerpflichtigen ein damit syste-

835 Vgl. EuGH-Urteil v. 11.8.1995 (Wielockx), Tz. 3 ff.

836 Vgl. Léger, Wielockx, 1995, Tz. 37; Knobbe-Keuk, ECTR 1994, S. 74 ff.; Dassesse, JIBL 1992, S. 257 ff.; Hinnekens/Schelpe, ECTR 1992, S. 58; a.A. Müller, StuW 1992, S. 164, der in der Kohärenz einen zwingenden Grund des Allgemeininteresses erkennt.

837 Vgl. EuGH-Urteil v. 11.8.1995 (Wielockx), Tz. 24 f.; Rainer, IStR 1995, S. 475.

838 Die Feststellung, dass die Existenz von Doppelbesteuerungsabkommen die Legitimität des Kohärenz-Arguments zunichte macht, geht maßgeblich auf *Knobbe-Keuk* zurück; vgl. Knobbe-Keuk, ECTR 1994, S. 74 ff. Zustimmend Cordewener, Grundfreiheiten, 2002, S. 519 ff., 969 ff.

839 Vgl. Thömmes, DStJG 19, 1996, S. 99. Zustimmend Terra/Wattel, Tax Law, 2005, S. 137. Ebenso *Dassesse*, der dem EuGH vorwirft, den Sachverhalt nicht richtig verstanden zu haben; vgl. Dassesse, JIBL 1992, S. 260.

840 Vgl. Raad, ECTR 1995, S. 196. Ebenso Vermeend, ECTR 1996, S. 54.

841 Vgl. Eicker/Obser, IStR 2004, S. 445.

matisch verbundener Nachteil auch tatsächlich eingetreten ist und sich die Besteuerung auf den wirtschaftlich selben Vorgang bezieht.[842] Der Gerichtshof hat diesen Gedanken bestenfalls am Rande in seine Urteilsfindung einfließen lassen, ohne jedoch aufgrund einer vermeintlichen Kohärenz des nationalen Steuerrechts Beschränkungen der Grundfreiheiten zuzulassen.[843] Zwar scheint der EuGH somit im Grundsatz eine subjektübergreifende Kohärenz für möglich zu halten. Die bisher geforderte strikte Personenidentität wäre damit nicht mehr erforderlich, um eine steuerliche Kohärenz zu begründen.[844] Gleichzeitig hält der EuGH an der bisherigen Rechtsprechung fest, dass die Existenz von Doppelbesteuerungsabkommen der Kohärenz als Rechtfertigung für Beschränkungen der Grundfreiheiten entgegensteht.[845]

1.3. Kapitalexportneutralität und Kapitalimportneutralität in der Rechtsprechung des EuGH

In ständiger Rechtsprechung hat der EuGH die Reichweite des Diskriminierungsverbots sowie der konkretisierenden Grundfreiheiten zu Beschränkungsverboten ausgedehnt. Eine Diskriminierung ist nach dieser Sichtweise insbesondere die direkte und indirekte Beschränkung des Marktzugangs.[846] Der EuGH misst Gleichheit grundsätzlich daran, ob die Teilnehmer eines einheitlichen Marktes den gleichen Bedingungen unterworfen sind. Auf den ersten Blick lässt sich diese Sichtweise am besten mit der Theorie der Kapitalimportneutralität vereinbaren.[847] Deren Zielsetzung ist die Gewährleistung gleicher Wettbewerbschancen für die Akteure eines einheitlichen Marktes. Dies wird im Bereich der Besteuerung durch eine reine Quellenbesteuerung verbunden mit einer Freistellung ausländischer Einkünfte durch den Ansässigkeitsstaat erreicht. Da die im Ausland erzielten Einkünfte nunmehr nur im Tätigkeitsstaat nach den dort geltenden Regelungen erfasst werden, sind die Wettbewerbsbedingungen für einen grenzüberschreitend tätigen Steuerpflichtigen mit den Bedingungen der im Tätigkeitsstaat ansässigen Steuerpflichtigen kongruent. Eine Verzerrung des Marktzugangs durch das Steuerrecht ist somit zunächst auszuschließen.[848]

---

842 Vgl. Kokott, Manninen, 2004, Tz. 61; dazu Krebs/Bödefeld, BB 2004, S. 1416 ff.
843 Vgl. EuGH-Urteil v. 7.9.2004 (Manninen), Tz. 45; Englisch, IStR 2004, S. 685.
844 Vgl. Ribbrock, RIW 2005, S. 133.
845 Vgl. Elicker, IStR 2005, S. 89.
846 Vgl. Wouters, ECTR 1999, S. 101 f.
847 Vgl. Garcia Prats, ECTR 2002, S. 140.
848 So im Ergebnis Schönfeld, StuW 2005, S. 160 ff.

In einem weit verstandenen Sinne steht die Kapitalimportneutralität sowie die ihr – partiell – folgende EuGH-Rechtsprechung der Besteuerung nach dem Globalprinzip innerhalb der Gemeinschaft entgegen. Während dadurch eine relative Gleichheit innerhalb der Tätigkeitsstaaten erzielt werden kann, führt die Kapitalimportneutralität gleichzeitig zu einer Ungleichbehandlung der Steuerpflichtigen im Ansässigkeitsstaat. Gerade mobile Steuerpflichtige können unter Ausnutzung des internationalen Steuergefälles deutlich geringere Steuerbelastungen erreichen als rein national tätige Steuerpflichtige.[849] Das Kapitalimportneutralitätsprinzip geht davon aus, dass die Wettbewerbsbedingungen im In- und Ausland signifikant von einander abweichen. Sofern man aufgrund der Harmonisierung innerhalb der Europäischen Union eine Annäherung der Rahmenbedingungen konstatiert, bleibt für die Kapitalimportneutralität keine Rechtfertigung.[850] Der EuGH hat sich entsprechend noch nicht zum Nebeneinander von unbeschränkter und beschränkter Steuerpflicht geäußert.[851] Der Gerichtshof hat vielmehr in ständiger Rechtsprechung betont, dass sich Ansässige und Nicht-Ansässige per se in einer nicht vergleichbaren Situation befinden, so dass Unterschiede in der Besteuerung gerechtfertigt sein können.[852] Eine Vergleichbarkeit unbeschränkt und beschränkt Steuerpflichtiger existiert nur im Ausnahmefall. Diese setzt einen starken Bezug des beschränkt Steuerpflichtigen zum Quellenstaat voraus, der ihn in die Nähe eines dort unbeschränkt Steuerpflichtigen rückt. Wird im Quellenstaat der weit überwiegende Teil des Einkommens erzielt, so sieht der EuGH dieses Erfordernis als gegeben an.[853]

Die Entscheidung in der Rs. Marks & Spencer macht deutlich, dass der EuGH keine eindeutige Präferenz für die Kapitalimportneutralität hegt.[854] Der Sachverhalt beschäftigt sich mit der Berücksichtigung von Verlusten ausländischer Tochtergesellschaften bei der inländischen Muttergesellschaft.[855] Das für Kapitalgesellschaften typische Trennungsprinzip wird in Großbritannien durch ein der deutschen Organschaft ver-

849 Vgl. Terra/Wattel, Tax Law, 2005, S. 80 f.

850 Vgl. Jacobs, Unternehmensbesteuerung, 2002, S. 30 f.; Homburg, Wohnsitzprinzip, 2005, S. 14 ff. A.A. Schönfeld, StuW 2005, S. 160 ff.

851 Allerdings wurden die Ausgestaltungen der beschränkten Steuerpflicht in Form von Brutto- oder Abgeltungssteuern z.T. verworfen; vgl. dazu Seer, Gemeinschaftsrecht, 2004, S. 37 ff.

852 So trotz letztlich entgegengesetzt ergangenen Urteilen in EuGH-Urteil v. 14.2.1995 (Schumacker), Tz. 31; EuGH-Urteil v. 11.8.1995 (Wielockx), Tz. 18; EuGH-Urteil v. 27.6.1996 (Asscher), Tz. 41. Vgl. dazu Wouters, ECTR 1999, S. 104 f.; Williams, ECTR 1997, S. 4 ff.

853 Vgl. EuGH-Urteil v. 14.2.1995 (Schumacker). Eine analoge Schlussfolgerung kann für die Erbschaftsteuer gezogen werden, vgl. Wachter, IStR 2004, S. 364 ff.

854 Vgl. EuGH-Urteil v. 13.12.2005 (Marks & Spencer).

855 Vgl. Bergemann/Schönherr/Stäblein, BB 2005, S. 1712 ff.

gleichbares Rechtsinstitut (sog. „group relief") durchbrochen. Verluste inländischer Tochtergesellschaften sind im Konzern auf Antrag verrechenbar.[856] Würde der EuGH strikt dem Konzept der Kapitalimportneutralität folgen, hätte die Einschränkung des group reliefs auf britische Tochtergesellschaften nicht zur Europarechtswidrigkeit führen können. Die im Ausland erwirtschafteten Verluste wären in diesem Fall per se für die Bemessung der britischen Steuerbelastung nicht relevant. Die Kapitalimportneutralität führt letztlich zur Verwirklichung einer am Territorialitätsprinzip orientierten Besteuerung, wonach nur im Inland erzielte Einkünfte zu berücksichtigen sind. Nur die Kapitalexportneutralität kann die Aufnahme ausländischer Gewinne oder Verluste in die inländische Bemessungsgrundlage rechtfertigen.[857] Die europäische Rechtsprechung bedient sich im Ergebnis sowohl dem Instrumentarium der Kapitalimport- als auch der Kapitalexportneutralität. Eine eindeutige Tendenz für eine der beiden Theorien lässt sich nicht ausmachen.[858]

1.4. Die Reichweite der Grundfreiheiten und deren Einfluss auf Doppelbesteuerungsabkommen

Da Art. 12 EG sowie die Grundfreiheiten Diskriminierungen aufgrund der Staatsangehörigkeit untersagen und Art. 10 EG die Mitgliedstaaten grundsätzlich zur Beseitigung existierender Diskriminierungen verpflichtet, wurde in der Folge des Schumacker-Urteils[859] in der Literatur die Frage diskutiert, ob der EG-Vertrag die Funktion eines Meistbegünstigungsvertrages[860] einnehmen kann.[861] In einem Meistbegünstigungsvertrag gewähren sich die Vertragsstaaten gegenseitig jeweils die besten Konditionen, wie sie im Verhältnis zu anderen Staaten vereinbart wurden.[862] Sofern man den EG-Vertrag als einen Meistvergünstigungsvertrag ansieht, hat dies weit reichende Konsequenzen für die zwischen Mitgliedstaaten abgeschlossenen Doppelbesteuerungsab-

---

856 Vgl. Balmes/Brück/Ribbrock, BB 2005, S. 966.

857 Vgl. Terra/Wattel, Tax Law, 2005, S. 81 f.

858 Ebenso *Terra/Wattel*, die dem EuGH einen "Sowohl-als-auch-Ansatz" vorwerfen; vgl. Terra/Wattel, Tax Law, 2005, S. 250 ff.

859 Vgl. EuGH-Urteil v. 14.2.1995 (Schumacker). In der Verhandlung vor dem EuGH wurde erstmals eine Art Meistbegünstigung in Rede gestellt; vgl. Rädler, FR 1994, S. 708.

860 In diesem Zusammenhang auch oft als Gemeinschaftspräferenz bezeichnet; vgl. Eicker, intertax 2002a, S. 156.

861 Vgl. Hinnekens, ECTR 2002, S. 114; Eicker, intertax 2002a, S. 156; Wassermeyer, DStJG 19, 1996, S. 162 ff.; Vogel, ECTR 1995, S. 264 f.; Rädler, ECTR 1995, S. 66 f.; Hinnekens, ECTR 1994, S. 152 ff.

862 Vgl. Vaulont, in: Groeben/Thiesing/Ehlermann, EG-Vertrag, 1997, Art. 9, Tz. 3.

kommen.[863] Meistbegünstigungsklauseln stellen in ihrem Kern Diskriminierungsverbote dar, die zwischen zwei oder mehreren Staaten ausgehandelt werden.[864] Deren Zielsetzung, Handelsbarrieren zu beseitigen, steht grundsätzlich im Einklang mit den Zwecksetzungen des EG-Vertrages. Ebenso können in beiden Vertragswerken punktuelle Einschränkungen vorgenommen werden.[865] Die konkrete Ausgestaltung von Doppelbesteuerungsabkommen steht den Mitgliedstaaten grundsätzlich aufgrund des Subsidiaritätsprinzips frei, da es an einem Harmonisierungsauftrag insofern mangelt. Die Gestaltungsfreiheit endet jedoch dort, wo die europäischen Grundfreiheiten tangiert werden. Diese sind auch in diesem Bereich als Grenzlinie zu beachten.[866] Die Grundfreiheiten sind somit auch auf Doppelbesteuerungsabkommen grundsätzlich anwendbar.[867] Da diese eine Diskriminierung aus Gründen der Staatsangehörigkeit im Allgemeinen verbieten, beinhaltet der EG-Vertrag nach knapp herrschender Auffassung eine grundsätzliche Pflicht zur Meistbegünstigung.[868] Deren Reichweite wird allerdings in der Regel differenziert gesehen. Ausnahmen von der Meistbegünstigungspflicht bestehen, sofern diese durch ein hinreichendes öffentliches Interesse begründet sind. Dies ist gegeben, wenn es anderenfalls zu einem Systembruch oder einem Missbrauch kommen würde.[869]

---

[863] Beispiel: Mitgliedstaat A hat mit Staat B (welcher nicht zwingend Mitglied der EU ist) ein DBA abgeschlossen, in welchem für bestimmte Einkünfte ein begrenztes Quellensteuerrecht in Höhe von 5 % vereinbart wurde. In sämtlichen DBA von A mit anderen Mitgliedstaaten wurde die Höhe der Quellensteuer auf 10 % festgelegt. Wenn der EG-Vertrag eine Meistbegünstigung nach sich ziehen würde, könnten sich Ansässige anderer Mitgliedstaaten, die in A einer Quellenbesteuerung unterworfen sind, auf die günstigere Regelung im DBA zwischen A und B berufen. Ähnlich Hinnekens, ECTR 1994, S. 153.

[864] Am weitest reicht das Allgemeine Zoll- und Handelsabkommen GATT (General Agreement on Tariffs and Trade), das 1995 zur Gründung der Welthandelsorganisation WTO geführt hat; vgl. Vaulont, in: Groeben/Thiesing/Ehlermann, EG-Vertrag, 1997, Art. 9, Tz. 3.

[865] Vgl. Vaulont, in: Groeben/Thiesing/Ehlermann, EG-Vertrag, 1997, Art. 9, Tz. 3.

[866] Vgl. Scherer, in: Debatin/Wassermeyer, Doppelbesteuerung, 2004, Vor Art. 1, Tz. 102.

[867] Eine Diskussion potentiell gemeinschaftswidriger Regelungen in europäischen Doppelbesteuerungsabkommen findet sich bei Offermanns, ECTR 1995, S. 97 ff.

[868] Zustimmend Randelzhofer/Forsthoff, in: Grabitz/Hilf, EGV, 2004, vor Art. 39-55, Rn. 258; Scherer, in: Debatin/Wassermeyer, Doppelbesteuerung, 2004, Vor Art. 1, Tz. 124; Weggenmann, IStR 2003, S. 677 ff.; Schaumburg, Steuerrecht, 1998, S. 778; Schuch, ECTR 1996, S. 161 ff.; Schuch, IWB 1996, S. 259 ff.; Wassermeyer, DStJG 19, 1996, S. 151 ff.; Rainer, IStR 1995, S. 476; Scherer, in: Birk, Handbuch, 1995, S. 956 ff.; Rädler, ECTR 1995, S. 66 f. Herzig/Dautzenberg, DB 1992, S. 2519 ff.
Kritisch bzw. ablehnend Pistone, ECTR 2002, S. 130 f.; Lang, Doppelbesteuerungsabkommen, 1999, S. 432 ff.; Lehner, IStR 1998, S. 342; Kemmeren, ECTR 1997, S. 146 ff.; Thömmes, DStJG 19, 1996, S. 100 ff.; Lang, IWB 1996, S. 255 ff.; Scherer, Doppelbesteuerung, 1995, S. 111 ff., 177; Vogel, ECTR 1995, S. 264 f.; Hinnekens, ECTR 1994, S. 154 ff.

[869] Vgl. Randelzhofer/Forsthoff, in: Grabitz/Hilf, EGV, 2004, vor Art. 39-55, Rn. 259; Scherer, in: Debatin/Wassermeyer, Doppelbesteuerung, 2004, Vor Art. 1, Tz. 124; Hinnekens, ECTR 1994, S. 153 ff. Insbesondere *Hinnekens* weist darauf hin, dass eine weit verstandene Meist-

Auf die betriebliche Altersversorgung übertragen, könnte eine Auslegung als Meistbegünstigungspflicht dazu führen, dass ein Staat, der in seinen Doppelbesteuerungsabkommen bzgl. der Leistungsbesteuerung gegenüber einigen Staaten ein Quellenbesteuerungsrecht und gegenüber anderen eine Freistellung vereinbart hat, im Verhältnis zu Bürgern aus anderen EU-Staaten nur das Freistellungsverfahren als günstigste Methode anwenden dürfte. Da die Doppelbesteuerungsabkommen zweifelsfrei am Kriterium der Ansässigkeit bzw. letztlich Staatsangehörigkeit anknüpfen, ist die grundlegende Voraussetzung für eine Diskriminierung i.S.v. Art. 12 EG erfüllt.[870] Sieht man darin eine verbotene Diskriminierung, so wäre letztlich eine effektive Nicht-Besteuerung möglich. Diese Schlussfolgerung widerspricht sowohl dem Sinn der Doppelbesteuerungsabkommen als auch dem Geist des EG-Vertrags.[871] Weder die DBA-Bestimmungen noch die Grundfreiheiten wollen eine Nicht-Besteuerung erzielen. Nach der Rechtsprechung des EuGH erscheint es jedoch zunächst zweifelhaft, ob die Sicherstellung einer Einmalbesteuerung einen ausreichenden Grund für eine Durchbrechung des Diskriminierungsverbotes bietet. In der Rs. Bachmann wurde die so genannte Kohärenz des Steuerrechts zwar als Rechtsfertigungsgrund akzeptiert. Bereits in den Folgeentscheidungen revidierte bzw. präzisierte der Gerichtshof das Kohärenz-Argument. Der Zusammenhang zwischen Abzugsfähigkeit und Besteuerung greift als Ausnahmetatbestand dann nicht mehr, wenn der Mitgliedstaat seine Besteuerungskompetenzen im Rahmen von Doppelbesteuerungsabkommen mit einem anderen Staat koordiniert hat. Daraus ließe sich schließen, dass ein Mitgliedstaat nur dann Einschränkungen der Abzugsfähigkeit gegenüber ausländischen Versorgungseinrichtungen machen darf, wenn er keine Doppelbesteuerungsabkommen abgeschlossen hat. Die Kohärenz des Steuerrechts bezieht sich damit auf das Einmalbesteuerungsrecht des Staates und vernachlässigt zunächst die Einmalbesteuerung auf Ebene des Steuerpflichtigen. Liegt demgegenüber ein Doppelbesteuerungsabkommen vor, so hat der Mitgliedstaat unter Umständen sein Recht auf einmalige Besteuerung des Sachverhalts an den anderen Vertragsstaat abgetreten. Gleichzeitig kann dadurch die Einmalbesteuerung in der Person des Steuerpflichtigen gewährleistet werden. Dies erfordert eine exakte Koordinierung der konfliktären Steuersysteme, um so einen Ausgleichsmecha-

begünstigung zu einer Einebnung der Doppelbesteuerungsabkommen zwischen den Mitgliedstaaten und damit faktisch zu einem einheitlichen europäischen DBA führen würde. Neben der Frage nach dessen Ausgestaltung kritisiert *Hinnekens*, dass dies die Kompetenzen der Gemeinschaft bei weitem übersteige.

870 Vgl. Herzig/Dautzenberg, DB 1992, S. 2521.

871 Eine verbotene Diskriminierung bzw. Beschränkung setzt stets auch eine echte Benachteiligung voraus; vgl. Herzig/Dautzenberg, DB 1992, S. 2521.

nismus zu schaffen. Die Kohärenz des Steuerrechts wird durch Doppelbesteuerungsabkommen zugunsten einer Kohärenz des Besteuerungserfolgs ersetzt.

Wird das Meistbegünstigungsprinzip weit interpretiert, würde ein faktisches „Treaty Shopping“[872] auf Gemeinschaftsebene ermöglicht.[873] Die Meistbegünstigung würde dazu führen, dass gegenüber Steuerpflichtigen aus anderen Mitgliedstaaten nur die vorteilhafteste DBA-Regelung angewendet werden könnte. Die Konsequenz wäre eine Reduktion der zwischen Mitgliedstaaten geschlossenen Doppelbesteuerungsabkommen auf die jeweils günstigste Vorschrift.[874] Die Diskriminierungsverbote hätten sich in ein Identitätsgebot verkehrt.[875] Daraus folgt zum einen, dass aufgrund der Möglichkeit eines Austarierens der Steuersysteme unterschiedliche DBA-Vorschriften durch ein begründetes öffentliches Interesse gerechtfertigt werden können. Die Gleichmäßigkeit der Besteuerung, die auch der europäische Gleichheitssatz anstrebt, wird gerade erst durch die differenzierende Betrachtung gewährleistet. Zum anderen ist es höchst fraglich, ob überhaupt eine Ungleichbehandlung vorliegt.[876] Beschränkt Steuerpflichtigen, die aufgrund der Doppelbesteuerungsabkommen mit einem anderen Mitgliedstaat unterschiedlich besteuert werden, sind nicht zwingend in einer vergleichbaren Situation. Die Übertragung einer *prima facie* vorteilhafteren DBA-Regelung aus Gründen der Meistbegünstigung ist dann unsachgemäß, wenn die abweichenden Regelungen auf die unterschiedlichen Steuersysteme der Vertragsstaaten zurückzuführen sind. Zwar hat der EuGH das Argument der nicht harmonisierten Steuersysteme als Rechtfertigungsgrund stets abgeschmettert. In diesen Entscheidungen ging es jedoch um unilaterale Ungleichbehandlungen und eben nicht um koordinierte bi- oder multilaterale Abkommen.

Entsprechend hat der EuGH das Meistbegünstigungsprinzip in der Rs. „D“ restriktiv ausgelegt.[877] Der EuGH argumentiert darin nicht gegen die Hauptfunktion der DBA als Ausgleichsmechanismus für unterschiedlich ausgestaltete Steuersysteme an. Viel-

[872] Ausführlich zum Begriff „Treaty Shopping“ vgl. Wurm, intertax 1992, S. 658 ff. Allgemein zu dessen Verhältnis zum Gemeinschaftsrecht vgl. Becker/Thömmes, ET 1991, S. 173 ff.

[873] Ähnlich die Argumentation *Vogels*, vgl. Vogel, ECTR 1995, S. 264 f.

[874] Vgl. ebenso Lang, IWB 1996, S. 258.

[875] Vgl. Scherer, Doppelbesteuerung, 1995, S. 112.

[876] Vgl. Schuch, ECTR 1996, S. 162; Bogdandy, in: Grabitz/Hilf, EGV, 2004, Art. 6 (Archivband), Rn. 11 ff.

[877] Vgl. EuGH-Urteil v. 5.7.2005 („D“). Eine EuGH-Entscheidung, die eine DBA-Regelung für gemeinschaftsrechtswidrig erklärt, hat es damit bislang nicht gegeben; Jann, ECTR 1996, S. 160. Das DBA Deutschland-Frankreich hat in der Rs. Gilly der Prüfung durch den EuGH standgehalten; vgl. Thömmes, intertax 1998, S. 320 f.; EuGH-Urteil v. 12.5.1998 (Gilly).

mehr akzeptiert er, dass Doppelbesteuerungsabkommen als maßgeschneiderte Lösungen eine weit gehende Vermeidung von Doppel- oder Nichtbesteuerungssituationen erzielen sollen, so dass das Argument der Meistbegünstigung fehlgeht.[878] Einzelne DBA-Bestimmungen können nicht aus dem Gesamtkontext herausgelöst werden, da sie einen integralen Abkommensbestandteil bilden und zur Ausgewogenheit des DBA beitragen.[879] Der EuGH hat damit das Meistbegünstigungsprinzip nicht generell verworfen.[880] Vielmehr hat der Gerichtshof berücksichtigt, dass eine unreflektierte Anwendung des Meistbegünstigungsgrundsatzes anstelle einer „Meist"-begünstigung zu einer Überbegünstigung führen würde, da das Ziel einer einmaligen Besteuerung nicht erreicht werden könnte.[881] Die Meistbegünstigung kann nur dann sinnvoll zur Geltung kommen, wenn auf materiell identische Sachverhalte unterschiedliche Regeln angewendet werden und die in Frage stehende Abkommensbestimmung nicht in einem wechselseitigen Abhängigkeitsverhältnis steht.[882] Die auf systematischen Überlegungen basierende Unterscheidung bei der betrieblichen Altersversorgung sieht hingegen unterschiedliche Regeln für unterschiedliche Sachverhalte vor, was nach der Rechtsprechung des EuGH mangels Vergleichbarkeit nicht zu beanstanden ist.[883] *Herzig/Dautzenberg* sehen eine Differenzierung als gerechtfertigt an, wenn ein Staat auf seinen Steueranspruch gegenüber einem anderen Staat – abweichend von den DBA mit anderen Mitgliedstaaten – beharrt, weil der andere Staat keine Steuer erhebt. Damit ist die Vergleichbarkeit zwischen Bürgern dieses Staates mit jenen der anderen Mitgliedstaaten nicht gegeben.[884]

---

878 Ähnlich Kraft/Robra, RIW 2005, S. 251.

879 Vgl. EuGH-Urteil v. 5.7.2005 („D"), Tz. 62. Kritisch dazu Thiel, intertax 2005, S. 454 ff.

880 Vgl. Thömmes, IWB 2005, S. 885.

881 So bereits Pistone, ECTR 2002, S. 130 f.; Vogel, ECTR 1995, S. 264. In der Rs. Marks & Spencer hat sich der EuGH dieser Ansicht angeschlossen, da eine doppelte Berücksichtigung von Verlusten vermieden werden soll; vgl. EuGH-Urteil v. 13.12.2005 (Marks & Spencer), Tz. 47 f.

882 Nach ständiger Rechtsprechung des EuGH liegt eine Diskriminierung oder Beschränkung vor, wenn unterschiedliche Regeln für vergleichbare Sachverhalte oder gleiche Regeln für unterschiedliche Sachverhalte angewendet werden; vgl. statt vieler EuGH-Urteil v. 15.1.2002 (Gottardo); Schuch, ECTR 1996, S. 161.

883 Vgl. bereits Herzig/Dautzenberg, DB 1992, S. 2523. *Thiel* bemängelt, dass eine solche Systematik in der Rs. „D" nicht vorliegt. Vielmehr rechtfertige der EuGH in einem Zirkelschluss die Ungleichbehandlung eben aufgrund einer Ungleichbehandlung. Der Unterschied zur Rs. Avoir fiscal sei daher nicht ersichtlich; vgl. Thiel, intertax 2005, S. 455 f.

884 Vgl. Herzig/Dautzenberg, DB 1992, S. 2523. So in der Urteilsbegründung auch EuGH-Urteil v. 5.7.2005 („D"), Tz. 61 ff.

1.5. Konsequenzen der EuGH-Rechtsprechung auf die Besteuerung der betrieblichen Altersversorgung

In Bezug auf die Besteuerung der betrieblichen Altersversorgung sind insbesondere die Rs. Danner[885] sowie die Rs. Skandia/Ramstedt[886] von Bedeutung. Aufgrund der vergleichbaren Streitfrage wird insbesondere in der Rs. Danner[887] eine Revision der Rs. Bachmann gesehen.[888] Nach dem finnischen Einkommensteuergesetz *Tuloverolaki* (TVL) waren Beiträge an freiwillige Alterssicherungssysteme grundsätzlich steuerlich abzugsfähig, wenn diese an eine finnische Versicherung gezahlt wurden. Im Vergleich zur Rs. Bachmann besteht insofern eine Abweichung, als das finnische Steuerrecht die bezogenen Leistungen unterschiedslos besteuert, während nach belgischem Recht nur aus steuerfreien Quellen stammende Leistungen erfasst wurden.[889] Von dieser Abweichung hat der EuGH seine Entscheidung jedoch nicht abhängig gemacht, da bereits die Existenz eines auf dem OECD-Musterabkommen basierenden Doppelbesteuerungsabkommens das Kohärenz-Argument aushebelt.[890] Die Quellenbesteuerung der ins Ausland fließenden Leistungen wäre somit für Finnland nicht möglich.[891] Die Kohärenz der Besteuerung wird unterbrochen, so dass sie als Rechtfertigung für die Verletzung der Grundfreiheiten nicht geeignet ist.[892] Die Rs. Skandia/Ramstedt[893] bestätigte die Entscheidung in der Rs. Danner. Darin hatte sich der Gerichtshof darüber hinaus auch mit der Frage der Abzugsfähigkeit von Beitragszahlungen an ausländische Versorgungseinrichtungen auf Ebene des Arbeitgebers auseinanderzusetzen.[894] Die Beschränkung des Betriebsausgabenabzugs auf an inländische Einrichtungen geleistete Beiträge wurde vom EuGH ebenfalls zurückgewiesen. Wenn die ausländische Versorgungseinrichtung als gleichwertig mit inländischen Pensionskassen anzusehen ist,

---

885 Vgl. EuGH-Urteil v. 3.10.2002 (Danner).

886 Vgl. EuGH-Urteil v. 26.6.2003 (Skandia/Ramstedt).

887 Auch darin hat der EuGH allerdings die Aufrufe zum Widerruf des Kohärenz-Arguments, wie sie auch in den Schlussanträgen des Generalanwalts anklingen, ungehört verhallen lassen; vgl. Thömmes, IWB, 2002, S. 602; Thömmes, IWB, 2003a, S. 635. A.A. Thiel/Achilles, IStR 2003b, S. 556.

888 *Eicker* spricht sogar von „Bachmann II"; vgl. Eicker, intertax 2002b, S. 332 f.

889 Vgl. Jacobs, Danner, 2002, Tz. 48.

890 Ähnlich Cordewener, BB 2002, S. 2559. In diesem Punkt a.A. o.V., FR 2003, S. 37.

891 Vgl. o.V., FR 2003, S. 37.

892 Zustimmend unter Hinweis auf das beinahe vollständige DBA-Netzwerk in der Gemeinschaft vor der letzten Erweiterungsrunde am 1.5.2004 vgl. Laule/Pathe, EuGH-Rechtsprechung, 2004, S. 35. Aus ähnlichen Gründen lehnt *Körner* das in der Rs. de Lasteyrie du Saillant erfolglos vorgebrachte Territorialitätsprinzip ab; vgl. Körner IStR 2004, S. 427; EuGH-Urteil v. 11.4.2004 (de Lasteyrie du Saillant). Kritisch zur Zurückdrängung des Kohärenz-Gedankens vgl. Dahlberg, Taxation, 2005, S. 128 ff.

893 Vgl. EuGH-Urteil v. 26.6.2003 (Skandia/Ramstedt).

894 Vgl. Léger, Skandia/Ramstedt, 2003, Tz. 8.

stellt die Ungleichbehandlung auf Ebene des Arbeitnehmers eine nicht zu rechtfertigende Verletzung der Grundfreiheiten dar.[895]

Auffällig in der Rs. Danner ist der direkte Bezug des EuGH auf das OECD-Musterabkommen.[896] In den Urteilen Rs. Schumacker und Rs. Wielockx hatte sich der EuGH ebenfalls explizit auf dessen Bestimmungen berufen und nur formelhaft auf die ähnliche Ausgestaltung der konkret vorliegenden Abkommen verwiesen.[897] Neben der Auslegung des Gemeinschaftsrechts als zentraler Aufgabe des Gerichtshofs kann hierfür eine Rolle gespielt haben, dass den Urteilen eine über den Einzelfall hinausreichende Bedeutung zukommen sollte.[898] Zwar verbleibt die (alleinige) Zuständigkeit für die Ausgestaltung des direkten Steuerrechts bei den Mitgliedstaaten. Die Maxime, dass dabei das Gemeinschaftsrecht zu wahren sei, erstreckt sich jedoch auch auf Doppelbesteuerungsabkommen, die als integraler Bestandteil des nationalen Steuerrechts gesehen werden.[899] Die Entscheidung in der Rs. de Groot, nach der die Vertragsstaaten eine gemeinsame Verpflichtung zur Erzielung einer diskriminierungsfreien Besteuerung tragen, macht dies offensichtlich.[900] Daraus ergibt sich ein Konflikt mit den Bestimmungen des OECD-Musterabkommens, da dieses in Art. 24 Abs. 3 Satz 2 OECD-MA keine Pflicht zur Gewährung von Steuervergünstigungen an nicht ansässige Personen vorsieht. Die Orientierung am Merkmal der Ansässigkeit ist für die OECD als Abgrenzungskriterium ausreichend.[901] Einerseits scheint sich der EuGH zwar am Musterabkommen als einem Referenzmodell für die Ausgestaltung von Doppelbesteuerungsabkommen in der Gemeinschaft zu orientieren. Andererseits widersprechen sich die Diskriminierungsverbote der OECD und des EuGH.[902] Der Widerspruch resultiert aus dem weiteren Verständnis der gemeinschaftsrechtlichen Grundfreiheiten als Beschränkungsverbote, die auch indirekte und mittelbare Ungleichbehandlungen unterbinden. Das OECD-Diskriminierungsverbot ist hingegen enger gefasst und verbietet

---

895 Vgl. EuGH-Urteil v. 26.6.2003 (Skandia/Ramstedt), Tz. 32 ff.; ebenso Wiman, Skandia, 2003, S. 202 ff.

896 Vgl. EuGH-Urteil v. 3.10.2002 (Danner), Tz. 41 ff.

897 Vgl. EuGH-Urteil v. 14.2.1995 (Schumacker), Tz. 32; EuGH-Urteil v. 11.8.1995 (Wielockx), Tz. 24.

898 Ähnlich Rainer, IStR 1995, S. 475.

899 Vgl. die Diskussion zur Meistbegünstigung durch den EG-Vertrag in Abschnitt 1.4.

900 Vgl. Schnitger, FR 2003, 148 ff.; a.A. Laule/Pathe, EuGH-Rechtsprechung, 2004, S. 42. Eine generelle Meistbegünstigung ist damit aber nicht verbunden.

901 Vgl. Thömmes, DStJG 19, 1996, S. 95 f.

902 Vgl. Rainer, IStR 1995, S. 476.

lediglich offene Diskriminierungen aufgrund der Staatsangehörigkeit.[903] Die Frage, ob die Systematik des Steuerrechts gewisse Einschränkungen des Gemeinschaftsrechts legitimieren kann, muss damit wohl verneint werden. Ähnliche Einschnitte lassen sich bei der Ausgestaltung des Körperschaftsteuersystems und der damit verbundenen „Ausrottung" der Vollanrechnungsverfahren in Europa ausmachen. Obwohl deren Ausgestaltung auf systematischen Grundsätzen basierte, waren sie in der Regel mangels Anrechnungsmöglichkeiten für beschränkt Steuerpflichtige sowie im Hinblick auf Auslandsdividenden von unbeschränkt Steuerpflichtigen mit den vom EuGH ausgelegten Grundfreiheiten nicht vereinbar.[904]

Für die betriebliche Altersversorgung fällt das Urteil milder aus: Mit seiner Rechtsprechung zur Abzugsfähigkeit von Altersvorsorgebeiträgen hat sich der EuGH an einem weit ausgelegten Grundfreiheitsbegriff orientiert. Die dagegen vorgebrachten Argumente können in einem Binnenmarkt nicht überzeugen. Abgesehen von der Rs. Bachmann sah der EuGH regelmäßig keine Rechtfertigung für den Ausschluss der Abzugsfähigkeit von an ausländische Kassen gezahlten Beiträgen.[905] Lediglich der Vorbehalt der Gleichwertigkeit hatte Bestand. Dies rechtfertigt sich aus der nach wie vor anerkannten Subsidiarität im Bereich des Steuerrechts sowie des Grundsatzes der Inländergleichbehandlung. Die völlige Ausschaltung von Restriktionen kann den Mitgliedstaaten durch den EuGH nicht oktroyiert werden.[906] Somit können nach wie vor Einschränkungen hinsichtlich des Versorgungsträgers sowie dessen Leistungsumfang vorgenommen werden.[907] Dies gilt jedoch nur, solange sich hinter den verwaltungstechnischen und aufsichtsrechtlichen Anforderungen keine immanenten Diskriminierungen verbergen. Dies wäre beispielsweise der Fall, wenn eine bestimmte nationale Rechtsform vorausgesetzt wird. Auch die Voraussetzung, dass die Versorgungseinrichtung eine permanente Niederlassung in dem Staat unterhält, ist mit den Grundfreiheiten nicht zu vereinbaren.[908] Sieht man von den damit verbundenen Abgrenzungs-

---

903 Vgl. Thömmes, DStJG 19, 1996, S. 96; Rust, in: Vogel/Lehner, DBA-Kommentar, 2003, Art 24 OECD-MA, Tz. 15 ff. Für einen allgemeinen Vergleich verschiedener Konzepte der Diskriminierungsverbote vgl. Raad, ECTR 1995, S. 192 f.

904 Vgl. Jacobs, intertax 1999, S. 264 ff.; Jacobs, Körperschaftsteuersysteme, 1999, S. 85 ff.; Spengel/Jaeger/Müller, IStR 2000, S. 258 f.; Treisch, zfbf 2004, S. 365 ff.

905 Vgl. Hinnekens, ET 1996, S. 289 f.

906 So auch analog zur steuerlichen Differenzierung zwischen verschiedenen Rechtsformen Jacobs, Körperschaftsteuersysteme, 1999, S. 95.

907 Gängige Beispiele sind die Art der Leistungsauszahlung, Mindestleistungen, Aufsicht, Kapitaldeckung.

908 Dies hat der EuGH insbesondere in den Rs. Danner und Skandia/Ramstedt nicht akzeptiert. Vgl. bereits Dietvorst, ECTR 1999, S. 107 ff.

schwierigkeiten ab, folgt der EuGH somit weit gehend der von der OECD vorgeschlagenen Regelung in Bezug auf abzugsfähige Beitragszahlungen. Der Musterkommentar zu Art. 18 OECD-MA sieht eine ergänzende Regelung vor, nach der Beitragszahlungen abzugsfähig sind, soweit der Tätigkeitsstaat die Gleichwertigkeit der ausländischen Versorgungseinrichtung anerkannt hat.[909] Die europäische Rechtsprechung zementiert den eher unverbindlichen Lösungsvorschlag der OECD für die EU-Mitgliedstaaten, da das Verwehren einer sonst gewährten Steuererleichterung nicht mit den Grundfreiheiten vereinbar ist und hierfür keine anerkannten Rechtfertigungsgründe existieren.[910] Während die OECD die Abzugsfähigkeit von Beiträgen jedoch auf den Fall beschränken will, dass der Arbeitnehmer an die fragliche Pensionskasse schon vor Beginn seiner Tätigkeit im Gastland Beiträge entrichtet hat, ist der Ansatz des EuGH umfassender. Weder darf eine Rolle spielen, ob Arbeitgeber- oder Arbeitnehmerbeiträge vorliegen, noch wann die Dotierung der Versorgungseinrichtung beginnt. Demnach muss es einem Arbeitgeber bzw. Arbeitnehmer auch möglich sein, Beiträge an eine vergleichbare ausländische Pensionskasse zu leisten, ohne daraus steuerliche Nachteile erleiden zu müssen.

Sofern die Mitgliedstaaten ihre häufig vorgebrachten Sorgen hinsichtlich eines drohenden Verlustes der Besteuerungsgrundlage durch Auswanderung von Steuerpflichtigen in der Leistungsphase ernst nehmen,[911] müssten sie ihr „Heil" in einer vorgelagerten Besteuerung suchen.[912] Eine allgemeine Nicht-Abzugsfähigkeit sowohl für an inländische als auch an ausländische Versorgungsträger geleistete Beiträge könnte vom EuGH nicht angegriffen werden, da der Beurteilungsmaßstab der Inländergleichbehandlung gewahrt wäre. Die Forderung nach völliger Gleichstellung beschränkt Steuerpflichtiger mit unbeschränkt Steuerpflichtigen anderer Mitgliedstaaten ist weder praktikabel noch hat sie sich in der EuGH-Rechtsprechung niedergeschlagen.[913] Ob eine so gestaltete, aus Sicht des EuGH nicht zu beanstandende, kohärente Besteuerung jedoch mit dem nationalen Verfassungsrecht in Einklang zu bringen ist, kann aufgrund der unterschiedlichen Akzentsetzungen in Bezug auf die Einordnung der Beiträge als

[909] Vgl. OECD, Commentary, 2000, Art. 18 Tz. 11.

[910] Vgl. zum „Dilemma" der ausländischen Versorgungseinrichtungen Birk, FR 2005, S. 125.

[911] *Thömmes* sieht in der Wahrung der Besteuerungsansprüche der Mitgliedstaaten grundsätzlich ein berechtigtes Interesse. Seine Erwartung, dass sich dieses in der EuGH-Rechtsprechung verfängt und präzisiert wird, wurde jedoch bislang nicht erfüllt; vgl. Thömmes, IWB, 1996, S. 228.

[912] So auch Birk, FR 2005, S. 124 f.; Dietvorst, ECTR 1999, S. 110 f.

[913] Zur Frage der „richtigen" Vergleichspaare bei der Beurteilung einer Verletzung der Grundfreiheiten vgl. Knobbe-Keuk, ECTR 1994, S. 77 f.

Werbungskosten bzw. Sonderausgaben nicht pauschal beantwortet werden. In jedem Fall würde dies die politischen Bemühungen der letzten Jahre zur Förderung privater und betrieblicher Versorgungsmaßnahmen auf den Kopf stellen und das Ziel einer Stärkung der Altersversorgung konterkarieren.

Gleichwohl führt auch die EuGH-Rechtsprechung bislang zu keiner vollständigen Lösung der Doppelbesteuerungsproblematik. So hatte sich der EuGH bislang nicht mit der intertemporalen Komponente bei Auszahlung der Leistungen auseinanderzusetzen.[914] Nach seiner bisherigen Rechtsprechung dürfte der EuGH hierin jedoch entweder keine Verletzung der Grundfreiheiten erkennen oder ersatzweise diese aufgrund systematischer Verzerrungen als unabwendbar ansehen.[915] Insbesondere kann dem Tätigkeitsstaat in der Anwartschaftsphase keine Abzugsfähigkeit für Beiträge beschränkt Steuerpflichtiger aufgebürdet werden, die über das Niveau hinausgeht, welches er seinen unbeschränkt Steuerpflichtigen zugesteht.[916] Diskutabel hingegen ist die Besteuerung in der Versorgungsphase, wenn es in Folge dessen zu einer erneuten Erfassung bereits versteuerten Einkommens käme. Es ist wahrscheinlich, dass der EuGH hierin eine Beschränkung des Rechts auf Freizügigkeit sehen würde, da eine Rückkehr in den Ansässigkeitsstaat oder ein Umzug im Rentenalter behindert werden könnte. Das Kohärenz-Prinzip bisheriger Prägung kann diese Verletzung eben nicht rechtfertigen, da ihm die Existenz von Doppelbesteuerungsabkommen entgegensteht. Darüber hinaus wäre bei einer unterschiedslosen Besteuerung das von Belgien in der Rs. Bachmann erfolgreich vorgebrachte Argument einer systematisch differenzierenden Besteuerung nicht gegeben.

Die Grundfreiheiten in ihrer Auslegung durch den EuGH geben somit keinen Aufschluss darüber, ob eine vorgelagerte oder eine nachgelagerte Besteuerung im Grundsatz zu präferieren ist. Gleichzeitig bieten sie für die Steuerpflichtigen zurzeit keinen vollumfänglichen Schutz vor intertemporalen Doppelbesteuerungen. Umgekehrt werden auch intertemporale Minderbesteuerungen bislang nicht wirksam unterbunden.

---

914 Lediglich die in der Rs. de Groot entwickelte Lösung einer gemeinsamen Verantwortung weist einen gewissen Bezug zu dieser Thematik auf, ohne sich jedoch konkret damit auseinanderzusetzen.

915 Vgl. Schnitger, IStR 2002b, S. 741.

916 Vgl. Schnitger, IStR 2002b, S. 741.

2. Initiativen der Europäischen Kommission

2.1. Institutionelle Aspekte

Die Europäische Kommission leitet ihre Zuständigkeiten aus den Bestimmungen des europäischen Vertragswerks ab. Aus ihrer Perspektive fungiert sie als „Hüterin der Verträge“.[917] Gemäß Art. 211 EG ist die Kommission für die Sicherstellung und Fortentwicklung des gemeinsamen Marktes verantwortlich. Ihre Stellung gleicht damit einem Exekutivorgan, dem nicht lediglich administrative Aufgaben zukommen, sondern das neben dem Rat als Regierung agiert.[918] Aufgrund ihres Anspruchs, die Einhaltung der Gemeinschaftsverträge zu gewährleisten, kann die Kommission bei Verletzung der europäischen Grundfreiheiten durch die Mitgliedstaaten aktiv werden. Ihre Möglichkeiten reichen von unverbindlichen Verbesserungsvorschlägen bis hin zu Klagen vor dem Europäischen Gerichtshof nach Art. 226 EG.[919] Im Rahmen der Rechtssetzung steht der Kommission das Vorschlagsmonopol für zukünftige Rechtsakte zu.[920] Der Kommission stehen nur auf einer untergeordneten Ebene Kompetenzen zum alleinigen Erlass von sekundärem Gemeinschaftsrecht in Form von Richtlinien und Verordnungen zu.[921] Durch das Initiativrecht behält sie somit ihre gestalterische Funktion in der europäischen Gesetzgebung. Daneben spricht sie unverbindliche Empfehlungen und Mitteilungen aus, die jedoch im Prozess der politischen Willensbildung nicht unterschätzt werden sollten.[922]

Letztere sind gerade im Bereich des direkten Steuerrechts sowie der betrieblichen Altersversorgung von Bedeutung. Mangels eines expliziten Harmonisierungsauftrags sind die Handlungsalternativen der Kommission zur direkten Einflussnahme beschränkt. Insbesondere der Einsatz von Verordnungen oder Richtlinien ist in diesem Bereich aufgrund der grundsätzlichen Subsidiarität sowie der damit erforderlichen Einstimmigkeit im Rat nur in seltenen Ausnahmefällen möglich. Eine Einflussnahme seitens der Europäischen Kommission geschieht in diesem Bereich hauptsächlich

---

917 Arndt, Europarecht, 2004, S. 41.

918 Vgl. Pieper, in: Birk, Handbuch, 1995, § 2, Rn. 18. Etwas a.A. Arndt, Europarecht, 2004, S. 41.

919 Vgl. Kapitel D.II.1.; Arndt, Europarecht, 2004, S. 44 f.; Pieper, in: Birk, Handbuch, 1995, § 2, Rn. 28.

920 Zwar kann der Rat oder das Parlament die Kommission zur Abgabe eines Vorschlags auffordern. Dessen konkrete Ausgestaltung liegt jedoch stets in den Händen der Kommission, so dass sie die Richtung der Integration vorgibt. Vgl. Pieper, in: Birk, Handbuch, § 2, Rn. 26; Arndt, Europarecht, 2004, S. 44 f.

921 Der Erlass von Richtlinien und Verordnungen obliegt grundsätzlich dem Rat oder dem Europäischen Parlament zusammen mit dem Rat; vgl. Hakenberg, Grundzüge, 2003, S. 62 f.

922 Vgl. Arndt, Europarecht, 2004, S. 91.

durch das Aussprechen unverbindlicher Mitteilungen und Empfehlungen.[923] Im Falle gravierender Verstöße gegen den EG-Vertrag greift die Kommission auf ihr Klagerecht beim EuGH zurück. In Bezug auf die betriebliche Altersversorgung laufen im Moment Vertragsverletzungsverfahren gegen Belgien, Dänemark, Frankreich, Italien, Portugal, Spanien und das Vereinigte Königreich.[924] Die grundsätzliche Zielsetzung der Kommission besteht in der Beseitigung von Doppelbesteuerungen grenzüberschreitender Aktivitäten bei gleichzeitiger Sicherstellung einer einmaligen Besteuerung.[925] Damit ist eine Orientierung an den Maximen des Einmalbesteuerungsprinzips zu konstatieren.

2.2. Harmonisierung der Systeme der sozialen Sicherung

Abgesehen von wenigen Rahmenprogrammen wurde die Sozialpolitik in der Gemeinschaft lange Zeit „stiefmütterlich" behandelt.[926] So formulierte die Europäische Sozialcharta des Europarates lediglich allgemeine Zielsetzungen wie die unverbindlichen Rechte auf gerechte Entlohnung, sichere und gesunde Arbeitsbedingungen oder Koalitionsfreiheit.[927] Auf ihrer Grundlage fußten in der Folge verschiedene sozialpolitische Aktionsprogramme, die allmählich eine zumindest teilweise Umsetzung der dortigen Zielsetzungen ermöglichten.[928] Neben der Vereinbarung von Mindeststandards hinsichtlich der Lebens- und Arbeitsbedingungen stand bereits frühzeitig die Koordinierung des Sozialversicherungsrechts auf der europäischen Agenda.[929] Dies führte zwar

---

923 *Thömmes* weist zu Recht darauf hin, dass dies nicht zwingend ein Nachteil darstellen muss. Eine Richtlinie soll eine Harmonisierung erreichen, zu der die Mitgliedstaaten ohne sie nicht gezwungen wären. Empfehlungen und Mitteilungen können sich demgegenüber auf Fälle beziehen, die mit den europäischen Grundfreiheiten nicht vereinbar sind. Auch ohne die Kommissionsmaßnahmen wären die Mitgliedstaaten zur Beseitigung dieser Beschränkungen verpflichtet. Der Kommission kommt hier die Funktion eines Katalysators sowie Ideengebers zu; vgl. Thömmes, intertax 1994, S. 183.

924 Vgl. IP/03/179; IP/03/965; IP/03/1756; IP/04/873; IP/04/1283; IP/04/1500.

925 Vgl. Schonewille, ECTR 1994, S. 57; KOM(1993) 632.

926 Vgl. Hakenberg, Grundzüge, 2003, S. 184.

927 Vgl. Europäische Sozialcharta v. 18.10.1961, deren Inhalte erst 1989 über die „Gemeinschaftscharta der sozialen Grundrechte der Arbeitnehmer" offiziell in der Gemeinschaft angekommen und schließlich in die Art. 136 ff. EG eingeflossen sind; vgl. Rößler, betrAV 1995, S. 66; Steinmeyer, EuZW 1991, S. 43 f. Erst seit dem Vertrag von Amsterdam (2.10.1997) existiert eine gemeinsame Sozialpolitik in Europa; vgl. Stürmer, betrAV 1998, S. 210; Hilf/Pache, NJW 1998, S. 708.

928 Vgl. Tiemann, betrAV 1991, S. 87 f. Beispielhaft sei die Mitteilung zur Zukunft des Sozialstaates genannt, die auch die betriebliche Altersversorgung tangiert; vgl. KOM(95) 466; Beyer, betrAV 1996, S. 192 f.

929 Seit 2000 wird die Strategie der Europäischen Union als „Offene Methode der Koordinierung" bezeichnet. Demnach bleiben die nationalen Sozialversicherungssysteme grundsätzlich

nicht zu einer Harmonisierung oder gar einer Vereinheitlichung der Sozialsysteme.[930] Beabsichtigt war lediglich, die Portabilität erworbener Sozialversicherungsansprüche zu gewährleisten.[931] Die Verordnung (EWG) 1408/71[932] ermöglicht es allen EU-Arbeitnehmern und deren Angehörigen, ihre in einem Staat erworbenen Rechte und Anwartschaften auch bei einem Wohnsitzwechsel zu behalten.[933] Insbesondere ist die Anrechnung der Beitragsjahre in einem anderen Mitgliedstaat möglich.[934] Nach dem Exklusivitätsprinzip können Pflichtbeiträge für die Sozialversicherung nur in einem Mitgliedstaat anfallen, so dass die Gefahr einer ungewollten Doppelverbeitragung gebannt ist.[935] Im Gegensatz zum Steuerrecht wurden somit erfolgreich Maßnahmen zur Vermeidung einer Doppelerfassung ergriffen.

2.3. „Pensionsfondsrichtlinie"[936]

2.3.1. Der Entwurf von 1991

Im Zuge der Vollendung des Binnenmarktes und nach Verabschiedung der Richtlinie über den freien Kapitalverkehr[937] sowie der zweiten[938] bzw. dritten Lebensversicherungsrichtlinie[939] wurde die Kommission auf die Probleme der betrieblichen Altersver-

unangetastet. An diese werden stattdessen zielorientierte Anforderungen gestellt, welche durch einen Wettbewerb der Systeme erreicht werden sollen; vgl. dazu m.w.N. Eichenhofer, DRV 2004, S. 205 f.

930 Dies war nicht die primäre Zielsetzung der Verordnung. Nach Ansicht *Tiemanns* ist das Sozialrecht in Europa auch mit Rücksicht auf das Subsidiaritätsprinzip nicht harmonisierbar; vgl. Tiemann, betrAV 1991, S. 89. A.A. *Höfer* der eine allmähliche automatische Angleichung für möglich hält; vgl. Höfer, betrAV 1991, S. 148.

931 Ähnlich Tiemann, betrAV 1996, S. 18 f. Die Ausgestaltung der sozialen Sicherungssysteme muss aufgrund der sehr spezifischen Einbettung in das jeweilige Rechtsgefüge den Mitgliedstaaten überlassen bleiben.

932 Vgl. zur historischen und weiteren Entwicklung der Verordnung Eichenhofer, DRV 2004, S. 201 f.

933 Vgl. Tiemann, betrAV 1991, S. 87.

934 Vgl. Arndt, Europarecht, 2004, S. 169.

935 Vgl. Kavelaars, ECTR 1992, S. 243 f.

936 Obwohl weder der Entwurf von 1991 noch die spätere Richtlinie aus dem Jahr 2003 den Begriff „Pensionsfonds" verwenden, hat sich im allgemeinen Sprachgebrauch die Bezeichnung „Pensionsfondsrichtlinie" durchgesetzt. Auch die Kommission verwendet den Begriff in diesem Sinne; vgl. KOM(2001) 214, S. 3.

937 Vgl. Richtlinie 88/361/EWG.

938 Vgl. Richtlinie 90/619/EWG. Für einen Überblick über die zweite Lebensversicherungsrichtlinie vgl. Jürgens, betrAV 1991a, S. 12; Tiemann, betrAV 1991, S. 88.

939 Vgl. Richtlinie 92/96/EWG. Zur Besteuerung von Lebensversicherungen in der Gemeinschaft vgl. Doetsch, betrAV 1995, S. 212 ff.

sorgung in Europa aufmerksam.[940] Dies wurde erforderlich, da die Lebensversicherungsrichtlinie die Systeme der betrieblichen Altersversorgung, soweit es sich nicht um Lebensversicherungen handelt, explizit ausklammert hatte.[941] Lediglich Direktversicherungen kamen bereits zu diesem Zeitpunkt in den Genuss eines funktionierenden Binnenmarktes.[942] Steuerrechtliche Fragen wurden – mit Ausnahme des Diskriminierungsverbots für Verträge ausländischer Versicherer – ausgeklammert.[943] Mit dem Vorschlag einer sog. Pensionsfondsrichtlinie[944] wurde zwar keine völlige Harmonisierung der verschiedenen nationalen Systeme angestrebt.[945] Allerdings sollte eine weit gehende Anpassung erfolgen, um fundamentale Beeinträchtigungen der Grundfreiheiten im Bezug auf die betriebliche Altersversorgung zu reduzieren.[946] Im Hinblick auf die Dienstleistungs- und Kapitalverkehrsfreiheit wurden drei Hauptziele identifiziert:[947]

- Freiheit der grenzüberschreitenden Vermögensverwaltung
- Freiheit der grenzüberschreitenden Vermögensanlage
- Freiheit der grenzüberschreitenden Mitgliedschaft in Einrichtungen der betrieblichen Altersversorgung.

Die Kommission sieht in den Wanderarbeitnehmern[948] die Hauptbetroffenen der in diesem Bereich nur ungenügend verwirklichten Grundfreiheiten. Da ein planmäßiger

940 Ein erster Anstoß findet sich bereits in der Kommissionsmitteilung SEK(91) 1332 vom 17.7.1991, in der die Rolle der betrieblichen Altersversorgung für die soziale Absicherung der Arbeitnehmer und deren Auswirkungen auf die Freizügigkeit beleuchtet wurde.

941 Vgl. Koch, betrAV 1992, S. 109 f. Unmittelbare Versorgungszusagen, die als Pensionsrückstellungen zu passivieren sind, wurden von dem Kommissionsvorschlag ebenso ausgenommen wie umlagefinanzierte Systeme; vgl. KOM(91) 301 Art. 2. Zustimmend Wirtschafts- und Sozialausschuss, Stellungnahme v. 29.4.1992, Tz. 2. Kritisch dazu Jürgens, betrAV 1991b, S. 154.

942 Vgl. Jürgens, betrAV 1991a, S. 13 f.

943 Sog. „Territorialitätsprinzip“, wonach bei Versicherungsabschlüssen auf das Steuerrecht desjenigen Staates abzustellen ist, in dem die Verpflichtung eingegangen wurde; vgl. Kessel, betrAV 1991, S. 101.

944 Z.T. auch als „Alterssicherungsrichtlinie“ bezeichnet; vgl. KOM(91) 301 sowie KOM(93) 237.

945 Vgl. Brittan, betrAV 1992, S. 99 f.

946 Wie der Wirtschafts- und Sozialausschuss in seiner Stellungnahme darlegte, betreffen die wesentlichen Regelungen der Pensionsfondsrichtlinie die Umsetzung der Grundfreiheiten des EG; vgl. Wirtschafts- und Sozialausschuss, Stellungnahme v. 29.4.1992, Tz. 1.2.

947 Vgl. KOM(91) 301; KOM(93) 237; für eine kritische Auseinandersetzung mit den Zielen vgl. Jürgens, betrAV 1991b, S. 155.

948 Arbeitnehmer, „die in mehr als einem Mitgliedstaat beschäftigt waren, und den Arbeitgeber nicht gewechselt haben oder in derselben Unternehmensgruppe verblieben sind“; KOM(91) 301; KOM(93) 237. Neben Grenzpendlern sind darunter auch entsandte Mitarbeiter zu subsumieren.

und steuergünstiger Aufbau einer betrieblichen Altersversorgung unter diesen Voraussetzungen häufig erschwert wird, ist eine erhebliche Beeinträchtigung der Arbeitnehmerfreizügigkeit gegeben. Davon sind ebenfalls die Unternehmen als Arbeitgeber sowie die Einrichtungen der betrieblichen Altersversorgung[949] tangiert, so dass zudem die Dienstleistungs-, Niederlassungs- und Kapitalverkehrsfreiheiten beschränkt werden.

Trotz Hervorhebung der besonderen Bedeutung auf Arbeitnehmerebene konzentrierte sich die vorgeschlagene Richtlinie auf die ersten beiden Zielsetzungen, die stärker im Fokus der Dienstleistungs- und Kapitalverkehrsfreiheit stehen.[950] Um einen Gleichlauf mit der zweiten Lebensversicherungsrichtlinie zu erzielen, werden die Altersversorgungseinrichtungen in ihrer Eigenschaft als Finanzinstitutionen betrachtet.[951] Beide Ziele können direkt aus den im Vertrag verankerten Grundfreiheiten abgeleitet werden. Insbesondere die Freiheit der Vermögensverwaltung geht bereits aus dem EG-Vertrag hervor.[952] Die Freiheit der Kapitalanlage kann sich zwar grundsätzlich auf die Kapitalverkehrsfreiheit berufen. Diese ist jedoch aus Gründen der Vorsicht zum Schutz der Verbraucher beschränkbar.[953] Anlagevorschriften zum Schutz der Anwärter einer Betriebspension sind somit zulässig, dürfen aber nicht gegen den Grundsatz der Verhältnismäßigkeit verstoßen.[954] Dementsprechend stehen Regelungen zur Aufsicht und Vermögensanlage im Zentrum des Vorschlages. Bei den Aufsichtsvorschriften hält die Kommission eine Abwägung zwischen den Freiheitsrechten der Einrichtungen und dem Allgemeininteresse für erforderlich. Erklärtes Ziel war die Festlegung europaweit einheitlicher Mindeststandards, die durch nationale Detailregelungen weiter

---

949 Der englische und häufig verwendete Begriff der „pension funds" ist insofern irreführend, als sich die Reichweite des Richtlinienvorschlags nicht nur auf „Pensionsfonds", sondern auf alle Versorgungseinrichtungen erstreckt, die unabhängig von einem Trägerunternehmen, Leistungen der Altersversorgung an Arbeitnehmer oder ähnliche Personen finanzieren; so auch Heinz, betrAV 1991, S. 140; Koch, betrAV 1992, S. 109. Die Altersversorgungsleistungen i.S.v. KOM(91) 301 Art. 2 bzw. KOM(93) 237 Art. 2 sind ebenfalls weit aufzufassen; vgl. Pechstein, betrAV 1992, S. 139 f.

950 Die Kommission begründete dies mit der Notwendigkeit weiterer Studien zur Freizügigkeit grenzüberschreitend tätiger Arbeitnehmer; vgl. KOM(91) 301. Insbesondere die Besteuerung grenzüberschreitender Betriebsrenten sowie die Mitbestimmung waren hierfür verantwortlich; vgl. Brittan, betrAV 1992, S. 102 f. Bemerkenswert ist der Umstand, dass der Ausschluss der deutschen Pensionskasse und Direktversicherung inoffiziell mit dem international inkompatiblen vorgelagerten Steuersystem gerechtfertigt wurde; vgl. Rößler, betrAV 1995, S. 67.

951 Vgl. Burgio, betrAV 1994, S. 202.

952 So auch Brittan, betrAV 1992, S. 101 f.; Jürgens, betrAV 1991b, S. 155.

953 Vgl. Art. 58 EG; Arndt, Europarecht, 2004, S. 187.

954 Vgl. Brittan, betrAV 1992, S. 100 f.; Jürgens, betrAV 1991b, S. 155 f.

präzisiert werden können. Analog zur Lebensversicherungsrichtlinie sieht der Vorschlag Grundsätze für die Vermögensanlage vor, die sich am „Prudent-Person“-Prinzip orientieren.[955] Investitionen sind unter Berücksichtigung der Aspekte Sicherheit, Qualität, Liquidität und Ertragsfähigkeit vorzunehmen.[956] Vorschriften hinsichtlich der Anlage in bestimmte Anlagekategorien werden untersagt.[957] Die rein qualitativen Anforderungen werden durch eine quantitative Größe ergänzt. Die Mitgliedstaaten dürfen eine Mindestquote für die Anlage in sog. kongruenten Währungen[958] in Höhe von maximal 80 % festsetzen.[959] Die Festlegung dieser Kennziffer wird für das Scheitern des Richtlinienvorschlags mitverantwortlich gemacht.[960] Die Einführung der gescheiterten Richtlinie „durch die Hintertür“ als Mitteilung[961] scheiterte schließlich 1997 nach einer erfolgreichen Klage Frankreichs vor dem EuGH.[962]

2.3.2. Grünbuch – Zusätzliche Altersversorgung im Binnenmarkt 1997

Im Rahmen der Bemühungen zur Verbesserung des Sozialschutzes in der Gemeinschaft[963] legte die Kommission 1997 das Grünbuch „Zusätzliche Altersversorgung im Binnenmarkt“[964] vor. Dessen Zielsetzung bestand in der Prüfung der Stellung von Pensionsfonds auf dem europäischen Kapitalmarkt und deren Bedeutung für die Altersversorgung sowie der Erörterung der Mobilitätsschranken für Wanderarbeitnehmer. Inso-

---

955 Vgl. Koch, betrAV 1993, S. 38.

956 Vgl. KOM(91) 301 Art. 4 Abs. 1. Der Vorschlag erlaubt – in einem vorsichtigen Ausmaß – auch Anlagen in das Trägerunternehmen. Die überarbeitete Fassung stellt verbundene oder assoziierte Unternehmen mit dem Trägerunternehmen gleich; vgl. KOM(93) 237 Art. 4 Abs. 1 lit. c).

957 Insofern sind die Anlagevorschriften gemäß der Pensionsfondsrichtlinie großzügiger als nach den Lebensversicherungsrichtlinien; vgl. Koch, betrAV 1992, S. 110 f.

958 Die Anlagen müssen in Werte erfolgen, die in der gleichen Währung wie die Pensionsverpflichtung laufen. In Ecu lautende Anlagen gelten stets als kongruent; vgl. KOM(91) 301 Art. 4 Abs. 3; KOM(93) 237 Art. 4 Abs. 3; Brittan, betrAV 1992, S. 100 f. Damit einher geht die Aufgabe des Belegenheitsprinzips; vgl. Kühlein, betrAV 1993, S. 187.

959 Im Falle von nicht als Festbeträgen laufenden Verpflichtungen reduziert sich der Satz auf 60 %. Dazu kritisch Kühlein, betrAV 1993, S. 187.

960 Vgl. Kühlein, betrAV 1995, S. 210 f.; Huhn, betrAV 1994, S. 150; Beyer/Langohr-Plato, betrAV 1994, S. 73. Daneben dürften Befürchtungen vor einer Zurückdrängung bewährter nationaler Durchführungswege eine Rolle gespielt haben; vgl. bereits Heinz, betrAV 1991, S. 140, der hingegen keine Ablehnung der Richtlinie forderte, sondern deren Ausweitung auf weitere Durchführungswege wie die deutsche Unterstützungskasse oder Direktzusage. Ähnlich Becher, betrAV 1991, S. 157.

961 Vgl. KOM(94) 591.

962 Vgl. EuGH-Urteil v. 20.3.1997 (Frankreich/Kommission). Der EuGH sah in der Mitteilung eine Handlung mit Rechtswirkungen, die lediglich dem Rat zusteht.

963 Vgl. KOM(97) 102.

964 Vgl. KOM(97) 283.

fern besteht weit gehend Übereinstimmung mit der zuvor gescheiterten Pensionsfondsrichtlinie. Unterschiede bestehen zum einen aufgrund des unverbindlichen Charakters des Diskussionspapiers. Das Grünbuch sollte der Kommission bei der Erstellung eines Meinungsbildes zur betrieblichen Altersversorgung behilflich sein, bevor weitere Maßnahmen in diesem Bereich in Angriff genommen werden.[965] Zum anderen wird die diskriminierende Wirkung der steuerlichen Regelungen in den Fokus der Betrachtung mit aufgenommen.[966] Nach einer eigenen Skizzierung der Besteuerung wirft das Grünbuch die Frage auf, inwieweit sich durch das Steuerrecht in Bezug auf die Altersversorgung Hindernisse für die Freizügigkeit ergeben und wie diese durch bilaterale oder multilaterale Abkommen gelöst werden können.

Aus den Antworten auf das Grünbuch wird ersichtlich, dass über die beschränkende Wirkung der Besteuerung grundsätzlich keine Differenzen bestehen.[967] Unterschiede zeigen sich bei der Frage, welche Maßnahmen zu deren Beseitigung zu ergreifen sind. Während einige Mitgliedstaaten eine multilaterale Lösung präferieren, setzen sich andere aus Praktikabilitätsüberlegungen für die Beibehaltung bilateraler Abkommen ein.[968] Eine dritte Position spricht sich für gemeinschaftsrechtliche Maßnahmen aus, da bilaterale Doppelbesteuerungsabkommen häufig mit schwierigen und langwierigen Verhandlungen verbunden seien. Aufgrund der erforderlichen Einstimmigkeit gelte dies in gleichem Maße für multilaterale Abkommen. Als Ausweg biete sich die Vorgabe von Leitlinien für die Gestaltung von Doppelbesteuerungsabkommen durch die Kommission an.[969]

Als Reaktion auf diese Ergebnisse forderte das Europäische Parlament in seinen Entschließungen vom 3.12.1998[970] sowie erneut am 29.2.2000[971] die Kommission auf, einen erneuerten Richtlinienvorschlag für die Tätigkeiten europäischer Pensionsfonds vorzulegen. Darin sollten Lösungen ausgearbeitet werden, wie der Beeinträchtigung der europäischen Grundfreiheiten durch die divergierenden Steuersysteme begegnet werden kann. Gleichzeitig fordert das Europäische Parlament die Mitgliedstaaten auf,

965 *Walser* spricht von einem „pragmatische[n] Vorgehen in kleinen Schritten"; Walser, betrAV 1997, S. 310.
966 Vgl. KOM(97) 283 Tz. 57 f., 64 ff.
967 Vgl. Zusammenfassung der Antworten auf das Grünbuch über die zusätzliche Altersversorgung im Binnenmarkt, Tz. 98 ff. Ebenso KOM(99) 134 S. 38 f.
968 Vgl. ebenso Stürmer, betrAV 1998, S. 213.
969 Vgl. Zusammenfassung der Antworten auf das Grünbuch über die zusätzliche Altersversorgung im Binnenmarkt, Tz. 113, 116 ff.; ebenso KOM(99) 134 S. 84 ff.
970 Vgl. Abl. EG 1998 Nr. C 398/42.

ihre Steuersysteme in Bezug auf die betriebliche Altersversorgung stärker an einander anzupassen und hierfür grundlegende Steuerprinzipien zu definieren.

2.3.3. Die Richtlinie von 2003

Die 2003 vom Europäischen Parlament und dem Rat verabschiedete Richtlinie[972] ist mit ihrem Vorgänger aus dem Jahr 1991 nur bedingt vergleichbar.[973] Hinsichtlich der formalen und inhaltlichen Ausgestaltung bestehen z.T. erhebliche Unterschiede,[974] welche sich bereits beim Objekt der Richtlinie, den „Einrichtungen der betrieblichen Altersversorgung“, offenbaren. Der Entwurf 1991 versuchte durch eine Definition der Einrichtungen der betrieblichen Altersversorgung, eine möglichst weite und flexible Reichweite zu schaffen.[975] Die Richtlinie beschränkt sich dagegen auf einen institutionellen Ansatz, indem die nicht betroffenen Einrichtungen aufgezählt werden.[976] Nach Art. 2 Abs. 2 fallen neben Systemen der gesetzlichen Vorsorge, soweit sie Verordnung (EWG) 1408/71 unterliegen, Versicherungen, umlagefinanzierte Einrichtungen, Einrichtungen, die keinen Rechtsanspruch einräumen, sowie unmittelbare Versorgungszusagen aus dem Anwendungsbereich der Richtlinie.[977] Der Ausschluss nicht nach dem Kapitaldeckungsverfahren operierender Einrichtungen ist vor dem Hintergrund der weiten Verbreitung umlagefinanzierter oder nur partiell kapitalgedeckter Institutionen

---

971 Vgl. Abl. EG 2001 Nr. C 40/459.

972 Vgl. Richtlinie 2003/41/EG.

973 Die Richtlinie ist auch in Zusammenhang mit den Bemühungen um eine Verbesserung des Sozialschutzes im Allgemeinen und für entsandte Mitarbeiter im Besonderen durch die „Freizügigkeitsrichtlinie“ zu sehen; vgl. KOM(95) 466; Richtlinie 98/49/EG; KOM(2000) 622. Die Freizügigkeitsrichtlinie betrifft die Aufrechterhaltung von Anwartschaften, grenzüberschreitende Zahlungen sowie die Situation entsandter Mitarbeiter. Die steuerliche Behandlung wurde erneut ausgeklammert; vgl. Devetzi, DRV 2001, S. 104 ff. Dietvorst, ECTR 1999, S. 109 f.; a.A. Steinmeyer, EuZW 1999, S. 645 ff.

974 Während der Entwurf von 1991 nur sechs eher abstrakt geprägte Artikel (sowie in der geänderten Fassung eine Anlage) umfasste, besteht die beschlossene Richtlinie aus insgesamt 24 Artikeln, welche sich häufig mit technischen Detailfragen auseinandersetzen. Vgl. KOM(93) 237; Richtlinie 2003/41/EG; Burgio, betrAV 1994, S. 203.

975 In ihrem Entwurf räumte die Kommission bereits ein, dass der gewählte Ansatz „weiter gefasst [ist], als dies für eine Richtlinie angemessen wäre“; KOM(91) 301, S. 8.

976 So auch Bruno-Latocha/Devetzi, DRV 2001, S. 497. Diese Methode wurde schon 1991 für notwendig erachtet, nachdem das Europäische Parlament und der Rat die Unmöglichkeit einer einheitlichen europäischen Definition festgestellt hatten; vgl. Burgio, betrAV 1994, S. 203; Urbitsch, betrAV 1993, S. 79. Kritisch dazu vgl. Rupprecht, Auswirkungen, 2001, S. 475 ff.

977 Die Nicht-Anwendbarkeit der Richtlinie bedeutet hingegen nicht, dass die genannten Institutionen keine betriebliche Altersversorgungsprodukte anbieten dürfen; vgl. Arnot, in: EFRP, Commentary, 2004, Art. 2 (2) (b).

in der Gemeinschaft zu kritisieren.[978] Das Argument, dass die in der Richtlinie stark hervorgehobene Kapitalanlageproblematik für diese Systeme von geringer Bedeutung sei, kann angesichts deren z.T. beachtlicher Vermögenspositionen nicht überzeugen.[979] Der Ausschluss unmittelbarer Zusagen, die über Pensionsrückstellungen unternehmensintern angesammelt werden, erscheint hingegen zweckmäßig,[980] da die erforderliche Separierbarkeit des Versorgungskapitals in der Regel nicht möglich ist.[981] Die negative Abgrenzung in Art. 2 der Richtlinie ist durch ein Mitgliedstaatenwahlrecht insofern aufgebrochen worden, als für das betriebliche Altersversorgungsgeschäft von Lebensversicherungen zu einer Anwendung der Pensionsfondsrichtlinie optiert werden kann. Voraussetzung ist die Einrichtung eines separaten Abrechnungsverbands mit eigener Verwaltung für die aus diesen Geschäften resultierenden Vermögenswerte und Schulden (sog. „ring fencing“).[982] Insofern verdrängen die Vorschriften der Pensionsfondsrichtlinie die korrespondierenden Regelungen der Lebensversicherungsrichtlinie.[983]

Unverändert blieb die Zielsetzung, die Grundfreiheiten im Rahmen der betrieblichen Altersversorgung zu stärken.[984] Wie in dem Entwurf von 1991 stehen die Freiheit der Kapitalanlage, der Vermögensverwaltung und der grenzüberschreitenden Mitgliedschaft im Zentrum. Ergänzend zu den bereits 1991 angeführten Problemen macht die Kommission in der fehlenden Harmonisierung einen Wettbewerbsnachteil gegenüber den stärker der Privatvorsorge zuzurechnenden Instrumenten von Kreditinstituten oder Versicherungsunternehmen aus.[985] Während für letztere bereits zu Beginn der 90er

978 Beispielhaft sei auf die französischen ARRCO und AGRIC sowie die deutsche Unterstützungskasse verwiesen; kritisch ebenso Stürmer, betrAV 1998, S. 211 f. Deutsche Unterstützungskassen werden auch durch Art. 2 Abs. 2 lit. d) ausgeschlossen, da sie keinen Rechtsanspruch gewähren; vgl. Arnot, in: EFRP, Commentary, 2004, Art. 2 (2) (d). Durch den Ausschluss einzelner Durchführungswege verfehlt die Richtlinie das Ziel, ein „level playing field“ für Anbieter der betrieblichen Altersversorgung zu schaffen; vgl. Gesamtverband der Deutschen Versicherungswirtschaft, betrAV 2001, S. 471.

979 Im Jahr 2002 verfügten z.B. deutsche Unterstützungskassen über ein Vermögen von insgesamt 24,8 Mrd. €; vgl. BT-Drs. 15/4370, S. 5.

980 So auch Arnot, in: EFRP, Commentary, 2004, Art. 2 (2) (e); a.A. Baumeister, betrAV 2003a, S. 14.

981 Ausnahmen existieren bei sog. Contractual-Trust-Arrangements (CTA), die aber ebenfalls nicht der Pensionsfondsrichtlinie unterliegen; vgl. Klemm, DStR 2004, S. 613 ff.; Kennedy, dpn 5/2003, S. 20.

982 Kritisch zum unbestimmten Rechtsbegriff des „ring fencing“ vgl. Arnot, in: EFRP, Commentary, 2004, Art. 4 Ring-fencing.

983 Vgl. Arnot, in: EFRP, Commentary, 2004, Art. 4. Nach der „7. VAG-Novelle“ macht Deutschland von diesem Optionsrecht keinen Gebrauch; vgl. Baumeister, DB 2005, S. 2077.

984 Vgl. KOM(2000) 507, S. 7 ff.

985 Vgl. KOM(2000) 507, S. 4, 7 f.

Jahre der Binnenmarkt vollendet werden konnte, ist die betriebliche Altersversorgung nach wie vor Freiheitseinschränkungen ausgesetzt gewesen. Durch eine Anpassung der Aufsichts- und Verwaltungsvorschriften wird eine Gleichbehandlung der verschiedenen Dienstleistungsanbieter im Sinne eines „level playing fields“[986] angestrebt.[987] In den Maßnahmenkatalog wurde die Gewährleistung grenzüberschreitender Mitgliedschaften in Altersversorgungseinrichtungen explizit aufgenommen.[988] Die Harmonisierung der Aufsichtsregeln stellt den ersten Schritt in diese Richtung dar, da die Versorgungseinrichtungen nun ihre Tätigkeiten ohne Beschränkungen grenzüberschreitend anbieten können.[989] Für deren Wirksamkeit müssen diese jedoch durch ein Mindestmaß an steuerlicher Koordinierung flankiert werden.[990] Dazu zählt, dass die Abzugsfähigkeit von Beiträgen zur betrieblichen Altersversorgung auf Ebene des Arbeitgebers unabhängig davon sein muss, in welchem Mitgliedstaat die Versorgungseinrichtung ansässig ist.[991] Dieser Neutralitätsaspekt wurde allerdings aus der Reichweite der Richtlinie wieder ausgeklammert und sollte Gegenstand eines separaten Entwurfs werden.[992]

In Bezug auf die Anlagevorschriften folgt die Richtlinie inhaltlich einem qualitativen Ansatz.[993] Das „Prudent-Person“-Prinzip wird sowohl durch konkrete Investitionsregeln als auch Ermittlungsvorschriften für die technischen Rückstellungen präzisiert.[994] Demnach können die Mitgliedstaaten die Anlage in Aktien oder vergleichbare Wertpapiere auf 70 % des Rückstellungsbetrages[995] begrenzen. Die Anlage in nicht kongruenten Währungen kann auf 30 % beschränkt werden.[996] Investitionen in ein Trä-

986 Verhaegen, betrAV 2003, S. 6.
987 Vgl. KOM(2000) 507, S. 7 f.
988 *Verhaegen* spricht vom „Kern dieser Richtlinie“; Verhaegen, betrAV 2003, S. 6.
989 Vgl. Rupprecht, Auswirkungen, 2001, S. 478 f., 483.
990 Vgl. Rupprecht, Auswirkungen, 2001, S. 484 f.
991 Vgl. KOM(2000) 507, S. 8.
992 Vgl. Kapitel D.II.2.4.; KOM(2001) 214.
993 Kritisch zu einem qualitativen und europaweit einheitlichen Ansatz vgl. Stürmer, betrAV 1998, S. 212 ff.
994 Diese Lösung wird auch als „Prudent-Person-Plus“-Kompromiss bezeichnet; vgl. Baumeister, betrAV 2003b, S. 707.
995 Fraglich bleibt der Bewertungsmodus. Bereits vor Verabschiedung der Richtlinie legten einige Mitgliedstaaten für die Berechnung der zulässigen Aktienquote Marktwerte zugrunde, während andere auf Buchwerte zurückgriffen; vgl. Gesamtverband der Deutschen Versicherungswirtschaft, betrAV 2001, S. 473.
996 Bereits der Wirtschafts- und Sozialausschuss fragte sich jedoch, inwieweit diese Grenze nach Einführung des Euro noch Relevanz besitzt; vgl. Wirtschafts- und Sozialausschusses, Stellungnahme v. 29.3.2001.

gerunternehmen dürfen 5 % des Gesamtportfolios nicht überschreiten.[997] Derivative Finanzinstrumente stehen den Altersversorgungseinrichtungen nur zur Risikoabsicherung zur Verfügung.[998] Bei der Bildung der Rückstellungen gilt als Maxime, dass jederzeit die Zahlung der laufenden Renten als auch die erworbenen Anwartschaften abgedeckt werden müssen. Unter Berücksichtigung biometrischer Richttafeln und versicherungsmathematischer Methoden ist ein Zinssatz zugrunde zu legen, der sich an der Rendite vergleichbarer Anlagen sowie den Marktrenditen erstklassiger öffentlicher Schuldverschreibungen orientieren soll.[999] Als Bindeglied fungiert die Forderung nach einer Strukturierung der Anlagepolitik unter Berücksichtigung der Aktiv- und Passivposten, des Risikoprofils und der Liquidität des Unternehmens sowie des Alters des Versorgungsberechtigten.[1000] Daraus sowie aus dem Umstand, dass die Anlagevorschriften Bezug auf die Höhe der technischen Rückstellungen nehmen, wird ersichtlich, dass die Richtlinie ein ausgeprägtes Asset-Liability-Management[1001] erforderlich macht.[1002]

Die Richtlinie, die bis spätestens 23.9.2005 von den Mitgliedstaaten in nationales Recht umzusetzen war, hat im außersteuerlichen Bereich die Voraussetzungen für einen harmonisierten Binnenmarkt der betrieblichen Altersversorgung gelegt. Verantwortlich dafür ist neben der Koordinierung der Anlagevorschriften die gegenseitige Anerkennung der in einem anderen Mitgliedstaat zugelassenen Versorgungseinrichtungen, wodurch eine europaweit harmonisierte Aufsicht der Versorgungseinrichtungen ermöglicht wird.[1003] Anstatt sich wie bisher den Regularien der Aufsichtsbehörden in den einzelnen Mitgliedstaaten unterwerfen zu müssen, reicht für die grenzüberschreitende Tätigkeit einer Einrichtung zur Altersversorgung nun aus, dass sie in ihrem Ansässigkeitsstaat den gemäß der Richtlinie koordinierten Aufsichts- und Vermögensanlagebestimmungen genügt.[1004] Ein anderer Mitgliedstaat kann in der Folge die Betätigung der Versorgungseinrichtung auf seinem Hoheitsgebiet nicht von der Erfüllung

---

997 Einschließlich des Trägerunternehmens dürfen die Anlagen in verbundene Unternehmen maximal 10 % des Portfolios ausmachen.

998 Vgl. Richtlinie 2003/41/EG Art. 18.

999 Vgl. Richtlinie 2003/41/EG Art. 15.

1000 Vgl. Richtlinie 2003/41/EG Art. 16.

1001 Weiterführend dazu vgl. Albrecht, Asset Liability Management, 2004; Hehn, Asset Management, 2002; Reichlin, Pension Funds, 2001; Ong, Methodologies, 1998; Dattatreya, Asset/Liability Management, 1996, S. 31 ff.; Bhattacharya/Fitzgerald/Ramamurthy, Risk Management, 1996, S. 145 ff.; Baum, Pensionsfonds, 1996, S. 80 ff.

1002 Zustimmend zum gewählten Ansatz vgl. Gesamtverband der Deutschen Versicherungswirtschaft, betrAV 2001, S. 473.

1003 Vgl. Richtlinie 2003/41/EG Art. 8 ff.

eigener Aufsichtsvorschriften abhängig machen. Es wird lediglich ein Informationsrecht bei den Aufsichtsbehörden des Ansässigkeitsstaates eingeräumt.[1005] Es ist leicht absehbar, dass die Institutionen dadurch erhebliche Kosteneinsparungen erzielen können. Aufgrund der vereinheitlichten Mindeststandards ist die Wahrscheinlichkeit für einen Wettbewerb um die günstigsten Aufsichtsregeln als nur gering einzustufen.

2.4. Mitteilung zur Beseitigung der steuerlichen Hemmnisse für die grenzüberschreitende betriebliche Altersversorgung

Das Scheitern des ersten Entwurfs einer Pensionsfondsrichtlinie bewog die Kommission 2001 zur Abkopplung steuerlicher Fragen aus der Richtlinie. Als Konsequenz veröffentlichte sie neben dem oben genannten Vorschlag für eine neue Richtlinie die „Mitteilung zur Beseitigung der steuerlichen Hemmnisse für die grenzüberschreitende betriebliche Altersversorgung",[1006] welche im Rat auf breite Zustimmung gestoßen ist.[1007] Darin werden insgesamt vier Schwerpunktthemen in Bezug auf die betriebliche Altersversorgung genannt:[1008] die Besteuerung während der Anwartschaftsphase, die Besteuerung der Versorgungsleistungen, die Gewährleistung des Informationsaustausches bezüglich Versorgungsleistungen sowie die Einrichtung europäischer Versorgungseinrichtungen.

In der Mitteilung favorisiert die Kommission eindeutig einen Übergang zu einer nachgelagerten Besteuerung der betrieblichen Altersversorgung. Dafür werden vor allem zwei Gründe genannt. Unter dem Aspekt der Praktikabilität hebt die Kommission hervor, dass eine Vereinheitlichung hin zu einer nachgelagerten Besteuerung die europarechtlich bedenklichen Probleme einer grenzüberschreitenden betrieblichen Altersversorgung unterbinden kann. Zweitens sei eine nachgelagerte Besteuerung auch aus fiskalischen Gründen zu bevorzugen.[1009] Angesichts der demographischen Entwicklung in der Europäischen Union sieht die Kommission auf Länder mit vorgelagerter Besteuerung massive Steuerausfälle zukommen. Um das Steueraufkommen konstant hal-

---

1004 Sog. „Home State Authorisation", vgl. Arnot, in: EFRP, Commentary, 2004, S. 63.
1005 Vgl. Richtlinie 2003/41/EG Art. 20. Eine Übersicht über den Informationsprozess findet sich bei Arnot, in: EFRP, Commentary, 2004, Art. 20.
1006 Vgl. KOM(2001) 214.
1007 Vgl. Eicker, intertax 2002a, S. 156.
1008 Vgl. Bernhard, DB 2001, S. 1385.
1009 So auch Hügelschäffer, ZTR 2001, S. 549.

ten zu können,[1010] müssten in Zukunft Steuererhöhungen vorgenommen werden, die systematisch bedingt vor allem die erwerbstätige Bevölkerung treffen werden. Kombiniert mit den zu erwartenden Beitragssteigerungen der gesetzlichen Rentenversicherungen würde dies zu drastischen Mehrbelastungen führen, die sich deutlich negativ auf die Investitionstätigkeit und Beschäftigung in der Europäischen Union auswirken würden.[1011]

Trotz der praktischen und langfristigen fiskalischen Vorteile sieht die Kommission in der nachgelagerten Besteuerung nur ein langfristiges Harmonisierungsziel. Kurzfristig müssten die Systemunterschiede hingenommen werden.[1012] Die Koordinierung durch bilaterale oder multilaterale Abkommen wird als am besten geeignetes Instrument zur Erreichung dieses Etappenziels angesehen. Daneben sind auch einseitige Lösungen möglich, wie sie bspw. von Dänemark oder Schweden praktiziert werden. Diese sehen vor, dass Pensionen, die von ausländischen Versorgungseinrichtungen an Gebietsansässige gezahlt werden, nur insofern besteuert werden, wie sie in der Beitragsphase steuerbefreit waren.[1013] Gleichzeitig macht die Kommission deutlich, dass sie weder Doppelbesteuerungen noch Nichtbesteuerungen der betrieblichen Altersversorgung tolerieren und die Durchsetzung der europäischen Grundfreiheiten gewährleisten wolle. Als Drohkulisse verweist sie auf ihr Recht, im Ernstfall Vertragsverletzungsverfahren vor dem EuGH zu eröffnen.[1014] Davon hat die Kommission gegenüber Belgien, Dänemark, Frankreich, Italien, Portugal, Spanien und dem Vereinigten Königreich bereits Gebrauch gemacht.[1015] Angesichts der jüngeren Entwicklungen in der europäischen Rechtsprechung muss davon ausgegangen werden, dass eine Rechtfertigung für festgestellte Beschränkungen vor dem EuGH keinen Bestand haben wird, insbesondere da das in der Rs. Bachmann erfolgreiche Kohärenz-Prinzip seit der Wielockx-Entscheidung faktisch zurückgenommen wurde.[1016]

[1010] Die Annahme, dass den sinkenden Einnahmen nicht ebenfalls sinkende Ausgaben gegenüberstehen werden, erscheint sinnvoll. Im Gegenteil ist unter Berücksichtigung der grundsätzlichen Finanzprobleme der gesetzlichen Rentenversicherungen eher von einer Zunahme der öffentlichen Ausgaben auszugehen. Statt vieler vgl. Börsch-Supan, FA 1999, S. 400 ff.

[1011] Vgl. KOM(2001) 214, S. 19 ff.

[1012] Die Kommission spricht in diesem Zusammenhang von einem „koordinierten Ansatz, der [...] weniger auf eine Harmonisierung abzielt“; KOM(2001) 214, S. 3.

[1013] Vgl. Hügelschäffer, ZTR 2001, S. 549; vgl. ebenso Kapitel C.IV.3.1.

[1014] Vgl. KOM(2001) 214, S. 21; Bruno-Latocha/Devetzi, DRV 2001, S. 496.

[1015] Vgl. IP/03/179; IP/03/965; IP/03/1756; IP/04/873; IP/04/1283; IP/04/1500.

[1016] Vgl. ausführlich Kapitel D.II.1.2.3.

Zur Sicherung der Steueransprüche der Mitgliedstaaten empfiehlt die Kommission eine erweiterte Informationspflicht bezüglich der betrieblichen Altersversorgung. Im Hinblick auf das vor dem EuGH häufig vorgebrachte Argument einer mangelnden Durchsetzbarkeit der Steueransprüche erscheint dieser Vorschlag elementare Bedürfnisse der Mitgliedstaaten abzudecken. Der Kommission schwebt eine Ausweitung durch Nutzung der Amtshilferichtlinie[1017] vor. Unter Beachtung der EuGH-Rechtsprechung scheint der Vorschlag realistisch zu sein. Die Sicherung von Steuersubstrat durch die Mitgliedstaaten mittels Quellensteuern oder Abzugsverbote scheiterte vor dem EuGH stets unter Verweis auf die Möglichkeit einer verhältnismäßigeren Begrenzung der Grundfreiheiten durch Ausnutzung der in der Amtshilferichtlinie eröffneten Möglichkeiten.[1018]

Als mittelfristiges Ziel regt die Kommission die Gründung europäischer Pensionsfonds an.[1019] Die Grundidee besteht darin, dass die betriebliche Altersversorgung eines Arbeitnehmers unabhängig vom Ort seiner Tätigkeit in einer europaweit operierenden Versorgungseinrichtung gebündelt wird. Um den unterschiedlichen Anforderungen der nationalen Steuersysteme zu genügen, wird das angesammelte Versorgungskapital in nationale Sektionen unterteilt.[1020] Nach Verabschiedung der Pensionsfondsrichtlinie stehen der Gründung pan-europäischer Versorgungswerke zumindest keine Aufsichts- und Verwaltungshemmnisse entgegen.[1021] Nach dem Konzept der „Home State Authorisation" genügt für den Betrieb einer solchen Einrichtung die einmalige Genehmigung in dessen Sitzstaat. Sofern die Informationspflichten für die Tätigkeit in anderen Mitgliedstaaten erfüllt werden, kann die grenzüberschreitende Geschäftstätigkeit nicht mehr unterbunden werden.[1022] Davon unabhängig bleibt zunächst die steuerrechtliche Anerkennung europäischer Versorgungseinrichtungen. Aufgrund des Subsidiaritätsprinzips steht es den Staaten grundsätzlich frei, zum einen das Besteuerungssystem für die betriebliche Altersversorgung festzulegen und zum anderen für eine ggf. mögliche Abzugsfähigkeit der Beiträge (sowohl auf Arbeitnehmer- als auch auf Arbeitgeberebene) spezifische Voraussetzungen hinsichtlich der Ausgestaltung der Zusagen zu treffen.[1023] Die Einteilung in nationale Sektionen auf Ebene des europäischen Pensions-

[1017] Vgl. Richtlinie 77/799/EWG.
[1018] So zuletzt in der Rs. Skandia/Ramstedt, siehe oben.
[1019] Die Idee geht auf einen Vorschlag der EFRP aus dem Jahr 2000 zurück; vgl. EFRP, EIORP, 2000.
[1020] Vgl. Verhaegen, betrAV 2003, S. 12.
[1021] Vgl. Laars, betrAV 2004, S. 718 ff.
[1022] Vgl. Arnot, in: EFRP, Commentary, 2004, S. 63.
[1023] Bspw. Ausschluss von Kapitalleistungen.

fonds soll eben diese Problematik aufgreifen, so dass die divergierenden Steuervorschriften der Mitgliedstaaten auf das angesammelte Kapital angewendet werden können. Das Konzept würde damit zwar keine Harmonisierung erreichen. Durch die Filettierung in nationale Sektionen unter Beachtung der jeweiligen Steuervorschriften kann aber der Aufbau einer einheitlichen betrieblichen Altersversorgung unter Ausnutzung von Synergieeffekten erfolgen.[1024] Der Vorschlag greift auf die in der Pensionsfondsrichtlinie geschaffene Möglichkeit des „Ring Fencing“ zurück, nach der eine Separierung der Vermögensgegenstände nach nationaler Zugehörigkeit ermöglicht wird.[1025] Die Leistungsbesteuerung erfolgt entsprechend der existierenden Doppelbesteuerungsabkommen im Ansässigkeitsstaat während der Versorgungsphase. Wie die Analyse in Kapitel D.I. gezeigt hat, greift dieser Ansatz zu kurz, da die bestehenden Inkonsistenzen in der internationalen Besteuerung der betrieblichen Altersversorgung von Doppelbesteuerungsabkommen bisher nicht vollständig aufgelöst werden.

Als ein Vorteil der europäischen Versorgungseinrichtung wird die Schaffung eines neuen Rechtsgebildes genannt, das grundsätzlich ohne Anpassung der Steuersysteme in allen Mitgliedstaaten eingefügt werden kann.[1026] Durch die Aufteilung in Sektionen kann den unterschiedlichen Rechtsanforderungen der Mitgliedstaaten entsprochen werden. Weiter wird ein vereinfachter Informationsaustausch mit den Aufsichts- und Finanzbehörden der Mitgliedstaaten ermöglicht.[1027] Insbesondere für Mitarbeiter internationaler Unternehmen bietet der Vorschlag wesentlich verbesserte Rahmenbedingungen im Falle von Entsendungen oder Versetzungen innerhalb desselben Konzerns. Die Versorgungszusage des Arbeitnehmers würde auch nach einem konzerninternen Arbeitsplatzwechsel von der gleichen Versorgungseinrichtung verwaltet werden, so dass Übergangsprobleme und Einschränkungen der Portabilität vermieden werden können.[1028] Vor allem Expatriates, die aufgrund häufig nur kurzer Einsatzdauern von nicht erreichten Unverfallbarkeitsfristen besonders betroffen sind, könnten von der Bündelung ihrer Versorgungsansprüche bei einer einzigen Einrichtung profitieren.

Gleichwohl sind steuer-, arbeits- und sozialversicherungsrechtliche Probleme bislang nicht auszuschließen,[1029] da entsprechende Rahmenbedingungen in den Mitgliedstaa-

[1024] Vgl. o.V., betrAV 2004, S. 176 f.
[1025] Vgl. Kennedy, dpn 1/2004, S. 10.
[1026] Vgl. Bernhard, DB 2001, S. 1386.
[1027] Vgl. KOM(2001) 214, S. 18 f.
[1028] Vgl. Stürmer, betrAV 2003, S. 388.
[1029] Vgl. Bernhard, DB 2001, S. 1386.

ten erst geschaffen werden müssen. Aufgrund der Verweisung auf die Verteilungsregeln der DBA werden die aktuellen Probleme ohne Anpassung übernommen. Ein weiterer Nachteil besteht darin, dass die vorgeschlagene Lösung wohl nur für größere Unternehmen realisierbar und damit nur für wenige Arbeitnehmer verfügbar sein wird.[1030] Darüber hinaus ist die Portabilität bei einem Wechsel zu einem konzernfremden Arbeitgeber nicht zwingend gewährleistet.[1031]

2.5. Harmonisierung der internationalen Unternehmensbesteuerung

Die Kommissionsmitteilung „Ein Binnenmarkt ohne steuerliche Hindernisse" erläutert die grundsätzlichen Überlegungen zur Harmonisierung der Unternehmensbesteuerung in der Gemeinschaft.[1032] Basierend auf einer Studie über die Unternehmenssteuerbelastung in der EU[1033] kommt die Kommission zu dem Schluss, dass zur Verwirklichung des Binnenmarktes eine breit angelegte Harmonisierung der (Körperschaft-)Steuersysteme in Europa erforderlich ist.[1034] Im Hinblick auf die betriebliche Altersversorgung sind davon die Problembereiche der divergierenden Steuersysteme in den Mitgliedstaaten sowie die Gefahr von Doppelbesteuerungen aufgrund widersprüchlicher internationaler Steueransprüche tangiert.[1035] Neben kurzfristig orientierten Ansätzen, die durch Anpassung bestehender Richtlinien oder Doppelbesteuerungsabkommen sowie durch Abstimmungsinstrumente erreicht werden können, wird in der Mitteilung die Schaffung einer einheitlichen konsolidierten[1036] Bemessungsgrundlage für die Körperschaftsteuer vorgeschlagen, welche anhand eines Aufteilungsschlüssels auf

[1030] So die Entschließung des Europäischen Parlaments sowie die Stellungnahme des Wirtschafts- und Sozialausschusses; vgl. Abl. 2002 Nr. C 177/302; Wirtschafts- und Sozialausschusses, Stellungnahme v. 17.10.2001.

[1031] Vgl. Stürmer, betrAV 2003, S. 388.

[1032] Vgl. KOM(2001) 582. Einen Überblick über die seit 1960 erfolgten Harmonisierungsversuche findet sich bei Herzig, DStJG 19, 1996, S. 124 ff. Nach dem ersten gescheiterten Ansatz im Jahr 1967 akzeptierte die Kommission zunächst die Ungleichheiten bei den direkten Steuern, da hierin ein wichtiges Instrument der nationalen Wirtschaftspolitik gesehen wurde; vgl. Lang, Harmonisierung, 1997, S. 881; Burke, intertax 1979, S. 49.

[1033] Vgl. SEK(2001) 1681. Der ähnlich gelagerte Bericht der sog. Ruding-Kommission von 1992 führte zu keinen weiter reichenden Konsequenzen, obschon die Problematik der unterschiedlichen Unternehmensbesteuerung in der EU bereits damals eklatant war; vgl. SEK(92) 1118. Für einen Vergleich mit den Empfehlungen der Ruding-Kommission vgl. Spengel, Unternehmensbesteuerung, 2003, S. 3 ff., 301 ff.; Hamaekers, ET 1993, S. 25 ff.

[1034] Vgl. Mueller, IWB 2001, S. 1115.

[1035] Vgl. Mueller, IWB 2001, S. 1116.

[1036] Vgl. zur Konsolidierung Scheffler, BB 2005, S. 33 ff.

die involvierten Mitgliedstaaten zerlegt wird.[1037] Für die Ermittlung der konsolidierten Bemessungsgrundlage werden vier verschiedene Alternativen diskutiert:[1038]

- Home State Taxation
- Common Consolidated Tax Base
- Single Tax Base in the EU
- European Corporate Income Tax

Das Konzept der "Home State Taxation“ sieht vor, dass die Gewinnermittlung nach dem Steuerrecht des Sitzstaates der Muttergesellschaft erfolgen soll. Die Vorschriften des Sitzstaates werden demnach von allen Unternehmen innerhalb des Konsolidierungskreises einheitlich angewendet. Dies setzt zum einen voraus, dass die Mitgliedstaaten die Gewinnermittlungsregeln gegenseitig anerkennen.[1039] Zum anderen sind Mindestanforderungen an die Gewinnermittlungsvorschriften europaweit zu definieren, um den Anreiz zur Schaffung besonders attraktiver Bemessungsgrundlagen zu verringern.[1040] Einen Schritt weiter geht der Ansatz der „Common Consolidated Tax Base“. Für grenzüberschreitend tätige Unternehmen soll eine Option bestehen, die einzelnen nationalen Gewinnermittlungsvorschriften in den Mitgliedstaaten durch ein neues, in ganz Europa gültiges Verfahren für die Körperschaftsteuer zu ersetzen. Die Kommission hält die für die Konzernrechnungslegung seit 1.1.2005 verbindlich vorgeschriebenen IAS/IFRS[1041] für einen möglichen Ausgangspunkt bei der Definition einer solchen vereinheitlichten Steuerbemessungsgrundlage.[1042] Im Ansatz ähnlich ist das Konzept der „Single Tax Base“. Der Unterschied besteht darin, dass nicht nur die Harmonisierung der Bemessungsgrundlagen der grenzüberschreitend tätigen, sondern aller Körperschaften in der EU angestrebt wird.[1043] Am weitesten reicht der Vorschlag einer „European Corporate Income Tax“, welche auf eine eigenständige europäische

[1037] Vgl. zur Gewinnaufteilungsmethode Frebel, Erfolgsaufteilung, 2006; Schreiber, StuW 2004, S. 218 ff.

[1038] Allerdings beschränken sich sämtliche Vorschläge auf die Körperschaftsteuer, so dass die unterschiedliche Besteuerung von Einzelunternehmen und Personengesellschaften nicht angegangen wird. Vgl. ausführlich zur Besteuerung von Personengesellschaften Hermann, Personengesellschaften, 2006.

[1039] Vgl. Terra/Wattel, Tax Law, 2005, S. 294 f.

[1040] Vgl. Oestreicher, StuW 2002, S. 347.

[1041] Vgl. Verordnung (EG) Nr. 1606/2002.

[1042] Vgl. Schreiber, StuW 2002, S. 113 ff. Zu den Auswirkungen der Anwendung der IAS/IFRS als Steuerbemessungsgrundlage vgl. Jacobs/Spengel/Stetter/Wendt, Taxation, 2005.

[1043] Vgl. Spengel, ZfCM 2004, S. 133.

Körperschaftsteuer hinausläuft. Zusätzlich zur Vereinheitlichung der Bemessungsgrundlage ist hier ein einheitlicher Steuersatz vorgesehen.[1044]

Für die betriebliche Altersversorgung relevant ist das Kommissionsprojekt zur Körperschaftsteuer zumindest auf Ebene der Versorgungseinrichtung sowie ggf. auf Ebene des Arbeitgebers.[1045] Für die Versorgungseinrichtungen kann eine harmonisierte Körperschaftsteuer in Europa die Beseitigung steuerlicher Hemmnisse bei der Vermögensanlage in anderen Mitgliedstaaten erreichen. Allerdings bestehen Unterschiede im Ausmaß der Angleichung und in den daraus resultierenden Effekten. Durch die nach wie vor unterschiedlichen Definitionen der Bemessungsgrundlage können sich Wettbewerbsnachteile für ein Unternehmen ergeben, wenn die Bildung von Deckungsrückstellungen durch den Sitzstaat des Mutterunternehmens an strengere Voraussetzungen anknüpft als in anderen Mitgliedstaaten. Die Versorgungseinrichtung kann dadurch im Vergleich zu ihren Wettbewerbern unter gleichen Voraussetzungen nur eine geringere Rendite zusagen. Die aktuell bestehenden Wettbewerbsunterschiede werden durch die Home State Taxation somit nicht gelöst. Demgegenüber können die anderen Vorschläge durch die Vereinheitlichung der Bemessungsgrundlage für die Versorgungseinrichtungen ein „level playing field“ schaffen, welches nicht durch steuerliche Ermittlungsdifferenzen gestört wird.

Für einen körperschaftsteuerpflichtigen Arbeitgeber kann sich aus einer konsolidierten Bemessungsgrundlage eine Vereinheitlichung der steuerlichen Abzugsfähigkeit für Altersversorgungsbeiträge ergeben.[1046] Im Grundsatz kann auf dieser Ebene eine absolute Gleichbehandlung inländischer und ausländischer Versorgungseinrichtungen erreicht werden. Bei den Vorschlägen zur Vereinheitlichung der Bemessungsgrundlage (Common Consolidated Tax Base, Single Tax Base) ist dieser Effekt offensichtlich, da ein Ausschluss der Abzugsfähigkeit von Beiträgen an ausländische Versorgungseinrichtungen allein schon aufgrund der EuGH-Rechtsprechung nicht denkbar ist. Unabhängig davon besteht auch bei der Home State Taxation ein Zwang zur Ausdehnung der Abzugsfähigkeit auf ausländische Versorgungsunternehmen. Es ist nicht vorstellbar, dass die betriebliche Altersversorgung für ein spanisches Tochterunternehmen eines schwedischen Mutterunternehmens nur dann steuerlich abzugsfähig sein sollte, wenn diese über eine schwedische Pensionskasse abgewickelt wird. Das Konzept der

[1044] Vgl. Oestreicher, StuW 2002, S. 348.
[1045] Vgl. bereits Schonewille, ECTR 1994, S. 58 f.
[1046] So bereits die Schlussfolgerungen der sog. Ruding-Kommission 1992, Europäische Kommission, Report, 1992, S. 214 f.

Home State Taxation führt dazu, dass das Tochterunternehmen die Gewinnermittlung nach dem Steuerrecht des Sitzstaates des Mutterunternehmens durchführen kann. Da Schweden bislang nur Beiträge an schwedische Pensionskassen als steuerlich abzugsfähig anerkennt, müsste die betriebliche Altersversorgung der spanischen Mitarbeiter ebenfalls über eine schwedische Kasse erfolgen. Die Angleichung der Abzugsfähigkeit ist daher auch für die Home State Taxation eine unerlässliche Voraussetzung.

Im Grundsatz ähnlich stellt sich die Frage, wie im Rahmen einer einheitlichen konsolidierten Bemessungsgrundlage Pensionsrückstellungen zu beurteilen sind. Die Home State Taxation würde die Bildung von Pensionsrückstellungen in der gesamten Europäischen Union ermöglichen, sofern das Mutterunternehmen des jeweiligen Konsolidierungskreises seinen Sitz in Deutschland oder Österreich hat. Gem. § 6a EStG bzw. § 14 Abs. 7 öEStG könnten in diesem Fall auch für die Mitarbeiter einer in Großbritannien ansässigen Tochtergesellschaft Pensionsrückstellungen gebildet werden, welche die Bemessungsgrundlage für die Körperschaftsteuer mindern würden. Umgekehrt führt die Home State Taxation dazu, dass ein deutsches Tochterunternehmen keine Pensionsrückstellungen mehr bilden darf, wenn das Mutterunternehmen beispielsweise seinen Sitz in Frankreich hat. Daraus ergeben sich zwangsläufig auch verfassungsrechtliche Probleme, da die Gleichbehandlung der Steuerpflichtigen in einem Staat nicht mehr gewährleistet werden kann. Die Abzugsfähigkeit von Pensionsrückstellungen stellt auch die Common Consolidated Tax Base bzw. Single Tax Base vor Probleme. Im Endeffekt bestehen nur die beiden Möglichkeiten, entweder eine allgemeine Abzugsfähigkeit oder ein generelles Abzugsverbot in den Gewinnermittlungsvorschriften festzuschreiben.[1047] Ein Kompromiss, welcher die Abzugsfähigkeit nur auf Deutschland und Österreich begrenzt, lässt sich mit der Konzeption der einheitlichen Bemessungsgrundlage nicht vereinbaren. Deren Realisierung setzt somit eine Einigung zwischen den Mitgliedstaaten über die Abzugsfähigkeit der Aufwendungen für Direktzusagen voraus, welche angesichts der weiten Verbreitung in Deutschland und Österreich einerseits sowie der vehementen Ablehnung unmittelbarer Zusagen in den anderen Staaten andererseits zurzeit nicht in Sicht ist.

Gerade aus den Unterschieden bei Anwendung der Home State Taxation folgt, dass die Wahl des Durchführungsweges der betrieblichen Altersversorgung stark abhängig ist vom Sitz des Mutterunternehmens. Daraus können sich auch für die Arbeitnehmer

[1047] Ähnlich bereits zum Ruding-Bericht Giloy, betrAV 1993, S. 12; Höfer, betrAV 1991, S. 149 f.

ungewollte steuerliche Probleme ergeben. Sofern die Besteuerung auf Arbeitnehmerebene danach differenziert, ob eine inländische oder ausländische Versorgungseinrichtung verwendet wird, muss der Vorteil der Abzugsfähigkeit auf Ebene des Arbeitgebers u.U. durch steuerliche Nachteile des Arbeitnehmers erkauft werden. Am Beispiel der Direktzusage lässt sich dies anschaulich demonstrieren: Das irische Tochterunternehmen eines deutschen Mutterunternehmens kann bei der Home State Taxation aufgrund § 6a EStG steuermindernd eine Pensionsrückstellung bilden. Da der irische Fiskus Direktzusagen jedoch vorgelagert besteuert, ergibt sich auf Arbeitnehmerebene ein steuerlich ungünstigeres Ergebnis als bei Dotierung eines irischen Pensionsfonds. Die konsolidierte Bemessungsgrundlage hat somit Rückwirkungen auf die Besteuerung des Arbeitnehmers, welche die Konsistenz der Besteuerung untergraben können. Eine Vereinheitlichung bzw. Koordinierung der Arbeitnehmerbesteuerung im Rahmen der betrieblichen Altersversorgung stellt für das Körperschaftsteuerprojekt der Kommission eine essentielle Vorbedingung dar.[1048]

III. Eigener Ansatz

1. Harmonisierung der Steuersysteme

Eine ideale Lösung der aufgezeigten Doppel- bzw. Minderbesteuerungsprobleme besteht in der vollständigen Harmonisierung der Steuersysteme in der EU. Auf Ebene des Arbeitgebers kann eine solche Zielsetzung im Rahmen der Ansätze zur Schaffung einer konsolidierten (Körperschaftsteuer-) Bemessungsgrundlage erreicht werden. Sieht man von den anderweitig zu lösenden Schwierigkeiten in diesem Zusammenhang ab,[1049] bedingt dies gleichzeitig eine Vereinheitlichung der steuerlichen Behandlung der betrieblichen Altersversorgung. Dazu ist eine Verständigung über die Voraussetzungen für die steuerliche Abzugsfähigkeit erforderlich. Anzusprechen ist nicht nur die Zulässigkeit von verschiedenen Auszahlungsformen wie Renten- oder Einmalleistungen. Vielmehr müssen grundlegende Weichenstellungen in Bezug auf die Akzeptanz der einzelnen Durchführungswege getroffen werden. Zum einen ist zu klären, ob auch unmittelbare Versorgungszusagen steuerlich anerkannt werden. Zum anderen sind absolute quantitative Beschränkungen in Bezug auf die zugesagten Versorgungsleistungen aufzuheben. Da der betrieblichen Altersversorgung in den einzelnen Mit-

---

[1048] So im Ergebnis auch Giloy, betrAV 1993, S. 12.

[1049] Vor allem in Bezug auf den Aufteilungsmaßstab oder die Konsolidierungsmethode; vgl. Oestreicher, StuW 2002, S. 342 ff.

gliedstaaten ein unterschiedlich großer Stellenwert zukommt, sind allenfalls relative Beschränkungen in Bezug auf ein gewünschtes Gesamtversorgungsniveau vorstellbar. Gerade eine einheitlich definierte Bemessungsgrundlage, wie sie im Rahmen der Common Consolidated Tax Base oder der Single Tax Base propagiert wird, ist mit nationalen Sonderwegen nicht kompatibel. Für die Pensionsrückstellungen in Deutschland und Österreich kann kein regional abgegrenzter „Artenschutz" gewährt werden. Aus europarechtlicher Perspektive ist es nicht zielführend, wenn aus einer ansonsten harmonisierten Unternehmensbesteuerung der Bereich der betrieblichen Altersversorgung ausgekoppelt würde, indem Pensionsrückstellungen weiterhin in Deutschland und Österreich steuermindernd gebildet werden dürften. Mangels Harmonisierungsauftrag besteht zwar kein Zwang zur Angleichung der direkten Steuern. Die mit einer einheitlichen Bemessungsgrundlage beabsichtigten Effekte wären aber bereits von Beginn an nicht erreichbar. Die Vereinheitlichung der Bemessungsgrundlage setzt folglich voraus, dass sich die Mitgliedstaaten verständigen, Pensionsrückstellungen entweder europaweit zuzulassen oder in allen Mitgliedstaaten vom Abzug auszuschließen. Beide Alternativen gelten als äußerst unrealistisch. Weder werden Deutschland oder Österreich ohne weiteres auf die Abzugsfähigkeit der Pensionsrückstellungen verzichten, noch werden insbesondere die angelsächsisch geprägten Länder Zuführungen zu unmittelbaren Zusagen steuerlich anerkennen. Auch die Home State Taxation bietet wie gezeigt nur scheinbar einen Ausweg an.[1050]

Auf Arbeitnehmerebene kann eine konsequente Umsetzung eines einheitlichen Besteuerungskonzepts in Europa intertemporale Doppel- und Minderbesteuerungen erfolgreich vermeiden. Dem OECD-Musterabkommen entsprechende Doppelbesteuerungsabkommen vorausgesetzt führt eine einheitlich vorgelagerte Besteuerung ebenso wie eine einheitlich nachgelagerte Besteuerung dazu, dass stets eine genau einmalige steuerliche Erfassung der betrieblichen Altersversorgung beim Arbeitnehmer erfolgt. Die Verständigung auf ein gemeinsames Steuerkonzept allein ist aber nicht ausreichend. Erforderlich ist ebenso dessen konsequente Umsetzung in allen Mitgliedstaaten. Das Beispiel Deutschland illustriert anschaulich, dass Minderbesteuerungen auch daraus resultieren können, dass ausländische Betriebsrenten in zu geringem Umfang steuerlich erfasst werden.

Darüber hinaus ist auf Arbeitnehmerebene die Gleichbehandlung von inländischen und ausländischen Versorgungseinrichtungen sicherzustellen. Eine zeitnahe Umsetzung

[1050] Vgl. D.II.2.5.

dieser Zielsetzung ist angesichts der bisherigen EuGH-Rechtsprechung insbesondere in der Rs. Danner sowie der Rs. Skandia/Ramstedt sehr wahrscheinlich.

Ungelöst bleibt bei einer Angleichung der Besteuerungssysteme die Verteilungsfrage zwischen den Mitgliedstaaten. Art. 18 OECD-MA weist das Besteuerungsrecht für die Altersversorgungsleistungen bislang ausschließlich dem Ansässigkeitsstaat zu. Die herrschende Auffassung über die wirtschaftliche Zugehörigkeit der Einkünfte widerspricht dieser Regelung. Werden die Wertschöpfungsbeiträge zugrunde gelegt, müsste die Erfassung der Betriebsrenten durch den ehemaligen Tätigkeitsstaat erfolgen. Zu Recht wird hiergegen eingewandt, dass dies Verzerrungen in Bezug auf die Besteuerung der Arbeitnehmer verursachen kann.[1051] Nach einhelliger Auffassung ist der Wohnsitzstaat in der Regel am besten in der Lage, persönliche Verhältnisse eines Steuerpflichtigen zu berücksichtigen.[1052] Die Anforderungen an die Gerechtigkeit zwischen den Steuerpflichtigen kollidieren hier mit den Anforderungen an die Gerechtigkeit zwischen den Staaten. Bei einer nachgelagerten Besteuerung geht dem Tätigkeitsstaat Steuersubstrat verloren, da er die Beiträge in der Anwartschaftsphase unbelastet gelassen hat. Gemäß Art. 18 OECD-MA darf er auf die Versorgungsleistungen keinen Steueranspruch erheben, wenn der Steuerpflichtige in der Versorgungsphase in einem anderen Staat ansässig ist. Die Erhebung einer Quellensteuer würde dem Tätigkeitsstaat zwar einen Anteil am Steueraufkommen sichern. Infolge nicht vollständiger Anrechnung im Ansässigkeitsstaat können sich jedoch für den Steuerpflichtigen gleichzeitig Nachteile ergeben. Der Lösung dieses Problems kann man sich annähern, indem man die Verteilungseffekte zwischen den Vertragsstaaten auf einer aggregierten Ebene betrachtet. Dazu sind Auswanderungen von Steuerpflichtigen, Grenzpendler und Entsendungen von Arbeitnehmern zwischen den beiden Staaten in ihrer Gesamtheit zu sehen. Der Gerechtigkeit zwischen den Staaten ist demnach Genüge getan, wenn man den Saldo der Effekte ausgleicht. Eventuell bestehende Überhänge können im Verhandlungswege durch Ausgleichszahlungen bereinigt werden. Durch diese indirekte Methode kann im Endeffekt eine an den Wertschöpfungsbeiträgen orientierte Verteilung des Steueraufkommens erreicht werden.

Obwohl durch die vollständige Harmonisierung der Steuersysteme in den Mitgliedstaaten der Europäischen Union eine Beseitigung der intertemporalen Doppel- und

---

1051 Darüber hinaus wird auch eingewandt, dass dem Wohnsitzstaat ebenfalls ein gewisser Beitrag zustehen solle, da der Arbeitnehmer staatliche Leistungen in Anspruch nimmt; vgl. Homburg, Wohnsitzprinzip, 2005, S. 21 f.

1052 Vgl. statt vieler Birk, DStJG 19, 1996, S. 64 ff.

Minderbesteuerungen erreicht werden kann, muss dieser Lösungsansatz als unrealistisch verworfen werden. Eine Einigung der zurzeit 25 Mitgliedstaaten auf ein einheitliches Steuerkonzept für die betriebliche Altersversorgung ist angesichts der Einstimmigkeitsvoraussetzung auf langfristige Sicht nicht zu erwarten. Als Konsequenz sind andere Alternativen zu betrachten, welche in ihren Auswirkungen zwar einen geringeren Zielerreichungsgrad aber eine höhere praktische Realisierbarkeit aufweisen.

2. Anpassung der Doppelbesteuerungsabkommen

2.1. Besteuerung durch den Quellenstaat

Die intertemporalen Probleme lassen sich auf den ersten Blick vermeiden, wenn das Besteuerungsrecht systematisch bei dem Staat verbleibt, welcher für die Besteuerung oder Freistellung der Beiträge verantwortlich war. Nach den DBA-Regeln ist dies typischerweise der Tätigkeitsstaat. Eine am Territorialitätsprinzip orientierte Besteuerung[1053] der betrieblichen Altersversorgung hat zur Konsequenz, dass der Ansässigkeitsstaat in der Versorgungsphase die aus dem früheren Tätigkeitsstaat bezogenen Leistungen in vollem Umfang freizustellen hat.[1054] Die grenzüberschreitende betriebliche Altersversorgung würde faktisch nur nach dem nationalen Steuersystem des früheren Tätigkeitsstaates besteuert. Eine konsequente vorgelagerte oder nachgelagerte Besteuerung könnte auf diesem Wege für die Fälle eines Grenzpendlers oder Wohnsitzwechslers durchgesetzt werden.

Auf den zweiten Blick wird allerdings offenbar, dass eine reine Quellenbesteuerung erhebliche Verzerrungen in Bezug auf die Gerechtigkeit zwischen den Steuerpflichtigen zur Folge haben kann.[1055] Persönliche Verhältnisse eines Steuerpflichtigen werden typischerweise nur im Ansässigkeitsstaat berücksichtigt.[1056] In Folge der Freistellung der ausländischen Betriebsrenten würde die Quellenbesteuerung durch den ehemaligen Tätigkeitsstaat definitiv. Geht man von einem absolut verstandenen Gleichheitsgrundsatz aus, so kann keine zutreffende Besteuerung der gesamten Leistungsfähigkeit des Steuerpflichtigen erfolgen. Das Territorialitätsprinzip verhindert die ganzheitliche Erfassung der Leistungsfähigkeit, da nur die im jeweiligen Staatsgebiet erzielten Ein-

1053 Vgl. Pistone, ECTR 2002, S. 131 f.

1054 Gleichzeitig wird vorausgesetzt, dass die Beiträge in der Anwartschaftsphase nur vom Tätigkeitsstaat erfasst werden dürfen. Ein Nachversteuerungsrecht eines anderen Ansässigkeitsstaates müsste ausgeschlossen werden.

1055 Vgl. Vanistendael, ECTR 1997, S. 153.

1056 Von Ausnahmen analog zur Rs. Schumacker soll zunächst abstrahiert werden.

künfte für die Besteuerung maßgebend sind.[1057] Interpretiert man die Gleichheit in einem relativen Sinne, können Unterschiede aufgrund einer exklusiven Quellenbesteuerung eher akzeptiert werden, da eine Gleichbehandlung im Vergleich zu den anderen Marktteilnehmern erzielt werden soll. Auch hier bleibt jedoch die Frage offen, welcher Staat die persönlichen Verhältnisse des Steuerpflichtigen berücksichtigen soll.[1058]

Eine (partielle) Berücksichtigung durch den ehemaligen Tätigkeitsstaat kann in Form eines Progressionsvorbehalts erfolgen. Dazu muss jedoch letztlich die weltweit erzielte Leistungsfähigkeit ermittelt werden. Das Territorialitätsprinzip kann nicht derart weit reichend ausgelegt werden, dass ein Steuerpflichtiger durch die „Streuung" seiner Einkünfte über verschiedene Staaten in Folge der Progression eine geringere Steuerbelastung erzielen kann. Eine relative Gleichheit mit den anderen Marktteilnehmern wird so verhindert, da international mobilen Steuerpflichtigen vielmehr ein Steuervorteil durch Ausnutzung von Progressionseffekten zukommen würde.[1059] Die Vermeidung dieser Verzerrung führt zu erheblichen administrativen Mehrbelastungen für den Steuerpflichtigen und die jeweiligen Fisci, da in jedem Staat die weltweiten Einkünfte erklärt werden müssten, um den auf die inländischen Einkünfte anfallenden Steuersatz ermitteln zu können.[1060] Eine solche Verpflichtung hat selbst die europäische Rechtsprechung bislang nur in den Fällen für erforderlich gehalten, in denen die nicht ansässigen Steuerpflichtigen faktisch mit unbeschränkt Steuerpflichtigen vergleichbar sind.[1061] In den übrigen Fällen wird unter Verweis auf die nicht vergleichbaren Situationen unbeschränkt und beschränkt Steuerpflichtiger eine beschränkte Quellenbesteuerung im Grundsatz anerkannt.

Die exklusive Quellenbesteuerung erweist sich als ungeeignet, wenn die betriebliche Altersversorgung über eine Versorgungseinrichtung abgewickelt wird, welche ihren Sitz weder im Ansässigkeits- noch im Tätigkeitsstaat hat.[1062] Die Besteuerung der Beitragszahlungen erfolgt nach dem Steuerrecht des Tätigkeits- bzw. ggf. auch des Ansässigkeitsstaates. Bei einem exklusiven Quellensteuerrecht können die Leistungen in der Versorgungsphase nur vom Sitzstaat der Versorgungseinrichtung besteuert wer-

---

1057 Aus diesem Grund müsste eine Quellenbesteuerung eine Angleichung der Steuersätze nach sich ziehen; vgl. Jacobs, Körperschaftsteuersysteme, 1999, S. 108.

1058 Ähnlich vgl. Pistone, ECTR 2002, S. 132.

1059 Ebenfalls kritisch zur Quellenbesteuerung vgl. Lang, Quellenprinzip, 2005, S. 28 ff.

1060 Damit fiele die unkomplizierte Erhebung als ein entscheidender Vorteil der Quellenbesteuerung weg; vgl. Vanistendael, ECTR 1997, S. 161.

1061 Vgl. EuGH-Urteil v. 14.2.1995 (Schumacker).

1062 Das Problem tritt bei sog. Dreieckskonstellationen ebenfalls auf.

den.[1063] Bei abweichenden Steuersystemen kann es folglich zu intertemporalen Doppel- oder Minderbesteuerungen kommen.[1064] Waren beispielsweise die Beitragszahlungen in der Anwartschaftsphase im Ansässigkeitsstaat steuerlich abzugsfähig, entsteht eine Minderbesteuerung, wenn der Quellenstaat die Leistungen nicht erfasst.[1065]

Die Gerechtigkeit zwischen den Staaten wird durch eine Quellensteuer ebenfalls nicht zwingend gewahrt. Die theoretischen Überlegungen legen zwar nahe, dass eine Besteuerung der betrieblichen Altersversorgung durch den Staat erfolgen sollte, in welchem die Wertschöpfungsbeiträge in der Anwartschaftsphase erwirtschaftet wurden. Dieser muss aber nicht stets mit dem Quellenstaat übereinstimmen. Gerade im Fall der steuerlich anerkannten Dotierung einer ausländischen Versorgungseinrichtung wird dies deutlich. Bei einer reinen Quellenbesteuerung werden die Leistungen ausschließlich im Auszahlungsstaat erfasst. Der ursprüngliche Tätigkeitsstaat ginge – trotz der Wertschöpfungsbeiträge in der Anwartschaftsphase – leer aus.[1066]

Festzuhalten bleibt, dass eine allgemeine Umkehrung der in Art. 18 OECD-MA festgelegten Zuweisung des Besteuerungsrechts zwar augenscheinlich eine systematisch konsistente Besteuerung der betrieblichen Altersversorgung ermöglichen kann. Die damit verbundenen Probleme im Hinblick auf die Steuergerechtigkeit lassen den Preis hierfür jedoch als unangemessen hoch erscheinen. Ein Ausweg könnte darin bestehen, dass dem ehemaligen Arbeitsortstaat ein begrenztes Quellensteuerrecht zugestanden wird.[1067] Eine echte Lösung der Doppelbesteuerungsprobleme wird hierdurch aber nicht erzielt, da nur die erläuterten Probleme in ihrer Wirkung abgeschwächt werden.[1068]

[1063] Dies übersieht *Gassner*, der für Ruhegehälter eine allgemeine Quellenbesteuerung im Tätigkeitsstaat vorschlägt; vgl. Gassner, IStR 2000, S. 489 f. Ebenfalls fehl geht der Ansatz von *Beiser*, der den Ort der „Quelle" per Definition in den ehemaligen Tätigkeitsstaat verlegen will. Ein sog. Belastungsprinzip, welches das Besteuerungsrecht bei dem Staat belässt, welcher Beitragszahlungen steuermindernd anerkannt hat, ist dem internationalen Steuerrecht bislang fremd. Vgl. Beiser, DB 2002, S. 706 f. Zu Recht kritisch Weerepas, ECTR 2000, S. 184 f.

[1064] Aus dem gleichen Grund kritisch zur Quellenbesteuerung vgl. Weerepas, ECTR 2000, S. 184.

[1065] Intertemporale Doppel- und Minderbesteuerungen sind bei einer reinen Quellenbesteuerung somit selbst dann möglich, wenn der steuerpflichtige Arbeitnehmer weder seinen Wohnsitz verlagert noch eine Tätigkeit im Ausland ausübt.

[1066] Vgl. analog zur Riesterrente Wernsmann/Nippert, FR 2005, S. 1130 f.

[1067] Vgl. Wellisch, betrAV 2004, S. 109.

[1068] Ebenso Pistone, ECTR 2002, S. 132.

2.2. Ergänzung des Doppelbesteuerungsabkommens um „Rückfallklauseln"

Wie gezeigt wurde, kommt es stets dann zu einer intertemporalen Doppelbesteuerung, wenn die Besteuerung in der Versorgungsphase eine vorherige steuerliche Erfassung in der Anwartschaftsphase nicht angemessen berücksichtigt. Umgekehrt entsteht eine Minderbesteuerung, wenn in der Versorgungsphase keine Besteuerung erfolgt, obwohl bereits die Beiträge in der Anwartschaftsphase steuerfrei waren. Die Lösung dieser Probleme hängt von der steuerlichen Behandlung der Betriebsrenten durch den Wohnsitzstaat in der Versorgungsphase ab, da diesem nach Art. 18 OECD-MA das alleinige Besteuerungsrecht zukommt. Der tatsächliche Besteuerungserfolg im Wohnsitzstaat ist jedoch kein konstitutives Merkmal für die Gewährung der Steuerfreiheit im auszahlenden Staat. Auch „virtuelle" Doppelbesteuerungen werden durch Doppelbesteuerungsabkommen unterbunden, so dass es, wenn der Wohnsitzstaat auf eine Besteuerung verzichtet, zu einer effektiven Nicht-Besteuerung kommen kann.[1069] Beide Problemkreise können durch eine Modifikation des Art. 18 OECD-MA behoben werden. Demnach muss einerseits der Wohnsitzstaat eine eventuelle Vorbelastung in der Anwartschaftsphase angemessen berücksichtigen. Andererseits erfolgt der Ausschluss der Quellenbesteuerung im Auszahlungsstaat nur dann, wenn eine steuerliche Erfassung durch den Wohnsitzstaat in der Versorgungsphase tatsächlich vorgesehen ist.[1070] Beide Ziele lassen sich durch sog. „Subject-to-tax-Klauseln" erreichen.

Aus didaktischen und systematischen Gründen wird im Folgenden zunächst die Vermeidung intertemporaler Minderbesteuerungen thematisiert. Die Problematik der intertemporalen Doppelbesteuerung wird im Anschluss daran erörtert, da auch der Auszahlungsstaat unter Umständen eine Vorbelastung in der Anwartschaftsphase zu berücksichtigen hat.

Subject-to-tax-Klauseln[1071] sind in Doppelbesteuerungsabkommen nicht neu. Allerdings zielt ihre Wirkung bislang vornehmlich auf die Verhinderung von Minderbesteuerungen und weniger auf die Erzielung einer systemkonformen Besteuerung. Die Grundidee besteht in der Versagung von Steuererleichterungen, wenn im anderen Vertragsstaat keine oder nur eine ermäßigte Besteuerung erfolgt.[1072] Ein typisches Beispiel ist die Freistellung ausländischer Einkünfte durch den Ansässigkeitsstaat unter dem Vorbehalt, dass diese im Quellenstaat besteuert werden. Eine entsprechende Rückfall-

[1069] Vgl. Wilke, Steuerrecht, 2002, S. 93 f.
[1070] Vgl. Kolb, IWB 2005, S. 1917.
[1071] Auch als „Rückfallklauseln" bezeichnet; vgl. kritisch dazu Vogel, IStR 2003, S. 525.

klausel findet sich bereits in Art. 23-A Abs. 4 OECD-MA, der von der Anwendung der Freistellungsmethode absieht, wenn im Quellenstaat keine oder nur eine ermäßigte Besteuerung erfolgt ist.[1073] Diese Zielrichtung lässt Rückfallklauseln als Lösungsweg für die betriebliche Altersversorgung zunächst als nur bedingt hilfreich erscheinen, da sie nicht nach dem Grund für die geringere Besteuerung im anderen Staat differenzieren.[1074]

Für die Vermeidung intertemporaler Minderbesteuerungen bei der betrieblichen Altersversorgung ist entscheidend, dass allein systematische Gründe eine Freistellung von der Besteuerung im Quellenstaat unterbinden. Ein niedrigerer Belastungserfolg aufgrund anderer Umstände[1075] muss irrelevant bleiben.[1076] Nur wenn der Wohnsitzstaat in der Versorgungsphase systembedingt keine steuerliche Erfassung[1077] der Versorgungsleistungen vorsieht, soll das Besteuerungsrecht an den Auszahlungsstaat (Quellenstaat) zurückfallen. Die Herstellung einer systematisch zutreffenden intertemporalen Besteuerung der betrieblichen Altersversorgung erfolgt dann in Form der beschränkten Besteuerung durch den Auszahlungsstaat. Nur wenn der Wohnsitzstaat in der Versorgungsphase eine vollumfängliche Besteuerung der ausländischen Betriebsrenten vorsieht, steht ihm nach dieser ersten Subject-to-tax-Klausel das Besteuerungsrecht zu.[1078]

Sofern die beschränkte Steuerpflicht im Auszahlungsstaat konsequent durchgeführt wird, führt eine solche Rückfallklausel zur Eliminierung intertemporaler Minderbesteuerungen.[1079] Eine mindestens einmalige steuerliche Erfassung ist gewährleistet,

---

1072 Vgl. Jacobs, Unternehmensbesteuerung, 2002, S. 78 f., 368.

1073 Sog. „Switch-over-Klausel"; vgl. Höfer, Doppelbesteuerungsabkommen, 1997, S. 813.

1074 Vgl. Wilke, Steuerrecht, 2002, S. 94. Eine Ausnahme besteht bei der Vermeidung von Nachteilen in Folge von Qualifikations- oder Zurechnungskonflikten; vgl. Petereit, IStR 2003, S. 578 ff.

1075 Z.B. niedrigere Einkünfte, fehlerhafte Steuerfestsetzung.

1076 Ähnlich Adonnino, Welteinkommensprinzip, 2000, S. 286.

1077 Bzw. eine nur ertragsanteilige Besteuerung.

1078 Eine Vermeidung intertemporaler Minderbesteuerungen ließe sich ebenfalls erreichen, wenn der Ansässigkeitsstaat durch das Doppelbesteuerungsabkommen zu einer Erfassung der Leistungen gezwungen wird, wenn diese auf steuerfrei angesammelten Beiträgen beruhen. Das DBA würde dann nicht länger als reines Schrankenrecht fungieren, da dem Ansässigkeitsstaat ein über das nationale Steuerrecht hinausgehender Steueranspruch zukäme. Der geforderten Besteuerung würde jedoch das nationale Fundament fehlen, so dass erhebliche verfassungsrechtliche Bedenken gegen eine Ausweitung von Steueransprüchen durch DBA bestehen.

1079 Eine Ausnahme besteht bei Dreieckskonstellationen, auf welche später gesondert eingegangen wird.

wenn der Ansässigkeitsstaat in der Versorgungsphase eine nachgelagerte Besteuerung anwendet. In diesem Fall entfaltet die Rückfallklausel keine Wirkung, so dass das Besteuerungsrecht beim Ansässigkeitsstaat verbleibt. Sieht dieser eine vorgelagerte Besteuerung oder keine volle Erfassung von ausländischen Betriebsrenten vor, führt die Subject-to-tax-Klausel zu einer Reaktivierung des Quellensteuerrechts des Auszahlungsstaates. Eine systematische, mindestens einmalige Besteuerung der betrieblichen Altersversorgung hängt dann davon ab, dass die Leistungen nach dessen nationalen Steuerrecht erfasst werden. Ein vorgelagert besteuernder Quellenstaat wird nur noch eine ertragsanteilige Besteuerung der Auszahlungen vornehmen, da bereits die Beiträge belastet wurden. Umgekehrt wird ein nachgelagert besteuernder Staat idealerweise die Freistellung in der Anwartschaftsphase durch eine Besteuerung der Leistungen kompensieren.

Der Ansässigkeitsstaat in der Versorgungsphase kann der Reaktivierung des Quellensteuerrechts in Folge der Rückfallklausel durch die Freistellungs- oder die beschränkte Anrechnungsmethode begegnen. Eine einperiodige Doppelbesteuerung der Ertragsanteile kann dadurch effektiv vermieden werden. Die Begrenzung der Anrechnung auf die im Inland auf die Betriebsrenten anfallende Steuerbelastung ist in diesem Fall sachgerecht. Eine unbeschränkte Anrechnung würde eine systematisch ggf. erforderliche Besteuerung in der Versorgungsphase überkompensieren. Die unbeschränkte Anrechnung würde im Ergebnis die Wirkung der Subject-to-tax-Klausel aushebeln, so dass das Problem der intertemporalen Minderbesteuerung fortbestehen kann.[1080]

Während durch diese Rückfallklausel eine wirksame Vermeidung intertemporaler Minderbesteuerungen erreicht werden kann, ist die Gefahr intertemporaler Doppelbesteuerungen weiterhin präsent. Eine Doppelbesteuerung kann nun noch resultieren, wenn die Beiträge in der Anwartschaftsphase durch den Tätigkeitsstaat vorgelagert besteuert wurden. Die vorgestellte Subject-to-tax-Klausel bedingt, dass der Ansässigkeitsstaat in der Versorgungsphase nachgelagert besteuert. Folglich ist das Besteuerungsrecht des Ansässigkeitsstaats in einem zweiten Schritt einzuschränken.[1081] Die umfassende Besteuerungsbefugnis fällt dem Ansässigkeitsstaat nur dann zu, wenn die Leistungen auf steuerlich unbelasteten Beitragszahlungen beruhen. Die Besteuerung in der Auszahlungsphase wird demnach davon abhängig gemacht, ob die Beiträge zur

1080 Vgl. ähnlich Dietvorst, ECTR 1999, S. 111.

1081 *Adonnino* sieht eine Wechselwirkung zwischen den Vertragsstaaten, so dass jeweils die Besteuerung im anderen Staat zu berücksichtigen sei; vgl. Adonnino, Welteinkommensprinzip, 2000, S. 286.

betrieblichen Altersversorgung für den Arbeitnehmer steuerfrei waren. Diese zweite Subject-to-tax-Klausel ist insofern untypisch, als das Besteuerungsrecht nicht an den Quellenstaat zurückfällt. Vielmehr wird das Besteuerungsrecht des Ansässigkeitsstaats auf den Ertragsanteil beschränkt, wenn sein Steuersystem eine volle Erfassung vorsieht, obwohl bereits eine vorgelagerte Besteuerung erfolgt ist.[1082] Diese Einschränkung des Besteuerungsrechts ähnelt in ihren Konsequenzen dem Doppelbesteuerungsabkommen zwischen den USA und Kanada.[1083] Dessen Art. 18 sieht vor, dass die Besteuerung im Ansässigkeitsstaat auf den Betrag beschränkt ist, welcher im Auszahlungsstaat zu versteuern wäre. Darüber geht die hier vorgeschlagene Regelung hinaus, da auch Vorbelastungen in einem Drittstaat, welcher nicht am Vertrag beteiligt ist, berücksichtigt werden sollen.[1084]

Die Einschränkung des Steuerzugriffs kann auch erforderlich werden, wenn das Quellensteuerrecht in Folge der ersten Subject-to-tax-Klausel reaktiviert wird. Die Gefahr einer intertemporalen Doppelbesteuerung liegt hier vor, wenn bei einem Pendler die im Ausland erzielten Arbeitseinkünfte vom Ansässigkeitsstaat nicht von der Besteuerung freigestellt wurden. In Folge der beschränkten Anrechnungsmethode kommt es zu einem Hochschleusen auf das höhere Steuerniveau. Sieht der Ansässigkeitsstaat darüber hinaus eine vorgelagerte Besteuerung der betrieblichen Altersversorgung vor, wird eine im Tätigkeitsstaat eventuell gewährte Steuerfreiheit nivelliert. Die erste Subject-to-tax-Klausel führt dazu, dass das Quellensteuerrecht des ehemaligen Tätigkeitsstaates nicht ausgeschlossen wird, da der Ansässigkeitsstaat aufgrund der vorgelagerten Besteuerung keine vollständige Erfassung der Betriebsrenten vorsieht. Zu einer intertemporalen Doppelbesteuerung kommt es, wenn der Quellenstaat nun eine nachgelagerte Besteuerung vornimmt. Um diesen Effekt zu vermeiden, wird das Wiederaufleben des Quellensteuerrechts davon abhängig gemacht, ob der Ansässigkeitsstaat auf eine Besteuerung in der Versorgungsphase nur deshalb verzichtet, weil er bereits die Beiträge in der Anwartschaftsphase steuerlich erfasst hat. Eine systematisch konsequente Besteuerung durch den Ansässigkeitsstaat wird so nicht durch ein Quellensteuerrecht des Auszahlungsstaates „bestraft". Die Voraussetzungen der Subject-to-tax-Klausel sind somit schärfer zu fassen. Das Quellensteuerrecht besteht nur dann, wenn der Ansässigkeitsstaat in der Versorgungsphase keine vollständige Besteuerung vornimmt und dies nicht aus der Steuersystematik begründet werden kann.

1082 Insofern könnte man von einer „umgekehrten" Subject-to-tax-Klausel reden.

1083 Vgl. Hügelschäffer, ZTR 2001, S. 549.

1084 Art. 18 DBA USA-Kanada weicht von der hier vorgestellten Lösung außerdem ab, da es ein auf 15 % beschränktes Quellensteuerrecht des Auszahlungsstaates vorsieht.

Auch das Quellensteuerrecht hat zu berücksichtigen, dass die Auszahlungen in der Versorgungsphase auf bereits versteuertem Einkommen beruhen können. In einem solchen Fall kann maximal eine Erfassung des Ertragsanteils vorgenommen werden. Der Anwendungsbereich der eingeschränkten Quellenbesteuerung findet sich bei den Dreieckskonstellationen. Die bei der reinen Quellenbesteuerung auftretenden Doppelbesteuerungen werden durch die Beschränkung des Steuerzugriffs des Ansässigkeitsstaats zufrieden stellend gelöst. Der Ansässigkeitsstaat hat demnach eine Vorbelastung auch dann zu berücksichtigen, wenn diese in einem anderen Staat erfolgte. Diese Beschränkung muss in Dreieckskonstellationen auch der Quellenstaat gegenüber sich gefallen lassen. Mangels vollständiger Erfassung im Ansässigkeitsstaat fällt entsprechend der ersten Subject-to-tax-Klausel das Steuerrecht an den Auszahlungsstaat zurück. Wurden die Beiträge bereits in der Anwartschaftsphase im damaligen Ansässigkeits- oder Tätigkeitsstaat besteuert, muss eine nachgelagerte Besteuerung durch den Quellenstaat unterbunden werden. Durch eine Begrenzung des Steuerzugriffs auf den Ertragsanteil wird einer solchen Vorbelastung Rechnung getragen.

Nicht vollständig lassen sich jedoch die Minderbesteuerungssituationen auflösen. Eine Dreieckskonstellation, bei der steuermindernd Beiträge an eine ausländische Versorgungseinrichtung gezahlt werden, welche in einem vorgelagert besteuernden Staat ansässig ist, kann auch bei der vorgeschlagenen Modifizierung des Art. 18 OECD-MA eine Minderbesteuerung ermöglichen, wenn der Ansässigkeitsstaat in der Versorgungsphase ebenfalls keine Besteuerung der Betriebsrenten vornimmt. Der Rückfall des Quellensteuerrechts in Folge der Subject-to-tax-Klausel an den Auszahlungsstaat führt hier zu keinem zufrieden stellenden Ergebnis, da auch dieser die Leistungen von der Besteuerung freistellt. Für eine systematisch zutreffende einmalige Besteuerung der betrieblichen Altersversorgung müsste dem einstigen Tätigkeits- bzw. Ansässigkeitsstaat ein Steuerzugriff ermöglicht werden. Ein Anknüpfungspunkt für die Besteuerung lässt sich jedoch nicht identifizieren, da die für die beschränkte Steuerpflicht konstitutive „Quelle" in einem anderen Staat liegt. Eine Ausweitung des Quellenbegriffs durch eine fiktive Verlagerung in den Staat, welcher die Beiträge steuerfrei gestellt hatte, ist im Rahmen der Doppelbesteuerungsabkommen nicht praktikabel.[1085] Als Ausweg bietet sich die Empfehlung an, Leistungen der betrieblichen Altersversorgung im Rahmen der beschränkten Steuerpflicht konsequent in voller Höhe zu erfas-

[1085] So auch Weerepas, ECTR 2000, S. 184 f. A.A. Beiser, DB 2002, S. 706 f.

sen. Die gegebenenfalls erforderliche Zurückdrängung dieses Quellensteueranspruchs wird durch die beiden Subject-to-tax-Klauseln effektiv erreicht.

Der vorgeschlagene Mechanismus einer doppelten Subject-to-tax-Klausel kann in beinahe allen betrachteten Fällen sowohl einperiodige als auch intertemporale Doppel- und Minderbesteuerungen wirksam verhindern. Lediglich für Dreieckskonstellationen verbleibt in einer besonderen Situation die Möglichkeit einer Minderbesteuerung. Die vorgeschlagene Modifikation des Art. 18 OECD-MA kann wie folgt formuliert werden:

Artikel 18: Ruhegehälter

(1) Vorbehaltlich des Art. 19 Absatz 2 können Ruhegehälter und ähnliche Vergütungen, die einer in einem Vertragsstaat ansässigen Person für frühere unselbständige Arbeit gezahlt werden, nur in diesem Staat besteuert werden.

(2) Absatz 1 gilt nicht, wenn dieser Staat Ruhegehälter und ähnliche Vergütungen von der Besteuerung ganz oder teilweise ausnimmt und nicht bereits die Beitragszahlungen vorgelagert besteuert hat.

(3) Ruhegehälter und ähnliche Vergütungen im Sinne des Absatzes 1 dürfen sowohl in diesem als auch dem anderen Staat nur ertragsanteilig besteuert werden, wenn sie vorgelagert besteuert wurden.

Nach diesem Lösungsansatz verbleibt das Besteuerungsrecht für die Betriebsrenten im Grundsatz beim Ansässigkeitsstaat.[1086] Die bei einer reinen Quellenbesteuerung auftretenden Probleme in Bezug auf die Berücksichtigung persönlicher Verhältnisse des Steuerpflichtigen werden stark zurückgedrängt. Gleichwohl wird das Besteuerungsmonopol des Ansässigkeitsstaates zum Teil durchbrochen, da ein Quellenbesteuerungsrecht des ehemaligen Tätigkeitsstaates wieder aufleben kann. Die mit der Quellenbesteuerung verbundenen Probleme sind insofern nicht vollständig gelöst. Die Modifikation des Art. 18 OECD-MA stellt im Vergleich jedoch die zu bevorzugende Second-Best-Lösung dar, da eine intertemporal neutrale und am Leistungsfähigkeitsprinzip orientierte Besteuerung weit gehend erreicht werden kann. In Bezug auf die Gerechtigkeit zwischen den Staaten gelten die Ausführungen unter D.III.1. analog. Zwar wird die grundsätzlich befürwortete Besteuerung im ehemaligen Tätigkeitsstaat auf Ebene des einzelnen Steuerpflichtigen nicht erreicht. Den Vertragsstaaten steht jedoch

[1086] Zustimmend Weizman, ECTR 1994, S. 108 f.

eine Koordination auf Makro-Ebene offen, so dass beispielsweise ein Ausgleich für aufgrund einer nachgelagerten Besteuerung entgehende Steuereinnahmen vereinbart wird.

Ob diese Anpassung singulär in allen einzelnen Doppelbesteuerungsabkommen zwischen den Mitgliedstaaten umgesetzt wird oder durch ein so genanntes europäisches Doppelbesteuerungsabkommen kann dahingestellt bleiben.[1087] Um eine möglichst gleichmäßige Behandlung der betrieblichen Altersversorgung in der EU gewährleisten zu können, ist aus ideeller Sicht einem einheitlichen, multilateralen Abkommen der Vorzug zu geben. Dagegen sprechen die praktischen Schwierigkeiten bei der Umsetzung multilateraler DBA.[1088] Realistische Umsetzungschancen bestehen für die vorgeschlagene Modifikation nur im Rahmen der Änderung der einzelnen Doppelbesteuerungsabkommen zwischen den Mitgliedstaaten. Sofern man eine Einigung auf Ebene des Europäischen Rates ausschließt, kann die Kommission diesen Prozess nur durch Empfehlungen und Mitteilungen an die Mitgliedstaaten beschleunigen. In Ausnahmefällen kann sie auch auf das Instrument der Vertragsverletzungsverfahren zurückgreifen.[1089]

3. Weiterentwicklung des Konzepts eines „europäischen Pensionsfonds“

In der Pensionsfondsrichtlinie[1090] sowie der „Mitteilung zur Beseitigung der steuerlichen Hemmnisse für die grenzüberschreitende betriebliche Altersversorgung“[1091] wurden die grundlegenden Voraussetzungen für die Schaffung eines so genannten europäischen Pensionsfonds gelegt. Für die europaweite Tätigkeit eines Pensionsfonds genügt die Genehmigung und Beaufsichtigung der Geschäftstätigkeit in einem Mitgliedstaat. Aufgrund des im Sinne der „Home State Authorisation“ harmonisierten Rechts stehen anderen Mitgliedstaaten gegenüber dem Pensionsfonds lediglich Informationsrechte, aber keine darüber hinaus reichenden Kontrollbefugnisse zu.

1087 Vgl. dazu Scherer, in: Debatin/Wassermeyer, Doppelbesteuerung, 2005, Vor Art. 1 MA, Tz. 141 ff.; Pistone, ECTR 2002, S. 132 ff.; Schaumburg, Steuerrecht, 1998, S. 778 f.; Kemmeren, ECTR 1997, S. 149 ff.

1088 Vgl. Jacobs, Unternehmensbesteuerung, 2002, S. 37.

1089 Zwar haben die Mitgliedstaaten in Art. 293 EG ihre grundsätzliche Bereitschaft zum Abschluss von Abkommen zur Beseitigung der Doppelbesteuerung erklärt. Eine Verpflichtung ist damit nicht verbunden. Vgl. Detzi, betrAV 2001, S. 215.

1090 Vgl. Richtlinie 2003/41/EG.

1091 Vgl. KOM(2001) 214.

Unter steuerlichen Aspekten ist in dem Konzept weniger eine Alternative zur vorgeschlagenen Modifikation des Doppelbesteuerungsabkommens um Rückfallklauseln zu sehen. Stattdessen kann die Fortentwicklung des Konzepts eine flankierende Maßnahme zur Vereinfachung der internationalen Besteuerung der betrieblichen Altersversorgung bilden. Ansatzpunkt hierfür ist die in der Pensionsfondsrichtlinie normierte Aufteilung des Versorgungskapitals in nationale Sektionen („ring fencing"). Diese Separierung erlaubt es, die Steuersystematik für das in den einzelnen Mitgliedstaaten angesammelte Versorgungskapital zu wahren. Innerhalb jeder Sektion werden die steuerlichen Vorschriften des Staates angewendet, welcher für die Besteuerung der Beiträge in der Anwartschaftsphase verantwortlich war.[1092] Bei der Entsendung eines Mitarbeiters in einen anderen Mitgliedstaat kann die betriebliche Altersversorgung so problemlos über den identischen Pensionsfonds abgewickelt werden.

Der europäische Pensionsfonds ermöglicht es, dass die Beitragszahlungen auf Ebene des Arbeitgebers und des Arbeitnehmers nach dem nationalen Steuerrecht des Tätigkeitsstaates erfasst werden. Entsprechend werden die im Fonds angesammelten Mittel nach den jeweiligen Tätigkeitsstaaten markiert und separiert (Ring-fencing). Innerhalb der einzelnen nationalen Sektionen wird das jeweilige Steuerrecht auf die Kapitalerträge angewendet. Die Besteuerung auf Ebene des Versorgungsträgers kann so dem nationalen Steuerrecht des Staates entsprechen, in welchem der Arbeitnehmer die Beiträge erwirtschaftet hat (Tätigkeitsstaat).

Nach diesem Konzept würden beispielsweise Beiträge aus Deutschland weiterhin faktisch steuerfrei im Pensionsfonds angesammelt.[1093] Demgegenüber könnten Erträge auf das aus Dänemark stammende Versorgungskapital entsprechend dem Pensionskassensteuergesetze pauschal mit 15 % besteuert werden.

Das Ring-fencing ermöglicht es, dass die betriebliche Altersversorgung eines europaweit tätigen Unternehmens in einer Versorgungseinrichtung gebündelt werden kann und gleichzeitig die jeweiligen nationalen Steuervorschriften für Pensionsfonds beachtet werden. Die Vorteile einer solchen Konzentration bestehen vor allem in der verbesserten Portabilität, möglichen Kosteneinsparungen in Folge von Skaleneffekten sowie einer breiteren Risikostreuung durch eine diversifizierte Vermögensanlage.

[1092] Vgl. EFRP, EIORP, 2003, S. 39 ff.

[1093] Die formale Steuerpflicht wird durch die Bildung von Deckungs- bzw. Beitragsrückerstattungsrückstellungen kompensiert.

Die Besteuerung der Leistungen aus einem europäischen Pensionsfonds kann bei paralleler Umsetzung der vorgeschlagenen DBA-Modifikationen mit einer organisatorischen Vereinfachung einhergehen. Durch die Bildung nationaler Sektionen in der Anwartschaftsphase ist eine Aufteilung der Auszahlungen auf die einzelnen Länder möglich. Unter Berücksichtigung der steuerlichen Erfassung in der Anwartschaftsphase wird so die Zuweisung des Besteuerungsrechts zum Ansässigkeitsstaat oder den Quellenstaaten entsprechend des Entwurfs zu Art. 18 OECD-MA vereinfacht. Der Informationsaustausch zwischen den beteiligten Mitgliedstaaten und dem Pensionsfonds kann dadurch reduziert und beschleunigt werden.

Theoretisch vorstellbar ist darüber hinaus eine alleinige Besteuerung der Leistungen durch den Ansässigkeitsstaat. Voraussetzung ist, dass die Betriebsrenten nur insoweit in die Bemessungsgrundlage eingehen, wie es dem Steuerrecht der jeweiligen nationalen Sektion entsprechen würde. Während beispielsweise das in einer Sektion angesammelte Versorgungskapital in vollem Umfang nachgelagert zu besteuern ist, könnten Leistungen einer anderen Sektion nur in Höhe des Ertragsanteils zu berücksichtigen sein. Um die persönlichen Verhältnisse des Steuerpflichtigen angemessen zu berücksichtigen, würde nur der Ansässigkeitsstaat die so ermittelten Einkünfte besteuern. Wie bereits angedeutet, setzt eine solche Lösung ein gesetzliches Fundament in den einzelnen Mitgliedstaaten voraus, da andernfalls verfassungsrechtliche Bedenken gegen die Besteuerung erhoben werden könnten. Es ist absehbar, dass ein solches System zu erheblichen Verschiebungen des Steueraufkommens zwischen den Mitgliedstaaten führen kann. Gleichzeitig widerspricht die alleinige Besteuerung durch den Ansässigkeitsstaat in der Versorgungsphase den Anforderungen an die Gerechtigkeit zwischen den Staaten. Demnach soll das Steueraufkommen dem Tätigkeitsstaat zustehen. Die Bereinigung dieser Inkonsistenzen auf europäischer Ebene setzt ein Clearing-System voraus, um die Aufkommensverschiebungen ausgleichen zu können. Die Erfahrungen bei der anvisierten Umstellung der Umsatzsteuer auf das Ursprungslandprinzip offenbaren jedoch die politischen Schwierigkeiten eines solchen Systems.[1094] Angesichts dessen scheint eine solche Besteuerung des europäischen Pensionsfonds wenig realistisch.

Eine zweite Erweiterungsmöglichkeit besteht in der Beseitigung der verbleibenden Probleme des DBA-Mechanismus. Nach dem Änderungsvorschlag fällt das Besteuerungsrecht aufgrund der ersten Subject-to-tax-Klausel dem Auszahlungsstaat wieder

1094 Vgl. Jacobs, Unternehmensbesteuerung, 2002, S. 156 ff.

zu, wenn der Ansässigkeitsstaat in der Versorgungsphase keine systematisch erforderliche Besteuerung der Leistungen vornimmt. Innerhalb eines europäischen Pensionsfonds könnte dieses Quellensteuerrecht wieder an den Staat fallen, welcher für die Besteuerung der Beiträge in der Anwartschaftsphase verantwortlich war.[1095] Eine solche Umqualifizierung des Ortes der Quelle wurde im Rahmen der Doppelbesteuerungsabkommen als Fremdkörper abgelehnt. Für den europäischen Pensionsfonds ist dagegen zu beachten, dass es für die Besteuerung keine maßgebende Rolle spielen darf, in welchem Staat er seinen Sitz hat. Konzeptionell bedingt handelt es sich bei einem europäischen Pensionsfonds nicht mehr um eine nationale Institution, sondern um eine durch europäisches Recht normierte Versorgungseinrichtung. Die Gewährleistung eines „level-playing-fields" impliziert, dass die Wahl des Unternehmenssitzes keine abweichenden Besteuerungsfolgen für die Arbeitnehmer zur Folge haben darf. Eine solche Ausweitung führt dazu, dass die Beitragszahlungen entsprechend der steuerlichen Behandlung in der Anwartschaftsphase „markiert" werden, so dass in der Versorgungsphase eine systematisch konsistente Besteuerung durchgeführt werden kann.

[1095] Ähnlich der Vorschlag von Beiser, DB 2002, S. 706 f.

E. Thesenförmige Zusammenfassung

1. Die Anforderungen an die Besteuerung der betrieblichen Altersversorgung auf nationaler Ebene können sowohl mit einer vorgelagerten als auch einer nachgelagerten Besteuerungssystematik erfüllt werden. Welchen Argumenten stärkeres Gewicht beigemessen wird und welches Modell sich in der Folge durchsetzt, ist für jeden Staat eine politische Entscheidung. Darauf aufbauend ist zu fordern, dass in einem internationalen Kontext aufgrund von Systemabweichungen für einen Steuerpflichtigen keine Doppel- oder Minderbesteuerungen entstehen dürfen. Neben den Kriterien der Gerechtigkeit und der Neutralität als klassischen Anforderungen an die Besteuerung, lässt sich diese Forderung innerhalb der Europäischen Union auch auf die Grundfreiheiten des EG-Vertrages stützen.

2. In den Mitgliedstaaten der Europäischen Union wird für dic betriebliche Altersversorgung überwiegend eine nachgelagerte Besteuerung vorgesehen. Gleichwohl bestehen im Detail zahlreiche bedeutende Unterschiede, so dass fast alle denkbaren Besteuerungssysteme im Sinne von Mischsystemen zur Anwendung kommen. Die Länder Dänemark, Deutschland und Österreich bilden diese Vielfalt vollständig ab und wurden daher exemplarisch für die Betrachtung herangezogen. Die Analyse der Fallgestaltungen offenbart, dass aufgrund systematischer Besteuerungsunterschiede Doppel- und Minderbesteuerungen entstehen können. Die isolierte Betrachtung des rein unilateralen Außensteuerrechts zeigt außerdem, dass insbesondere Deutschland durch eine Lücke im Rahmen der beschränkten Steuerpflicht zur Entstehung von intertemporalen Minderbesteuerungen beiträgt. Umgekehrt scheint die Rückzahlungsverpflichtung im Zusammenhang mit der Riester-Förderung nach § 95 EStG bei Aufgabe der unbeschränkten Steuerpflicht in Deutschland europarechtlich zumindest fragwürdig zu sein. Die Beschränkung der Grundfreiheiten ist offenbar; ob eine Rechtfertigung vor dem Europäischen Gerichtshof Bestand haben wird, bleibt bislang abzuwarten. Im Gegensatz zu Beiträgen an inländische Versorgungseinrichtungen sind Zahlungen an ausländische Kassen weder in Österreich noch in Dänemark für den Arbeitnehmer steuerfrei, so dass jeweils eine Verletzung der Grundfreiheiten vorliegt. Als einziger Staat hat Dänemark unilaterale Vorkehrungen getroffen, um eine steuersystematisch zutreffende Erfassung von Rentenleistungen zu ermöglichen, wenn der Steuerpflichtige zuvor seinen Wohnsitz nach Dänemark verlegt hat.

3. Nach dem OECD-Musterabkommen steht das Besteuerungsrecht im Regelfall in der Anwartschaftsphase dem Tätigkeitsstaat und dem Ansässigkeitsstaat zu. Versorgungs-

leistungen dürfen dagegen nur im Ansässigkeitsstaat besteuert werden. Aufgrund dieser Asymmetrie steigen die Doppel- und Minderbesteuerungssituationen für die typisierten Fallgruppen im Vergleich zur Situation ohne Doppelbesteuerungsabkommen sogar an. Diese aus der Theorie abgeleiteten Effekte lassen sich für die betrachteten Länder ebenfalls aufzeigen. Lediglich in Bezug auf ausländische Versorgungseinrichtungen kennt der Musterkommentar der OECD einen ersten Ansatz zur Gewährleistung einer Gleichbehandlung mit inländischen Einrichtungen.

4. Die Rechtsprechung des Europäischen Gerichtshofs hat neben den expliziten Schranken des EG-Vertrages auch immanente Schranken zur Rechtfertigung von Grundfreiheitsbeschränkungen anerkannt. Nach Zurückdrängen des Arguments der „Kohärenz des Steuerrechts" scheint im Moment lediglich die Wahrung der Steueraufsicht unter stark eingeschränkten Voraussetzungen geeignet zu sein, eine Beschränkung rechtfertigen zu können. Die EuGH-Rechtsprechung hat in mehreren Urteilen deutlich gemacht, dass eine steuerliche Differenzierung zwischen in- und ausländischen Versorgungseinrichtungen mit dem Gemeinschaftsrecht nicht vereinbar ist. Der Lösungsansatz des EuGH geht damit über den Vorschlag der OECD hinaus. Sowohl auf Arbeitgeber- als auch auf Arbeitnehmerebene sind inländische und ausländische Versorgungseinrichtungen im Grundsatz steuerlich gleich zu behandeln. Die Frage nach der Abzugsfähigkeit als Betriebsausgaben auf Unternehmensebene ist damit zunächst zufrieden stellend gelöst. Mit den darüber hinaus reichenden intertemporalen Aspekten der Arbeitnehmerbesteuerung hatte sich der Gerichtshof bislang nicht auseinanderzusetzen.

5. Von Seiten der EU-Kommission wurden bislang vor allem institutionelle Aspekte in Bezug auf die betriebliche Altersversorgung angegangen. Durch die inzwischen in Kraft getretene „Pensionsfondsrichtlinie" besteht für europäische Versorgungseinrichtungen ein harmonisiertes Genehmigungs- und Aufsichtsrecht. Für eine europaweite Betätigung ist die Genehmigung und Aufsicht im Sitzstaat der Einrichtung ausreichend. Die parallelen Überlegungen zur Besteuerung wurden im Rahmen einer unverbindlichen Mitteilung veröffentlicht. Darin regt die Kommission die Gründung eines „europäischen Pensionsfonds" an, welcher eine vereinfachte Handhabung der steuerlichen Pflichten in den einzelnen Mitgliedstaaten ermöglichen soll. Eine Lösung der steuerlichen Probleme im Zusammenhang mit den existierenden Doppelbesteuerungsabkommen ist damit jedoch nicht verbunden.

6. Ein weiterer Ansatzpunkt wird in den Bestrebungen zur Harmonisierung der Unternehmensbesteuerung gesehen. Es konnte gezeigt werden, dass die zum Teil stark abweichende Behandlung der betrieblichen Altersversorgung in den einzelnen Mitgliedstaaten einen Kompromiss auf eine einheitliche Bemessungsgrundlage erschwert. Die Problematik ist vor allem an der steuerlichen Anerkennung von Pensionsrückstellungen festzumachen, da deren Abzugsfähigkeit entweder auf alle Mitgliedstaaten ausgedehnt oder in allen Staaten unterbunden werden müsste. Ebenso erfordert eine vereinheitlichte Bemessungsgrundlage die Integration der Besteuerung auf Arbeitnehmerebene, um ungewollte Steuernachteile für die Beschäftigten auszuschließen.

7. Wenn eine breit angelegte Harmonisierung der Steuersysteme in der Europäischen Union mittelfristig als nicht umsetzbar angesehen wird, ist ein abgestufter Lösungsansatz zu wählen. Durch Modifikation der Doppelbesteuerungsabkommen (hier: Art. 18 OECD-MA) um sog. Rückfallklauseln kann eine weit gehende Lösung der aufgezeigten intertemporalen Doppel- und Minderbesteuerungen auf Ebene des Arbeitnehmers bei einer grenzüberschreitenden betrieblichen Altersversorgung erreicht werden. Der Ansatz sieht vor, dass das Besteuerungsrecht für die Versorgungsleistungen wie bisher im Grundsatz ausschließlich beim Ansässigkeitsstaat verbleibt. Die bisherige Exklusivität muss jedoch zur Vermeidung von Minderbesteuerungen dann durchbrochen werden, wenn der Ansässigkeitsstaat auf eine Besteuerung der Leistungen verzichtet, obwohl er nicht bereits die Beitragszahlungen in der Anwartschaftsphase besteuert hat. Diese Subject-to-tax-Klausel lässt das Besteuerungsrecht des Auszahlungsstaates wieder aufleben, so dass in den meisten Fällen eine wenigstens einmalige steuerliche Erfassung der betrieblichen Altersversorgung möglich ist. Eine zweite Subject-to-tax-Klausel verhindert die Entstehung intertemporaler Doppelbesteuerungen. Sowohl der Ansässigkeitsstaat als auch der Auszahlungsstaat haben demnach eine Vorbelastung in der Anwartschaftsphase zu berücksichtigen. Parallel zur Änderung der Doppelbesteuerungsabkommen sollte auf europäischer Ebene das Konzept eines „europäischen Pensionsfonds“ weiterentwickelt werden. Die Kombination der beiden Vorschläge ermöglicht einen verbesserten Informationsaustausch zwischen dem Pensionsfonds und den Mitgliedstaaten, so dass eine organisatorisch wesentlich vereinfachte Steuererhebung umgesetzt werden kann. Darüber hinaus ließen sich die nach den vorgeschlagenen DBA-Modifikationen noch verbleibenden Systemlücken zuverlässig schließen.

Literaturverzeichnis

Adler, Hans/Düring, Walther/Schmaltz, Kurt (Rechnungslegung, 1998): Rechnungslegung und Prüfung der Unternehmen: Kommentar zum HGB, AktG, GmbHG, PublG nach den Vorschriften des Bilanzrichtlinien-Gesetzes, 6. Auflage, neu bearb. v. Forster, Karl-Heinz u.a., Stuttgart 1998

Adonnino, Pietro (Welteinkommensprinzip, 2000): Das Welteinkommensprinzip, in: Tipke, Klaus/Bozza, Nadya (Hrsg.), Besteuerung von Einkommen – Rechtsvergleich Italien, Deutschland und Spanien als Beitrag zur Harmonisierung des Steuerrechts in Europa, Berlin 2000, S. 271-289

Ahrend, Peter/Beucher, Doris (betrAV 1993): Die Gleichberechtigung der Geschlechter in der betrieblichen Altersversorgung seit dem Barber-Urteil des EuGH, in: betrAV 1993, S. 253-258

Ahrend, Peter/Förster, Wolfgang/Rühmann, Jochen (BetrAVG, 2002): Gesetz zur Verbesserung der betrieblichen Altersversorgung: mit zivilrechtlichen, arbeitsrechtlichen und steuerrechtlichen Vorschriften; Kommentar, 8., neu bearb. Auflage, München 2002

Ahrens, Dieter H. (Herausforderungen, 1992): Europa 1993 – Personalpolitische Herausforderungen, in: Förster, Wolfgang/Rößler, Norbert (Hrsg.), Betriebliche Altersversorgung in der Diskussion zwischen Praxis und Wissenschaft: Festschrift zum 60. Geburtstag von Peter Ahrend, Köln 1992, S. 319-332

Albrecht, Peter (Asset Liability Management, 2004): Asset Liability Management bei Versicherungen, Mannheim 2004

Andresen, Boy-Jürgen (Altersversorgung, 2001): Betriebliche Altersversorgung im 21. Jahrhundert, in: Andresen, Boy-Jürgen/Rößler, Norbert/Rühmann, Jochen (Hrsg.), Betriebliche Altersversorgung im 21. Jahrhundert: rechtliche, personalpolitische und finanztechnische Herausforderungen; Festschrift für Wolfgang Förster zum 60. Geburtstag, Köln 2001, S. 45-61

Arbeitsgemeinschaft für betriebliche Altersversorgung e.V. (Hrsg.) (Altersversorgung, 2004): Betriebliche Altersversorgung: Grundlagen und Praxis, Heidelberg 2004

Arbeitskreis „Finanzierung" der Schmalenbach-Gesellschaft für Betriebswirtschaftslehre e.V. (DB 1998): Betriebliche Altersversorgung mit Pensionsrückstellungen oder Pensionsfonds – Analyse unter finanzwirtschaftlichen Gesichtspunkten, in: DB 1998, S. 321-331

Arndt, Hans-Wolfgang (Praktikabilität, 1983): Praktikabilität und Effizienz: Zur Problematik gesetzesvereinfachenden Verwaltungsvollzuges und der „Effektuierung" subjektiver Rechte, Köln 1983

Arndt, Hans-Wolfgang (Europarecht, 2004): Europarecht, 7., neu bearbeitete Auflage, Heidelberg 2004

Bächle, Ekkehard/Rupp, Thomas (Steuerrecht, 2002): Internationales Steuerrecht (Buchreihe Finanz und Steuern; Band 14), Stuttgart 2002

Balmes, Frank/ Brück, Michael J./ Ribbrock, Martin (BB 2005): Der EuGH-Fall Marks & Spencer: Rückschlüsse für die deutsche Organschaftsbesteuerung, in: BB 2005, S. 966-970

Barein, Hubertus (StB 2000): Deferred Compensation, in: StB 2000, S. 250-253

Barth, Kuno (Bilanzrecht, 1955): Die Entwicklung des deutschen Bilanzrechts und die ihm zugrunde liegenden Bilanzauffassungen handelsrechtlich und steuerrechtlich, Band II: Steuerrecht, Stuttgart 1955

Baum, Gunther (Pensionsfonds, 1996): Asset-Liability-Management von Pensionsfonds, Karlsruhe 1996

Baumeister, Frank (betrAV 2003a): Auswirkungen europäischer Entwicklungen auf deutsche Betriebsrentensysteme, in: betrAV 2003, S. 14-17

Baumeister, Frank (betrAV 2003b): Überlegungen zur Umsetzung der Pensionsfonds-Richtlinie, in: betrAV 2003, S. 705-709

Baumeister, Frank (DB 2005): Umsetzung der Pensionsfonds-Richtlinie der EU durch die 7. Novelle des Versicherungsaufsichtsgesetzes, in: DB 2005, S. 2076-2081

Becher, Günter (betrAV 1991): Die Pensionskassen im Vergleich zu ähnlichen Einrichtungen in den EG-Ländern – Geltungsbereich der geplanten EG-Richtlinie für Pensionsfonds –, in: betrAV 1991, S. 157-161

Becker, Helmut/Höppner, Horst-Dieter/Grotherr, Siegfried/Kroppen, Heinz-Klaus (Hrsg.) (DBA-Kommentar, 2005): DBA-Kommentar: Doppelbesteuerungsabkommen auf dem Gebiet der Steuern vom Einkommen und vom Vermögen, auf dem Gebiet der Erbschaftsteuer, Herne 1997, Stand: Februar 2005

Becker, Helmut/Thömmes, Otmar (ET 1991): Treaty Shopping and EC Law – Critical Notes to Article 28 of the New German-U.S. Double Taxation Convention, in: ET 1991, S. 173-176

Bednar, Kurt/Massera, Hemma/Moser, Thomas (SWK 1995): Betriebliche Altersvorsorge über ausländische Pensionskassen – Steuerliche Diskriminierung durch das Finanzministerium?, in: SWK 1995, S. 699-701

Beer, Udo (SteuerStud 2003): Überblick über das deutsche Sozialversicherungsrecht, in: SteuerStud 2003, S. 29-33

Beiser, Reinhold (ÖStZ 2000): Das Leistungsfähigkeitsprinzip – Irrweg oder Richtschnur?, in: ÖStZ 2000, S. 413-423

Beiser, Reinhold (DB 2002): Die Gleichheit in der Pensionsbesteuerung – Anforderungen der Steuergerechtigkeit, sozialstaatlicher Solidarität und einer effektiven Altersvorsorge –, in: DB 2002, S. 703-707

Beiser, Reinhold/Mayr, Gunter (Austria, 2001): Taxation of pension provision in Austria, http://www.eatlp.org/lisbon/Taxationofpension.pdf, Zugriff: 17. 1. 2005

Beiser, Reinhold/Mayr, Gunter (EStG, 2002): Einkommensteuergesetz 1988: Taschenkommentar; mit einschlägigen Verordnungen, Wien 2002

Bendlinger, Stefan (IWB 2004): Ende der 183-tägigen Schonfrist bei der internationalen Arbeitskräftegestellung – Neukommentierung des Arbeitgeberbegriffs im OECD-Musterabkommen, in: IWB 2004, Fach 10, International, Gruppe 2, S. 1791-1800

Bergemann, Achim/Schönherr, Frank/Stäblein, Winfried (BB 2005): Die Rechtsprechung des EuGH im Ertragsteuerrecht – Chancen und Risiken für deutsche Unternehmen, in: BB 2005, S. 1706-1715

Berger, Axel/Ellrott, Helmut/Förschle, Gerhart/Hense, Burkhard (Bilanz-Kommentar, 2003): Beck'scher Bilanz-Kommentar. Handels- und Steuerrecht – §§ 238 bis 339 HGB –, 5. Auflage, München 2003

Berlin, Dominique (ECTR 1993): Trends in the Tax Jurisprudence of the Court of Justice of the European Community, in: ECTR 1993, S. 80-96

Bernhard, Winfred (DB 2001): Die Besteuerung der betrieblichen Altersvorsorge im Binnenmarkt, in: DB 2001, S. 1385-1386

Bertuleit, Achim (Österreich, 1999): Österreich, in: VDR (Hrsg.), Rentenversicherung im internationalen Vergleich, Frankfurt 1999, S. 5-41

Berz, Stefan (DStR 2000): Deferred Compensation aus Sicht der Steuerberaterpraxis, in: DStR 2000, S. 315-318

Beyer, Jürgen (betrAV 1996): Ziele und Vorhaben für die ergänzenden Versorgungssysteme – insbesondere Versicherungslösungen – im nationalen und europäischen Bereich, in: betrAV 1996, S. 192-197

Beyer, Jürgen/Langohr-Plato, Uwe (betrAV 1994): Der aktuelle Stand der Pensionsfonds-Richtlinie, in: betrAV 1994, S. 71-74

Bhattacharya, Anand K./Fitzgerald, Edward/Ramamurthy, Shrikant (Risk Management, 1996): Risk Management in an Asset/Liability Framework, in: Fabozzi, Frank J./Konishi, Atsuo (Hrsg.), The Handbook of Asset/Liability Management: state-of-the-art investment strategies, risk controls and regulatory requirements, Chicago 1996, S. 145-186

Birk, Dieter (Leistungsfähigkeitsprinzip, 1983): Das Leistungsfähigkeitsprinzip als Maßstab der Steuernormen, Köln 1983

Birk, Dieter (Altersvorsorge, 1987): Altersvorsorge und Alterseinkünfte im Einkommensteuerrecht: verfassungsrechtliche Vorgaben, gesetzliche Regelungen, Neuordnungsmodelle, Köln 1987

Birk, Dieter (Hrsg.) (Handbuch, 1995): Handbuch des europäischen Steuer- und Abgabenrechts, Herne 1995

Birk, Dieter (DStJG 19, 1996): Besteuerungsgleichheit in der Europäischen Union, in: Lehner, Moris (Hrsg.), Steuerrecht im europäischen Binnenmarkt: Einfluß des EG-Rechts auf die nationalen Steuerrechtsordnungen. DStJG Band 19, Köln 1996, S. 63-80

Birk, Dieter (FR 2005): Das sog. „Europäische" Steuerrecht, in: FR 2005, S. 121-127

Birk, Dieter/Wernsmann, Rainer (DB 1999): Die Besteuerung der betrieblichen Altersversorgung – Reformbedarf und Gestaltungsmöglichkeiten des Gesetzgebers, in: DB 1999, S. 166-172

Birkner, Stephan/Breiting, Frank (VW 2003): Pensionskassen: Die neue Vielfalt als Marktchance für Versicherer, in: VW 2003, S. 1143-1147

Bizioli, Gianluigi (ECTR 1998): Impact of the freedom of establishment on tax law, in: ECTR 1998, S. 239-247

Blake, David (Pension Schemes, 2000): Pension schemes as options on pension fund assets: implications for pension fund management, in: Bodie, Zvi/Davis, Philip E. (Hrsg.), The foundations of pension finance, Volume I, Cheltenham/Northampton 2000

Blomeyer, Wolfgang (DB 2001): Der Entgeltumwandlungsanspruch des Arbeitnehmers in individual- und kollektivrechtlicher Sicht, in: DB 2001, S. 1413-1418

Bode, Christoph/Grabner, Edwin/Stein, Markus (DStR 2002): Auswirkungen des Altersvermögensgesetzes (AVmG) auf die betriebliche Altersversorgung, in: DStR 2002, S. 679-685

Bode, Karl-Josef (betrAV 1991): Gesetzliche Neuregelung der betrieblichen Altersversorgung in Österreich, in: betrAV 1991, S. 31-36

Bode, Stephanie (EuZW 2003): Von der Freizügigkeit zur sozialen Gleichstellung aller Unionsbürger? – Zur Wirkung und Reichweite von Art. 18 EG in der Rechtsprechung des EuGH, in: EuZW 2003, S. 552-557

Boekhorst, Paul J. de (ET 1992): Tax Discrimination Permitted for Reasons of Coherence of Tax System, in: ET 1992, S. 284-286

Bont, Guido de (ECTR 1995): Taxation and the Free Movement of Capital and Payments, in: ECTR 1995, S. 136-142

Borchardt, Klaus-Dieter (betrAV 1993a): Die Rechtsprechung des EuGH auf dem Prüfstand: Die Problematik der Urteile „Bachmann“ und „Barber“ und deren Folgen, in: betrAV 1993, S. 1-6

Borchardt, Klaus-Dieter (betrAV 1993b): Neuere Tendenzen in der Rechtsprechung des EuGH zur betrieblichen Altersversorgung: Erste Analyse der Schlußanträge des Generalanwalts Van Gerven in den Rechtssachen nach „Barber“, in: betrAV 1993, S. 103-108

Borchardt, Klaus-Dieter (IStR 1994): Rechtsschutz im Recht der Europäischen Union - Arbeitsweise und Entscheidungsfindungsprozeß –, in: IStR 1994, S. 443-448

Borchardt, Klaus-Dieter (IStR 1995): Die betriebliche Altersversorgung in der Rechtsprechung des EuGH – Kernpunkte und praktische Konsequenzen, in: IStR 1995, S. 36-39

Bordewin, Arno/Brandt, Jürgen (EStG, 2005): Kommentar zum Einkommensteuergesetz EStG, Heidelberg 1955, Stand: Oktober 2005

Börsch-Supan, Axel H. (Savings, 2004): From Public Pension to Private Savings: The Current Pension Reform Process in Europe, Mannheim 2004

Börsch-Supan, Axel H. (FA 1999): Zur deutschen Diskussion eines Übergangs vom Umlage- zum Kapitaldeckungsverfahren in der gesetzlichen Rentenversicherung, in: FA 1999, S. 400-428

Brestel, Heinz (F.A.Z. v. 28.5.2005): Wenn Rentner Auswandern, in: F.A.Z. v. 28.5.2005, S. 21

Breuer, Claudia/Breuer, Wolfgang (WiSt 2003): Versicherungsvereine auf Gegenseitigkeit versus Versicherungsaktiengesellschaften, in: WiSt 2003, S. 70-75

Breyer, Friedrich/Kifmann, Mathias (FA 2004): The German Retirement Benefit Formula: Drawbacks and Alternatives, in: FA 2004, S. 63-82

Brittan, Leon (betrAV 1992): Die sozial- und finanzpolitische Bedeutung der betrieblichen Altersversorgung in der Europäischen Gemeinschaft, in: betrAV 1992, S. 98-103

Bruckner, Karl E. (ÖStZ 2002): Abfertigung Neu – Überblick und steuerliche Zweifelsfragen, in: ÖStZ 2002, S. 446-450

Bruno-Latocha, Gesa/Devetzi, Stamatia (DRV 2001): Pensionsfonds in Deutschland und Europa, in: DRV 2001, S. 486-499

Bühler, Ottmar (Prinzipien, 1964): Prinzipien des Internationalen Steuerrechts, Amsterdam 1964

Bundesregierung (DRV 2004): Bericht der Bundesregierung zur Entwicklung der nicht beitragsgedeckten Leistungen und der Bundesleistungen an die Rentenversicherung vom 13. August 2004, in: DRV 2004, S. 569-585

Bundestagsdrucksache 14/4595: Gesetzentwurf der Fraktionen SPD und Bündnis 90/Die Grünen: Entwurf eines Gesetzes zur Reform der gesetzlichen Rentenversicherung und zur Förderung eines kapitalgedeckten Altersvorsorgevermögens (Altersvermögensgesetz – AVmG) vom 14.11.2001

Bundestagsdrucksache 15/1684: Beschlussempfehlung und Bericht des Finanzausschusses (7. Ausschuss) zu dem Gesetzentwurf der Bundesregierung – Drucksachen 15/1518, 15/1665 – v. 14.10.2003

Bundestagsdrucksache 15/4370: Antwort der Bundesregierung auf die Kleine Anfrage der Abgeordneten Peter Rzepka, Hildegard Müller, Gerald Weiß (Groß-Gerau), weiterer Abgeordneter und der Fraktion der CDU/CSU – Drucksache 15/4197 – v. 30.11.2004

Burgio, Mario (betrAV 1994): Die Zukunft der europäischen Finanzpolitik im Hinblick auf die Rentenproblematik, in: betrAV 1994, S. 201-205

Burgstaller, Eva (IStR 2004): Mitarbeiter-Stock-Options – Die Vorschläge der OECD zur Ergänzung des OECD-Musterkommentars, in: IStR 2004, S. 149-155

Burke, Richard (intertax 1979): Harmonization of Taxation in Europe, in: intertax 1979, S. 46-53

Burmester, Gabrielle (Minderbesteuerung, 1997): Zur Systematik internationaler Minderbesteuerung und ihrer Vermeidung, in: Burmester, Gabrielle/Endres, Dieter (Hrsg.), Außensteuerrecht, Doppelbesteuerungsabkommen und EU-Recht im Spannungsverhältnis. Festschrift für Helmut Debatin zum 70. Geburtstag, München 1997, S. 55-79

Casmir, Bernd (Rentenversicherungssysteme, 1990): Staatliche Rentenversicherungssysteme im internationalen Vergleich: eine Studie über die Systeme in Großbritannien, den Niederlanden, der Schweiz, den Vereinigten Staaten von Amerika, Österreich und der Bundesrepublik Deutschland, 2. Auflage, Frankfurt 1990

Clark, Gordon L. (Pensions, 2003): European Pensions & Global Finance, Oxford 2003

Clever, Peter (betrAV 1992): EuGH und Gewaltenteilung – Gedanken zu Art. 119 EWG-Vertrag und seine Konsequenzen, in: betrAV 1992, S. 213-216

Cordewener, Axel (Grundfreiheiten, 2002): Europäische Grundfreiheiten und nationales Steuerrecht – „Konvergenz“ des Gemeinschaftsrechts und „Kohärenz“ der direkten Steuern in der Rechtsprechung des EuGH, Köln 2002

Cordewener, Axel (BB 2002): BB-Kommentar. Steuerliche Abzugsfähigkeit für freiwillige Altersrentenbeiträge in anderen EU-Staaten. EuGH, Urteil vom 3. 10. 2002 – C-136/00; Rolf Dieter Danner, in: BB 2002, S. 2558-2559

Coulombe, Gérard (CDFI 1982): General Report, in: CDFI 1982, Bd. LXVIIb: Régime fiscal applicable à la rémunération des services rendus par un non-résident dans le cadre d’une activité indépendante, Rotterdam 1982, S. 39-61

Cramer, Konrad (DStR 2002): Barlohn und Rentenlohn – Divergenz zwischen Arbeits- und Steuerrecht in der betrieblichen Altersversorgung, in: DStR 2002, S. 387-390

Dahlberg, Mattias (Taxation, 2005): Direct Taxation in Relation to the Freedom of Establishment and the Free Movement of Capital, The Hague 2005

Dassesse, Marc (JIBL 1992): The Bachmann Case: A major setback for the single market in financial services?, in: JIBL 1992, S. 257-262

Dattatreya, Ravi E. (Asset/Liability Management, 1996) A Practical Approach to Asset/Liability Management, in: Fabozzi, Frank J./Konishi, Atsuo (Hrsg.), The

Handbook of Asset/Liability Management: state-of-the-art investment strategies, risk controls and regulatory requirements, Chicago 1996, S. 31-46

Dautzenberg, Norbert (BB 1992): Der Europäische Gerichtshof und die direkten Steuern, in: BB 1992, S. 2400-2405

Dautzenberg, Norbert (RIW 1998): Die Kapitalverkehrsfreiheit des EG-Vertrages, der Steuervorbehalt des Art. 73d EGV und die Folgen für die Besteuerung, in: RIW 1998, S. 537-544

Dautzenberg, Norbert/Rinker, Andreas (BB 2002): Europarechtliche Bedenken bei der „Riester-Rente"?, in: BB 2002, S. 1945-1949

Davis, Philip E. (Pension, 1996): Pension Fund Investments, in: Steil, Benn u.a. (Hrsg.), The European Equity Markets, the State of the Union and an Agenda for the Millennium, London 1996, S. 185-223

Debatin, Helmut/Wassermeyer, Franz (Hrsg.) (Doppelbesteuerung, 2005): Doppelbesteuerung: Kommentar zu allen deutschen Doppelbesteuerungsabkommen, hrsg. v. Debatin, Helmut/Wassermeyer, Franz, begründet von Korn, Rudolf/Dietz, Georg, München , Stand: Mai 2005

Devetzi, Stamatia (DRV 2001): Zusatzversorgung in Europa und die steuerrechtliche Problematik, in: DRV 2001, S. 99-112

Dietvorst, Gerry J.B. (ECTR 1999): A euro-pension is not a European pension, in: ECTR 1999, S. 107-116

Dietvorst, Gerry J.B. (Pensions, 1999): Pensions: Uniform of Coordinated, in: Stevens, Leo u.a. (Hrsg.), Pension systems in the European Union: competition and tax aspects, The Hague 1999, S. 15-41

Doetsch, Peter, A. (Altersversorgung, 1986): Die betriebliche Altersversorgung in den Vereinigten Staaten von Amerika und der Bundesrepublik Deutschland. Ein Rechtsvergleich unter besonderer Berücksichtigung der Insolvenzsicherung, Bergisch Gladbach 1986

Doetsch, Peter A. (betrAV 1995): Steuerliche Aspekte der Lebensversicherung im europäischen Binnenmarkt, in: betrAV 1995, S. 212-215

Doralt, Werner (EStG, 2003): Steuerrecht 2003 – Ein systematischer Überblick, Wien 2003

Doralt, Werner/Ruppe, Hans G. (Steuerrecht II, 2001): Grundriss des österreichischen Steuerrechts, Band II: Bewertungsrecht, Verkehrsteuern, Zölle und Verbrauchsteuern, Sonstige Abgaben, Allgemeiner Teil, 4. Aufl., Wien 2001

Doralt, Werner/Ruppe, Hans G. (Steuerrecht I, 2003): Grundriss des österreichischen Steuerrechts, Band I: Einkommensteuer, Körperschaftsteuer, Umgründungssteuergesetz, Umsatzsteuer, Kommunalsteuer, 8. Aufl., Wien 2003

Dorenkamp, Christian (StuW 2000): Unternehmenssteuerreform und partiell nachgelagerte Besteuerung von Einkommen, in: StuW 2000, S. 121-132

Dürkop, Harald (Alterssicherung, 1993): Alterssicherung in der EG: eine kritische Bestandsaufnahme der Alterssicherungssysteme für Arbeitnehmer in der Europäischen Gemeinschaft, Frankfurt 1993

Ebel, Thomas (FR 2000): Lohnsteuerliche Gestaltungen durch Deferred Compensation (Arbeitnehmerfinanzierte betriebliche Altersversorgung): Anmerkungen zum BMF-Schreiben vom 4.2.2000, in: FR 2000, S. 241-247

Egger, Anton/Samer, Helmut/Bertl, Romuald (Jahresabschluß, 2002): Der Jahresabschluß nach dem Handelsgesetzbuch, Band 1: Der Einzelabschluß, 8., überarb. und erw. Auflage, Wien 2002

Ehrke, Tina/Heinrich, Johannes (IStR 2003): Österreich: Steuerrechtliche Änderungen durch das Budgetbegleitgesetz 2003, in: IStR 2003, S. 837-844

Eichenhofer, Eberhard (DRV 2004): Europäisierung sozialer Sicherung, in: DRV 2004, S. 200-210

Eicker, Klaus (intertax 2002a): Recent Developments Regarding Cross-Border Pensions: Landmark Decision by the ECJ in the Case C-55/00 Gottardo, in: intertax 2002, S. 156

Eicker, Klaus (intertax 2002b): Advocate general delivers legal opinion in Bachmann II, Case C-136/00 Rolf Dieter Danner, in: intertax 2002, S. 332-333

Eicker, Klaus/Obser, Ralph (IStR 2004): Die Kapitalverkehrsfreiheit bekommt Konturen – zugleich Anmerkungen zu den Schlussanträgen in den Rechtssachen Weidert und Paulus, Manninen und Lenz, in: IStR 2004, S. 443-447

Elicker, Michael (IStR 2005): Die „steuerrechtliche Kohärenz" in der Rechtsprechung des Europäischen Gerichtshofes – Zugleich eine Einordnung der Entscheidung vom 11. 3. 2004 „de Lasteyrie" –, in: IStR 2005, S. 89-92

Elschen, Rainer/Hüchtebrock, Michael (FA 1983): Steuerneutralität in Finanzwissenschaft und Betriebswirtschaftslehre – Diskrepanzen und Konsequenzen, in: FA 1983, S. 253-280

Endres, Dieter/Spengel, Christoph/Elschner, Christina (DB 2005): Wie attraktiv sind europäische Länder als Standort für Mitarbeiterentsendungen? – Ein Steuerranking aus Sicht eines US-amerikanischen Unternehmens –, in: DB 2005, S. 2253-2257

Englisch, Joachim (StuW 2003): Zur Dogmatik der Grundfreiheiten des EGV und ihren ertragsteuerlichen Implikationen, in: StuW 2003, S. 88-97

Englisch, Joachim (IStR 2004): Anmerkung zum EuGH-Urteil vom 7.9.2004, C-319/02, Petri Mikael Manninen, in: IStR 2004, S. 684-686

Esser, Clemens (Steuerwettbewerb, 2004): Internationaler Steuerwettbewerb: Vorteile und Gefahren, Bonn 2004

Europäische Kommission (Report, 1992): Report of the Committee of Independent Experts on Company Taxation, Brüssel 1992

Europäische Kommission (Inventory, 2002): Inventory of Taxes in the EU – Denmark, Situation 1/1/2002, http://europa.eu.int/comm/taxation_customs/resources/documents/tax_inventory_18_dk.pdf, Zugriff: 25. 1. 2005

European Federation for Retirement Provision (Hrsg.) (EIORP, 2000): A European Institution for Occupational Retirement Provision (EIORP), Brüssel 2000

European Federation for Retirement Provision (Hrsg.) (EIORP, 2003): European Institutions for Occupational Retirement Provision (EIORP 2005): The EFRP model for pan-European pensions, Brüssel 2003

European Federation for Retirement Provision (Hrsg.) (Commentary, 2004): Directive 2003/41/EC on the Activities and Supervision of Institutions for Occupational Retirement Provision – A legal Commentary by Simon Arnot, Brüssel 2004

European Federation for Retirement Provision (Hrsg.) (Change, 2005): European Commission Green Paper Confronting Demographic Change: EFRP Response – Updated, http://www.efrp.org/downloads/efrp_publications/EFRP%20Response%20UPDATED%20FINAL%202005-10-13.pdf, Zugriff: 10. 11. 2005

Everling, Ulrich (Grenzen, 1997): Das Niederlassungsrecht in der EG als Beschränkungsverbot – Tragweite und Grenzen –, in: Schön, Wolfgang (Hrsg.), Gedächtnisschrift für Brigitte Knobbe-Keuk, Köln 1997, S. 607-625

Everling, Ulrich (DVBl 2002): 50 Jahre Gerichtshof der Europäischen Gemeinschaften, in: DVBl 2002, S. 1293-1297

Fehr, Hans/Wiegard, Wolfgang (Neugestaltung, 1999): Lohnt sich eine konsumorientierte Neugestaltung des Steuersystems?, in: Smekal, Christian/Sendlhofer, Rupert/Winner, Hannnes (Hrsg.), Einkommen versus Konsum: Ansatzpunkte zur Steuerreformdiskussion, Heidelberg 1999, S. 65-84

Feld, Klaus-Peter (WPg 2003): Die Bilanzierung von Pensionsrückstellungen nach HGB und IAS – Überblick über die wesentlichen Regelungen und Unterschiede unter Berücksichtigung von Abweichungen zwischen IAS und US-GAAP (Teil 1) –, in: WPg 2003, S. 573-586

Fenge, Robert/Gebauer, Andrea/Holzner, Christian/Meier, Volker/Werding, Martin (Alterssicherungssysteme, 2003): Alterssicherungssysteme im internationalen Vergleich: Finanzierung, Leistungen, Besteuerung, München 2003

Feudner, Bernd (DB 2001): Zur Mitbestimmung bei der Durchführung des Altersvermögensgesetzes („Riester-Rente"), in: DB 2001, S. 2047-2050

Finkenzeller, Martin/Hirschler, Klaus (RIW 2004): Die Auswirkungen der Steuerreform 2005 auf den Unternehmensstandort Österreich – Ein quantitativer Steuerbelastungsvergleich der Standorte in Österreich, Deutschland und den neuen zentral-osteuropäischen EU-Mitgliedstaaten, in: RIW 2004, S. 561-568

Firlinger, Robert (Arbeitnehmerbeiträge, 1994): Arbeitnehmerbeiträge und Pensionseinrichtungen, in: Gassner, Wolfgang/Lang, Michael/Lechner, Eduard (Hrsg.), Aktuelle Entwicklungen im Internationalen Steuerrecht: Das neue Musterabkommen der OECD, Wien 1994, S. 263-278

Fischer, Peter (BB 2003): Mehr Schatten als Licht im Steuerrecht der Altersvorsorgeaufwendungen und Altersbezüge – Erste Gedanken zum Abschlussbericht der Sachverständigenkommission („Rürup-Kommission") –, in: BB 2003, S. 873-879

Fisher, Irving (Capital, 1906): The Nature of Capital and Income, New York 1906 (Nachdruck 1965)

Fohr, Iris (Besteuerungskonzept, 2000): Besteuerungskonzept für Holdinggesellschaften: Eine systematische Analyse der Anforderungen an die Ertragsbesteuerung internationaler Holdinggesellschaften unter besonderer Berücksichtigung des deutschen Steuerrechts, Frankfurt 2000

Förster, Wolfgang/Rühmann, Jochen/Recktenwald, Stefan (BB 2001): Auswirkungen des Altersvermögensgesetzes auf die betriebliche Altersversorgung – Die

Einführung von Pensionsfonds und der Anspruch auf Entgeltumwandlung als Kernelemente der gesetzlichen Neuregelung, in: BB 2001, S. 1406-1412

Frebel, Maibrit (Erfolgsaufteilung, 2006): Erfolgsaufteilung und -besteuerung im internationalen Konzern, Köln 2006

Frotscher, Gerrit (Steuerrecht, 2001): Internationales Steuerrecht, München 2001

Fuest, Clemens (Wirtschaftsdienst 2005): EuGH-Rechtsprechung zur Unternehmensbesteuerung, in: Wirtschaftsdienst 2005, S. 21-25

Fuisting, Bernhard (Steuerlehre, 1902): Die Grundzüge der Steuerlehre, Berlin 1902

Fülbier, Rolf U./Sellhorn, Thorsten (StuB 2004): Pensionsverpflichtungen nach IAS 19 – Eine beispielorientierte Darstellung –, in: StuB 2004, S. 385-394

Garcia Prats, Fernando (ECTR 2002): The evolution of income taxation under EC law requirements, in: ECTR 2002, S. 137-146

Gassner, Wolfgang (SWK 1998): "Deferred Compensation" und Pensionskassenerlaß – Unzulässige Einschränkung des Anwendungsbereiches von Steuervorschriften durch die Verwaltung, in: SWK 1998, S. 675-684

Gassner, Wolfgang (IStR 2000): Thema II: International Tax Aspects of Deferred Remuneration, in: IStR 2000, S. 486-490

Gassner, Wolfgang/Konezny, Gerd (DBA-Recht, 2003): Leistungen von Pensionskassen im DBA-Recht, in: Gassner, Wolfgang u.a. (Hrsg.), Arbeitnehmer im Recht der Doppelbesteuerungsabkommen, Wien 2003, S. 311-325

Genschel, Philipp (Steuerharmonisierung, 2002): Steuerharmonisierung und Steuerwettbewerb in der Europäischen Union, Frankfurt 2002

Gesamtverband der Deutschen Versicherungswirtschaft (betrAV 2001): Stellungnahme des Gesamtverbandes der Deutschen Versicherungswirtschaft zum Vorschlag für eine Richtlinie des Europäischen Parlaments und des Rates über die Tätigkeiten von Einrichtungen zur betrieblichen Altersversorgung – 19.3.2001, in: betrAV 2001, S. 471-474

Giloy, Jörg (betrAV 1993): Zum Abbau steuerlicher Hemmnisse bei der externen Finanzierung der betrieblichen Altersversorgung in der Bundesrepublik Deutschland, in: betrAV 1993, S. 12-18

Gohdes, Alfred/Haferstock, Bernd/Schmidt, Rainer (DB 2001): Pensionsfonds nach dem AVmG aus heutiger Sicht, in: DB 2001, S. 1558-1562

Grabitz, Eberhard/Hilf, Meinhard (Hrsg.) (EGV, 2004): Das Recht der Europäischen Union, München 2004

Grabner, Edwin R./Bode, Christoph (DB 2001): Betriebliche Altersversorgung aus Entgeltumwandlung – Erhebliche Rechtsunsicherheiten durch neue Gesetzesregeln –in: DB 2001, S. 481-485

Grabner, Edwin/Brandl, Angelika (DB 2002): Zur Insolvenzsicherung von Pensionsfonds, in: DB 2002, S. 945-949

Grawert, Achim (Compensation, 1998): Deferred Compensation: Gestaltungsmöglichkeiten arbeitnehmerfinanzierter Altersversorgung, Köln 1998

Grawert, Achim/Knoll, Leonhard (DStR 1998): Steuerliche Auswirkungen von Deferred Compensation aus Arbeitnehmer- und Arbeitgebersicht, in: DStR 1998, S. 1692-1696

Gribnau, Hans (Introduction, 1999): General Introduction, in: Meussen, Gerard T. K. (Hrsg.), The principle of equality in European taxation, The Hague 1999, S. 1-33

Griebeling, Gert (betrAV 1992): EuGH und Gewaltenteilung – Ungedanken zu Maastricht, in: betrAV 1992, S. 216-217

Groeben, Hans von der/Thiesing, Jochen/Ehlermann, Claus-Dieter (Hrsg.) (EG-Vertrag): Kommentar zum EU-/EG-Vertrag, 5. Auflage, Baden-Baden 1997/1999

Gröpl, Christoph (FR 2001a): Intertemporale Korrespondenz und konsumorientierte Betrachtungsweise im System des geltenden Einkommensteuerrechts, in: FR 2001, S. 568-576

Gröpl, Christoph (FR 2001b): Verfassungsrechtliche Vorgaben für intertemporale Korrespondenz und konsumorientierte Betrachtungsweise im Einkommensteuerrecht, in: FR 2001, S. 620-628

Günkel, Manfred (intertax 1992): The Taxation of Pensions (Article 18), in: intertax 1992, S. 690-694

Hahn, Hartmut (GmbHR 2004): Europarechtswidrigkeit des neuen § 8a KStG, in: GmbHR 2004, S. 277-279

Haig, Robert M. (Income, 1921): The Concept of Income: Economic and Legal Aspects, in: Haig, Robert M./Adams, Thomas S./Powell, Thomas R. (Hrsg.), The Federal Income Tax, New York 1921, S. 7-27

Hakenberg, Waltraud (Grundzüge, 2003): Grundzüge des Europäischen Gemeinschaftsrechts, 3. Auflage, München 2003

Haller, Heinz (Steuern, 1981): Die Steuern: Grundlinien eines rationalen Systems, 3. Auflage, Tübingen 1981

Hamaekers, Hubert (ET 1993): Fiscal Sovereignty and Tax Harmonization in the EC, in: ET 1993, S. 25-27

Hansjürgens, Bernd (Äquivalenzprinzip, 2001): Äquivalenzprinzip und Staatsfinanzierung, Berlin 2001

Hansjürgens, Bernd (Steuerwettbewerb, 2001): Das Äquivalenzprinzip als zentraler Maßstab für fairen Steuerwettbewerb, in: Müller, Walter/Fromm, Oliver/Hansjürgens, Bernd (Hrsg.), Regeln für den europäischen Systemwettbewerb: Steuern und soziale Sicherungssysteme, Marburg 2001, S. 71-88

Harle, Georg/Kulemann, Grit (GmbHR 2001): Die partielle Steuerpflicht der überdotierten Unterstützungskasse – entspricht die Rechtslage noch den faktischen Gegebenheiten?, in: GmbHR 2001, S. R 437-438

Harle, Georg/Weingarten, Max (BB 2001): Die Unterstützungskasse – Steuerliche und betriebswirtschaftliche Aspekte –, in: BB 2001, S. 2502-2509

Harle, Georg/Weingarten, Max (DB 2001): Die pauschaldotierte Unterstützungskasse – Profitcenter der Zukunft? –, in: DB 2001, S. 2357-2361

Hausschild, Matthias (Dänemark, 2003): Dänemark, in: VDR (Hrsg.), Rentenversicherung im internationalen Vergleich. DRV-Schriften; Bd. 45, Frankfurt 2003, S. 33-56

Hehn, Elisabeth (Asset Management, 2002): Asset Management in Kapitalanlage- und Versicherungsgesellschaften: Altersvorsorge – Nachhaltige Investments – Rating, Wiesbaden 2002

Heien, Thorsten (DRV 2004): Das Vertrauen der Bürger in die gesetzliche Rentenversicherung, in: DRV 2004, S. 211-233

Heinz, Gustav (betrAV 1991): Bericht der Leitung der Fachvereinigung Unterstützungskassen und Pensionszusagen, in: betrAV 1991, S. 138-140

Heither, Friedrich (NZA 2001): Gestaltung des Anspruchs eines Arbeitnehmers auf Gehaltsumwandlung (§ 1 a BetrAVG) durch Tarifverträge, in: NZA 2001, S. 1275-1280

Hensel, Christian (PIStB 2004): Rückfallklauseln in den DBA vor dem Aus?, in: PIStB 2004, S. 112-114

Hermann, Rico A. (Personengesellschaften, 2006): Die Besteuerung von Personengesellschaften in den EU-Mitgliedstaaten und den USA, Lohmar 2006

Herrmann, Carl/Heuer, Gerhard/Raupach, Arndt (Hrsg.) (Kommentar, 2005): Einkommen-steuer- und Körperschaftsteuergesetz – Kommentar, Stand: August 2005

Herzig, Norbert (DStJG 19, 1996): Besteuerung der Unternehmen in Europa – Harmonisierung im Wettbewerb der Systeme, in: Lehner, Moris (Hrsg.), Steuerrecht im europäischen Binnenmarkt: Einfluß des EG-Rechts auf die nationalen Steuerrechtsordnungen. DStJG Band 19, Köln 1996, S. 121-149

Herzig, Norbert/Dautzenberg, Norbert (DB 1992): Der EWG-Vertrag und die Doppelbesteuerungsabkommen – Rechtsfragen im Verhältnis zwischen Doppelbesteuerungsabkommen und den Diskriminierungsverboten des EWGV –, in: DB 1992, S. 2519-2524

Heubeck, Klaus/Seeger, Norbert (DB 2004): „Ungedeckte“ Pensionsverpflichtungen im Rating von Unternehmen – Wird die Rückstellungsfinanzierung deutscher Unternehmen im S&P-Rating systematisch benachteiligt? –, in: DB 2004, S. 993-998

Hey, Johanna (Territorialitätsprinzip, 2004): Die beschränkte Steuerpflicht im Lichte von Territorialitätsprinzip, Isolationstheorie und Objektsteuercharakter, in: Gassner, Wolfgang (Hrsg.): Die beschränkte Steuerpflicht im Einkommen- und Körperschaftsteuerrecht, München/Wien 2004, S. 15-35

Hilf, Meinhard/Pache, Eckhard (NJW 1998): Der Vertrag von Amsterdam, in: NJW 1998, S. 705-713

Hiller, Matthias (Cash-Flow-Steuer, 2003): Cash-Flow-Steuer und Umsatzsteuer: Eine ökonomische Analyse unter Einbezug der US-amerikanischen Reformüberlegungen, Wiesbaden 2003

Hinnekens, Luc (ECTR 1994): Compatibility of Bilateral Tax Treaties with European Community Law. The Rules, in: ECTR 1994, S. 146-166

Hinnekens, Luc (ET 1996): Non-Discrimination in EC Income Tax Law: Painting in the Colours of a Chameleon-Like Principle, in: ET 1996, S. 286-303

Hinnekens, Luc (ECTR 2002): The search for the framework conditions of the fundamental EC Treaty principles as applied by the European Court to Member States' direct taxation, in: ECTR 2002, S. 112-119

Hinnekens, Luc/Schelpe, Dirk (ECTR 1992): Bachmann v. Belgium (C-204/90) and Commission v. Belgium, 28 January 1992 (C-300/90), in: ex tax 1992, S. 58-62

Hinnekens, Phillippe (ECTR 1996): Impact of non-discrimination principle under EC Treaty and Belgian income tax law, in: ECTR 1996, S. 56-62

Hirsch, Günter (Vorabentscheidungsverfahren, 1999): Das Vorabentscheidungsverfahren nach Art. 177 EGV in der Finanzgerichtsbarkeit, in: Kirchhof, Paul/Jakob, Wolfgang/Beermann, Albert (Hrsg.), Steuerrechtsprechung, Steuergesetz, Steuerreform: Festschrift für Klaus Offerhaus zum 65. Geburtstag, Köln 1999, S. 103-115

Hirsch, Günter (DStJG 23, 2000): Verhältnis des deutschen Verfassungsrechts zum Europarecht, in: Pelka (Hrsg.), Europa- und verfassungsrechtliche Grenzen der Unternehmensbesteuerung. DStJG Band 23, Köln 2000, S. 175-185

Hodel, Andreas (Pensionskassen, 1992): Pensionskassen in Österreich – Rahmenbedingungen und wirtschaftliche Perspektive, in: Förster, Wolfgang/Rößler, Norbert (Hrsg.), Betriebliche Altersversorgung in der Diskussion zwischen Praxis und Wissenschaft: Festschrift zum 60. Geburtstag von Peter Ahrend, Köln 1992, S. 520-535

Höfer, Johannes (Doppelbesteuerungsabkommen, 1997): Deutsche Doppelbesteuerungsabkommen – Grundlagen und aktuelle steuerpolitische Entwicklungen –, in: Klein, Franz (Hrsg.), Unternehmen Steuern: Festschrift für Hans Flick zum 70. Geburtstag, Köln 1997, S. 805-816

Höfer, Reinhold (betrAV 1991): Die Pensionsrückstellung als Finanzierungsinstrument im künftigen EG-Binnenmarkt, in: betrAV 1991, S. 147-150

Höfer, Reinhold (DB 2001): Die Neuregelung des Betriebsrentenrechts durch das Altersvermögensgesetz (AVmG), in: DB 2001, S. 1145-1150

Höfer, Reinhold/Oppermann, D./Dikhoff, W. (DB 1990): Gesetzliche Regelung der betrieblichen Altersversorgung in Österreich, in: DB 1990, S. 1662-1665

Hoffmeister, Dieter/Harle, Georg/Weingarten, Max (DB 2002): Die pauschaldotierte Unterstützungskasse – Erwiderung und Replik zu dem Beitrag von Harle / Weingarten, DB 2001, S. 2357 –, in: DB 2002, S. 1283-1285

Hölscher, Carsten (betrAV 2005): Wenn wir weniger und älter werden – Die betriebliche Altersversorgung als demographisch orientiertes Personalinstrument, in: betrAV 2005, S. 230-232

Homburg, Stefan (Wohnsitzprinzip, 2005): Wohnsitzprinzip, in: Endres, Dieter/Oestreicher, Andreas/Scheffler, Wolfram/Schreiber, Ulrich/Spengel, Christoph (Hrsg.), Die internationale Unternehmensbesteuerung im Wandel – Symposium für Otto H. Jacobs zum 65. Geburtstag, München 2005 S. 14-27

Homburg, Stefan (Steuerlehre, 2005): Allgemeine Steuerlehre, 4. Auflage, München 2005

Hopfner, Sebastian (DB 2002): Schon wieder Neuerungen in § 1 BetrAVG? - Abgrenzungsfragen bei der arbeitnehmerfinanzierten Altersversorgung –, in: DB 2002, S. 1050-1055

Höppner, Horst-Dieter (Amtshilfe, 1997): Internationale steuerliche Amtshilfe – Stand und Perspektiven –, in: Klein, Franz (Hrsg.), Unternehmen Steuern: Festschrift für Hans Flick zum 70. Geburtstag, Köln 1997, S. 817-830

Hofmann, Karl-Wilhelm/Schubert, Matthias (BB 2004): Nach Einführung des wirtschaftlichen Arbeitgeberbegriffs in das deutsche Lohnsteuerrecht – eine Bestandsaufnahme aus Praktikersicht, in: BB 2004, S. 1477-1481

Höreth, Ulrike/Schiegl, Brigitte (BB 2004): Auswirkungen des Alterseinkünftegesetzes auf die Direktversicherung, in: BB 2004, S. 2101-2106

Horlemann, Heinz-Gerd (FR 1999): Altersversorgung im Blickpunkt: Einordnung des Gerke-Gutachtens zur Einführung von Pensionsfonds, in: FR 1999, S. 20-24

Horlemann, Heinz-Gerd (StuW 2001): Gesetzgebung der 14. Legislaturperiode zur Besteuerung von Altersbezügen, in: StuW 2001, S. 101-112

Hügelschäffer, Hagen (ZTR 2001): Beseitigung der steuerlichen Hemmnisse für die grenzüberschreitende betriebliche Altersversorgung – Auswirkungen auf die Zusatzversorgung des öffentlichen Dienstes, in: ZTR 2001, S. 547-550

Hügelschäffer, Hagen (betrAV 2002): Rückzahlung der „Riesterförderung" bei Wegzug in das Ausland – Ein Fall für den Europäischen Gerichtshof?, in: betrAV 2002, S. 134-137

Huhn, Harald (betrAV 1994): Bericht der Leitung der Fachvereinigung Pensionskassen, in: betrAV 1994, S. 149-151

Hülsmann, Joachim/Schmid, Josef/Schöll, Sarah (Rentenreformen, 2001): Rentenreformen in sechs westeuropäischen Ländern – Ein Blick über den Tellerrand, Tübingen 2001

IBFD (Hrsg.) (Handbook, 2005): European Tax Handbook, Band 2005, 16. Aufl., Amsterdam 2004

IBFD (Hrsg.) (Individuals, 2005): Taxation of Individuals in Europe, Guides to European Taxation, Volume VI, Amsterdam 1991, Stand: Juni 2005

IBFD (Hrsg.) (Companies, 2005): Taxation of Companies in Europe, Guides to European Taxation, Volume II, Amsterdam 1972, Stand: August 2005

Ipsen, Hans P. (Gemeinschaftsrecht, 1972): Europäisches Gemeinschaftsrecht, Tübingen 1972

Jacobs, Francis G. (Danner, 2002): Schlussanträge des Generalanwalts Francis G. Jacobs vom 21. März 2002. Rechtssache C-136/00 Rolf Dieter Danner, Luxemburg 2002

Jacobs, Otto H. (Ertragsteuerbilanz, 1971): Das Bilanzierungsproblem in der Ertragsteuerbilanz: Ein Beitrag zur steuerlichen Lehre vom Wirtschaftsgut, Stuttgart 1971

Jacobs, Otto H. (intertax 1999): Corporation Income Tax Systems in the European Union – An Analysis of their Effects on Competition and Reform Proposals, in: intertax 1999, S. 264-278

Jacobs, Otto H. (Körperschaftsteuersysteme, 1999): Körperschaftsteuersysteme in der EU – Eine Analyse der Wettbewerbswirkungen und Reformvorschläge, in: Kleineidam, Hans-Jochen (Hrsg.), Unternehmenspolitik und internationale Besteuerung: Festschrift für Lutz Fischer zum 60. Geburtstag, Berlin 1999, S. 85-116

Jacobs, Otto H. (Hrsg.) (Rechtsform, 2002): Unternehmensbesteuerung und Rechtsform: Handbuch zur Besteuerung deutscher Unternehmen, hrsg. v. Jacobs, Otto H. u.a., 3. neu bearb. Auflage, München 2002

Jacobs, Otto H. (Hrsg.) (Unternehmensbesteuerung, 2002): Internationale Unternehmensbesteuerung: Deutsche Investitionen im Ausland; ausländische Investitionen im Inland, hrsg. v. Jacobs, Otto H. u.a., 5. neu bearb. und erw. Auflage, München 2002

Jacobs, Otto H. (StuW 2004): Stand und Entwicklungstendenzen der Betriebswirtschaftlichen Steuerlehre, in: StuW 2004, S. 251-259

Jacobs, Otto H./Endres, Dieter/Spengel, Christoph/Elschner, Christina/Höfer, Renate/ Schmidt, Oliver (Expatriates, 2005): International Taxation of Expatriates: Survey of 20 Tax and Social Security Regimes and Analysis of Effective Tax Burdens on International Assignments, Frankfurt 2005

Jacobs, Otto H./Spengel, Christoph (Unternehmenssteuersysteme, 1996): Die europäischen Unternehmenssteuersysteme – Eine Übersicht, in: Jacobs, Otto H./Spengel, Christoph (Hrsg.), Aspekte der Unternehmensbesteuerung in Europa, 1. Aufl., Baden-Baden 1996, S. 11-36

Jacobs, Otto H./Spengel, Christoph/Stetter, Thorsten/Wendt, Carsten (Taxation, 2005): EU Company Taxation in Case of a Common Tax Base – A Computer-based Calculation and Comparison Using the Enhanced Model of the European Tax Analyzer –, ZEW Discussion Paper Nr. 05-37, Mannheim 2005

Jaeger, Claudia (Körperschaftsteuersysteme, 2001): Die Körperschaftsteuersysteme in Europa: eine europarechtliche und betriebswirtschaftliche Analyse, Köln 2001

Jaeger, Harald (VW 2004): Irritationen um den Rechnungszins bei Pensionskassen – Versagen der Aktuarvereinigung und arbeitsrechtliches Durcheinander –, in: VW 2004, S. 41-416

Janda, Fritz (betrAV 1998): Die betriebliche Altersvorsorge in Österreich, in: betrAV 1998, S. 296-298

Jann, Martin (ECTR 1996): The Court of Justice of the European Communities and its impact on direct taxation, in: ECTR 1996, S. 160

Jasper, Thomas/Delvai, Karen (FB 2004): Betriebliche Altersversorgung im Fokus des Kapitalmarkts – Pensionsverpflichtungen in den Jahresabschlüssen der DAX 30-Unter-nehmen –, in: FB 2004, S. 389-395

Jørgensen, Bent N. (betrAV 1996): Die Rahmenbedingungen für Pensionskassen in Dänemark, in: betrAV 1996, S. 201-206

Jürgens, Ulrich (betrAV 1991a): Aktuelle Vorschläge zur Vollendung des EG-Binnenmarktes für Versicherungen und alternative betriebliche Versorgungsträger, in: betrAV 1991, S. 12-15

Jürgens, Ulrich (betrAV 1991b): Grundsätze und Zielsetzungen der EG-Kommission bei der Entwicklung einer Richtlinie für Pensionsfonds und Pensionskassen, in: betrAV 1991, S. 154-157

Kaefer, Wolfgang/Weynand, Herbert (BB 1994): Abzugsfähigkeit von Auslandsversicherungen und EG-Recht: Mißbrauchsbekämpfungs- und Steuerbereinigungsgesetz durchschlägt Gordischen Knoten, in: BB 1994, S. 548

Kaether, Fritz (Österreich, 1998): Österreich, in: Cramer, Jörg-E./Förster, Wolfgang/Ruland, Franz (Hrsg.), Handbuch zur Altersversorgung, Frankfurt 1998, S. 1173-1186

Kahle, Holger (Rechnungslegung, 2002): Internationale Rechnungslegung und ihre Auswirkungen auf Handels- und Steuerbilanz, Wiesbaden 2002

Kahle, Holger (WPg 2003): Zur Zukunft der Rechnungslegung in Deutschland: IAS im Einzel- und Konzernabschluss?, in: WPg 2003, S. 262-275

Kapl, Helmut (Pension, 1992): Die internationale Pension mit Steuersystemen: Leistungen, Beiträge und Besteuerung der Betriebs-, Sozialversicherungs- und Eigenvorsorgepension in 15 Industriestaaten, Wien 1992

Kavelaars, Peter (ECTR 1992): Allocation Rules in European Social Security Law, in: ECTR 1992, S. 241-249

Kavelaars, Peter (intertax 1993): Direct Taxation and Some Basic Principles in EC Law: A General Overview, in: intertax 1993, S. 597-608

Kemmeren, Eric (ECTR 1997): The termination of the 'most favoured nation clause' dispute in tax treaty law and the necessity of a Euro Model Tax Convention, in: ECTR 1997, S. 146-152

Kemper, Kurt/Kisters-Kölkes, Margret/Berenz, Claus/Bode, Christoph/Pühler, Karl-Peter (Hrsg.) (BetrAVG, 2003): BetrAVG – Kommentar zum Gesetz zur Verbesserung der betrieblichen Altersversorgung, München 2003

Kennedy, Liam (dpn 5/2003): Brüssel zeigt den Weg, in: dpn 5/2003, S. 19-20

Kennedy, Liam (dpn 1/2004): Der nächste Schritt in Richtung EU-Pensionsfonds, in: dpn 1/2004, S. 10

Kessel, Hans (betrAV 1991): Bericht der Leitung der Fachvereinigung Direktversicherung, in: betrAV 1991, S. 99-101

Kessler, Wolfgang/Obser, Ralph (IStR 2004): Die Gesellschafter-Fremdfinanzierung im Lichte der Kapitalverkehrsfreiheit, in: IStR 2004, S. 325-329

Kiesewetter, Dirk (BB 2003): Welche Rückstellungsbildung für wertpapiergebundene Pensionszusagen ist im Halbeinkünfteverfahren begründet?, in: BB 2003, S. 1220-1223

Kirchhof, Paul (Hrsg.) (EStG, 2004): EStG KompaktKommentar, 4. neu bearb. Auflage, Heidelberg 2004

Kirchhof, Paul/Söhn, Hartmut (Hrsg.) (EStG, 2005): Einkommensteuergesetz – Kommentar, Stand: 2005

Kischel, Dieter (IWB 2000): Übersicht über die direkten Steuern Dänemarks, in: IWB 2000, Fach 5, Dänemark, Gruppe 2, S. 137-146

Klein, Eckart (DStJG 19, 1996): Der Einfluss des Europarechts auf das deutsche Steuerrecht, in: Lehner, Moris (Hrsg.), Steuerrecht im europäischen Binnenmarkt: Einfluß des EG-Rechts auf die nationalen Steuerrechtsordnungen. DStJG Band 19, Köln 1996, S. 7-29

Klein, Franz (DStZ 1995): Zur Frage der verfassungsrechtlichen Zulässigkeit von Einschränkungen des objektiven Nettoprinzips, dargestellt an § 4 Abs. 5 Satz 1 Nr. 1 EStG, in: DStZ 1995, S. 630-632

Klein, Franz (Pensionsbesteuerung, 1999): Verfassungsrechtliche Probleme der Renten- und Pensionsbesteuerung, in: Kirchhof, Paul/Jakob, Wolfgang/Beermann, Albert (Hrsg.), Steuerrechtsprechung, Steuergesetz, Steuerreform: Festschrift für Klaus Offerhaus zum 65. Geburtstag, Köln 1999, S. 35-45

Klemm, Bernd (DStR 2004): Unterfallen Contractual Trust Arrangements den Beschränkungen der EU-Pensionsfondsrichtlinie?, in: DStR 2004, S. 613-616

Klemm, Bernd (DStR 2005): Contractual Trust Arrangements: Neue bilanzielle und lohnsteuerrechtliche Entwicklungen, in: DStR 2005, S. 1291-1294

Knobbe-Keuk, Brigitte (ECTR 1994): Restrictions on the Fundamental Freedoms Enshrined in the EC Treaty by Discriminatory Tax Provisions – Ban and Justification –, in: ECTR 1994, S. 74-85

Knoll, Leonhard (StuB 2003): Wertpapiergebundene Pensionszusagen, eine neue Imparität und die unvermutete Rückkehr des Korrespondenzprinzips – Anmerkungen zum BMF-Schreiben vom 17. 12. 2002, StuB 2003 S. 78 –, in: StuB 2003, S. 307-310

Koch, Alexander (Unternehmenskultur, 1992): Betriebliche Altersversorgung als Beweis für Unternehmenskultur: Moralische Grundlagen der Unternehmensführung, in: Förster, Wolfgang/Rößler, Norbert (Hrsg.), Betriebliche Altersversorgung in der Diskussion zwischen Praxis und Wissenschaft: Festschrift zum 60. Geburtstag von Peter Ahrend, Köln 1992, S. 295-299

Koch, Peter (betrAV 1992): Mögliche Auswirkungen der EG-Entwicklung auf die Pensionskassen, in: betrAV 1992, S. 109-112

Koch, Peter (betrAV 1993): Stand und aufsichtsrechtliche Relevanz des EG-Richtlinienent-wurfes über Einrichtungen zur Altersvorsorge, in: betrAV 1993, S. 36-40

Koch, Peter (betrAV 2003): Begriff der Pensionskasse, in: betrAV 2003, S. 418-422

Kofler, Herbert/Payerer, Andreas (ÖStZ 2003): Die steuerliche Behandlung der Pensionsvorsorge de lege ferenda – Kritische Betrachtung des Status Quo im Lichte eines konsumorientierten Steuersystems, in: ÖStZ 2003, S. 120-127

Köhler, Peter (DAngVers 1990): Alterssicherung in Dänemark – Volksrente – Zusatzrente – Betriebliche Alterssicherung –, in: DAngVers 1990, S. 359-365

Kokott, Juliane (Manninen, 2004): Schlussanträge der Generalanwältin Juliane Kokott vom 18. März 2004. Rechtssache C-319/02 Petri Mikael Manninen, Luxemburg 2004

Kolb, Andreas (IWB 2005): Überblick über das Update 2005 des OECD-Musterabkommens, in: IWB 2005, Gruppe 2, International, S. 1911-1920

Kolb, Andreas/Lang, Michael/Loukota, Helmut/Waldburger, Robert/Waters, Mike/ Wolff, Ulrich (SWK 2002): Employment Income Under Tax Treaty Law – Case Studies, in: SWK 2002, S. 522-528

Koniarski, Lothar (Einkommen, 1984): Einkommen als Maßstab steuerlicher Leistungsfähigkeit: ein betriebswirtschaftlicher Beitrag zum Problem einer leistungsfähigkeitsäquivalenten Einkommensermittlung, München 1984

Körner, Andreas (IStR 2004): Europarecht und Wegzugsbesteuerung – das EuGH-Urteil „de Lasteyrie du Saillant", in: IStR 2004, S. 424-432

Kortmann, Klaus/ Haghiri, Pariwa (betrAV 2003): Situation und Entwicklung der betrieblichen Altersversorgung in Privatwirtschaft und öffentlichem Dienst 2001 – 2003. Untersuchung von Infratest Sozialforschung im Auftrag des Bundesministeriums für Gesundheit und Soziale Sicherung (BMGS), in: betrAV 2003, S. 745-772

KPMG (Hrsg.) (Altersvorsorge, 2000): Betriebliche Altersvorsorge – Steuerliche und wirtschaftliche Aspekte, 2000, http://www.kpmg.at/files/BetrieblicheAlters vorsorge.pdf, Zugriff: 11. 2. 2005

KPMG (Hrsg.) (Abfertigungsrecht, 2002): Das neue Abfertigungsrecht – Anspruchsrechtliche, wirtschaftliche und steuerliche Aspekte, 2002, http://www.kpmg. at/files/Abf Neu_Text.pdf, Zugriff: 17. 2. 2005

Kraft, Cornelia (Steuergerechtigkeit, 1991): Steuergerechtigkeit und Gewinnermittlung: eine vergleichende Analyse des deutschen und US-amerikanischen Steuerrechts, Wiesbaden 1991

Kraft, Gerhard/Robra, Karoline (RIW 2005): Das völkerrechtliche Meistbegünstigungsprinzip und seine Bedeutung im Europäischen Steuerrecht, in: RIW 2005, S. 247-252

Krause, Michael (Doppelbesteuerung, 2003): Internationale Doppelbesteuerung: Ursachen und Lösungen. Institut „Finanzen und Steuern" e.V., Bonn 2003

Krebs, Hans-Joachim (BB 1990): Die Harmonisierung der direkten Steuern für Unternehmen in der EG, in: BB 1990, S. 1945-1951

Krebs, Hans-Joachim/Bödefeld, Axel (BB 2004): Verbot der Anrechnung ausländischer Körperschaftsteuer auf die Einkommensteuer des Anteilseigners europarechtswidrig, in: BB 2004, S. 1416-1421

Kubaile, Heiko (INF 2001): Steuerplanerische Gestaltungsinstrumente und Risiken bei internationaler Mitarbeiterentsendung, in: INF 2001, S. 15-20

Kühlein, Bernd (betrAV 1993): Die Rechtsakte der EG und ihre Auswirkungen auf die Pensionskassen, in: betrAV 1993, S. 186-190

Kühlein, Bernd (betrAV 1995): Betriebliche Altersversorgung: Der lange Marsch nach Europa (Teil I), in: betrAV 1995, S. 207-211

Küppers, Christoph/Louven, Christoph (BB 2004): Outsourcing und Insolvenzsicherung von Pensionsverpflichtungen durch Contractual „Trust" Arrangements (CTA's), in: BB 2004, S. 337-346

Laars, Reinhard (betrAV 2004): Aktuelle aufsichtsrechtliche Fragen im Rahmen der Umsetzung der Pensionsfonds-Richtlinie, in: betrAV 2004, S. 714-720

Lademann, Fritz (EStG, 2005): Kommentar zum Einkommensteuergesetz, Stuttgart u.a. 1997, Stand: April 2005

Lang, Joachim (Bemessungsgrundlage, 1988): Die Bemessungsgrundlage der Einkommensteuer: rechtssystematische Grundlagen steuerlicher Leistungsfähigkeit im deutschen Einkommensteuerrecht, Köln 1988

Lang, Joachim (Harmonisierung, 1997): Besteuerung in Europa zwischen Harmonisierung und Differenzierung, in: Klein, Franz (Hrsg.), Unternehmen Steuern: Festschrift für Hans Flick zum 70. Geburtstag, Köln 1997, S. 873-894

Lang, Joachim (Einkommensteuer, 2000): Bemessungsgrundlage der Einkommensteuer, in: Tipke, Klaus/Bozza, Nadya (Hrsg.), Besteuerung von Einkommen – Rechtsvergleich Italien, Deutschland und Spanien als Beitrag zur Harmonisierung des Steuerrechts in Europa, Berlin 2000, S. 123-151

Lang, Michael (IWB 1996): Kein Verstoß von Doppelbesteuerungsabkommen gegen die Grundfreiheiten des EGV?, in: IWB 1996, Fach 11, Europäische Gemeinschaften, Gruppe 2, S. 255-258

Lang, Michael (Doppelbesteuerungsabkommen, 1999): Doppelbesteuerungsabkommen und Gemeinschaftsrecht, in: Breuninger, Gottfried E. (Hrsg.), Steuerrecht und europäische Integration: Festschrift für Albert J. Rädler zum 65. Geburtstag, München 1999, S. 429-443

Lang, Michael (Auslegung, 2003): Die Auslegung von Doppelbesteuerungsabkommen als Problem der Planungssicherheit bei grenzüberschreitenden Sachverhalten, in: Grotherr, Siegfried (Hrsg.), Handbuch der internationalen Steuerplanung, 2. Auflage, Herne 2003, S. 1487-1501

Lang, Michael (Quellenprinzip, 2005): Quellenprinzip, in: Endres, Dieter/Oestreicher, Andreas/Scheffler, Wolfram/Schreiber, Ulrich/Spengel, Christoph (Hrsg.), Die internationale Unternehmensbesteuerung im Wandel – Symposium für Otto H. Jacobs zum 65. Geburtstag, München 2005, S. 28-43

Langemeyer, Heiner (Cafeteria-Verfahren, 1999): Das Cafeteria-Verfahren: Ein flexibles, individuelles Anreizsystem betrachtet aus entscheidungstheoretischer Sicht, München 1999

Langohr-Plato, Uwe (BB 2002): Die rechtlichen Rahmenbedingungen bei der Anpassungsprüfung laufender Betriebsrenten nach § 16 BetrAVG, in: BB 2002, S. 406-413

Langohr-Plato, Uwe/Teslau, Johannes (DB 2003): Die Beitragszusage mit Mindestleistung – Die neue große Unbekannte in der betrieblichen Altersversorgung –, in: DB 2003, S. 661-667

Laule, Gerhard (Auswirkungen, 2003): Auswirkungen der EuGH-Rechtsprechung auf deutsche Steuervorschriften, Bonn 2003

Laule, Gerhard/Pathe, Ilmo (EuGH-Rechtsprechung, 2004): Aktuelle EuGH-Rechtsprechung „kompakt“: aktuelle EuGH-Urteile auf einen Blick; Kommentierung der Entscheidungen, Nordkirchen 2004

Laupenmühlen, Michael/Löw, Edgar/Kusterle, Birte (KoR 2002): Bilanzierung betrieblicher Altersversorgungsleistungen und kongruenter Rückdeckungsversicherungen, in: KoR 2002, S. 288-295

Laux, Hans (BB 2002): Vorsorgeaufwendungen und Altersvorsorgebeiträge 2002 – Arbeitnehmer-Information über die Vorsorgepauschale und die verbleibenden Möglichkeiten des steuerwirksamen Sonderausgabenabzugs von Versicherungsbeiträgen sowie über die Förderung eines kapitalgedeckten Altersvorsorgevermögens nach dem Altersvermögensgesetz, in: BB 2002, Beilage 4

Léger, Philippe (Wielockx, 1995): Schlussanträge des Generalanwalts Léger vom 31. Mai 1995. G. H. E. J. Wielockx gegen Inspecteur der directe Belastingen. Rechtssache C-80/94, Luxemburg 1995

Léger, Philippe (Skandia/Ramstedt, 2003): Schlussanträge des Generalanwalts Philippe Léger vom 3. April 2003. Rechtssache C-422/01 Försäkringaktiebolaget Skandia (publ) und Ola Ramstedt gegen Riksskatteverket, Luxemburg 2003

Lehner, Moris (IStR 1998): Deutsch-französisches DBA: Berechnung der Einkommensteuer aufgrund des Abkommens bei Grenzgängern und ihre Vereinbarkeit mit der Freizügigkeit. EuGH, Urt. v. 12. 5. 1998, Rs. C-336/96, Eheleute Robert Gilly. Anmerkung 2, in: IStR 1998, S. 341-342

Lehner, Moris (ECTR 2000): Limitation of the national power of taxation by the fundamental freedoms and non-discrimination clauses of the EC Treaty, in: ECTR 2000, S. 5-15

Lehner, Moris (DStJG 23, 2000): Begrenzung der nationalen Besteuerungsgewalt durch die Grundfreiheiten und Diskriminierungsverbote des EG-Vertrages, in: Pelka (Hrsg.), Europa- und verfassungsrechtliche Grenzen der Unternehmensbesteuerung. DStJG Band 23, Köln 2000, S. 263-285

Leitner, Reinhard (Austria, 1998): Austria, in: Borger, Ava N. u.a. (Hrsg.), Taxation of Expatriates: papers presented at a seminar held in New Delhi, India, in 1997 during the 51st Congress of the International Fiscal Association, The Hague 1998, S. 93-117

Lenz, Carl O. (ECTR 1997): The jurisprudence of the European Court of Justice in tax matters, in: ECTR 1997, S. 80-85

Ley, Ursula (DStR 2002): Steuer- und sozialversicherungsrechtliche Behandlung der betrieblichen Altersversorgung unter Berücksichtigung des Altersvermögensgesetzes – Handlungsbedarf für Arbeitgeber ab dem 1.1.2002 –, in: DStR 2002, S. 193-198

Lieb, Manfred (DB 2004): Die Pflicht zur Anpassung von Betriebsrenten nach § 16 BetrAVG – Eine kaum zu rechtfertigende Überforderung des Arbeitgebers, in: DB 2004, Beilage 4

Lindberg, Klaus (DStR 2001a): Die steuerliche Förderung der privaten kapitalgedeckten Altersvorsorge durch das Altersvermögensgesetz (Teil I), in: DStR 2001, S. 2054-2061

Lindberg, Klaus (DStR 2001b): Die steuerliche Förderung der privaten kapitalgedeckten Altersvorsorge durch das Altersvermögensgesetz (Teil II), in: DStR 2001, S. 2099-2105

Littmann, Eberhard/Bitz, Horst/Pust, Hartmut (Hrsg.) (Einkommensteuerrecht, 2005): Das Einkommensteuerrecht, Stand 2005

Littmann, Konrad (Gleichheit, 1980): Die Besteuerung von Renten, Pensionen und anderen Altersbezügen als aktuelles Problem steuerlicher Gleichheit und Gerechtigkeit: Vortrag, gehalten am 31. Okt. 1979 in der Universität zu Köln, Köln 1980

LoCicero, Joseph A. (Pension, 2000): The Future Of Pension Provision, in: Andresen, Boy-Jürgen (Hrsg.), Betriebliche Altersversorgung in Deutschland im Zeichen der Globalisierung: Festschrift für Norbert Rößler zum 60. Geburtstag, Köln 2000, S. 125-140

Lösel, Christian (Entgeltumwandlung, 2004): Betriebliche Altersversorgung durch Entgeltumwandlung – Steuerliche Auswirkungen einer Arbeitnehmerentsendung in die USA, Hamburg 2004

Long, Yves/Tyrrell, Patrick (intertax 1992): Taxation of Employees, Artistes and Sportsmen (Articles 15 and 17), in: intertax 1992, S. 688-690

Ludwig, Christian (RdW 1998): Arbeitnehmer-/Arbeitgeberbeiträge zu Pensionskassen, in: RdW 1998, S. 768-770

Lutjens, Erik (intertax 1993): Cross-Border Membership of Occupational Pension Schemes for Migrant Workers, in: ECTR 1993, S. 164-169

Mauer, Rainer (Altersvorsorge, 1998): Altersvorsorge von abhängig Erwerbstätigen: Bestandsaufnahme, Modellvergleich und Reformvorschläge, Heidelberg 1998

May, Gerhard H. (betrAV 2004): Portabilität von Betriebsrenten, in: betrAV 2004, S. 704-71

Mayer, Barbara/Pfeiffer, Thomas (ZfB 2004): Prinzipien der Anreizgestaltung bei Risikoaversion und sozialen Präferenzen, in: ZfB 2004, S. 1047-1075

Meier, Bjarne (betrAV 1993): Die Altersversorgungssysteme des öffentlichen Dienstes in Dänemark, in: betrAV 1993, S. 177-179

Mennel, Annemarie/Förster, Jutta (Hrsg.) (Steuern, 2005): Steuern in Europa, USA, Kanada und Japan, hrsg. v. Mennel, Annemarie/Förster, Jutta, Herne 1980, Stand: September 2005

Mill, John S. (Principles, 1865): Principles of political economy: with some of their applications to social philosophy, 6. Auflage, London 1865

Ministeriet for Videnskab Teknologi og Udvikling (Folkepension, 2005): Folkepension, http://www.workindk.dk/Folkepension/0/1/0, Zugriff: 18. 1. 2005

Ministeriet for Videnskab Teknologi og Udvikling (Leave, 2005): When you leave, http://www.workindenmark.dk/When_you_leave_company/0/1/0, Zugriff: 18. 1. 2005

Mischo, Jean (Bachmann, 1991): Joined Opinions of Mr. Advocate General Mischo delivered on 17 September 1991. Hanns-Martin Bachmann v Belgian State. Case C-204/90. Commission of the European Communities v Kingdom of Belgium. Case C-300/90; Luxemburg 1991

Mitlacher, Lars/Scholz, Stephan C. (StuB 2002a): Die Rahmenbedingungen der betrieblichen Altersversorgung als Element moderner Vergütungssysteme, in: StuB 2002, S. 1099-1105

Mitlacher, Lars/Scholz, Stephan C. (StuB 2002b): Steueroptimale Gestaltung der betrieblichen Altersversorgung als Komponente eines Entgeltsystems, in: StuB 2002, S. 1141-1146

Mössner, Jörg M. (Welteinkommensprinzip, 2000): Das Welteinkommensprinzip, in: Tipke, Klaus/Bozza, Nadya (Hrsg.), Besteuerung von Einkommen – Rechtsvergleich Italien, Deutschland und Spanien als Beitrag zur Harmonisierung des Steuerrechts in Europa, Berlin 2000, S. 253-269

Mössner, Jörg M. (CDFI 2000): Generalbericht, in: CDFI 2000, Bd. LXXXVb: International tax aspects of deferred remunerations, Rotterdam 2000, S. 25-72

Mössner, Jörg M. (Wegzugsbesteuerung, 2005): Wegzugsbesteuerung, in: Herzig, Norbert (Hrsg.), Steuerberater-Jahrbuch, Band 2004/2005: Zugleich Bericht über den 56. Fachkongreß der Steuerberater, Köln, 12. und 13. Oktober 2004, Köln 2005, S. 109-155

Mössner, Jörg M./Kellersmann, Dietrich (DStZ 1999): Freiheit des Kapitalverkehrs in der EU und das deutsche Körperschaftsteueranrechnungsverfahren, in: DStZ 1999, S. 505-516

Mueller, Jean, (IWB 2001): Mitteilung der Europäischen Kommission zur Unternehmensbesteuerung der EU, in: IWB 2001, Fach 11, Europäische Gemeinschaften, Gruppe 2, S. 1115-1118

Müller, Katja (Entscheidungsneutralität, 2001): Verwirklichung von Gerechtigkeit und Entscheidungsneutralität in den Einkommen- und Körperschaftsteuersystemen der EU-Mitgliedstaaten: eine Analyse unter Berücksichtigung des Einkommens und des Konsums als alternative Anknüpfungspunkte der Besteuerung, Köln 2001

Müller, Thomas (StuW 1992): Beschränkte Steuerpflicht und einige Aspekte des EG-Rechts, in: StuW 1992, S. 157-169

Musgrave, Peggy, B. (Taxation, 1969): United States Taxation of Foreign Investment Income, Cambridge 1969

Musgrave, Peggy B. (Koordinationsprobleme, 1991): Internationale Koordinationsprobleme beim Ersatz einer Einkommens- durch eine Konsumbesteuerung, in: Rose, Manfred (Hrsg.), Konsumorientierte Neuordnung des Steuersystems, Berlin 1991, S. 535-574

Musgrave, Richard, A. (Finanztheorie, 1974): Finanztheorie, 2., ergänzte Auflage, Tübingen 1974

Musgrave, Richard, A. (Steuerbemessungsgrundlage, 1991): Zur Wahl der „richtigen" Steuerbemessungsgrundlage, in: Rose, Manfred (Hrsg.), Konsumorientierte Neuordnung des Steuersystems, Berlin 1991, S. 35-49

Musgrave, Richard A./Musgrave, Peggy B. (Equity, 1972): Inter-nation Equity, in: Bird, Richard M./Head, John G. (Hrsg.), Modern Fiscal Issues: Essays in Honour of Carl S. Shoup, Toronto 1972, S. 63-85

Musil, Andreas (StuW 2005): Verfassungs- und europarechtliche Probleme des Alterseinkünftegesetzes, in: StuW 2005, S. 278-288

Myßen, Michael (NWB 2001): Die private Altersvorsorge nach dem Altersvermögensgesetz, in: NWB 2001, Fach 3, Private Altersvorsorge nach AVmG, S. 11645-11672

Neuburger, Edgar (betrAV 1990): Neue Vorschriften zur Bildung von Pensionsrückstellungen in Österreich, in: betrAV 1990, S. 73-77

Niermann, Walter (DB 2002): Flexibilisierung von Vergütungsabreden durch Einrichtung von Arbeitszeitkonten – Aktuelle steuerrechtliche Verwaltungspraxis, in: DB 2002, S. 2124-2127

Niermann, Walter (DB 2004): Alterseinkünftegesetz – Die steuerlichen Änderungen in der betrieblichen Altersversorgung, in: DB 2004, S. 1449-1460

Nolz, Wolfgang/Loukota, Helmut (SWI 1992): Ausländische Pensionskassen, in: SWI 1992, S. 357-360

o.V. (ECTR 1995): 11 August 1995, C-80/94, Wielockx (NL), in: ECTR 1995, S. 269-270

o.V. (ECTR 1998): 28 April 1998, C-118/96, Safir (S), in: ECTR 1998, S. 216-217

o.V. (ÖStZ 2002): Abfertigung Neu – Punktation zur betrieblichen Mitarbeitervorsorge, in: ÖStZ 2002, S. 150-152 o.V. (FR 2003): Freiwillige Altersversicherung – Versicherung bei einer in einem anderen Mitgliedstaat niedergelassenen Gesellschaft – Ausschluss der Abzugsfähigkeit der Beiträge. Kommentar (IMN), in: FR 2003, S. 33-38

o.V. (betrAV 2004): EFRP-Modell zu europaweiter betrieblicher Altersversorgung, in: betrAV 2004, S. 176-177

o.V. (iwd 40/2004): Ein Viertel der Bundeskasse, in: iwd 40/2004, S. 1

öBMF (Steuerbuch, 2004): Steuerbuch 2005 – Tipps für die Arbeitnehmerveranlagung 2004 für Lohnsteuerzahlerinnen und Lohnsteuerzahler, Wien 2004

OECD (Commentary, 2000): Model Tax Convention on Income and on Capital: report of the Committee on Fiscal Affairs, Paris 1997, Stand: April 2000

Oestreicher, Andreas (Gewinnabgrenzung, 2000): Konzern-Gewinnabgrenzung: Gewinnabgrenzung – Gewinnermittlung – Gewinnaufteilung, München 2000

Oestreicher, Andreas (StuW 2002): Konzernbesteuerung in Europa: Zum Vorschlag einer konsolidierten körperschaftsteuerlichen Bemessungsgrundlage für die grenzüberschreitende Unternehmenstätigkeit in der EU, in: StuW 2002, S. 342-356

Offermanns, René (ECTR 1995): Tax Treaties in Conflict with the EC Treaty: The Incompatibility of Anti-abuse Provisions and EC Law (Conference 13 March 1993, Fiscal Institute of Tilburg), in: ECTR 1995, S. 97-104

Ong, Michael K. (Methodologies, 1998): Asset & liability management: a synthesis of new methodologies, London 1998

Orszag, Mike (dpn 3/2003): Messen der Bereitschaft zum Sparen für die Altersvorsorge: Welches Verhältnis hat der Bürger zum Sparen?, in: dpn 3/2003, S. 49-50

Pasch, Helmut/Höreth, Ulrike/Renn, Susanne (DStZ 2001): Der Aufbau einer freiwilligen zusätzlichen privaten Altersvorsorge – Erste Anmerkungen zum Altersvermögensgesetz (AVmG) –, in: DStZ 2001, S. 573-579

Payerer, Andreas (ÖStZ 2003): Die steuerliche Behandlung der Pensionsvorsorge de lege lata in Österreich – Teil 1, in: ÖStZ 2003, S. 89-94

Pechstein, Erhard (betrAV 1992): Rolle und Perspektiven der Unterstützungskassen in der EG, in: betrAV 1992, S. 139-143

Pellens, Bernhard/Fülbier, Rolf U./Sellhorn, Thorsten (DBW 2004): Bilanzierung leistungsorientierter Pensionspläne bei deutschen und US-amerikanischen Unternehmen – Vorschlag und Simulation einer Weiterentwicklung von SFAS 87, in: DBW 2004, S. 133-153

Petereit, Axel (IStR 2003): Die sog. switch-over-Klausel in den deutschen Doppelbesteuerungsabkommen, in: IStR 2003, S. 577-586

Pfitzer, Norbert/Oser, Peter/Orth, Christian (Reform, 2005): Reform des Aktien-, Bilanz- und Aufsichtsrechts: BilReG, BilKoG, APAG, AnSVG, UMAG sowie weitere Reformgesetze, Stuttgart 2005

Pistone, Pasquale (ECTR 2002): An EU Model Tax Convention, in: ECTR 2002, S. 129-136

Pohl, Bernhard (betrAV 2004): Praktische Auswirkungen und Konsequenzen des Alterseinkünftegesetzes für die Direktversicherung, in: betrAV 2004, S. 701-704

Portner, Rosemarie (Stock Options, 2003): Besteuerung von Stock Options: nationale und internationale Aspekte, Köln 2003

Posch, Ingeborg/Knoll, Leonhard (WiSt 2002): Steuerliche Korrespondenz, in: WiSt 2002, S. 596-598

Pötgens, Frank P.G. (ET 2001): The „Closed System" of the Provisions on Income from Employment in the OECD Model, in: ET 2001, S 252-263

Predota, Martin/Gössl, Harald (VW 2004): Österreich: „Prämienbegünstigte Zukunftsvorsorge", in: VW 2004, S. 437-438

Pummerer, Erich (ÖStZ 2002): Quantitative Überlegungen zur „Abfertigung neu“, in: ÖStZ 2002, S. 286-288

Puskás, Géza von (betrAV 1992): Aktuelle Entwicklungen der Zusatzversorgung, in: betrAV 1992, S. 143-147

Raad, Kees van (ECTR 1995): The Impact of the EC Treaty's Fundament Freedoms Provisions on EU Member States' Taxation in Border-crossing Situations – Current State of Affairs, in: ECTR 1995, S. 190-201

Rädler, Albert J. (FR 1994): EuGH: Mündliche Verhandlung im Fall Schumacker - Ehegattensplitting bei beschränkt steuerpflichtigen Grenzgängern, in: FR 1994, S. 705-709

Rädler, Albert J. (ECTR 1995): Most-favoured-nation Clause in European Tax Law?, in: ECTR 1995, S. 66-67

Rainer, Anno (IStR 1995): Doppelbesteuerungsabkommen und die EuGH-Rechtsprechung zu den direkten Steuern. Zugleich eine Anmerkung zum EuGH-Urteil im Verfahren Wielockx, in: IStR 1995, S. 474-476

Reichlin, Andreas (Pension Funds, 2001): Asset liability management for defined-benefit pension funds: a dynamic model to jointly manage contributions and investments, Zürich 2001

Reinecke, Gerhard (BB 2004): Betriebliche Übung in der Betrieblichen Altersversorgung, in: BB 2004, S. 1625-1632

Reinhard, Hans-Joachim (Modelle, 2002): Modelle obligatorischer oder freiwilliger zusätzlicher Alterssicherung in Europa, in: Merten, Detlef (Hrsg.), Speyerer Sozialrechtsgespräche der Landesversicherungsanstalt Rheinland-Pfalz: 1991 – 2000 / in Zusammenarbeit mit der Deutschen Hochschule für Verwaltungswissenschaften Speyer, Berlin 2002

Ribbrock, Martin (RIW 2005): Das EuGH-Urteil in der Rechtssache Manninen - Anforderungen an eine europarechtskonforme Besteuerung von Auslandsdividenden, in: RIW 2005, S. 130-135

Richman, Peggy B. (Taxation, 1963): Taxation of foreign investment income – An economic analysis, Baltimore 1963

Richter, Gerd/Schanz, Thomas (BB 1994): Betriebliche Altersversorgung: Steuer- und arbeitsrechtliche Aspekte bei Personalentsendungen in der Europäischen Union, in: BB 1994, S. 397-407

Richter, Ute G. (IStR 1995): Einkommensteuerliche Rahmenbedingungen für private Finanzanleger in den neuen Mitgliedstaaten der Europäischen Union, in: IStR 1995, S. 161-167

Richter, Wolfram F. (FR 2001): Die Besteuerung der Altersvorsorge aus wirkungsanalytischer Perspektive, FR 2001, S. 1000-1004

Risthaus, Anne (DB 2001): Steuerliche Fördermöglichkeiten für eine zusätzliche private Altersvorsorge nach dem Altersvermögensgesetz (AVmG), in: DB 2001, S. 1269-1281

Risthaus, Anne (DB 2004): Die Änderungen in der privaten Altersversorgung durch das Alterseinkünftegesetz (Teil I), in: DB 2004, S. 1329-1340

Risthaus, Anne/Myßen, Michael (NWB 2002): Einbeziehung des öffentlichen Dienstes in die Förderungen nach dem Altersvermögensgesetz, in: NWB 2002, Fach 3, Öffentlicher Dienst und AVmG, S. 11997-12008

Rödder, Thomas (DStR 2004): Deutsche Unternehmensbesteuerung im Visier des EuGH, in: DStR 2004, S. 1629-1634

Rose, Manfred (BB 1992): Reform der Besteuerung des Sparens und der Kapitaleinkommen: Zur Neuregelung der Zinsbesteuerung aus der Sicht einer konsum- und damit marktorientierten Neuordnung des Gesamtsteuersystems, in: BB 1992, Beilage 5

Rößler, Norbert (betrAV 1995): Das europäische Umfeld der betrieblichen Altersversorgung, in: betrAV 1995, S. 64-68

Rößler, Norbert/Doetsch, Peter A./Heger, Heinz-Josef (BB 1999): Auslagerung von Pensionsverpflichtungen im Rahmen einer Bilanzierung gemäß SFAS bzw. IAS, in: BB 1999, S. 2498-2504

Roth, Wulf-Henning (Diskriminierungsverbot, 1997): Die Niederlassungsfreiheit zwischen Beschränkungs- und Diskriminierungsverbot, in: Schön, Wolfgang (Hrsg.), Gedächtnisschrift für Brigitte Knobbe-Keuk, Köln 1997, S. 729-742

Rother, Philipp C./Catenaro, Marco/Schwab, Gerhard (FA 2004): Aging and Pensions in the Euro Area, in: FA 2004, S. 593-619

Rückert, Joachim (Rentenversicherung, 1990): Entstehung und Vorläufer der gesetzlichen Rentenversicherung, in: Ruland, Franz (Hrsg.), Handbuch der gesetzlichen Rentenversicherung, Frankfurt 1990, S. 1-50

Rückle, Dieter (BFuP 2001): Kritische Analyse der Rechnungslegung von Versicherungsunternehmen, in: BFuP 2001, S. 563-577

Runge, Berndt (IStR 2002): Internationaler Arbeitnehmerverleih und Personalentsendung: Der Arbeitgeberbegriff in Art. 15 OECD-Musterabkommen, in: IStR 2002, S. 37-40

Rupprecht, Gerhard (Auswirkungen, 2001): Die Auswirkungen der neuen EU-Richtlinie auf die betriebliche Altersversorgung in Deutschland, in: Andresen, Boy-Jürgen/Rößler, Norbert/Rühmann, Jochen (Hrsg.), Betriebliche Altersversorgung im 21. Jahrhundert: rechtliche, personalpolitische und finanztechnische Herausforderungen; Festschrift für Wolfgang Förster zum 60. Geburtstag, Köln 2001, S. 471-486

Rürup, Bert (DSWR 2001): Rentenreform 2001, in: DSWR 2001, S. 170-172

Rürup, Bert/Gruescu Sandra (DAngVers 2004): Die Pensionsreform 2003/2004 in Österreich, in: DAngVers 2004, S. 397-404

Sachverständigenkommission zur Neuordnung der Steuerrechtlichen Behandlung von Altersvorsorgeaufwendungen und Altersbezügen (Hrsg.) (Abschlussbericht, 2003): Abschlussbericht – Berlin, den 11. März 2003, Berlin 2003

Sailer, Norbert/Ismer, Roland (IStR 2005): Steuergerechtigkeit in Europa durch Information über Zinserträge und ihre Besteuerung an der Quelle?, in: IStR 2005, S. 1-8

Saß, Gert (DB 1992): Zum Einfluß der Rechtsprechung des EuGH auf die beschränkte Einkommen- und Körperschaftsteuerpflicht, in: DB 1992, S. 857-864

Saß, Gert (DStJG 19, 1996): Einflüsse des Binnenmarktes auf die nationalen Steuerordnungen, in: Lehner, Moris (Hrsg.), Steuerrecht im europäischen Binnenmarkt: Einfluß des EG-Rechts auf die nationalen Steuerrechtsordnungen. DStJG Band 19, Köln 1996, S. 31-44

Saß, Gert (Grundzüge, 1997): Grundzüge des Internationalen Steuerrechts, 1. Auflage, Baden-Baden 1997

Schäfer, Anne/Spengel, Christoph (Scope, 2002): ICT and International Corporate Taxation: Tax Attributes and Scope of Taxation, ZEW Discussion Paper Nr. 02-81, Mannheim 2002

Schäfer, Anne/Spengel, Christoph (Allocation, 2003): The Impact of ICT on Profit Allocation within Multinational Groups: Arm's Length Pricing or Formula Apportionment?, ZEW Discussion Paper Nr. 03-53, Mannheim 2003

Schäfer, Carsten (NZG 2004): Das Gesellschaftsrecht (weiter) auf dem Weg nach Europa – am Beispiel der SE-Gründung, in: NZG 2004, S. 785-791

Schäfer, Dirk (Systeme, 1997): Systeme der betrieblichen Altersversorgung im Vergleich – Inhalte – Stärken/Schwächen – Perspektiven –, Bamberg 1997

Schäfer, Marcus/Wojtysiak, Christian (FB 2002): Pensionsfonds als Instrument zur innovativen Ausgestaltung von Versorgungswerken im Rahmen der betrieblichen Altersversorgung, in: FB 2002, S. 349-360

Schanz, Georg von (FA 1882): Zur Frage der Steuerpflicht, in: FA 1882, S. 365-438

Schanz, Georg von (FA 1896): Der Einkommensbegriff und die Einkommensteuergesetze, in: FA 1896, S. 1-87

Schanz, Georg von (FA 1923): Die Doppelbesteuerung und der Völkerbund, in: FA 1923, S. 353-370

Scharpf, Fritz W. (Integration, 1996): Negative and Positive Integration in the Political Economy of European Welfare States, in: Marks, Gary/Scharpf, Fritz W./Schmitter, Philippe C./Streeck, Wolfgang (Hrsg.): Governance in the European Union, London 1996, S. 15-39

Schaumburg, Harald (Steuerrecht, 1998); Internationales Steuerrecht: Außensteuerrecht, Doppelbesteuerungsrecht, 2. völlig überarb. und erw. Auflage, Köln 1998

Scheffler, Wolfram (Altersversorgung, 1990): Betriebliche Altersversorgung: ein EDV-System zur Unterstützung unternehmerischer Entscheidungen, Wiesbaden 1990

Scheffler, Wolfram (krp 1991): Erfassung der betrieblichen Altersversorgung in der Kostenrechnung – Dargestellt am Beispiel von unmittelbaren Versorgungszusagen, in: krp 1991, S. 241-248

Scheffler, Wolfram (Besteuerung, 2002): Besteuerung der grenzüberschreitenden Unternehmenstätigkeit, München 2002

Scheffler, Wolfram (StuB 2004): Europäisierung des Bilanzsteuerrechts – Anmerkungen zum Urteil des FG Hamburg vom 28. 11. 2003 auf der Grundlage des EuGH-Urteils vom 7. 1. 2003 (BIAO), in: StuB 2004, S. 776-781

Scheffler, Wolfram (BB 2005): EU-einheitliche Körperschaftsteuer-Bemessungsgrundlage: Konsolidierungsvoraussetzungen, in: BB 2005, S. 33-36

Scherer, Thomas B. (Doppelbesteuerung, 1995): Doppelbesteuerung und Europäisches Gemeinschaftsrecht. Auswirkungen des Gemeinschaftsrechts auf die Anwendung der Doppelbesteuerungsabkommen und des Außensteuerrechts, München 1995

Schliemann, Harald (DB 2001): Tarifrecht für die Entgeltumwandlung bei Betriebsrenten, in: DB 2001, S. 2554-2556

Schmidt, Carsten (betrAV 1995): Die Betriebliche Altersversorgung in Dänemark und Schweden, in: betrAV 1995, S. 51-54

Schmidt, Ludwig (Hrsg.) (EStG, 2004): Einkommensteuergesetz, 23. Auflage, München 2004

Schneevoigt, Ihno (Altersversorgung, 2001): Plädoyer für eine betriebliche Altersversorgung, in: Andresen, Boy-Jürgen/Rößler, Norbert/Rühmann, Jochen (Hrsg.), Betriebliche Altersversorgung im 21. Jahrhundert: rechtliche, personalpolitische und finanztechnische Herausforderungen; Festschrift für Wolfgang Förster zum 60. Geburtstag, Köln 2001, S. 355-372

Schneider, Dieter (DB 1989): Steuerfreie Kapitalbildung in dreistelliger Milliardenhöhe durch Pensionsrückstellungen?, in: DB 1989, S. 889-895

Schneider, Dieter (Investition, 1992): Investition, Finanzierung und Besteuerung, 7. Auflage, Wiesbaden 1992

Schneider, Dieter (Betriebswirtschaftslehre, 1997): Betriebswirtschaftslehre, Band 3: Theorie der Unternehmung, München 1997

Schneider, Dieter (Steuerlast, 2002): Steuerlast und Steuerwirkung: Einführung in die steuerliche Betriebswirtschaftslehre, München/Wien 2002

Schneider, Dieter (DB 2004): Steuervereinfachung durch Rechtsformneutralität?, in: DB 2004, S. 1517-1521

Schnitger, Arne (DStR 2002): Gemeinschaftsrechtliche Würdigung der privaten Altersvorsorge nach dem AltVermG bei Ausscheiden aus der unbeschränkten Steuerpflicht – Oder: die deutsche Variante der Rs. Bachmann?, in: DStR 2002, S. 1197-1202

Schnitger, Arne (IStR 2002a): Die Einbeziehung des OECD-Kommentars in der Rechtsprechung des BFH, in: IStR 2002, S. 407-410

Schnitger, Arne (IStR 2002b): Anmerkung. Kein Steuerabzug der Beiträge zur freiwilligen Altersversicherung bei Vertrag mit Gesellschaft im anderen Mitgliedstaat, in: IStR 2002, S. 736-741

Schnitger, Arne (FR 2003): Kommentar zu EuGH-Urteil v. 12.12.2002 (RS. de Groot), in: FR 2003, S. 148-151

Schnitker, Elmar/Grau, Thomas (BB 2003): Mitbestimmungsrechte des Betriebsrats bei der Einführung einer betrieblichen Altersversorgung im Wege der Entgeltumwandlung nach § 1a BetrAVG, in: BB 2003, S. 1061-1068

Scholtissek, Wolfgang (DStZ 2000): Schwerpunkte der Österreichischen Steuerreform 2000 – Zugleich Besprechung des Leitfadens 2000, in: DStZ 2000, S. 124-127

Schonewille, Peter (ECTR 1994): The Strategic Programme for the Internal Market and Direct Taxation; in: ECTR 1994, S. 56-61

Schön, Wolfgang (DStJG 19, 1996): Gemeinschaftskonforme Auslegung und Fortbildung des nationalen Steuerrechts – unter Einschluß des Vorlageverfahrens nach Art. 177 EGV –, in: Lehner, Moris (Hrsg.), Steuerrecht im europäischen Binnenmarkt: Einfluß des EG-Rechts auf die nationalen Steuerrechtsordnungen. DStJG Band 19, Köln 1996, S. 167-200

Schön, Wolfgang (Kapitalverkehrsfreiheit, 1997): Europäische Kapitalverkehrsfreiheit und nationales Steuerrecht, in: Schön, Wolfgang (Hrsg.), Gedächtnisschrift für Brigitte Knobbe-Keuk, Köln 1997, S. 743-777

Schön, Wolfgang (DStJG 23, 2000): Der „Wettbewerb“ der europäischen Steuerordnungen als Rechtsproblem, in: Pelka (Hrsg.), Europa- und verfassungsrechtliche Grenzen der Unternehmensbesteuerung. DStJG Band 23, Köln 2000, S. 191-226

Schön, Wolfgang (IStR 2004): Besteuerung im Binnenmarkt – die Rechtsprechung des EuGH zu den direkten Steuern, in: IStR 2004, S. 289-300

Schön, Wolfgang (Drittstaaten, 2005): Der Kapitalverkehr mit Drittstaaten und das internationale Steuerrecht, in: Gocke, Rudolf/Gosch, Dietmar/Lang, Michael (Hrsg.), Körperschaftsteuer, Internationales Steuerrecht, Doppelbesteuerung. Festschrift für Franz Wassermeyer zum 65. Geburtstag, München 2005, S. 489-521

Schreiber, Ulrich (Kapitaleinkommen, 1996): Notwendigkeit und Alternativen einer Reform der Besteuerung von Kapitaleinkommen, in: Jacobs, Otto H./Spengel, Christoph (Hrsg.), Aspekte der Unternehmensbesteuerung in Europa, Baden-Baden 1996, S. 85-115

Schreiber, Ulrich (StuW 2002): Gewinnermittlung und Besteuerung der Einkommen, in: StuW 2002, S. 105-115

Schreiber, Ulrich (StuW 2004): Unternehmensbesteuerung im Binnenmarkt. Angleichung der Gewinnermittlung und des Satzes der Körperschaftsteuer?, in: StuW 2004, S. 212-226

Schreiber, Ulrich (Besteuerung, 2005): Besteuerung der Unternehmen: eine Einführung in Steuerrecht und Steuerwirkung, Berlin 2005

Schreiber, Ulrich/Finkenzeller, Martin/Rüggeberg, Claudia (DB 2004): Reform der Einkommensbesteuerung durch die duale Einkommensteuer?, in: DB 2004, S. 2767-2776

Schuch, Josef (IWB 1996): Die Reichweite der Diskriminierungsverbote des EG-Vertrags – Gilt im DBA-Recht die „Meistbegünstigung“?, in: IWB 1996, Fach 11, Europäische Gemeinschaften, Gruppe 2, S. 259-268

Schuch, Josef (ECTR 1996): 'Most favoured nation clause' in Tax Treaty Law, in: ECTR 1996, S. 161-165

Schuchardt, Dirk R. (NWB 2001): Die Altersrenten aus der gesetzlichen Rentenversicherung, in: NWB 2001, Fach 27, Rentenversicherung, S. 5437-5444

Schuler, Roland (DStR 2001): Gehaltsumwandlung in betriebliche Altersversorgungsleistungen – ein Problem der Überversorgung bei der Bewertung von Pensionsrückstellungen?, in: DStR 2001, S. 2129-2132

Schulze-Osterloh, Joachim (BB 2004): BB-Kommentar zu BFH-Urteil vom 25. 2. 2004 – I R 54/02, in: BB 2004, S. 1561

Schwarz, Sandra (Altersvorsorgebesteuerung, 2004): Altersvorsorgebesteuerung in Deutschland, USA und Europa: eine ökonomische und steuerrechtliche Analyse, Wiesbaden 2004

Schwenn, Kerstin (F.A.Z. v. 23.8.2005): Finanzierungsakrobatik und Neuanfänge, in: F.A.Z. v. 23.8.2005, S. 4

Schwind, Joachim (betrAV 2003): Die Deckungsmittel in der betrieblichen Altersversorgung in 2001, in: betrAV 2003, S. 352-353

Schwinger, Reiner (Steuersysteme, 1992): Einkommens- und konsumorientierte Steuersysteme: Wirkungen auf Investition, Finanzierung und Rechnungslegung, Heidelberg 1992

Schwinger, Reiner (Pensionsfonds, 1997): Betriebliche Altersversorgung und Kapitalmarkt – eine Anmerkung zur aktuellen Diskussion über Pensionsfonds, in: Wagner, Franz (Hrsg.), Steuerberatung im Spannungsfeld von Betriebswirtschaft und Recht: Festschrift zum 75. Geburtstag von Professor Dr. Heinz Stehle, Stuttgart 1997, S. 163-185

Sedemund, Jan (IStR 2001): Die Bedeutung des Prinzips der steuerlichen Kohärenz als Rechtfertigungsaspekt für Eingriffe in die Grundfreiheiten des EG-Vertrages, in: IStR 2001, S. 190-192

Seer, Roman (StuW 1996): Die Besteuerung der Alterseinkünfte und das Gleichbehandlungsgebot (Art. 3 Abs. 1 GG), in: StuW 1996, S. 323-336

Seer, Roman: (Gemeinschaftsrecht, 2004): Beschränkte Steuerpflicht und Gemeinschaftsrecht, in: Gassner, Wolfgang (Hrsg.), Die beschränkte Steuerpflicht im Einkommen- und Körperschaftsteuerrecht, München/Wien 2004, S. 37-58

Seifert, Michael (Gestaltende Steuerberatung 2004): Überblick über das Alterseinkünftegesetz, in: Gestaltende Steuerberatung 2004, S. 239-260

Selling, Heinz-Jürgen (IStR 2000): Steuerharmonisierung im europäischen Binnenmarkt – Ein Überblick –, in: IStR 2000, S. 417-424

Sieben, Günter (Versorgungssystem, 1992): Betriebswirtschaftliche Aspekte eines wertorientierten Versorgungssystems der betrieblichen Altersversorgung, in: Förster, Wolfgang/Rößler, Norbert (Hrsg.), Betriebliche Altersversorgung in der Diskussion zwischen Praxis und Wissenschaft: Festschrift zum 60. Geburtstag von Peter Ahrend, Köln 1992, S. 333-362

Sieber, Roland/Schmahl, Dieter/Vinneman, Klaus (DB 1975): Echte Steuervorteile durch Pensionsrückstellungen?, in: DB 1975, S. 6-10

Simons, Henry C. (Taxation, 1962): Personal income taxation: the definition of income as a problem of fiscal policy, 4. Auflage, Chicago 1962

Smith, Adam (Wealth, 1789): Wealth of Nations/Der Wohlstand der Nationen (7. Auflage), London 1789/München 1996

Söhn, Hartmut (StuW 2005): Besteuerung von Unterhaltsleistungen an getrennt lebende und geschiedene Ehegatten: Gesetzliches Korrespondenzprinzip und Besteuerung nach der Leistungsfähigkeit, in: StuW 2005, S. 109-116

Spengel, Christoph (Unternehmensbesteuerung, 2003): Internationale Unternehmensbesteuerung in der Europäischen Union: Steuerwirkungsanalyse, Empirische Befunde, Reformüberlegungen, Düsseldorf 2003

Spengel, Christoph (ZfCM 2004): Rechnungslegung nach IFRS – Konsequenzen für die Besteuerung, in: ZfCM 2004, S. 130-140

Spengel, Christoph/Jaeger, Claudia/Müller, Katja (IStR 2000): Europarechtliche Beurteilung des Gesetzesentwurf zur Senkung der Steuersätze und zur Reform der Unternehmensbesteuerung, in: IStR 2000, S. 257-262

Spengel, Christoph/Schmidt, Frank (Altersversorgung, 1997): Betriebliche Altersversorgung, Besteuerung und Kapitalmarkt: Ein Vergleich der Verhältnisse in Deutschland, Frankreich, Großbritannien, den Niederlanden und den USA, 1. Auflage, Baden-Baden 1997

Spengel, Christoph/Schmidt, Frank (BB 1997): Der Wechsel von Pensionsrückstellungen zu Pensionsfonds als Durchführungsform der betrieblichen Altersvorsorge – Eine Analyse der Konsequenzen unter Einbeziehung der Ergebnisse einer Befragung von Großunternehmen, in: BB 1997, S. 2097-2104

Spitaler, Armin (Doppelbesteuerungsproblem, 1936): Das Doppelbesteuerungsproblem bei den direkten Steuern, Reichenberg 1936

Stark, Christian (betrAV 2005): Die Besteuerung der betrieblichen Altersvorsorge in Deutschland, Dänemark und in der Schweiz – ein steuerplanerischer Vergleich, in: betrAV 2005, S. 213-224

Steinmeyer, Heinz-Dietrich (EuZW 1991): Harmonisierung des Betriebsrentenrechts in der Europäischen Gemeinschaft?, in: EuZW 1991, S. 43-49

Steinmeyer, Heinz-Dietrich (EuZW 1999): Die Richtlinie 98/49/EG zur Wahrung ergänzender Rentenansprüche, in: EuZW 1999, S. 645-650

Steinmeyer, Heinz-Dietrich (Steuerregelungen, 2001): Deutsche Steuerregelungen im internationalen Kontext, in: Steinmeyer, Heinz-Dietrich/Kollhosser, Helmut (Hrsg.), 6. Münsterische Sozialrechtstagung: Steuerrecht und Reform der Alterssicherung 10./11. November 2000 in Münster, Karlsruhe 2001

Steinmeyer, Heinz-Dietrich (Europa, 2001): Betriebliche Altersversorgung in Europa – Eine Zustandsbeschreibung –, in: Andresen, Boy-Jürgen/Rößler, Norbert/Rühmann, Jochen (Hrsg.), Betriebliche Altersversorgung im 21. Jahrhundert: rechtliche, personalpolitische und finanztechnische Herausforderungen; Festschrift für Wolfgang Förster zum 60. Geburtstag, Köln 2001, S. 453-469

Strahl, Martin/Bauschatz, Peter (IStR 2004): Die Reichweite der Grundfreiheiten des EG-Vertrages in der Steuergesetzgebung – Darstellung am Beispiel der geplanten Änderungen des Rennwett- und Lotteriegesetzes –, in: IStR 2004, S. 367-371

Straub, Eugen/Zwick, Bettina (PIStB 2004): Alterseinkünftegesetz und die vorgesehene Anpassung der deutschen DBA, in: PIStB 2004, S. 151-155

Stürmer, Klaus (betrAV 1998): Das Grünbuch der EU-Kommission: Zusätzliche Altersversorgung im Binnenmarkt, in: betrAV 1998, S. 210-216

Stürmer, Klaus (betrAV 2003): Die Überleitung von Versorgungsansprüchen im öffentlichen Dienst in Europa und in Deutschland, in: betrAV 2003, S. 386-394

Terra, Ben J.M./Wattel, Peter J. (Tax Law, 2005): European Tax Law, 4. Auflage, The Hague 2005

Thiel, Servaas vam (intertax 2005): A Slip of the European Court in the D case (C-376/03): Denial of the Most-Favoured-Nation Treatment because of Absence of Similarity?, in: intertax 2005, S. 454-457

Thiel, Servaas van/Achilles, Charlotte (IStR 2003a): Die Beseitigung ertragsteuerlicher Hindernisse im Binnenmarkt: Eine Darstellung der Einflüsse der Rechtsprechung des EuGH auf die Ertragsbesteuerung in der Europäischen Union (Teil I), in: IStR 2003, S. 530-534

Thiel, Servaas van/Achilles, Charlotte (IStR 2003b): Die Beseitigung ertragsteuerlicher Hindernisse im Binnenmarkt: Eine Darstellung der Einflüsse der Rechtsprechung des EuGH auf die Ertragsbesteuerung in der Europäischen Union (Teil II), in: IStR 2003, S. 553-558

Thömmes, Otmar (intertax 1994): EC Commission Starts New Initiative on Taxation of Non-Residents, in: intertax 1994, S. 182-183

Thömmes, Otmar (intertax 1995): European Court of Justice follows Advocate General in the Wielockx Case, in: intertax 1995, S. 602-603

Thömmes, Otmar (DStJG 19, 1996): Verbote der Diskriminierung von Steuerausländern und Steuerinländern, in: Lehner, Moris (Hrsg.), Steuerrecht im europäischen Binnenmarkt: Einfluß des EG-Rechts auf die nationalen Steuerrechtsordnungen. DStJG Band 19, Köln 1996, S. 81-106

Thömmes, Otmar (IWB, 1996): Das EuGH-Urteil in der Rechtssache Wielockx – Abschied vom Rechtfertigungsgrund der “steuerlichen Kohärenz”? –, in: IWB, 1996, Fach 11, Europäische Gemeinschaften, Gruppe 2, S. 221-228

Thömmes, Otmar (intertax 1998): European Court of Justice Continues to Dictate the Pace for European Tax Harmonization, in: intertax 1998, S. 320-321

Thömmes, Otmar (IWB, 2002): Anmerkung: Abzugsfähigkeit von Altersversicherungsbeiträgen. Schlussanträge des Generalanwalts Francis G. Jacobs v. 21. 3. 2002 in der Rs. C-136/00 Rolf Dieter Danner, in: IWB, 2002, Fach 11a, Rechtsprechung, S. 593-602

Thömmes, Otmar (IWB, 2003a): Anmerkung: Abzugsfähigkeit freiwilliger Altersversorgungsbeiträge in der EU. EuGH, Urt. v. 3. 10. 2002 – Rs. C-136/00 Rolf Dieter Danner –, in: IWB, 2003, Fach 11a, Rechtsprechung, S. 633-636

Thömmes, Otmar (IWB, 2003b): Anmerkung: Besteuerung beschränkt steuerpflichtiger Arbeitnehmer im Wohnsitzstaat. EuGH-Urt. v. 12. 12. 2002 – Rs. C-385/00 F. W. L. de Groot gegen Staatssecretaris de Financien –, in: IWB, 2003, Fach 11a, Rechtsprechung, S. 637-648

Thömmes, Otmar (IWB 2005): Anmerkung: EG-Recht und Meistbegünstigung, EuGH-Urt. v. 5. 7. 2005, Rs. C-376/03, D gegen Inspecteur van de Belastingdienst/Particulieren/ Ondernemingen buitenland te Heerlen, in: IWB, 2005, Fach 11a, Rechtsprechung, S. 881-888

Tiemann, Susanne (betrAV 1991): Sozialpolitische Nah- und Fernziele der EG-Kommission, in: betrAV 1991, S. 86-89

Tiemann, Susanne (betrAV 1996): Die betriebliche Altersversorgung und das europäische Freizügigkeitsgebot, in: betrAV 1996, S. 18-21

Tinbergen, Jan (Integration, 1965): International Economic Integration, 2. Auflage, Amsterdam 1965

Tipke, Klaus (Steuerrechtsordnung I, 2000): Die Steuerrechtsordnung. Bd. I. Wissenschaftsorganisatorische, systematische und grundrechtlich-rechtsstaatliche Grundlagen, 2., völlig überarb. Auflage, Köln 2000

Tipke, Klaus (Steuergerechtigkeit, 2000): Der Grundsatz der Steuergerechtigkeit, in: Tipke, Klaus/Bozza, Nadya (Hrsg.), Besteuerung von Einkommen – Rechtsvergleich Italien, Deutschland und Spanien als Beitrag zur Harmonisierung des Steuerrechts in Europa, Berlin 2000, S. 9-32

Tipke, Klaus (Steuerrechtsordnung II, 2003): Die Steuerrechtsordnung. Bd. II. Steuerrechtfertigungstheorie, Anwendung auf alle Steuerarten, sachgerechtes Steuersystem, 2. völlig überarb. Auflage, Köln 2003

Tipke, Klaus/Lang, Joachim (Hrsg.) (Steuerrecht, 2002): Steuerrecht, 17. völlig überarbeitete Auflage, Köln 2002

Toifl, Gerald (Pensionen, 2003): Pensionen im DBA-Recht, in: Gassner, Wolfgang u.a. (Hrsg.), Arbeitnehmer im Recht der Doppelbesteuerungsabkommen, Wien 2003, S. 287-309

Treisch, Corinna (zfbf 2004): Europataugliche Ausgestaltung des körperschaftsteuerlichen Anrechnungsverfahrens, in: zfbf 2004, S. 365-392

Uebelhack, Birgit (Altersversorgung, 2004): Betriebliche Altersversorgung – Grundlagen und Praxis, Heidelberg 2004

Urbitsch, Christian (betrAV 1993): Die betriebliche Altersversorgung im EG-Binnenmarkt, in: betrAV 1993, S. 79-80

Vanistendael, Frans J. (ECTR 1996): The role of the European Court of Justice as the supreme judge in tax cases, in: ECTR 1996, S. 114-122

Vanistandael, Frans J. (ECTR 1997): Reinventing source taxation, in: ECTR 1997, S. 152-161

Vanistendael, Frans J. (Gerichtshof, 1997): Europäischer Gerichtshof und seine Rolle als oberster Richter in steuerrechtlichen Streitigkeiten, in: Klein, Franz/Stihl, Hans/Wassermeyer, Franz (Hrsg.), Unternehmen Steuern. Festschrift für Hans Flick zum 70. Geburtstag, Köln 1997, S. 1021-1042

VDR (Hrsg.) (Zeitreihen, 2004): Rentenversicherung in Zeitreihen. Juli 2004. DRV-Schriften; Bd. 22, Frankfurt 2004

Verhaegen, Chris (betrAV 2003): Entwicklungen im Bereich der betrieblichen Altersversorgung in Europa unter besonderer Berücksichtigung des Entwurfs einer Pensionsfondsrichtlinie, in: betrAV 2003, S. 5-14

Vermeend, Willem (ECTR 1996): The Court of Justice of the European Communities and direct taxes: ‚Est-ce que la justice est de ce monde'?, in: ECTR 1996, S. 54-55

Ververs, Dieter/Nolte, Karl-Heinz (DB 2002): Wertpapiergebundene Versorgungszusagen im Jahresabschluss, in: DB 2002, S. 1281-1282

Vogel, Klaus (CDFI 1984): Generalbericht, in: CDFI 1984, Bd. LXIXa: Steuerliche Behinderungen des internationalen Kapitalflusses zwischen einer Muttergesellschaft und ihrer Tochtergesellschaft, Rotterdam 1984, S. 15-54

Vogel, Klaus (intertax 1988): Worldwide vs. source taxation of income – A review and re-evaluation of arguments, in: intertax 1988, S. 216-229, 310-320, 393-402

Vogel, Klaus (StuW 1993): Harmonisierung des Internationalen Steuerrechts in Europa als Alternative zur Harmonisierung des (materiellen) Körperschaftsteuerrechts, in: StuW 1993, S. 380-388

Vogel, Klaus (Besteuerungsrechte, 1994): Über „Besteuerungsrechte" und über das Leistungsfähigkeitsprinzip im Internationalen Steuerrecht, in: Kirchhof, Paul (Hrsg.), Steuerrecht, Verfassungsrecht, Finanzpolitik: Festschrift für Franz Klein, Köln 1994, S. 361-376

Vogel, Klaus (ECTR 1995): Problems of a Most-Favoured-Nation Clause in Intra-EU Treaty Law, in: ECTR 1995, S. 264-265

Vogel, Klaus (IStR 2003): Transnationale Auslegung von Doppelbesteuerungsabkommen, in: IStR 2003, S. 523-529

Vogel, Klaus (IStR 2005): Völkerrechtliche Verträge und innerstaatliche Gesetzgebung – Eine neue Entscheidung des BVerfG hat Bedeutung auch für die Beurteilung des treaty override –, in: IStR 2005, S. 29-30

Vogel, Klaus/Lehner, Moris (DBA-Kommentar, 2003): Doppelbesteuerungsabkommen der Bundesrepublik Deutschland auf dem Gebiet der Steuern vom Einkommen und Vermögen: Kommentar auf der Grundlage der Musterabkommen, begr. von Vogel, Klaus, hrsg. von Lehner, Moris, 4. völlig neu bearb. Auflage, München 2003

Vogt, Jürgen (Leistungsfähigkeit, 2003): Neutralität und Leistungsfähigkeit: eine verfassungs- und europarechtliche Untersuchung der Unternehmensbesteuerung nach dem StSenkG, Frankfurt 2003

Volkenner, Thomas/Walter, Karl-Friedrich (DStR 2004): Die Endfassung der Neuen Baseler Eigenkapitalvereinbarung (Basel II), in: DStR 2004, S. 1399-1404

Voß, Reimer (StuW 1993): Europäisches und nationales Steuerrecht, in StuW 1993, S. 155-168

Wachter, Thomas (IStR 2004): Freibeträge bei beschränkter Erbschaftsteuerpflicht und europäische Kapitalverkehrsfreiheit, in: IStR 2004, S. 361-367

Wagner, Franz W./Dirrigl, Hans (Steuerplanung, 1980): Die Steuerplanung der Unternehmung, Stuttgart 1980

Wagner, Franz W. (ÖStZ 1998): Konsumorientierte Reform der Einkommens- und Gewinnbesteuerung – Stand und Perspektiven ihrer Realisierung in Österreich, in: ÖStZ 1998, S. 402-407

Wagner, Franz W. (StuW 2005): Steuervereinfachung und Entscheidungsneutralität - konkurrierende oder komplementäre Leitbilder für Steuerreformen?, in: StuW 2005, S. 93-108

Walser, Hermann (betrAV 1997): Freizügigkeitsgebot und Zusatzversorgung in Europa, in: betrAV 1997, S. 307-310

Wassermeyer, Franz (DStJG 19, 1996): Die Vermeidung der Doppelbesteuerung im Europäischen Binnenmarkt, in: Lehner, Moris (Hrsg.), Steuerrecht im europäischen Binnenmarkt: Einfluß des EG-Rechts auf die nationalen Steuerrechtsordnungen. DStJG Band 19, Köln 1996, S. 151-165

Wathelet, Melchior (ECTR 2004): Direct taxation and EU law: integration or disintegration?, in: ECTR 2004, S. 2-4

Weber-Grellet, Heinrich (StuW 1995): Europäisches Steuerrecht? Stand und Entwicklung, in: StuW 1995, S. 336-351

Weber-Grellet, Heinrich (DStR 2004): Das Alterseinkünftegesetz, in: DStR 2004, S. 1721-1729

Weerth, Jan de (IStR 2003): Lohnsteuerabzug bei grenzüberschreitendem Arbeitnehmerverleih – Zugleich Anmerkung zu BFH, EuGH-Vorlagebeschluss v. 4. 9.

2002, I R 21/01, IStR 2003, 128, Rs. C-450/02, Qualitair Engineering Services Ltd./FA Kassel-Goethestraße, in: IStR 2003, S. 123-126

Weggenmann, Hans (IStR 2003): EG-rechtliche Aspekte steuerlicher Meistbegünstigung im Abkommensrecht, in: IStR 2003, S. 677-684

Weiser, Benedikt (Rechtssetzung, 1998): Rechtsprechung und Rechtssetzung auf dem Gebiet der direkten Besteuerung in der Europäischen Union: Freistellung oder Anrechnung, Frankfurt 1998

Weizman, Leif (ECTR 1994): Frontier Workers and the Free Movement of Labour within the European Union, in: ECTR 1994, S. 100-111

Wellisch, Dietmar (StuW 2001): Steuerliche Förderung der privaten und betrieblichen Altersvorsorge und Rentenbesteuerung – Ein Reformvorschlag vor dem Hintergrund eines internationalen Vergleichs –, in: StuW 2001, S. 271-288

Wellisch, Dietmar (StuW 2003): Besteuerung der betrieblichen Altersvorsorge bei grenzüberschreitender Mitarbeiterentsendung – ein Ländervergleich mit Gestaltungsüberlegungen –, in: StuW 2003, S. 154-168

Wellisch, Dietmar (betrAV 2004): Besteuerung und betriebliche Altersvorsorge – Eine internationale Perspektive, in: betrAV 2004, S. 106-109

Wellisch, Dietmar (ZfbF 2004): Unternehmensbesteuerung und die Finanzierung der betrieblichen Altersvorsorge – Ein Vorteilhaftigkeitsvergleich zwischen Direktzusagen und Pensionsfonds –, in: ZfbF 2004, S. 599-617

Wellisch, Dietmar (DB 2004): Arbeitszeitkonten, Rückstellungen und die Umwandlung der Guthaben in Leistungen der betrieblichen Altersversorgung, in: DB 2004, S. 2225-2230

Wellisch, Dietmar/Näth, Maik (BB 2002): Betriebliche Altersvorsorge – steuerliche und sozialversicherungsrechtliche Behandlung und Gestaltungsansätze, in: BB 2002, S. 1393-1402

Wellisch, Dietmar/Näth, Maik (BB 2003): Die Nachteile der Riester-geförderten betrieblichen Altersvorsorge – Oder: Warum werden Riester-Verträge nicht angenommen?, in: BB 2003, S. 333-336

Wellisch, Dietmar/Näth, Maik (BB 2004): Steuerbefreiung oder Pauschalbesteuerung für Beiträge an Direktversicherungen: Handlungsbedarf zum 31. 12. 2004 bzw. 30. 6. 2005?, in: BB 2004, S. 2661-2664

Wellisch, Dietmar/Näth, Maik (BB 2005): Änderungen bei der betrieblichen Altersvorsorge durch das Alterseinkünftegesetz unter Berücksichtigung des BMF-Schreibens vom 17. 11. 2004, in: BB 2005, S. 18-26

Wellisch, Dietmar/Schwinger, Reiner/Mühlberger, Melanie (DB 2003): Rückstellungen für wertpapiergebundene Pensionszusagen nach § 6a EStG, in: DB 2003, S. 628-630

Wenger, Ekkehard (FA 1983): Gleichmäßigkeit der Besteuerung von Arbeits- und Vermögenseinkünften, in: FA 1983, S. 207-252

Wernsmann, Rainer/Nippert, Allit (FR 2005): Altersbesteuerung beim Wegzug und Europäisches Gemeinschaftsrecht, in: FR 2005, S. 1123-1134

Wesselbaum-Neugebauer, Claudia (FR 2004): Die Entfernungspauschale – Subvention oder Werbungskosten?, in: FR 2004, S. 385-393

Westphal, Michael R. (SteuStud 2004): Folgen und Einschränkungen der Urteile „Überseering“ und „Inspire Art“, in: SteuStud 2004, S. 388-393

Wiegelmann, Lothar (BB 2005): Beitragsbemessungsgrenzen, Bezugsgrößen, Beitragssätze in der Sozialversicherung 2005, in: BB 2005, Beilage 2

Wilke, Kay-Michael (Steuerrecht, 2002): Lehrbuch des internationalen Steuerrechts, 7. umfassend überarb. und verbesserte Auflage, Herne/Berlin, 2002

Williams, David (ECTR 1997): Asscher: the European Court and the power to destroy, in: ECTR 1997, S. 4-10

Wiman, Bertil (Skandia, 2003): Pending Cases Filed by Swedish Courts: the X and Y Case and the Skandia and Ola Ramstedt Case, in: Lang, Michael (Hrsg.), Direct Taxation: Recent ECJ Developments, The Hague/Wien 2003, S. 191-206

Winther-Sørensen, Niels (Taxation, 2001): Taxation of cross border pension provision - Danish National Report, http://www.eatlp.org/lisbon/DenmarkReport.pdf, Zugriff: 17. 1. 2005

Wotschofsky, Stefan/Wittemann, Tobias (SteuerStud 2002): Qualifikationsprobleme bei der Auslegung bilateraler Abkommen, in: SteuerStud 2002, S. 317-328

Wouters, Jan (ECTR 1999): The principle of non-discrimination in European Community law, in: ECTR 1999, S. 98-106

Wurm, Felix J. (intertax 1992): Treaty Shopping in the 1992 OECD Model Convention, in: intertax 1992, S. 658-671

Ziegelbecker, Johannes (betrAV 1999): Pensionskassen in Europa am Beispiel Österreich, in: betrAV 1999, S. 245-247

Zwick, Gerhard (Grenzgänger, 1986): Die Einkommensbesteuerung von Grenzgängern, Herne 1986

Verzeichnis der Entscheidungen

Datum	Aktenzeichen	Amtliche Quelle oder sonstige Fundstelle
Bundesverfassungsgericht		
22. 6. 1995	2 BvL 37/91	BVerfGE 93, S. 121
Bundesarbeitsgericht		
10. 3. 1972	3 AZR 278/71	BAGE 24, S. 177
17. 5. 1973	3 AZR 381/72	BAGE 25, S. 194
17. 1. 1980	3 AZR 614/78	BAGE 32, S. 303
17. 11. 1992	3 AZR 76/92	BAGE 71, S. 372
26. 8. 1997	3 AZR 235/96	BAGE 86, S. 216
11. 12. 2001	3 AZR 512/00	BAGE 100, S. 76
Bundesfinanzhof		
3. 7. 1964	IV 262/63 U	BStBl 1965 III, S. 83
3. 2. 1969	GrS 2/68	BStBl 1969 II, S. 291
27. 1. 1972	I R 37/70	BStBl 1972 II, S. 459
19. 9. 1975	VI R 61/73	BStBl 1976 II, S. 65
21. 8. 1985	I R 63/80	BStBl 1986 II, S. 4
18. 7. 2001	I R 26/01	BStBl 2002 II, S. 412
19. 12. 2001	I R 63/00	BStBl 2003 II, S. 302
15. 5. 2002	I R 40/01	BStBl 2002 II, S. 660
4. 9. 2002	I R 21/01	BStBl 2003 II, S. 306
25. 2. 2004	I R 54/02	BFH/NV 2004, S. 1143
1. 2. 2006	X B 166/05	DStR 2006, S. 313

Gerichtshof der Europäischen Gemeinschaften (EuGH)

16. 12. 1960	Rs. 6/60 (Humblet)	EuGHE 1960, S. 1165
12. 2. 1974	Rs. 152/73 (Sotgiu)	EuGHE 1974, S. 153
20. 2. 1979	Rs. 120/78 (Cassis de Dijon)	EuGHE 1979, S. 649
23. 2. 1983	Rs. 8/82 (Wagner)	EuGHE 1983, S. 371
28. 1. 1986	Rs. 270/83 (avoir fiscal)	EuGHE 1986, S. 273
13. 5. 1986	Rs. 170/84 (Bilka)	EuGHE 1986, S. 1607
27. 9. 1988	Rs. 263/86 (Humbel und Edel)	EuGHE 1988, S. 5365
8. 5. 1990	Rs. C-175/88 (Biehl)	EuGHE 1990, S. I-1779
17. 5. 1990	Rs. C-262/88 (Barber)	EuGHE 1990, S. I-1889
28. 1. 1992	Rs. C-204/90 (Bachmann)	EuGHE 1992, S. I-249
28. 1. 1992	Rs. C-300/90 (Kommission/Belgien)	EuGHE 1992, S. I-305
22. 12. 1993	Rs. C-152/91 (Neath)	EuGHE 1993, S. I-6935
28. 9. 1994	Rs. C-200/91 (Coloroll)	EuGHE 1994, S. I-4389
14. 2. 1995	Rs. C-279/93 (Schumacker)	EuGHE 1995, S. I-225
11. 8. 1995	Rs. C-80/94 (Wielockx)	EuGHE 1995, S. I-2493
30. 11. 1995	Rs. C-55/94 (Gebhard)	EuGHE 1995, S. I-4165
13. 2. 1996	Rs. C-197/94, C-252/094 (Société Bau-tiaa)	EuGHE 1996, S. I-505
27. 6. 1996	Rs. C-107/94 (Asscher)	EuGHE 1996, S. I-3089
20. 3. 1997	Rs. 57/95 (Frankreich/Kommission)	EuGHE 1997, S. I-1627
28. 4. 1998	Rs. C-118/96 (Safir)	EuGHE 1998, S. I-1897
12. 5. 1998	Rs. C-336/96 (Gilly)	EuGHE 1998, S. I-2793
16. 7. 1998	Rs. C-264/96 (ICI)	EuGHE 1998, S. I-4695
26. 10. 1999	Rs. C-294/97 (Eurowings)	EuGHE 1999, S. I-7447
29. 1. 2001	Rs. C-366/99 (Griesmar)	EuGHE 2001, S. I-9383
12. 7. 2001	Rs. C-157/99 (Smits und Peerbooms)	EuGHE 2001, S. I-5473
15. 1. 2002	Rs. C-55/00 (Gottardo)	EuGHE 2002, S. I-413
3. 10. 2002	Rs. C-136/00 (Danner)	EuGHE 2002, S. I-8147
5. 11. 2002	Rs. C-208/00 (Überseering)	EuGHE 2002, S. I-9919
12. 12. 2002	Rs. C-385/00 (de Groot)	EuGHE 2002, S. I-11819
12. 12. 2002	Rs. C-324/00 (Lankhorst-Hohorst)	EuGHE 2002, S. I-11779
7 1. 2003	Rs. C-306/99 (BIAO)	EuGHE 2003, S. I-1

12. 6. 2003	Rs. C-234/01 (Gerritse)	EuGHE 2003, S. I-5933
26. 6. 2003	Rs. C-422/01 (Skandia/Ramstedt)	EuGHE 2003, S. I-6817
30. 9. 2003	Rs. C-167/01 (Inspire Art)	EuGHE 2003, S. I-155
11. 4. 2004	Rs. C-9/02 (de Lastyrie du Saillant)	EuGHE 2004, S. I-2409
7. 9. 2004	Rs. C-319/02 (Manninen)	EuGHE 2004, S. I-7477
5. 7. 2005	Rs. C-376/03 („D“)	Abl. 2005 Nr. C 271/4
13. 12. 2005	Rs. C-446/03 (Marks & Spencer)	DStRE 2006, 63

Verzeichnis der Richtlinien, Verordnungen, Empfehlungen, Mitteilungen und Verwaltungsschreiben

Vorschläge, Verordnungen, Richtlinien, Entscheidungen und Mitteilungen auf EG-Ebene

Europäische Sozialcharta, Turin 18.10.1961

Europäische Ordnung für Soziale Sicherung, Straßburg 14.6.1971

Verordnung (EWG) Nr. 1408/71 des Rates vom 14. Juni 1971 zur Anwendung der Systeme der sozialen Sicherheit auf Arbeitnehmer und deren Familien, die innerhalb der Gemeinschaft zu- und abwandern, Abl. 1971 Nr. L 149/2

Richtlinie 77/799/EWG des Rates vom 19.12.1977 über die gegenseitige Amtshilfe zwischen den zuständigen Behörden der Mitgliedstaaten im Bereich der direkten Steuern und der Mehrwertsteuer, Abl. 1977 Nr. L 336/15

Vierte Richtlinie 78/660/EWG des Rates vom 25. Juli 1978 aufgrund von Artikel 54 Absatz 3 Buchstabe g) des Vertrages über den Jahresabschluß von Gesellschaften bestimmter Rechtsformen, Abl. 1978 Nr. L 222/11

Richtlinie 88/361/EWG des Rates vom 24.6.1988 zur Durchführung von Art. 67 des Vertrages, Abl. 1988 Nr. L 178/5

Richtlinie 90/364/EWG des Rates vom 28.6.1990 über das Aufenthaltsrecht, Abl. 1990 Nr. L 180/26

Gemeinschaftscharta der sozialen Grundrechte der Arbeitnehmer, Straßburg 9.12.1989

Richtlinie 90/434/EWG des Rates vom 23.7.1990 über das gemeinsame Steuersystem für Fusionen, Spaltungen, die Einbringung von Unternehmensteilen und den Austausch von Anteilen, die Gesellschaften verschiedener Mitgliedstaaten betreffen, Abl. 1990 Nr. L 225/1

Richtlinie 90/435/EWG des Rates vom 23.7.1990 über das gemeinsame Steuersystem der Mutter- und Tochtergesellschaften verschiedener Mitgliedstaaten, Abl. 1990 Nr. L 225/6, berichtigt durch Abl. 1990 Nr. L 266/20

Übereinkommen (90/436/EWG) über die Beseitigung der Doppelbesteuerung im Falle von Gewinnberichtigungen zwischen verbundenen Unternehmen, Abl. 1990 Nr. L 225/10

Richtlinie des Rates vom 8.11.1990 (90/619/EWG) zur Koordinierung der Rechts- und Verwaltungsvorschriften für die Direktversicherung (Lebensversicherung) und zur Erleichterung der tatsächlichen Ausübung des freien Dienstleistungsverkehrs sowie zur Änderung der Richtlinie 79/267/EWG (Zweite Richtlinie Lebensversicherung), Abl. 1990 Nr. L 330/50

Mitteilung der Kommission an den Rat: „Ergänzende Systeme der sozialen Sicherheit: Die Rolle der betrieblichen Altersversorgungssysteme für den Sozialschutz der Arbeitnehmer und ihre Auswirkungen auf die Freizügigkeit v. 17.7.1991, SEK(91) 1332

Vorschlag für eine Richtlinie des Rates über die Freiheit der Vermögensverwaltung und Vermögensanlage für Einrichtungen zur Altersversorgung v. 10.12.1991, KOM(91) 301 endg. v. 16.10.1991, BR-Drs. 787/91

Mitteilung der Kommission an den Rat und das Europäische Parlament im Anschluss an die Schlussfolgerungen des unabhängigen Sachverständigenausschusses unter dem Vorsitz von Herrn Ruding über die Leitlinien für die Unternehmensbesteuerung im Rahmen der Vertiefung des Binnenmarktes v. 25.6 1992, SEK(92) 1118 endg.

Richtlinie 92/96/EWG des Rates vom 10.11.1992 zur Koordinierung der Rechts- und Verwaltungsvorschriften für die Direktversicherung (Lebensversicherung) sowie zur Änderung der Richtlinien 79/267/EWG und 90/619/EWG (Dritte Richtlinie Lebensversicherung), Abl. 1992 Nr. L 360/1 (zuletzt geändert durch die Richtlinie 2002/87/EG des Europäischen Parlaments und des Rates v. 16.12.2002, Abl. 2003 Nr. L 35/1

Wirtschafts- und Sozialausschuss: Stellungnahme zu dem Vorschlag für eine Richtlinie des Rates über die Freiheit der Vermögensverwaltung und Vermögensanlage für Einrichtungen zur Altersversorgung v. 29.4.1992, Abl. 1992 Nr. C 169/2

Geänderter Vorschlag für eine Richtlinie des Rates über die Freiheit der Vermögensverwaltung und Vermögensanlage für die Einrichtungen zur Altersversorgung v. 26.5.1993, KOM(93) 237 endg.

Mitteilung der Kommission an den Rat – Die optimale Gestaltung des Binnenmarkts: Strategisches Programm v. 22.12.1993, KOM(93) 632 endg.

Mitteilung der Kommission betreffend die Freiheit der Vermögensverwaltung und Vermögensanlage für Einrichtungen zur Altersversorgung – Mitteilung betreffend einen Binnenmarkt für Pensionsfonds v. 17.12.1994, KOM(94) 591

Mitteilung der Kommission – Die Zukunft des Sozialschutzes – Ein Rahmen für eine europäische Debatte v. 31.10.1995, KOM(95) 466 endg.

Mitteilung der Kommission – Modernisierung und Verbesserung des Sozialschutzes in der Europäischen Union v. 12.3.1997, KOM(97) 102 endg.

Grünbuch – Zusätzliche Altersversorgung im Binnenmarkt v. 10.6.1997, KOM(97) 283 endg.

Zusammenfassung der Antworten auf das Grünbuch über die zusätzliche Altersversorgung im Binnenmarkt, Arbeitspapier der Dienststellen der Kommission für die Anhörung am 21.4.1998

Richtlinie 98/49/EG des Rates vom 29.6.1998 zur Wahrung ergänzender Rentenansprüche von Arbeitnehmern und Selbständigen, die innerhalb der Europäischen Gemeinschaft zu- und abwandern, Abl. 1998 Nr. L 209/46

Mitteilung der Kommission – Zu einem Binnenmarkt für die zusätzliche Altersversorgung – Ergebnisse der Konsultationen zum Grünbuch „Zusätzliche Altersversorgung im europäischen Binnenmarkt“ v. 11.5.1999, KOM(99) 134 endg.

Vorschlag für eine Richtlinie des europäischen Parlaments und des Rates über die Tätigkeiten von Einrichtungen zur betrieblichen Altersversorgung v. 11.10.2000, KOM(2000) 507 endg.

Mitteilung der Kommission an den Rat, das Europäische Parlament und den Wirtschafts- und Sozialausschuss über die Entwicklung des Sozialschutzes in der Langzeitperspektive: zukunftssichere Renten v. 11.10.2000, KOM(2000) 622

Stellungnahme des Wirtschafts- und Sozialausschusses zu dem „Vorschlag für eine Richtlinie des Europäischen Parlaments und des Rates über die Tätigkeiten von Einrichtungen zur betrieblichen Altersversorgung“ v. 29.3.2001, Abl. 2001 Nr. C 155/7

Mitteilung der Kommission an den Rat, das Europäische Parlament und den Wirtschafts- und Sozialausschuss: „Beseitigung der steuerlichen Hemmnisse für die grenzüberschreitende betriebliche Altersversorgung“ v. 19.4.2001, KOM(2001) 214 endg., BR-Drs. 372/01

Stellungnahme des Wirtschafts- und Sozialausschusses zu der Mitteilung der Kommission an den Rat, das Europäische Parlament und den Wirtschafts- und Sozialausschuss: ‚Beseitigung der steuerlichen Hemmnisse für die grenzüberschreitende betriebliche Altersversorgung'“ v. 17.10.2001, Abl. 2002 Nr. C 36/53

Mitteilung der Kommission der Europäischen Gemeinschaften an den Rat, das Europäische Parlament und den Wirtschafts- und Sozialausschuss: „Ein Binnenmarkt ohne steuerliche Hindernisse – Strategie zur Schaffung einer konsolidierten Körperschaftsteuer-Bemessungsgrundlage für die grenzüberschreitende Unternehmenstätigkeit in der EU“ v. 23.10.2001, KOM(2001) 582 endg.

Mitteilung der Kommission der Europäischen Gemeinschaften an den Rat, das Europäische Parlament und den Wirtschafts- und Sozialausschuss: „Zusammenfassung der Studie der Dienststellen der Kommission: Unternehmensbesteuerung im Binnenmarkt“ v. 23.10.2001, SEK(2001) 1681 endg.

Verordnung (EG) Nr. 1606/2002 des Europäischen Parlaments und des Rates vom 19.7.2002 betreffend die Anwendung internationaler Rechnungslegungsstandards, Abl. Nr. L 243/1

Richtlinie 2003/41/EG des Europäischen Parlamentes und des Rates vom 3. Juni 2003 über die Tätigkeiten und die Beaufsichtigung von Einrichtungen der betrieblichen Altersversorgung, Abl. 2003 Nr. L 235/10, berichtigt durch Abl. 2004 Nr. L 291/18

Richtlinie 2003/49/EG des Rates vom 3.6.2003 über eine gemeinsame Steuerregelung für Zahlungen von Zinsen und Lizenzgebühren zwischen verbundenen Unternehmen verschiedener Mitgliedstaaten, Abl. 2003 Nr. L 157/49

Erlasse, Schreiben und Verfügungen der Finanzverwaltung

BMF-Schreiben v. 31.1.2002 – IV A 6 – S 2144c – 9/01, BStBl I 2002, S. 214

BMF-Schreiben v. 5.8.2002, IV C 4 – S 2222 – 295/02 / IV C 5 – S 2333 – 154/02, BStBl I 2002, S. 767-788

BMF-Schreiben v. 17.12.2002 – IV A 6 – S 2176 – 47/02, BStBl I 2002, S. 1397

474. Verordnung des Bundesministers für Finanzen betreffend die Vermeidung von Doppelbesteuerungen v. 17.12.2002, öBGBl. II 474/2002

Finanzministerium Schleswig-Holstein, Kartei-Rundverfügung v. 29.7.2003, S 2222 A – St 254, IStR 2004, S. 175

BMF-Schreiben v. 17.11.2004, IV C 4 – S 2222 – 177/04 / IV C 5 – S 2333 – 269/04, BStBl I 2004, S. 1065